成人高等法学教育通用教材

中国宪法教程

（第四版）

司法部法学教材编辑部　审定

主　编　廉希圣

撰稿人　（以撰写章节先后为序）

廉希圣　焦洪昌　刘茂林

中国政法大学出版社

2012·北京

图书在版编目（CIP）数据

中国宪法教程 / 廉希圣主编. —4版. —北京：中国政法大学出版社，2011.1
ISBN 978-7-5620-3797-2

Ⅰ. 中⋯ Ⅱ. 廉⋯ Ⅲ. 宪法-中国-高等学校-教材 Ⅳ. D921

中国版本图书馆CIP数据核字（2010）第258328号

书　　名	中国宪法教程 ZHONGGUO XIANFA JIAOCHENG	
出版发行	中国政法大学出版社	
经　　销	全国各地新华书店	
承　　印	固安华明印刷厂	

720mm×960mm　　16开本　　19.5印张　　350千字
2012年12月第4版　　2012年12月第1次印刷
ISBN 978-7-5620-3797-2/D·3757
印　数：0 001-3 000　　定　价：31.00元

社　　址	北京市海淀区西土城路25号
电　　话	（010）58908435（编辑部）58908325（发行部）58908334（邮购部）
通信地址	北京100088信箱8034分箱　邮政编码 100088
电子信箱	fada.jc@sohu.com（教材编辑部）
网　　址	http://www.cuplpress.com （网络实名：中国政法大学出版社）

声　　明　1. 版权所有，侵权必究。
　　　　　2. 如有缺页、倒装问题，由本社发行部负责退换。

作者简介

廉希圣 男，1932年生，博士生导师，现任中国宪法学会顾问，北京市宪法学会代会长，海峡两岸关系研究中心研究员，司法部"法治建设与法学理论研究部级科研项目专家咨询委员会"委员，北京师范大学学年讲座教授，北京市人大常委会法制建设顾问与法律顾问等。享受国务院政府特殊津贴。曾参加1982年宪法的起草工作，以及1999年和2003年中央关于修宪建议案的讨论；1985年起，以法律专家身份参加《香港特别行政区基本法》和《澳门特别行政区基本法》的起草工作，多次为香港特别行政区政府律政司提供有关香港基本法和内地法律的法律意见书。主编或编写有《宪法学教程》、《"一国两制"法制问题研究》（香港法制与全国性法制部分）、《日本现代法》、《宪法十八讲》等著作，就宪法、港澳基本法以及关于台湾的法理问题等发表论文多篇。

焦洪昌 男，1961年生，现任中国政法大学法学院副院长、教授、博士生导师，兼任中国宪法学研究会副会长。独著《选举权的法律保障》等，发表论文30余篇。

刘茂林 男，1963年生，现任中南财经政法大学教授、博士生导师，中国宪法学研究会副会长，湖北省宪法学会副会长。主要著作有：《当代中国地方制度》（主编）、《宪法学》（独著）、《农民法律意识与农村法律发展》（合著）等，并在《法学研究》、《中国法学》等刊物上发表论文50余篇。

第四版说明

根据2010年3月十一届全国人民代表大会第三次会议对我国《全国人民代表大会和地方各级人民代表大会选举法》所作的修改,由焦洪昌教授对教材的相关内容作了修订,特此说明。

司法部法学教材编辑部
2012年12月

第三版说明

鉴于近年来我国民主与法制建设的不断发展和完善，国家在陆续制定新法律法规的同时，也对一些现行的法律法规作了适时的修改；与此相适应，学界也多有新的法学研究和法学教育成果出现。为适应这一形势，我们根据要求对本教材进行了修订，主要是力求正确反映国家的现实政治和立法状态，吸收最新的科研成果，并根据2004年《宪法修正案》条文对书中相关内容进行补充和完善。同时在体例上，每章开头增设"学习目的和要求"，以帮助学生掌握该章核心观点和重点、难点内容；每章后增设"思考题"，作为对本章内容的回顾和总结，帮助学生进一步掌握基本理论和基本观点。

限于时间和水平，修订中的不足和疏漏在所难免，还望广大读者批评指正，以使本教材与时俱进，日臻完善。

司法部法学教材编辑部
2007年5月

第二版说明

为了适应我国社会主义现代化建设和实施依法治国方略对法律人才的需要，全面提高法律人才的素质，我们根据司法学校新制定的教学方案，对原来教材分别作了审定和重新修订。

这批教材的突出特点是应用性强。着眼于培养应用型的法律人才，注重培养学生的实际工作能力，以中国现行法律为主，结合司法实践中的问题，本着理论联系实际的原则，力求系统、准确地介绍法学各门学科的基本理论、基本知识，适合于司法学校的教学特点。

《中国宪法教程》是该系列之一，由廉希圣任主编，各章撰稿分工如下：

廉希圣　导言、第一章、第六章；

焦洪昌　第二章、第三章、第四章、第五章；

刘茂林　第七章、第八章、第九章、第十章、第十一章。

2004年《宪法修正案》颁布后，全书又由焦洪昌老师做了统一修订，特此说明。

司法部法学教材编辑部
2004年9月

目 录

- 导 言 …………………………………………………………………… (1)
- 第一章 宪 法 …………………………………………………………… (5)
  - 第一节 宪法的概念的本质 ………………………………………… (5)
  - 第二节 宪法结构和宪法规范 ……………………………………… (15)
  - 第三节 宪法的分类 ………………………………………………… (26)
  - 第四节 宪法的基本原则 …………………………………………… (29)
  - 第五节 宪法的作用 ………………………………………………… (34)
  - 第六节 宪法实施的监督与违宪审查 ……………………………… (38)
- 第二章 宪法的历史发展 ………………………………………………… (49)
  - 第一节 近代宪法的产生和发展 …………………………………… (49)
  - 第二节 旧中国宪法的产生和发展 ………………………………… (56)
  - 第三节 新中国宪法的产生和发展 ………………………………… (62)
  - 第四节 宪法的发展趋势 …………………………………………… (78)
- 第三章 国家性质 ………………………………………………………… (82)
  - 第一节 国家性质概述 ……………………………………………… (82)
  - 第二节 人民民主专政制度 ………………………………………… (87)
  - 第三节 中国共产党领导的多党合作和政治协商制度 …………… (95)
  - 第四节 中国人民政治协商会议 …………………………………… (103)
- 第四章 国家政权组织形式 ……………………………………………… (108)
  - 第一节 政权组织形式的概述 ……………………………………… (108)
  - 第二节 人民代表大会制度 ………………………………………… (114)
  - 第三节 选举制度 …………………………………………………… (123)
- 第五章 国家结构形式 …………………………………………………… (137)
  - 第一节 国家结构形式概述 ………………………………………… (137)
  - 第二节 行政区划 …………………………………………………… (143)

第三节　民族区域自治制度 …………………………………（147）
　　第四节　特别行政区制度 ……………………………………（153）
第六章　我国社会主义初级阶段的经济制度 ……………………（162）
　　第一节　社会主义公有制是我国经济制度的基础 …………（162）
　　第二节　我国非公有制经济形式 ……………………………（172）
　　第三节　保护社会主义的公共财产和公民个人的合法财产 …（177）
　　第四节　发展国民经济的指导方针 …………………………（179）
第七章　政治文明与精神文明建设 ………………………………（186）
　　第一节　精神文明概述 ………………………………………（186）
　　第二节　我国的政治文明与精神文明建设 …………………（190）
第八章　公民的基本权利和义务 …………………………………（200）
　　第一节　公民的基本权利和义务概述 ………………………（200）
　　第二节　公民基本权利和义务的历史发展 …………………（205）
　　第三节　我国公民的基本权利和义务 ………………………（208）
第九章　国家机构 …………………………………………………（227）
　　第一节　国家机构概述 ………………………………………（227）
　　第二节　国家权力机关 ………………………………………（234）
　　第三节　国家主席 ……………………………………………（249）
　　第四节　国家行政机关 ………………………………………（251）
　　第五节　国家军事机关 ………………………………………（259）
　　第六节　国家审判机关和检察机关 …………………………（260）
　　第七节　民族自治地方的自治机关 …………………………（267）
　　第八节　特别行政区的国家机关 ……………………………（270）
第十章　基层群众性自治组织 ……………………………………（278）
　　第一节　基层群众性自治组织概述 …………………………（278）
　　第二节　居民委员会 …………………………………………（287）
　　第三节　村民委员会 …………………………………………（290）
第十一章　国家标志 ………………………………………………（294）
　　第一节　国旗 …………………………………………………（294）
　　第二节　国徽 …………………………………………………（296）
　　第三节　国歌 …………………………………………………（298）
　　第四节　首都 …………………………………………………（299）

导　言

一、宪法学研究的对象

学习一门课程并且掌握它，首先必须对这门课有个总体的了解，明确这门课所要研究的对象是什么。作为法学一门学科的"宪法"（称为"宪法学"）与作为法的一个部门的《宪法》（宪法典）是不同的。后者是前者的主要研究对象，但"宪法学"除要研究作为一个法的部门的《宪法》外，还要研究有关宪法的理论，如宪法的本质及其产生与发展的规律性；宪法规范及其在社会生活中的作用；宪法的类型和特点；宪法同经济与国家政权的关系等。

《宪法》是规定社会制度和国家制度基本原则的根本法，它是宪法学所要研究的最基本的法律文件，但作为法的一个部门的宪法，除宪法本身外，还包括其他有关社会制度、国家制度的宪法性文件，这些宪法性文件也是宪法学所要研究的对象。由此可见，宪法学所要研究的范围是很广泛的，但一般都是以本国的现行宪法、宪法性文件和国家制度作为研究的重点。宪法学中其他领域的问题，可以分设其他分支学科，作更为专门的研究（如"比较宪法"、"外国宪法"等）。这些问题在我们的宪法课程中不占也不可能占很大的比重。

总之，宪法学研究的对象，概括起来说，包括三个主要方面：

（一）宪法理论

包括宪法的产生、发展；宪法的本质、类型；马克思主义的宪法学说；宪法的作用和宪法实施的保障等。

（二）宪法规范

我国的宪法规范所包括的主要内容大体有：①国家的阶级本质（即国家权力的归属）；②国家形式（政权组织形式和国家结构形式）；③国家所赖以建立的经济基础；④国家与公民之间的关系（公民在国家中的地位、公民享有的基本权利和应履行的基本义务）；⑤国家的职能如何实现（建立哪些国家机关，各类、各级国家机关所行使的职权以及它们之间的相互关系）；⑥基本国策。

（三）其他宪法性文件

在我国，这主要包括：①《选举法》；②《全国人民代表大会组织法》；③《国务院组织法》；④《地方各级人民代表大会和地方各级人民政府组织法》；⑤《人民法院组织法》；⑥《人民检察院组织法》；⑦《中华人民共和国民族区域自治法》，以及全国人大及其常务委员会通过的有关决议和有关法律等。

宪法课的课程体系大体上就是根据宪法学的研究对象而确定的。

二、学习的目的要求

曾有些同志认为，宪法规定的都是些重大的原则和制度，离我们太远，它对于法律工作者来说，缺乏"实用性"。因此，在思想上对宪法课没能给予足够的重视，在学习中主要表现为对一些问题不求甚解，似懂非懂，考试时突击记些名词概念、答案要点，这样的学习绝不会给我们的工作带来任何帮助。这些影响学习效果的认识上的障碍，我们应力求排除。我们不应把学习某门课程的实用性作狭隘的理解，以宪法在具体办案中不能作为定罪量刑的依据而否认它的实用性。事实上，学习和研究宪法有着非常重要的现实意义，至少有以下几点：

1. 学习宪法有助于我们更加自觉地坚持四项基本原则，更深刻地理解社会主义制度的优越性，增强实现宪法所确立的各项基本制度的坚定性和建设伟大社会主义祖国的信心。四项基本原则是立国之本，是全国各族人民团结前进的共同的政治基础，也是现行宪法的总的指导思想。宪法规定，社会主义制度是我国的根本制度；人民民主专政是我们国家制度的核心；集中力量进行社会主义现代化建设是我国人民在新的历史时期的根本任务。宪法的基本精神是要在坚持四项基本原则的基础上，发展社会主义民主，健全社会主义法制，维护国家统一和民族团结，在建设社会主义物质文明的同时，加强社会主义精神文明建设。通过学习可使我们较清楚地了解我国的社会制度和国家制度不同于资本主义制度的特点和优越性，用宪法的原则精神武装自己，分析和评价现实生活中所遇到的各种实际问题，增强在中国共产党的领导下走社会主义道路的决心。

2. 学习宪法有助于提高人们的法制观念，特别是宪法观念。宪法明确规定，遵守宪法和法律是每个公民的基本义务。《宪法》序言也指明，全国各族人民、一切国家机关和武装力量、各政党和各社会团体、各企业事业组织、都必须以宪法为根本的活动准则,并且负有维护宪法尊严、保证宪法实施的职责。现实生活告诉我们,要做到按照社会主义法制原则来治理国家,充分发挥宪法和法律应有的作用,离不开全体人民的法制观念,特别是宪法观念的树立和增强,这是保证宪法实施的重要条件之一。宪法是实现国家长治久安和维护公民民主权利的最高法律保障。十年动乱的沉痛教训表明,一旦宪法的实施遭受破坏,国家就会陷入一片混乱,人民也将蒙受巨大灾难。因此,宪法与国家的命运、与每个公民的命运是息息相关的。人们只有全面理解了我国宪法的基本精神和主要内容;懂得了每个公民在实施宪法中所具有的作用;提高了公民对正确行使公民权利,忠实履行公民义务的自觉程度;掌握了对国家机关活动和公民行为合宪性的评价标准;形成了把宪法看做是维护自身权利的法宝,而不是强加于人民的对立物的宪法观念,才会自觉运用宪法武器同违反宪法的现象作斗争。特别是对一切法律工作者来说,他们在维护社会主义法制的统一和尊严方面,负有直接的责任,如果对作为社会主义法制基础的宪法缺乏了解,就不可能在司法实践中正确地适用法律,甚至会出现"违法的执法者",从而也就不可能履行自己在维护社会主义法制中的职责。

3. 学习宪法有助于加深对经济体制改革和政治体制改革的理解。1982年通过的现行宪法的特点之一,是它体现了改革的精神。它的一些规定既是改革的成果,也为改革的发展指明了方向。近年来,我国已在经济体制改革方面取得了显著成效。当前,我们国家正在实行经济体制的改革,着手进行政治体制的改革,以适应社会主义现代化建设的需要。学习宪法,开展对宪法学的深入研究,将有助于理解改革与宪法的关系,从而坚定我们沿着改革道路前进的信心和决心,以继续推进我国经济的发展和社会主义民主政治的建设。

4. 学习宪法有助于学习其他各门法律专业课程。宪法在国家法律体系中所处的根本法地位,决定着宪法学在部门法学中的主导地位。同时,宪法学又是法学中的基础学科。学习宪法有助于从宪法和其他部门法的关系方面掌握各种法律专业课程,因为其他的部门法(如刑法、诉讼法、婚姻法等)都是根据宪法制定的。正因如此,在法律院校中都毫无例外地把宪法课作为必修课。

三、学习方法

总的来讲,学习任何社会科学都必须坚持运用马克思主义唯物辩证法这一正确的方法。学习宪法当然也不能例外。这一方法要求我们对所要研究的对象进行科学的、具体的分析,坚持党性与科学性相统一的原则。具体地说,在学习方法上应注意把握以下几点:

1. 运用阶级分析的方法。宪法学是一门政治性很强的学科。马克思主义宪法学和资产阶级宪法学的根本区别之一，在于前者能从阶级分析的角度入手，指明宪法的阶级性，揭示出不同类型的宪法代表着不同阶级的意志和利益这一实质。如果不是运用阶级分析的方法，我们就可能会被一些表面现象所迷惑，从而陷入形式主义的泥坑，以致对宪法现象作歪曲的理解。举例来说，资产阶级的宪法一般都标榜"主权在民"、"法律面前人人平等"；而我们的社会主义宪法也确认"一切权力属于人民"、"公民在法律面前一律平等"，若对这些规定只作字面上的理解，是无法认识两种不同类型宪法的根本区别的。只有对两种国家和法律进行具体的、阶级的分析，才能对这些形式上相似的规定作出科学的结论，认清这些规定所具有的不同性质。

2. 运用历史分析的方法。这是一种社会科学普遍适用的方法。列宁曾经指出："在分析任何一个社会问题时，马克思主义理论的绝对要求，就是要把问题提到一定的历史范围之内。"我们学习和研究宪法，至少应该对宪法的产生和发展作一个历史的考察，否则，掌握宪法的本质和宪法发展的规律也就无从谈起。而在对宪法作历史的考察时，如果不把宪法问题和一定的历史条件联系起来，也就无法对它作出正确的评价。对宪法问题进行历史的分析研究，可使我们了解其历史背景，对某种制度的含义有透彻的认识，不仅知其然，而且知其所以然，这就为评论得失提供了基础。同时，进行历史的分析不仅使我们可以明白古今中外兴衰成败的道理，吸取教训，不致重犯错误；还可使我们用发展的观点看待宪法的变更，有助于我们突破旧的观念的束缚，更好地理解我国现行宪法的基本精神。

3. 从实际出发，理论联系实际。这是马克思主义所倡导的学风，也是我们学习和研究宪法所应坚持的方法。大家知道，我国立法活动所遵循的一条重要原则，就是从实际出发，实事求是。宪法是历史经验的总结，每项内容都是在充分考虑了我国国情和实际需要而规定的。要了解立法的用意，搞清楚为什么作这样的规定，而不作那样的规定，就必须知道它所根据的实际社会条件，包括作出这些规定的政治、经济、文化和社会传统等诸方面的因素。如果只就条文论条文，不仅不能从整体上掌握宪法的精神，而且会使学习者感到枯燥无味，难以产生兴趣。

第一章 宪 法

◆ **教学目的**

通过本章的学习，了解马克思主义关于宪法学的基本理论，掌握宪法的概念、本质、分类、作用和宪法规范的特点等基础知识，理解宪法原则、宪法制度的基本内容，并要求理论联系实际，分析思考宪法制度的现状及其完善等问题。

第一节 宪法的概念的本质

法作为一种社会规范，是由一系列具体的法律规范构成的，其特点表现为，它们都是掌握了国家政权的阶级通过一定的立法程序制定或者认可的，并且由国家强制力保障执行的各种行为规范的总和。这些行为规范都是法的具体存在的形式，比如我国最高国家权力机关制定的法律，最高国家行政机关颁布的行政法规，某些地方国家权力机关制定的地方性法规以及民族自治机关制定的自治条例、单行条例等，都是法的表现形式。宪法也是法的表现形式之一，同样具有法的本质属性。这就告诉我们，宪法既不是一种道德规范，也不是一种宣言或声明，而是具有约束力和强制力的法律规范。明确这一点，是理解宪法概念的前提，也是保障宪法实施的依据。

宪法虽是法律的一种，但由于它调整的对象不同，在法律体系中的地位不同，因此宪法又不同于普通法律，其特点可作以下分析。

一、宪法是国家的根本法

"宪法"这个用语，我们经常可以在我国古代典籍中看到。比如《尚书》中说的"监于先王成宪，其永无愆"；《国语》中说的"赏善罚奸，国之宪法"；

《汉书》中也提到，"作宪垂法，为无穷之规"。这里所说的"宪"或"宪法"，都是指典章、制度等行为规范，实际上"宪"和"法"是同义语，而且大多含有刑法的意思，因此都属于普通法律，都不是近代意义上的宪法。

在外国，"宪法"这个英文用语（Constitution 或 Constitutional Law）来源于拉丁语（Costitutio），原意是组织、规定、确立的意思，最早用于古代罗马帝国的立法中，用以表示皇帝所颁发的"敕令"、"诏令"、"谕旨"等等，以区别于当时市民会议所通过的法律文件。在日本，18世纪的德川时代，也曾编纂过《宪法部类》、《宪法类集》等，但这里所说的宪法，也只是一般法规的意思，和古代罗马帝国在立法中使用的"宪法"一样，也都不是近代意义作为国家根本法的宪法。

所谓近代意义的宪法，专指限制王权，规定国家机关权限、组织及其相互关系，确认公民权利、自由的国家根本法。正如马克思所说，它是法律的法律。19世纪60年代以后，随着西方立宪政治影响的扩大，在一些国家出现了近代意义的宪法概念，"宪法"一词逐渐成为正式法律用语。

作为国家根本法的宪法，就其法律属性来说，和普通法律的区别在于：

1. 在规定的内容上与普通法律不同。一定的法律规范调整着一定的社会关系。宪法作为国家根本法，它的内容在于规定国家的根本制度，是国家的总章程。毛泽东曾提出：一个团体要有一个章程，一个国家也要有一个章程，宪法就是一个总章程，是根本大法。我国《宪法》在序言中就明确宣布："本宪法以法律的形式确认了中国各族人民奋斗的成果，规定了国家的根本制度和根本任务，是国家的根本法。"这里所说的根本制度，就是社会主义制度以及由此决定的我国社会制度与国家制度的基本原则。具体讲，它包括国家的性质（即国体）、政权的组织形式及其依据的原则、国家的结构形式（即实行单一制或是联邦制）、社会的经济制度、公民的基本权利和义务、国家机关的组织体系和它们的组织与活动原则、国家象征以及国家的基本国策等。我国《宪法》在序言中指明："国家的根本任务是，根据建设有中国特色社会主义的理论，集中力量进行社会主义现代化建设。……逐步实现工业、农业、国防和科学技术的现代化，把我国建设成为富强、民主、文明的社会主义国家。"

可见，宪法所规定的内容都是国家生活中最重大最根本的问题，它是国家和公民活动的法律基础。正因为宪法的内容在于确认一国的根本制度，因此有的国家就把宪法与根本法等同起来，如1936年制定的苏联宪法就称为《苏联宪法（根本法）》。我国的现行宪法也在序言中确认"本宪法……是国家的根本法"。

宪法在内容上的特点，是就多数国家的情况而言的，反映着宪法的一般规律。但一个国家的宪法究竟需要规定哪些内容，则没有一个统一的模式，这要从各个国家具体的历史条件和现实条件出发。我国现行宪法从我国国情出发，恰当地规定了国家的根本制度和根本任务，实事求是地确认了公民的基本权利和义务，进一步加强了国家机构的建设。它用根本法的形式规定了国家在社会主义初级阶段所必须采取的方针、政策和建设具有中国特色的社会主义的步骤和方法。

宪法既然是国家的根本法，就不能像普通法律那样具体到包罗万象。这是由于宪法并不是法律汇编，它不排斥立法机关的日常立法工作，而且要求有这种工作。宪法作为国家根本法，它是立法机关进行日常立法活动的法律基础。因此，在宪法中通常都对国家的立法原则作出规定，使立法机关在进行日常立法活动时有所依据，因而宪法又称为"母法"、"最高法"，普通法律则被称为"子法"。例如，在古希腊时期，亚里士多德就曾把希腊各个国家的法律分为两大类：一类是普通法律，另一类是关于国家根本组织方面的法律，他主张后者是最高法，普通法律应以最高法为依据。这一观点后来不仅为资产阶级的法学家所接受，也为实行民主宪政的国家所采纳。

2. 在法律效力上与普通法律不同。法律效力即指法律所具有的约束力和强制力。国家赋予法律以约束力和强制力使法律具有生命力，也是法律得以发挥作用的必要条件。违反宪法的行为，同样必须依法予以制裁。同时，由于宪法是国家根本法，因此，宪法不仅具有一般的法律效力，而且具有最高的法律效力。所谓最高的法律效力，其含义包括：

（1）宪法是制定普通法律的依据和基础。普通法律要以宪法为依据，把宪法的有关规定具体化，以保证宪法从基本精神、基本原则到具体条文的贯彻实施。例如，我国的刑法、刑事诉讼法、选举法等，都在条文中明示了它的立法依据是宪法。

（2）普通法律不得与宪法相抵触。由于宪法是制定普通法律的依据，因此，普通法律的内容都必须符合宪法的规定。如果普通法律与宪法相违背，它就失去或者部分失去了效力，因而必须对它加以修改或者废除。这也就是宪法学上的"违宪"或者"合宪"问题。

（3）宪法是一切组织或者个人的根本活动准则。这就是说，宪法的法律效力既是最高的，也是直接的。宪法作为最高的行为准则，是一切组织和个人活动的依据和基础，对人们具有直接的法律效力。我国《宪法》在序言中指明，"全国各族人民、一切国家机关和武装力量，各政党和各社会团体、各企业事业组织，都必须以宪法为根本的活动准则"，这是宪法具有最高、直接法律效力的法律依据。明确这一点，对于保证宪法的贯彻执行，发挥其根本法的作用，具有重要的现实意义。

确认宪法具有最高的法律效力，是资产阶级民主革命反对封建专制的胜利成果，也是一个巨大的历史进步，它标志着以法治原则为核心内容的资产阶级宪政要求的实现。如今，宪法具有最高法律效力已为立宪国家所公认，不少国家的宪法都就此作了专门规定。如1946年制定的《日本国宪法》第98条规定："本宪法为国家的最高法规，凡与本宪法条款相违反的法律、命令、诏敕以及有关国务的其他行为的全部或一部，一律无效。"我国现行《宪法》在总结我国立宪工作经验教训的基础上，为了维护宪法的尊严和权威，在序言中第一次明确"本宪法……具有最高的法律效力"，并在总纲第5条中进一步规定："一切法律、行政法规和地方性法规都不得同宪法相抵触。"这些规定都表明了宪法所具有的至高无上性，也是国家政治生活正常化和社会主义法制建设健康发展的宪法保障。

3. 在制定和修改的程序上与普通法律不同。宪法的这一特点是由以上两个特点引申出来的。为了体现宪法的严肃性，保持宪法的稳定性和连续性，多数国家对宪法的制定和修改都规定了不同于普通立法的特定程序。

制定和修改宪法的权力（即所谓制宪权）是一种最高的国家权力，体现着国家的主权。法国大革命时期的政论家西耶士认为，国家的权力分为两种：一种是制定宪法的权力。制宪权的特点是具有独立性，即制宪的过程不受任何法律规范的约束和任何国家机关的干涉。行使制宪权的结果是确立国家的根本制度，组织国家机构，规定公民的基本权利和义务。宪法一旦按法定程序通过，就具有最高的法律效力。另一种是宪法设定的权力，如立法、行政、司法等权力，都是根据宪法而来的。在依据宪法行使立法权时，只能制定一般的法律，并且不能与宪法相抵触。但在实行"三权分立"原则的国家中，立法机关制定的法律要受行政机关和司法机关的制约，有的国家要受违宪审查机构的审查，所以立法权并不是独立的。

当今，除有的国家（特别是实行不成文宪法的国家，如英国）制宪权和立法权不作区分之外，世界上多数国家都把制宪权和立法权加以划分，并对制宪和修宪过程规定了较为严格的程序。

为了制定宪法，许多国家都设立了由选举产生的专门机构，如"制宪会议"、"立宪会议"，等等。美国宪法就是由1787年在美国费城举行的由55名代表组成的制宪会议起草的。法国的第一部宪法——1791年《宪法》，是由1789

年成立的制宪议会负责起草的。其他如1948年《意大利宪法》、1949年《联邦德国基本法》，也都召开了专门的制宪会议。

宪法制定后，如何保持其稳定性，则是执政者治国安邦的根本大计。然而，经久不改的宪法实际上是不存在的，随着政治、经济形势的发展变化，对宪法作出必要的修改总是不可避免的。正因为宪法的修改关系到掌握国家政权阶级的根本利益，涉及政权机关的运作和统治秩序的维持，因此，各个国家在宪政实践上对此都给予高度的重视，也被宪法学者公认为宪法必不可少的基本内容之一。

所谓宪法的修改，就是指对已经生效的宪法条款，通过有权机关，按照法定程序，予以重定、修订或部分地增减。废止旧宪法，实行新宪法，也是修改宪法的一种形式（如我国1982年《宪法》颁布后，便取代了1978年《宪法》）。此外，还可以通过宪法修正案的形式，部分地改变宪法条款（如《美国宪法》颁布后，在200多年间，对宪法的修改一直采取这种形式。在我国，1982年《宪法》颁布后，也曾四次由全国人大通过宪法修正案对它作出修改）。

导致宪法修改的因素，通常有以下几个方面：①社会政治制度发生重大变化（如革命的胜利、政变的发生）；②社会经济制度发生重大变化（如我国从计划经济转向社会主义市场经济）；③各种政治力量对比发生重大变化（这是影响各国宪法修改的共同社会因素）等。

对于宪法的修改，除英国和第二次世界大战前的匈牙利以及意大利等少数几个国家外，各国成文宪法的修改一般都采用比修改普通法律更为严格的程序。关于宪法修改案的议决，大致有以下几种方式：

（1）制宪机关对宪法修改案的议决与普通法律不同。普通法律只要求会议全体成员的过半数通过，而对宪法修改案的议决，一般都严格限定法定人数。例如，《德意志联邦共和国基本法》规定，宪法修改必须得到联邦议会2/3议员和联邦参议院2/3议员的通过。

（2）地方议会或地方团体复决，即将联邦议会议决的宪法修改案，交各州（邦）议会或公民团体复决。例如，《美国宪法》规定，经过国会两院2/3议员的同意，或者2/3州议会的请求，可以提出宪法修正案；经过3/4州议会或修宪会议的批准，得以发生法律效力。在瑞士，联邦宪法的修改案，须经半数以上州的公民大多数的同意，才能发生法律效力。

（3）公民复决。多数国家仅在宪法修改案未获议会法定多数或议会两院联席会议法定多数通过的情况下，就将宪法修改案交付全国公民复决。例如，《瑞士联邦宪法》规定："如参众两院中的一院提出修改联邦宪法的全部，而其他一院不予同意或者经有表决权的瑞士公民5万人声请修改联邦宪法的全部，则在此两种情形之下，其应修改与否，须交付瑞士人民公决。"但也有一些国家在宪法中就此作出了硬性规定。例如，《日本宪法》规定："本宪法的修订，必须经各议院全体议员2/3以上赞成，由国会创议，向国民提出，并得其承认，此种承认，必须在特别国民投票或国会规定的选举时进行投票，必须获得半数以上赞成。"

还有的国家，在宪法上明文限定其某些内容永久不得变更。例如，1947年《意大利宪法》规定："共和国政体不得成为宪法修改之对象。"1958年《法国宪法》不仅对此作出了类似的规定，而且还强调"当宪法的修改有损于领土完整时，任何修改程序都不得着手进行或继续进行。"有的国家对修改宪法的特定情况作了限制。例如，《巴西宪法》规定，戒严时期不得修改宪法；《希腊宪法》规定，自宪法公布之日起，未满5年不得修改等。

中华人民共和国成立后，在1954年制定第一部宪法时，也经过了特别的程序。1953年1月成立了以毛泽东主席为首的宪法起草委员会，专门负责宪法起草工作，经过全民对宪法草案的讨论，又作修改，最后由全国人民代表大会审议通过。这部《宪法》规定："宪法的修改由全国人民代表大会以全体代表的2/3的多数通过。"由于对宪法的任何修改都会影响全局，频繁修改当然不好，但这并不是说，宪法的稳定是绝对的，因为宪法总是对现实的反映，而现实又是不断发展变化的，适应这些变化而对宪法作出必要的修改，这又是现实的需要，因此，宪法的稳定性只能是相对的。为了兼顾保持宪法的稳定性和在必要时进行适当修改这两个方面，我国现行《宪法》第64条对修改宪法规定了比1954年《宪法》更为明确具体的特别程序。根据《宪法》规定："宪法的修改，由全国人民代表大会常务委员会或者1/5以上的全国人民代表大会代表提议，并由全国人民代表大会以全体代表的2/3以上的多数通过。"以上这些做法和规定，表现了我国对制定和修改宪法的慎重态度，同时也是健全社会主义法制的重要措施。

宪法的上述特征表明了它和普通法律的区别以及它在国家法律体系中的地位，即"宪法是国家的根本法"。当我们从宪法所具有的特性这一角度来了解宪法是国家根本法时，为什么必须将前述的宪法特性联系起来，并应着重其内容上的特性？这是因为，宪法在效力和制定、修改程序上的特性，是由它在内容上的特性所决定的。而就有的国家而言，这种效力和程序上的特性并不是其宪法的必要因素，否则，英国就可以说是没有宪法了，因为英国一切法律的效力都是相等的，一切法律都是由同一个机关（议会）按同样的立法程序制定的。但就宪法规定的内容，即宪法在实质意义上的特性而言，则不能说英国没有宪法，只不过是其他国家宪法规定的内容，在英国是以普通法的形式表现的而已。

二、宪法是民主制度的法律化

对于什么是宪法，我们仅仅了解它是国家根本法是不够的，因为"根本法"只是表明了宪法在内容和形式上的法律特性。为了进一步理解宪法的概念，还必须从政治内容方面了解它的特点。只有这样，才能深刻理解宪法的本质。

宪法的本质，首先表现为它是阶级斗争中取得了胜利并掌握了国家政权的阶级，把斗争的胜利成果和有利于统治阶级的社会制度、国家制度用国家根本法的形式确认下来，以便巩固统治阶级在政治上、经济上的统治地位，并使这种地位合法化。

近代意义的宪法在政治上的一个重要特征，就是它和民主有着不可分割的联系，它是随着资产阶级民主制度的产生而产生并随其发展而发展起来的。

所谓民主，按照希腊文的原意是指"人民的权力"，也就是指由人民直接或通过选举代表来治理、统治。列宁说过："民主是一种国家形式，一种国家形态"，"民主就是承认少数服从多数的国家"。因此，民主首先是一种国家制度，它属于政治上层建筑的范畴，具有鲜明的阶级性，它是和一定阶级的专政密切联系在一起的。民主作为一种国家制度，曾经历过不同的历史时期。在奴隶社会和封建社会，国家实行君主制时，政权实际上归一人掌握。在这种政治形态下，君主、国王无限制地掌握着国家的最高权力，并成为最高的立法者，他的意志一经宣布就成了法律。虽然在奴隶制国家和封建制度国家，也有过和君主制不相同的共和制的国家形式，实行过奴隶制的民主和封建制的民主（如古希腊的雅典民主制和在中世纪欧洲某些城市中形成的封建共和国），但在这种民主制下，掌握国家政权的仍然只是极少数人，奴隶和农奴被剥夺了一切权利，他们始终是被压迫阶级，在雅典的民主制下，奴隶不仅不算是公民，而且不算是人。

随着资本主义经济在封建社会内部的产生和发展，封建主义的政治制度日益成为生产力进一步发展的桎梏。为了适应反对封建专制主义的需要，一些资产阶级启蒙思想家积极地进行着资产阶级革命的思想动员，提出了"主权在民"的思想。资产阶级思想家从"主权在民"的原则出发，不仅做出了必须限制王权的结论，而且还引申出资产阶级的分权学说。在法国资产阶级革命爆发前，卢梭还提出了著名的"社会契约说"，主张建立以社会契约为基础的国家制度，也就是民主的国家制度。资产阶级思想家们的这些民主思想，猛烈地抨击了封建专制制度，对资产阶级革命的发生起了制造舆论的作用，为资产阶级的立宪活动奠定了思想基础，确立所应遵循的原则。

资产阶级民主制作为资本主义的国家制度，是在十七八世纪资产阶级革命过程中形成的。如果说在资产阶级革命前，资产阶级的民主思想是和反对封建专制，争取资产阶级的自由平等不可分割的。那么在资产阶级革命后，所建立的民主制度便和资产阶级所制定的宪法发生了密切的联系。资产阶级革命胜利、建立了民主制度之后，制定宪法的目的，就是为了把反封建的革命成果，把资产阶级民主制用国家根本法的形式确认下来。世界上历来的宪政，不论是英国、法国、美国，或者苏联，都是在革命成功有了民主事实之后，颁布一个根本法，去承认它，这就是宪法。资产阶级在制定宪法时所遵循的民主原则，正是他们在反对封建王权统治的斗争中所提出的自由平等原则、普选制、三权分立原则、法治原则等，特别是资产阶级的代议制则成为资产阶级民主制的核心。所谓"宪政"，也就是以代议制为基础的民主政治的别名而已。

按照资产阶级学者的说法，近代意义的宪法，目的在于限制政府的权力，保障人民的权利和自由。宪法如不规定代议制、分权制和公民权利等条款，就不成其为宪法。因而，1789年《法国人权宣言》曾规定："凡权利无保障和分权未确立的社会，就没有宪法"。这就表明，资产阶级宪法无非是资产阶级民主制度的法律化。

资产阶级取得革命胜利后，需要用国家根本法的形式，把资产阶级的民主制度法律化。同样，无产阶级和人民群众夺得了政权，争得了民主以后，也需要用国家根本法的形式，把这一胜利成果记录下来，予以确认，给以保障，使无产阶级的民主制度法律化。

毛泽东同志在谈到我国1954年《宪法》时曾指出：用宪法这样一个根本大法的形式，把人民民主和社会主义原则固定下来，使全国人民有一条清楚的轨道，使全国人民感到有一条清楚的明确的和正确的道路可走，就可以提高全国人民的积极性。这一论述告诉我们，社会主义宪法和社会主义民主同样有着不可分割的联系。社会主义民主是社会主义宪法的前提和基础。离开了社会主义民主，也就失去了宪法存在的意义，更谈不上宪法的作用了。因此，着眼于充分发扬社会主义民主，这是社会主义宪法不可动摇的原则。同时也应当看到，社会主义民主又必须由宪法加以确认和保障。这首先是由于：社会主义宪法只有把社会主义民主制度法律化，才可以使广大人民群众清楚地知道，自己究竟享有哪些民主权利，并使他们有可能广泛地运用这些权利去管理自己的国家，以便于发挥他们的积极性。同时，宪法的规定还可以使人民群众明确自己应该拥护什么，反对什么，应该做什么，不应该做什么，这样就可以使他们能够正确地行使自己的民主权利，忠实地履行自己所承担的各项义务。

宪法把社会主义民主制度法律化，还可以使各级国家机关和广大干部明确地认识到，应该怎样发扬社会主义民主，应该怎样尊重人民的民主权利，应该怎样按照民主集中制的原则进行活动。只有这样，才能使社会主义宪法的民主原则深深扎根于广大人民群众和干部之中，充分发挥其推动社会主义事业发展的重要作用。

社会主义民主之所以必须由社会主义宪法加以确认和保障，还由于在社会主义制度下，民主原则一经制度化、法律化，它便成了国家意志，具有必须执行的特性，全国上下都要严格遵守，不论是什么人，违反和破坏社会主义民主制度的，都是违宪行为，都应无一例外地予以追究。

总之，无论是资本主义国家还是社会主义国家，宪法都是对已经存在的民主事实的确认，所不同的是，两种民主制具有性质上的差别。

三、宪法集中表现各种政治力量的对比关系

宪法是统治阶级意志和利益的集中表现，它客观地反映着各种政治力量的对比关系。因此我们必须动态地研究宪法问题，把握宪法与政治形势的关系。宪法与政治力量对比和政治形势发展变化的关系。表现为：

首先，宪法是在阶级斗争中取得了胜利的那个阶级的意志和利益的集中表现。任何一部宪法的产生，都是阶级斗争的结果和总结。没有阶级斗争的胜利，没有取得政权并建立起阶级统治的国家，就不可能制定出反映统治阶级意志并代表统治阶级利益的宪法。在阶级斗争中取得胜利的阶级，为了巩固自己的胜利成果，为了建立适合于本阶级利益的制度，并使社会全体成员都能按照它的意志来行动，这就需要借助于宪法这一工具，来达到它的目的。在这一点上，资产阶级是这样，无产阶级也是这样。

正是由于宪法是阶级斗争的结果和总结，它集中地、深刻地反映着统治阶级的意志和利益，因而由不同性质的革命而产生的不同类型的宪法，也就反映着不同阶级的意志和利益，为不同的阶级服务。当我们研究宪法的本质时，重要的是看在这个国家中，哪些阶级处于统治地位，在宪法中所反映的是哪些阶级的意志和利益，这是决定宪法本质的根本因素。

其次，各种力量的实际对比关系、具体历史条件以及经济文化发展的不同，决定并影响着宪法的具体内容。这可在两个层面上进行分析。

1. 即使是同一个类型的宪法，其具体内容也会有所不同，例如英国和法国都是资本主义国家，它们的宪法都是建立在生产资料私有制的经济基础之上，都是以维护资本主义剥削制度，实行资产阶级民主制，巩固资产阶级专政为其神圣职责的，这是资本主义类型宪法的共性和基础。但是，由于英、法资产阶级革命的具体历史条件不同，因而宪法反映的政治力量对比关系也有差别。英国资产阶级革命时期工业还不很发达，资产阶级的地位并不巩固，而封建贵族的势力还很强大，所以资产阶级与封建贵族妥协是英国资产阶级革命的一个特点。这个特点反映在宪法上，就是通过逐步限制王权和逐步扩大资产阶级政治权力的途径来实现的。资产阶级每取得一项胜利，就通过一个有利于资产阶级的法律，从而最终确立了资产阶级的政治统治。这就是在英国确立了君主立宪政体，其宪法是由各个历史时期所颁布的宪法性文件和形成的宪法惯例所构成的历史原因。正如马克思所说：不列颠宪法其实只是非正式执政的、但实际上统治着资产阶级社会一切决定性领域的资产阶级和正式执政的土地贵族之间的由来已久的、过时的、陈腐的妥协。而在法国由于资产阶级革命比较彻底，它粉碎了封建制度，确认了资产阶级民主制，建立了纯粹的资产阶级统治，因而革命后所制定的宪法，则表现了法国资产阶级反对封建制度的彻底性。

同样，同属于社会主义类型的宪法，在不同的国家，由于政治力量对比关系不同，它们的具体内容也不尽相同。例如，我国1954年制定的第一部宪法同当时苏联实行的1936年《宪法》，虽然都是社会主义类型的宪法，都确认了无产阶级和广大劳动人民在国家中的统治地位，但前者反映了资本主义私有制尚未消灭的阶级力量对比关系，而后者反映了社会主义所有制在一切经济部门中已经牢固地建立起来，社会主义已经取得重大胜利的阶级力量对比关系。

2. 以同一个国家的宪法来说，由于政治力量对比强弱程度上的不同，以及政治形势的发展变化，因而在不同发展阶段的宪法，其内容也不尽相同。例如，法国在颁布了1791年《宪法》以后到1875年80多年间，先后更换了11部宪法。这些宪法，有的是反映了资产阶级势力的强大；有的是反映了封建势力的复辟；有的则是反映了在无产阶级力量强大时，资产阶级和封建势力的勾结。法国宪法如此频繁的变更，都是由政治力量对比关系的变化所引起的。但不论宪法如何变更，在阶级本质上都是一样的，它们都是维护剥削阶级统治的宪法。

在社会主义国家，宪法也是随着政治力量对比关系的变化而变化的。例如，十月革命胜利以后，在列宁、斯大林领导下制定的1918年的《苏俄宪法》、1924年和1936年的《苏联宪法》，都反映了不同时期政治力量的实际对比关系。

在我国，建国初期所制定的、起了临时宪法作用的《共同纲领》，它反映了原来居于统治地位的和帝国主义相勾结的官僚资产阶级、封建地主阶级已被消灭，工人阶级为领导的广大人民已成为国家主人的事实。《共同纲领》颁布后，经过 5 年的时间，我国的政治形势又发生了新的变化。在人民民主政权更加巩固，按照社会主义目标，国家已经开始了社会主义建设和社会主义改造的情况下，我们国家又制定了 1954 年《宪法》。这部宪法反映了建国以后我国人民在中国共产党的领导下所取得的各项新的重大成就，明确规定了逐步消灭剥削制度，建立社会主义社会的奋斗目标。毛泽东在谈到我国 1954 年《宪法》时说：我们的这个宪法，是社会主义类型的宪法，但还不是完全社会主义的宪法，它是一个过渡时期的宪法。我们现在要团结全国人民，要团结一切可以团结和应当团结的力量，为建设一个伟大的社会主义国家而奋斗。这个宪法就是为这个目的而写的。

1954 年《宪法》颁布后，随着社会主义革命和社会主义建设事业的发展和胜利，我国在政治、经济和文化等方面又发生了深刻的变化。为了适应形势的发展与任务的要求，国家又相继通过了 1975 年《宪法》和 1978 年《宪法》，它们都反映了我国对生产资料资本主义所有制实行社会主义改造所取得的伟大胜利，表明我们国家已实现了由新民主主义社会向社会主义社会的转变。特别是 1978 年《宪法》，它反映了在林彪、"四人帮"反革命集团被粉碎以后，人民民主专政空前巩固的情况下，我国政治形势所发生的深刻变化。而 1982 年第五届全国人民代表大会第五次会议通过的现行宪法及其后通过的修正案，则反映了在新的历史时期我国政治、经济形势的新发展。

总之，宪法是阶级斗争的产物，它反映着政治力量的实际对比关系。宪法的制定或修改，总是和政治力量的对比以及政治形势的发展变化分不开的。

综合本节的分析，可以对宪法的概念作如下的归纳：所谓宪法，就是规定一个国家的根本性问题，使民主制度法律化，集中体现统治阶级的意志和利益，具有最高法律效力，反映政治力量实际对比关系的国家根本法。

第二节 宪法结构和宪法规范

一、宪法结构

宪法结构是指成文宪法为充分表达国家的宪政体制，对宪法内容进行组合、编排的形式。一般来说，宪法的结构是由宪法的内容决定的。宪法在内容上的科学性和完备性是宪法在结构上得以完善的基础和前提，而宪法结构的完善与否，则受各国制宪指导思想的影响。同时，各国的历史条件、民族特点、掌握政权者的特殊需要以及其他国家的立宪经验等因素，也对宪法的结构有重要影响。正和世界上的宪法内容不统一一样，当今世界上也没有一个关于宪法结构的"共同模式"。不过，随着人类社会的进步和各国民主立宪的发展，各国的宪法结构日益严密和完善。这是当代宪法发展的一个重要趋势。

涉及宪法结构的，主要是宪法序言与宪法条文的体系安排问题。现分述如下：

（一）关于宪法序言

所谓宪法序言，就是对国家生活中的某些重大问题，不便以条文形式加以规定，而在宪法条文之前以叙述式的文字予以表达的内容。

宪法序言不是宪法内容的必要组成部分。据统计，在世界各国现行的140多部成文宪法中，有序言的达90多部。对于序言，各国在宪法中使用的字样并不一致，有的称序言（如《法国第五共和国宪法》、中华人民共和国成立后的几部宪法等）；有的称前言（如《德意志联邦共和国基本法》）；有的称序文（如1946年《法国宪法》）；还有的在宪法条文之前虽有一段文字叙述，但无标题（如《美国宪法》、《意大利共和国宪法》等）。

在有序言的宪法中，其内容的繁简、文字的长短以及序言表现的形式也各有差异。就一般而论，宪法序言主要是记载国家的斗争历程及其取得的历史性成就，制宪的目的及其依据的基本原则，未来的理想及奋斗目标，等等。只有少数国家将对基本人权的保障这一本应写入宪法条文的内容写入了宪法序言（如法兰西第四共和国宪法）。在宪法序言的表现形式上，颇具特色的是：1791年的《法国宪法》是以《法国人权宣言》作序言的；而1918年的《苏俄宪法》则将《被剥削劳动人民权利宣言》列于宪法条文之前。

在我国建国后的几部宪法中，虽都有序言作为它的组成部分，但各自所叙述的内容并不相同，这一方面体现了时代的特点，另一方面也反映出我国发展过程的曲折性。现行宪法的序言虽文字不长，但内容十分丰富。基本内容可概括为：①用非常简练的文字高度概括了国家和民族斗争的历史。②通过记载20世纪中国发生的重大事件，一方面说明人民解放的道路是如何走过来的；另一方面又说明坚持四项基本原则是我国近代历史基本经验的总结。③规定今后我国人民的根本任务是集中力量进行社会主义现代化建设以及实现这一任务的国内外条件。④对改革提出了原则性的要求，提出要"不断完善社会主义的各项制度"。⑤确认了宪法是国家根本法的地位，明确它具有最高的法律效力。

我国现行宪法序言的基本内容，从总体上说，已经包容了中国共产党在十一届三中全会以来所制定的基本路线（即"一个中心、两个基本点"）的核心内容，反映了这一路线的基本要求。然而它对党的基本路线组成部分的改革开放并没有作出明确的表述，从而也就没能对党的基本路线作出完整的、集中的反映。

为了使宪法能更好地体现它与党的基本路线的内在一致性，使党的基本路线在宪法中得到科学的、完整的反映，并赋予它宪法上的地位，1993年3月第八届全国人民代表大会第一次会议通过的第3条和第4条《宪法修正案》就宪法序言所作的修改和补充，使党的基本路线和相关的重大理论问题与政策，在序言中得到了完整的表述，在国家根本法中原则性地规定了国家今后发展的正确指导方针，更加适应了国家发展的需要。[1]

从上述中外宪法序言所规定的内容可以看出，序言作为宪法的组成部分，在宪法中具有重要的地位和作用，它往往构成宪法规范的指导原则。宪法规范也只有和宪法序言所宣布的原则结合起来，才能正确地理解其含义和精神实质。因此，宪法序言除了关于历史的叙述外，同样具有法律效力。

（二）关于宪法正文的排列

宪法正文是宪法的主体部分。虽然各国宪法对其规定的内容并不一致，但一般来说，它所包括的内容主要有：社会制度和国家制度的基本原则，公民的基本权利和义务，国家机关组织与活动的原则、职权及相互关系，国家标志（国旗、国徽、国歌）及首都，宪法实施的保障与修改宪法的程序等。

就我国而论，建国后所颁布的四部宪法（即1954年《宪法》、1975年《宪法》、1978年《宪法》和现行的1982年《宪法》），都是由"序言"、"总纲"、"国家机构"、"公民的基本权利和义务"以及"国旗、国徽、首都"五部分组成的。"国家机构"一章在前三部宪法中，历来是作为第二章，列于"总纲"（第一章）之后，"公民的基本权利和义务"（第三章）之前。现行宪法在章的排列上，将"公民的基本权利和义务"一章作为第二章，列于"国家机构"一章之前。

公民的基本权利和义务是近代宪法的主要内容之一，它表现着国家对基本

---

[1] 关于《宪法修正案》对序言所作的修改，详见本书第二章第三节之四，"宪法修正案"部分。

人权的尊重和公民在国家中的地位。正因如此,进入20世纪以来的现代宪法绝大多数都对公民权利义务设专章予以规定,特别是70年代以来颁布的宪法,普遍将这一部分内容前移,有的甚至开头第一章就规定公民的权利和义务(如《德意志联邦共和国基本法》、《意大利共和国宪法》、《葡萄牙共和国宪法》等)。可以说,提高该章内容在宪法中的地位是现代宪法的发展趋势。我国现行宪法在章序上所作的这一调整,表明了它更加重视对公民权利的保障。从指导思想上说,宪法结构的这一调整更符合人民是国家主人这一社会主义原则;从学理上说,它更深刻地体现了宪法与民主的关系,在宪法结构的逻辑关系上也是顺当的,使我国宪法的结构更加科学、严谨。

我国现行宪法除在章的顺序上作了调整外,总纲一章的内容安排上也作了调整。我国历部宪法的第一章均以社会制度和国家制度的基本原则、基本国策为其主要内容,称为《总纲》。其他国家有的称为《总则》(如1972年的《芬兰宪法》和1973年的《几内亚宪法》);有的称为《基本原则》(如1947年的《意大利宪法》和1976年的《阿尔及利亚宪法》)。还有的宪法称为《社会结构》(如1936年《苏联宪法》),1977年颁布的《苏联宪法》则称为《社会制度基础和政治基础》。

全国规定社会制度和国家制度的基本原则,是我国宪法的特点之一。我国现行宪法的总纲共32条。它主要规定了国家的性质(第1条);政权组织形式(第2条);国家机构实行的民主集中制原则(第3条);民族平等、团结、互助的基本原则和实行民族区域自治制度(第4条);社会主义法制原则(第5条);经济制度(第6~18条);社会主义精神文明建设(第19~24条);推行计划生育的基本国策(第25条);国家保护环境的基本方针(第26条);国家机关实行精简的原则和工作责任制(第27条);国家惩办和改造犯罪分子(第28条);武装力量的任务(第29条);行政区域划分(第30条);特别行政区(第31条);外国人的法律地位和受庇护权(第32条)。现行宪法的总纲不仅在内容上较前几部宪法更加充实,并且增加了一些反映时代特点的新内容。总纲在宪法结构上所呈现的特点是:它所规定的内容不像其他各章那样专门、单一,而是具有总括性,它在宪法中的地位是十分重要的。

在总纲中,除新增加的一些内容(如直接民主、法制原则、精神文明建设、特别行政区等)外,在内容安排上所作的调整主要是:①将中国共产党对国家的领导和国家的指导思想(马克思列宁主义、毛泽东思想)以及国家结构形式的规定由总纲移入序言;②对行政区划的规定从国家结构一章中移入总纲;③外国人的受庇护权和作为基本国策的计划生育,从公民基本权利和义务一章中移入总纲。

一般来说,科学性和完备性对宪法是至关重要的,它对国家生活的影响力是不可忽视的。宪法结构的科学性和完备性首先是由宪法的内容所决定的。但只有内容上的科学、完备,而没有结构上的合理与完善,就会使宪法本身出现内在关系上的不和谐和逻辑关系上的混乱。现行宪法在内容安排上所作的调整,使我国的宪法结构更趋合理和完善,进一步实现了内容完备和结构科学的统一。

二、宪法规范

(一)宪法规范的特点

法律规范作为社会规范的一类,它是由国家制定或认可,体现统治阶级意志和利益,以国家强制力保证其实施的行为规则。

法律规范的构成,一般是由假定、处理(或命令)、制裁或保护组成的。假定部分是确定行为规则的适用条件;处理部分是表明法律所允许、禁止或要求人们必须实行的某种行为,亦即指明行为规则的内容(主体的权利义务);制裁或保护部分是指明不遵守行为规则时应受到的制裁,及对规范中的权利义务所进行的保护。

宪法规范是法律规范的一部分,它是有关国家根本制度和国家政治生活中最基本的行为规则。宪法规范所调整的社会关系称为宪法关系。宪法关系就是国家机关之间、国家机关与公民之间以及公民与公民之间的社会关系,它是一个国家最基本、最重要的社会关系。宪法规范通过对宪法关系的调整,可以对国家生活和社会生活产生决定性的影响。宪法规范在一切法律规范中处于基础性的地位,其他法律规范都要在宪法规范的基础上产生,并受它的制约。

宪法规范既具有一般法律规范的共同属性,又具有不同于一般法律规范的特点。当我们研究宪法规范的特点时,需要明确的是:宪法和宪法规范虽有不可分离的联系,但又不能将二者简单地等同起来。关于宪法不同于一般法律的特点,已在"宪法概念"一节中作了阐述,这里着重要分析的,是宪法规范自身的特点。这主要包括:

1. 根本性规范是宪法规范的基础。所谓根本性规范,是指制度性、原则性的规范。它在宪法规范中,具有指导性的意义。它制约着宪法的内容,规定着宪法的发展方向。

任何一部宪法的产生,无不反映着制宪者根据政治背景、社会经济条件以及历史文化传统所形成的指导思想,其中制宪时所要确立的根本制度和所要遵循的原则为其指导思想的核心部分。例如，在资本主义宪法中，就是以主权在民、三权分立、议会制及保护私有制等为其宪法的根本性规范，并明确加以宣布的。在我国，宪法的一切规范都以实行社会主义这一原则，及所形成的"一切权力属于人民"、"人民民主专政"、"民主集中制"、"人民代表大会制"、"民族的平等与团结"等一系列根本性规范为基础的。宪法的其他规范是根本性规范的延伸和展开，而一般法律规范则不能创立上述意义的根本性规范。尽管不是一切宪法规范都是根本性规范，但只有宪法规范才能成为根本性规范，这是宪法规范的核心特点。

明确宪法的这一特点，不仅具有学理上的意义，而且具有重要的现实意义。就一个国家来说，只要其政权性质不发生变化，不论对宪法作出怎样的修改，作为宪法规范组成部分的根本性规范是不会改变的。这就为宪法的存在和发展规定了指针，同时也为宪法的实施提供了依据。

2. 宪法规范是最高的法律规范。宪法规范的这一特点是和宪法具有最高的法律效力相联系的，是由宪法的最高法律地位所决定的。这里需要明确的是，根本性规范虽然是构成宪法规范的基础，但这并不意味着宪法的根本性规范的法律效力与其他宪法规范不同，宪法所具有的最高法律效力，是指构成宪法的每一个规范而言的，这是宪法作为国家根本法的内在含义。在前面分析宪法的特点时曾提及，宪法是一般立法的依据，一般立法不得同宪法相抵触，这里所说的以宪法为依据，实际上就是以宪法的某一个或某些个规范为依据；不得同宪法相抵触，也是指不得同宪法的某个具体规范相抵触。我们不能由于宪法有根本性规范的存在，而把宪法规范的法律效力分为不同的等级。宪法的一切规范都是最高的法律规范。

3. 宪法规范的包容性和概括性。所谓宪法规范的包容性，是指宪法内容的范围十分广泛，而且它容纳了执政者以外各个阶层和群体的利益。

就包容性的前一个含义而言，宪法内容的广泛性是由其调整的社会关系的特点所决定的。也就是说，宪法关系涉及领域广泛，它包括了国家生活和社会生活的各个方面，不像其他法律规范那样，都有一定的范围可循，而且，随着社会的发展和时代的进步，宪法内容的领域还有不断扩大的趋势，这一特点是其他法律规范所不具有的，特别是在现代宪法中，其表现尤为突出。

就包容性的后一个含义而言，各国宪法一般均为汇集众意而成，具有妥协容让的痕迹。制定者要使宪法符合他们所代表的阶级利益是理所当然的。然而，宪法规范涉及国计民生，与全体社会成员均有重大关系，如它不能兼顾、协调各个群体的政治要求和经济利益，便不能使它具有坚实的社会基础，这在各党派合作的情势之下，更是如此。

宪法规范的概括性特点是与宪法规范的包容性和原则性特点相联系的。宪法作为国家根本法，既然内容广泛，具有包容性的特点，而且多为原则性的规定，因而简明扼要，具有概括性，就成了宪法规范在表述上的特点。而宪法规范的原则性和概括性，又能使宪法在较大程度上适应客观形势的发展变化，从而保持宪法的相对稳定性。

4. 宪法规范的制裁性具有特殊的表现形式。与道德规范不同，制裁要素是法律规范的必要组成部分。对于宪法规范来说，这一点也是必须肯定的。否则，违反宪法而不招致任何法律后果，那宪法规范也就失去了存在的意义，宪法具有最高的、直接的法律效力也就成了空话。然而，同样必须肯定的是，宪法规范的制裁性又不同于普通的法律规范。普通法律规范的效力，一般多由法院的判决予以维持，如有违反，由法院给以相应的制裁，如判处刑罚、损害赔偿等，但宪法规范的制裁性则有自身的特点。主要表现为：①在宪法规范中往往不明确规定对违反它的行为所应采取的具体制裁措施，而留待普通法律加以具体规定。②近代宪法大多对国家机关工作人员特别是领导人员的违宪行为规定了追究责任以至罢免的权力。③一些国家实行违宪立法审查制度，通过司法部门或特别机关，对违宪的法律、法规予以撤销或宣布无效。

总之，宪法规范的制裁性具有特殊的表现形式，其特点是较为迂回曲折，因而维护宪法除需依靠法律手段外，更需依赖从政者政治道德观念和公民宪法意识的增强。

（二）宪法规范的科学性和完备性

1. 宪法规范的科学性。毛泽东同志曾说过，搞宪法就是搞科学，这是制宪者所应遵循的指导思想。所谓宪法规范的科学性，是指宪法的各项规定必须真实反映现实的社会关系，使宪法具有严密和完整的科学体系。历史的实践早已证明，只有以马列主义、毛泽东思想为指导，才能正确认识宪法在国家生活和社会生活中的实际地位和作用，才能科学地解决宪法内容上的一系列问题。

宪法规范的科学性首先取决于宪法在指导思想上的正确性。宪法的指导思想就是宪法内容所依据的理论，及据此所形成的制定或修改宪法时所应遵循的原则。宪法的指导思想为宪法的内容规定了总的轨道，它集中地体现了统治阶级的意志和根本利益。我国宪法的指导思想立足于它要维护人民的利益，要建设具有中国特色的社会主义。宪法把坚持四项基本原则作为它的总的指导思想，是我国人民长期革命斗争历史经验的基本总结，为宪法规范的科学性提供了前提条件。

其次，宪法规范的科学性还取决于，它要真实地反映并正确处理各种现实的社会关系，使之规范化、条文化。在我国，宪法规范必须正确处理的关系包括：宪法与现实经济、政治的关系；宪法与普通法律的关系；宪法与党的领导的关系；民主与集中、民主与专政的关系；中央与地方的关系；国家、集体与个人的关系；公民的宪法权利与义务的关系，等等。在这些关系的处理中，应力求保持宪法整体的和谐一致。

最后，宪法规范的科学性，还要求其必须概念清晰，语义严谨，含义明确，界限分明，做到对其进行解释的排他性，以免在适用时发生疑义。在这方面，有些国家采取的对宪法规范中容易发生歧义的概念、用语，设专节加以解释或在条文中作出明确界定的方式是可取的，当然，宪法规范的科学性与可行性也应该是统一的。

2. 宪法规范的完备性。所谓宪法规范的完备性，是指宪法必须对国家生活中的各种根本性问题，作出比较完整的规定。这是衡量一个国家宪政制度是否完善的尺度。由于世界各国宪政体制的不同，因此对于宪法规范的完备性，不可能有一个适用于各国情况的统一标准。但一般来说，宪法规范的完备性主要是指，宪法的内容应是全面的。这也就是说，宪法的内容必须从本国的实际出发，满足国家生活和社会生活的实际需要。如果宪法内容残缺不全，支离破碎，就不能称为"完备的宪法"，就会使一些重大问题无章可循，造成国家政权在运行中的混乱，或者使公民在国家中的地位不能获得充分的体现。

宪法内容虽应是全面的，但它也不宜过于繁琐庞杂。宪法的任务只在于全面规定国家生活中的根本性问题，一些应由普通法律确认的问题，就不必规定到宪法中去。否则，就会使宪法成为法律大全，从而影响宪法作为国家根本法的地位和法律效力。当然，宪法内容越原则、越抽象就越好的思想倾向，也是应该注意防止的，因为宪法毕竟不是政治宣言。

此外，需要指出的是，在宪法中，对其制定、修改、解释、保障及生效条件作出明确规定；在宪法中规定"依法"实现的条款，必须有相应的部门法予以补充；在宪法规范的基础上得以确立完整的法律体系等，也是实现宪法规范完备性不可忽视的要求。

宪法规范的完备性受到社会政治生活中诸多因素的影响（如制宪的指导思想及社会历史背景，经济文化的发展水平，各个国家的民族特点等），以至宪法篇幅的长短，条文、字数的多少，在某种程度上也会影响到宪法规范的完备性。但由于各国的宪法发展是一个历史过程，宪法完备性的客观尺度也是随着历史条件的变化而变化的。一般说来，无论是资本主义国家还是社会主义国家，在其初期制定的宪法都比较简括，随着各国政治、经济、文化发展水平的不断提高、政治局势的相对稳定以及统治经验的逐步积累，宪法规范也日益完备、周详，这也是当今宪法发展的一个总趋势。

（三）宪法规范的表现形式

调整社会关系的法律规范都有着一定的表现形式，宪法规范特有的表现形式包括：宪法典、宪法性法律、宪法惯例、宪法判例以及宪法解释等。

1. 宪法典。世界上绝大多数有成文宪法的国家，都将其宪法内容以宪法典的形式规定下来。这是宪法规范最基本的表现形式。18世纪末期，美国制定的在世界历史上的第一部成文宪法，开创了以宪法典为其规范内容基本表现形式的先例，并对其后各国的宪政运动及成文宪法的制定产生了巨大的影响。在有宪法典的国家，它虽是宪法规范的主要表现形式，但当我们研究一个国家的宪政问题时，并不能局限于宪法规范的研究。这是由于，在资本主义国家，宪法规范与宪政实践往往是不一致的。只有把"成文的宪法"和"现实的宪法"结合起来，才能对其宪政作出全面的评价。

此外，还需指出的是，宪法典虽是宪法规范的主要表现形式，并不是宪法中的全部内容都构成为宪法规范。例如，我国宪法序言有关历史的叙述以及有些国家的宪法关于公布、生效日期的规定，由于它不设定具体的权利或义务，因而不构成为宪法规范。

2. 宪法性法律。关于宪法规范的表现形式，在英国是独具特色的。这是由于，英国虽是宪政的发源地，但由于历史形成的各种原因，它至今没有一部完整的成文的宪法典。我们通常说的英国宪法，其实是由各个历史时期颁布的一些宪法性法律和形成的宪法惯例构成的，其中甚至包括中世纪遗留下来的法律文件（如1215年的《自由大宪章》），其他诸如1628年《权利请愿书》、1679年的《人身保护法》、1689年的《权利法案》、1701年的《王位继承法》，以及20世纪以来所制定的《国会法》（1911年）、《国民参政法》（1918年）等，都是英国宪法规范的表现形式，成为英国宪法的组成部分。

此外，在有成文宪法典的国家，往往也颁布一些宪法性法律，作为对宪法典的补充。宪法性法律虽然不像宪法典那样内容广泛，有的只涉及某一个或某几个方面的问题，但它是宪法规定的基本原则的延伸和具体化。在我国，关于国家机构的组织法以及涉及公民宪法权利的法律，一般被视为宪法性法律。

3. 宪法惯例。宪法惯例即所谓宪法道德。它是在国家政治生活中长期形成的，具有连续性和稳定性。它虽没有明文规定，但又不被破坏。有的学者认为，在英国，如不了解宪法惯例就不能了解英国宪法的真谛。而对政府和政治家来说，宪法惯例比成文的宪法性法律更为重要，它对政府活动起着有效的规范作用。例如，在英国国家权力的中心从国王转移到议会，再从议会转移到内阁，最终形成内阁制，这个过程并没有正式的法律文件予以规定，而是由宪法惯例来完成的。作为英国宪法重要组成部分的宪法惯例主要包括：①内阁得不到众议院信任，则须辞职，或者解散众议院进行改选，若新选出的众议院仍不予信任，则内阁必须辞职；②内阁全体须对议会负连带责任；③在众议院能支配多数议员的政党，负责组织内阁；④议会至少须每年召集一次；⑤一切财政案，须首先向众议院提出等。

宪法惯例在没有成文宪法典的英国，对其政治生活起着支配性的作用，在有成文宪法的国家，它也是不可缺少的。这是由于，宪法的各项规定比较原则和概括，而且一般不能应时而变，而当把这些原则性和概括性的条款适用于复杂、生动的政治生活时，就需要宪法惯例来调节。可以说，宪法惯例是使宪法具有适应性的手段之一。美国政治学家查尔斯·梅里亚姆在阐述宪法与宪法惯例的关系时指出："宪法既然有了，接着就产生了使它们逐渐适应于不断改变着的形势问题"，"宪法在革命精神中诞生，却在'惯例'的裁决影响下实施；宪法是预言性的，却按照惯例来应用。"[1] 正因如此，美国宪法200多年来，除其后制定的宪法修正案外，还逐步形成了一些宪法惯例。例如，实行两党制，最高法院解释宪法及审查法律的合宪性等。在我国，政协的全体会议在全国人大之前先行召开，政协委员列席全国人大会议等，也是多年形成的惯例。

4. 宪法判例。在实行判例法的国家（如英国、美国），法院的宪法判例，特别是最高法院的判例，对于下级法院具有规范的作用。在英美法系国家，判例的规范作用是与其在法律渊源中的地位相联系的，从制定法与判例法的关系来看，实行判例法的国家，在没有把法律的基本原则和内容全部编纂为法典的情况下，制定法和判例法各有自己的调整领域。而在判例法的形成过程中，"依循先例"的原则又得到了确认。

关于判例的约束力问题，英国和美国作为实行普通法系的代表，各有自己的理论和实践。在英国，60年代中期，上议院对"依循先例"的原则提出了附加的条件，即上议院先前作出的判决，如果是无视成文法的规定，或是根据一条已被废除的成文法作出的，该项判决对上议院就不再具有约束力。在多数情

---

[1] 转引自1986年6月18日法制日报，"英美宪法惯例漫谈"一文。

况下，下级法院对上级法院出于尊重，仍将遵照"依循先例"的原则，如上级法院所树立的原则是错误的，或者是不可行的，下级法院法官则有权根据自己的良知和确信进行裁决。[1]

在美国，宪法的实施和缺陷的弥补在很大程度上也是由法院的判例来完成的。因此，各级法院首先是最高法院都有义务遵守他们自己或同级法院对类似问题所作的决定。然而法院对现有的判例不满意时，也会改变态度，作出不同于前例的判决。例如，经美国最高法院废除的宪法前例就有 80 个左右。可见，宪法判例并不是一成不变的，它往往是同政治现实相联系的，是随着法官观念的变化而变化的。因此运用判例来解决问题又常常表现了它的实用主义性质。

5. 宪法解释。所谓宪法解释，是指由法定的机关对宪法条文的内容、词义以及适用范围所作的具有法律效力的说明。宪法解释是法律解释的一种形式。

宪法之所以需要解释，是由于它作为国家的根本法，一般只规定社会制度和国家制度的基本原则。宪法制定以后，和一般法律一样，在实施过程中可能产生对它的不同理解，为此，对它在实施过程中遇到的问题作出一定的解释，这对于保证宪法的统一执行，维护宪法的根本法地位是必不可少的。同时它也是有关宪法保障制度的一项重要内容，关系到这一制度的能否实现。由于宪法解释在许多情况下具有创制新的宪法规范的作用，所以宪法解释也是宪法规范的表现形式之一。

宪法的解释和普通法律的解释一样，也分为"学理解释"与"有权解释"。就有权解释而言，宪法的解释权属于哪个机关，各国情况并不一致，大体分为三种形式。

（1）议会解释制。即宪法的解释权由议会行使。实行这种制度是以"议会至上"的理论为根据的。这种理论认为，既然议会有权制定宪法，也就有权对宪法进行解释。在资本主义国家，英国是实行这种制度的代表。英国宪法是"柔性宪法"。在英国，普通法律和宪法性法律均由议会按一般立法程序制定。就宪法性法律而言，议会每一次新的立法，都体现着一种新的意思，这在立法者看来，都可以说是议会对宪法的解释。

在我国，宪法的解释权属于全国人大常委会。《宪法》第 67 条规定，全国人大常委会有权"解释宪法，监督宪法的实施"。这表明，我国解释宪法的权力是由最高国家权力机关的常设机关行使的，而且全国人大常委会解释宪法的

---

[1] [英]克里夫·施米托夫："英国'依循判例'理论与实践的新发展"，载《法学译丛》1983 年第 3 期。

权力与监督宪法实施的权力又是结合在一起的。全国人大常委会对宪法的解释同样具有最高的法律效力。

(2) 法院解释制。即宪法的解释权由法院行使。实行这种制度是以"三权分立"理论为基础的。法院解释制最初实行于美国。美国宪法对宪法解释问题并未作出过明确规定。法院有权解释宪法始于 1803 年所确立的判例。1803 年，美国最高法院第 4 任首席法官约翰·马歇尔在处理马伯里诉麦迪逊一案所作的判决中宣布，国会于 1789 年制定的《司法组织法》第 13 条的规定是违反宪法的。他认为，联邦宪法是最高法律，依照权力分立的原则，法官根据自己的誓言及其地位的性质，应是宪法的捍卫者。这样，也就开创了美国联邦最高法院具有解释宪法权的先例。其后，一些国家受其影响，确立了法院解释宪法的制度。

(3) 特别机关解释制。主要是指，有些国家由立法机关通过宪法授权，将解释宪法的权力确定由某一特定的机构行使，其形式有宪法法院、宪法委员会等。这是近代宪政实践的一个特点。据统计，当前世界上已有近 40 个国家专门设立了宪法法院（如意大利、德国、西班牙、奥地利、蒙古等），法国则采用宪法委员会制度。

第三节　宪法的分类

一、传统的形式分类法

世界各国现行的宪法有 100 多个，其内容各不相同，形式也多种多样。对这些宪法实行分类，认识它们之间的差异，揭示它们之间的本质区别，这是马克思主义宪法学的重要任务之一。然而，对宪法的分类，可有不同的标准。分类标准的不同，必然导致分类结果的不同。资产阶级法学家通常以宪法的形式特征作为分类标准，把宪法分为：

(一) 成文宪法与不成文宪法

这是英国法学家布赖斯于 1884 年首次从宪法的文书形式上对宪法所作的分类。所谓成文宪法，是指以一个或几个法律文件的形式所表现出来的宪法。所以成文宪法又称为"文书形式的宪法"。成文宪法一般以单一的法律文件（宪法典）表现，但也有以几个法律文件形式表现的。例如，法国 1875 年《宪法》

就包含着 1875 年 2 月至 7 月所陆续颁布的三种法律文件，即：《公共机关的组织法》、《参议院的组织法》和《公共机关的关系法》。奥地利和瑞典王国宪法也是由几个宪法文件组成的。

所谓不成文宪法，是指以国家的一般法律、惯例或法院判例形式出现的宪法。在罗马，"不成文法"按其原意专指习惯法而言，但就现代宪法而言，完全以惯例形式出现的宪法是没有的。所以不成文宪法与习惯法不能看作一个事物。资产阶级学者常以英国宪法作为不成文宪法的例子，但实际上英国宪法也只是一部分表现为习惯法，另一部分则表现为某种法律文件。

(二) 刚性宪法与柔性宪法

这是布赖斯于 1901 年根据宪法制定的机关和程序，对宪法所作的分类。所谓刚性宪法，是指制定和修改宪法的机关或程序与普通法律不同。刚性宪法又可分为三种情况：①制定和修改宪法必须召开专门的制宪会议，普通立法机关（议会）无权制定或修改宪法；②普通立法机关虽有权制定或修改宪法，但需得到其他机关的批准，或须经过公民复决的特别程序；③普通立法机关虽有权制定或修改宪法，但在表决时需要 2/3 或 3/4 的多数通过。美国宪法是刚性宪法的典型例子。按通过宪法时须经过较为严格的程序，我国宪法也属于刚性宪法。刚性宪法通常都是成文宪法，但成文宪法不一定是刚性宪法。

所谓柔性宪法，是指制定和修改宪法的机关或程序都与普通法律相同，即由出席议会的议员过半数表决通过，就可制定或修改宪法。如英国宪法，它既表现为不成文宪法，又是柔性宪法；但柔性宪法却不一定是不成文宪法。这种分类方法的目的在于说明刚性宪法和柔性宪法各有优缺点，前者稳定，后者灵活。其实，宪法的稳定性，并不完全取决于修宪程序的难易，而是靠执政者的指导思想，社会力量对它的支持等。柔性宪法虽较灵活，但经常修改却不利于社会的稳定和宪法权威的树立。

(三) 钦定宪法、民定宪法和协定宪法

这是资产阶级学者根据制定宪法的主体，对宪法所作的分类。所谓钦定宪法，就是指在君主立宪制的国家由君主制定的宪法。例如，1889 年日本明治天皇所颁布的宪法，1906 年的俄国宪法，1908 年我国清朝政府颁布的《钦定宪法大纲》等。

所谓民定宪法，是指由议会、制宪会议或公民投票方式通过的宪法。实际上，在资本主义国家，真正按民意制定宪法是根本不可能的。这种"钦定"和

"民定"的区分，丝毫不能改变资产阶级宪法的本质。至于所谓协定宪法则是指由君主和代表民意的代议机关制定的宪法。

除上述分类外，还有的按所处历史时期的不同，将宪法分为近代宪法（十八九世纪制定的资产阶级的早期宪法）与现代宪法（20世纪，特别是第一次世界大战后制定的宪法）；按所处环境的不同，分为平时宪法与战时宪法。此外，还有的资产阶级学者，近来对各国宪法作了更为细致和繁多的分类。

总之，以宪法的形式特征进行分类，一般是资产阶级学者在社会主义性质的宪法产生以前，普遍采用的分类方法。这种分类方法反映着宪法发展的时代特征，有它的历史必然性，而且对理解各资本主义国家宪法的特点及产生这些特点的原因与作用，以及比较各国宪政制度的异同，都有重要的参考价值，不应全面否定。但是，这种分类方法毕竟没有科学地揭示出宪法的本质，不能用以说明有关宪法的阶级根源以及由此而产生的各种复杂现象。如果只是停留在这种分类方法上，那就必然会使我们对宪法的研究得不出正确的答案。

值得指出的是，有的资产阶级宪法学者也曾采用过一种所谓实质分类法，把宪法分为最高宪法与从属宪法，联邦宪法与单一宪法，分权宪法与集权宪法，共和宪法与君主宪法，等等。其实，这种所谓"实质分类法"，也是形式主义的分类法，与马克思主义的实质分类法不能同日而语。

二、马克思主义的实质分类法

马克思列宁主义认为，宪法作为国家根本法，是阶级斗争中阶级力量实际对比关系的反映，是巩固阶级统治的工具，它具有强烈的、鲜明的阶级性。马克思主义对宪法进行分类是以区分宪法的本质为首要目的的，因此，只有根据生产关系的历史类型，和与其相适应的国家政权的阶级属性为分类标准，才能从本质上对各国宪法作出区分。按照这一分类标准，世界上的宪法只有两种类型：一种是资本主义类型的宪法；一种是社会主义类型的宪法。这是马克思主义的科学分类方法。只有这样对宪法进行分类，才能够揭示出各种各样宪法的阶级属性和基本特点，正确认识不同类型的宪法在社会生活中所起的不同作用，以及宪法的发展规律。

与此相反，资产阶级的法学家总是从超阶级的观点出发，在他们的宪法理论中抹杀宪法的阶级本质。首先，资产阶级学者不把宪法看成是建立在一定经济基础之上，并为自己的经济基础服务的上层建筑，而是把它同现存的经济条件割裂开来，把宪法看成为驾于社会之上的一种超经济的力量，是所谓永世长存的东西。其次，资产阶级学者不是把宪法看成是统治阶级意志的表现和阶级统治的工具，而是把资产阶级宪法说成是表现"全民"意志和保护"全民"利益的，是所谓"人民权利的保障书"。

社会主义性质的宪法诞生以后，以马克思主义为指导对宪法所作的分类，不仅克服了传统的形式分类的局限性，适应了宪法和宪法学发展的需要，消除了形式分类存在的弊病，而且它体现了科学性和阶级性的统一，挖掘了宪法在更深层次上的问题，即宪法的本质问题，从而也指明了资产阶级各种宪法理论不科学性的根源。

在马克思主义对宪法进行实质分类的基础上，还可以宪法的真实性为标准，对宪法从另一角度作出分类。列宁曾指出：当法律同现实脱节的时候，宪法是虚伪的，它们是一致的时候，宪法便不是虚伪的。根据列宁的这一原理，资本主义类型的宪法由于是理论与实际分离，条文与现实脱节，在其宪法的构成成分中，既有真实性的一面，也有虚伪的因素，因此，它是以真真假假、虚虚实实为其重要特征的。

当然，社会主义类型的宪法，由于种种原因也确实存在着条文与现实并不完全一致的情况，不过这种不一致在性质上是和资本主义类型的宪法不同的。应当说，社会主义类型的宪法，在总体上是真实的。对于条文与现实不一致的情况，应做具体分析。只看现象，不看本质，并不是科学的方法，也无助于问题的解决。

第四节　宪法的基本原则

任何一部宪法，在制定过程中总要体现立宪者的某种追求。宪法的基本原则就是确定宪法内容的主要依据。它贯穿于宪法的全部内容之中，体现着宪法的基本精神，突出地反映着宪法的本质特征。

不同类型的宪法确认着不同性质的社会制度和国家制度，受此制约，它们所遵循的基本原则也各不相同。

我国宪法的基本原则与其所遵循的总的指导思想，即坚持四项基本原则是分不开的，应看到二者的内在联系；但四项基本原则是我国一切领域的共同指导原则，它并不完全等同于我国宪法的基本原则。在四项基本原则指导下，根据宪法是国家根本法的这一地位和特点以及我国的具体国情，我国宪法还有自身的若干原则。这些原则是指导思想的体现和运用。

我国宪法的基本原则不同于宪法规范中的具体原则。基本原则是指可以体

现我国宪法本质属性的那些原则。它们互相关联,是一个不可分割的整体。我国宪法的基本原则主要有:

一、一切权力属于人民原则

我国是一个社会主义国家,国家权力源于全体人民,人民是行使国家权力的主体。我国《宪法》规定"一切权力属于人民"就是对人民在国家中地位的确认。这一原则是社会主义民主制度的本质和核心。它具体体现了宪法是民主制度法律化的原理。一切权力属于人民的原则在宪法规范中的表现是多方面的。最直接的表现是:①我国是工人阶级领导、以工农联盟为基础的人民民主专政的社会主义国家;②人民行使国家权力的机关是全国人民代表大会和地方各级人民代表大会,各级人民代表大会的代表由人民直接或间接选举产生,对人民负责,受人民监督;③人民群众通过各种途径和形式,管理国家事务,管理经济和文化事业,管理社会事务,并可通过群众性自治组织及企业中的职工代表大会实现人民的直接民主;④公民享有宪法规定的广泛的权利和自由,等等。

一切权力属于人民的宪法原则与资本主义国家的人民主权原则虽用语相似,但在理论基础、实现形式和阶级内容上是根本不同的。

人民主权也称"主权在民",是资产阶级革命时期针对"主权在君"、"君权神授"而提出来的一种学说。其基本含意是:人生而具有生存、自由、平等、追求幸福和财产等权利。人民是一切权力的源泉。国家的主权,即国家独立自主地处理其内外事务的最高权力来自人民,属于人民,人民有权参与国家事务的管理。

人民主权学说的主要创立者是法国的卢梭。他以社会契约论作基础,认定国家是由人们相约组成的,官吏的权力是人民为了共同幸福以委托的方式赋予他们的,缔约者必须遵守契约,服从"公意";同时认定人民的公意在国家中表现为最高权力,这种权力具有不可转让性和不可分割性,主权就是公意的具体表现,因而人民是主权的主体。

人民主权学说推进了资产阶级革命的发展,成为资产阶级反对封建专制的强大思想武器。这一学说最初是以理论形态表现出来的,继而以宣言的形式用于政治实践。1776年的美国《独立宣言》和1789年的法国《人权宣言》,都对这一学说作了明确的表述,后来又被写进了宪法,成了资本主义宪法的一条共同原则。

人民主权学说在历史上起过积极的作用,但作为宪法的一项基本原则,只不过是一种标榜。

二、社会主义原则

走社会主义道路是我国人民所作出的历史性选择。它不仅作为四项基本原则之一写入了我国宪法序言,而且作为宪法的基本原则直接写为宪法的规范。

我国《宪法》规定的有关内容是:①社会主义制度是我国的根本制度。禁止任何组织或者个人破坏社会主义制度。《宪法》还确认,生产资料的社会主义公有制是我国社会主义经济制度的基础;②宣布社会主义公有制消灭人剥削人的制度;③规定实行各尽所能,按劳分配的原则;④宣布社会主义的公共财产神圣不可侵犯;⑤《宪法》确定,在建设社会主义物质文明的同时,还要努力建设社会主义的精神文明,等等。

在我国,坚持社会主义,必须是从中国实际出发的有中国特色的社会主义。党的十四大对建设有中国特色社会主义理论主要内容所作的概括,是在我国改革开放和社会主义现代化建设的实践过程中,在总结我国社会主义胜利和挫折的历史经验并借鉴其他国家社会主义兴衰成败历史经验的基础上,逐步形成和发展起来的,它是马克思列宁主义基本原理与当代中国实际和时代特征相结合的产物,是毛泽东思想的继承和发展。只有坚持这样的社会主义和马克思主义,才能正确理解和实现我国宪法的社会主义原则,才能既同抛弃社会主义和马克思主义的思潮划清界限,又同墨守成规、脱离中国实际和时代发展的观点划清界限。

生产资料私有制是资本主义国家经济制度的基础,是资本主义制度的核心。在封建专制制度下,为使资本主义经济获得发展,资产阶级的启蒙思想家们反复论证了私有财产的神圣不可侵犯性。在资本主义制度下,私有财产神圣不可侵犯,实际上就是生产资料的资本主义私有制神圣不可侵犯。正像列宁曾深刻指出的:以前所有一切宪法,以至最民主共和的宪法的精神和基本内容都归结在一个私有制上。对私有财产的保护,实际上是维护资本主义根本制度的需要。它所保护的只是资产阶级在经济上的利益和政治上的统治,对不占有生产资料的劳动者来说,并无实际意义。

三、民主集中制原则

民主集中制原则作为我国宪法的基本原则,是从中国共产党的根本组织原则演化而来的。所谓民主集中制,它是一种民主与集中相结合的制度。毛泽东在解释这一制度时指出,民主集中制既是民主的,又是集中的,是在民主基础上的集中,在集中指导下的民主。民主和集中这两个方面是互相依存的,二者是对立统一，不能偏爱任何一个方面。因此，它同一切剥削阶级国家的官僚集中制是根本不同的。

我国宪法在规定国家机构实行民主集中制原则的同时，并列举了这一原则的主要内容。民主集中制作为我国国家机构的组织与活动原则，同资本主义国家的三权分立原则有着原则的差异：①在民主集中制原则基础上产生的国家机构，彼此间不是权力分立的关系，而是一种职能的分工，因而表现了国家权力不可分割的原理；②在国家机关体系中，国家权力机关居于主导地位，不存在资本主义国家那种互相牵制，以求平衡的关系；③在不同的国家机关，这一原则的运用方式虽有所不同，但它们实质上都是社会主义民主集中制的表现形式。

资本主义国家实行的三权分立原则，实际上包括分权与制衡两个部分。它的基本内容是：将国家权力分为立法、行政、司法三部分，这三种权力分别由三个不同的国家机关各自独立行使，同时又互相牵制和约束，以保持三种国家权力的平衡，防止国家权力的垄断和专横。

三权分立作为一种学说，最初是由英国的洛克提出来的，后来又为法国的孟德斯鸠所发展。三权分立作为资本主义国家政权的组织原则，在法律上和实践中的表现，就是以权力制衡权力，以权力对抗权力。它的实质最初是表现为阶级分权，是对封建专制主义的挑战，即新兴的资产阶级要求改变封建君主的专制独裁；当资产阶级取得政权以后，它又表现为资产阶级内部不同利益集团之间的分权。

资产阶级革命以来，几乎所有的资本主义国家，都以不同的表现形式，将三权分立确定为宪法的原则，美国宪法是实行三权分立原则的典型。法国《人权宣言》也宣布，凡分权未确立的社会就没有宪法。

三权分立在反封建斗争中曾起过进步作用，但这一原则的作用仅仅限于调节资产阶级国家权力的内部关系（特别是中央国家机关内部的关系），它没有也不可能解决国家政权与人民群众的关系。因此，这个原则从根本上说，是从维护资产阶级的统治作为出发点的，具有阶级的局限性和时代的局限性。尽管这一原则在理论上存在许多争议，在实践中受到冲击，但它作为一项基本的宪法原则，仍在资本主义国家政权的运作中发挥作用。

四、法治原则

法治是和人治相对立的，是对封建统治阶级人治的否定。资产阶级的思想家们曾提出，专制政体下一切祸害的根源在于王权不受法律限制。因此，要保障人民的生命、财产和人身自由不受侵犯，就必须废除人治，实行法治。

资产阶级学者对所谓法治原则作了各种各样的解释，但没有形成一个确定的含义。从各种学说和主张来看，法治原则所包括的主要内容是：①要依法治理国家，靠法律来维护社会秩序；②统治者和被统治者都要受法律的约束，法律面前人人平等；③不能无故处罚人民，只有根据法律才能定罪并处以刑罚；④个人自由权利的范围应由法律确定，对法定的权利，不得任意侵犯和限制。

法治原则不仅被资产阶级普遍接受，而且被许多国家的宪法确认。1787年的美国宪法和1791年以《人权宣言》为序言的法国宪法，首次对这一原则作了不同程度的表述，特别是《人权宣言》对此表述得更为详尽。这两部宪法的有关规定，对其他资本主义国家的宪法发生了巨大的影响，并使之成为一项共同的宪法原则。

在建设有中国特色社会主义的历程中，要搞好社会主义的物质文明和精神文明建设，要发展社会主义民主，都必须以加强社会主义法制建设作为重要保证，并实行"依法治国，建设社会主义法治国家"的治国方略。

党的十五大报告从治国基本方略的高度对法治原则作了重要论述，指出："发展民主必须同健全法制紧密结合，实行依法治国。依法治国，就是广大人民群众在党的领导下，依照宪法和法律规定，通过各种途径和形式管理国家事务，管理经济文化事业，管理社会事务，保证国家各项工作都依法进行，逐步实现社会主义民主的制度化、法律化，使这种制度和法律不因领导人的改变而改变，不因领导人的看法和注意力的改变而改变。"这一论述全面、深刻地阐述了法治原则，并在实行法治必要性的基础上，着重论述了法治与民主的关系。法治不是治民，而是民治。在我国，依法治国的基本要求是"有法可依，有法必依，执法必严，违法必究"。宪法在国家生活、社会生活和公民生活中具有最高的地位和权威，因此，依法治国首先是依宪治国；同时，国家的法律、法规也应获得普遍的服从，任何个人和组织的违法行为都应受到应有的追究，法律面前人人平等。

第九届全国人大第二次会议所通过的宪法修正案，在宪法上确立了依法治国的基本治国方略，这体现了执政党领导方式和国家政权运作方式的战略性转变，这对于推进我国经济的持续、快速、健康发展和社会的文明进步，保障国家的长治久安，树立全社会依法治国的观念和增强全民的宪法意识，都具有十分重要的意义。

五、平等原则

平等作为宪法的基本原则，是由我国宪法的社会主义性质所决定的。它贯穿在宪法规范的不同方面。在民族平等方面：①《宪法》不仅规定了各民族一律平等的原则，而且指明平等、团结、互助的社会主义民族关系已经确立，并将继续加强；②规定国家保障少数民族的合法权利和利益，维护和发展各民族的平等、团结、互助关系；③禁止对任何民族的歧视和压迫，禁止破坏民族团结和制造民族分裂的行为；④国家根据各少数民族的特点和需要，帮助各少数民族地区加速经济和文化的发展，国家尽一切努力，促进全国各民族的共同繁荣；⑤各少数民族聚居的地方实行区域自治，设立自治机关，行使自治权，并在《宪法》中设专节对民族自治地方的自治机关作了一系列原则规定；⑥为了实现民族平等，加强民族团结，《宪法》还指明既要反对大民族主义，主要是大汉族主义，也要反对地方民族主义。所有这一切，都体现了我国各族人民的共同要求和愿望，是我国成为各族人民团结友爱、互助合作，共同发展、共同繁荣的民族大家庭的宪法保证。

此外，男女平等和公民在法律面前人人平等也都体现了我国宪法中的平等原则。

第五节 宪法的作用

宪法是建立在一定社会经济基础上的上层建筑的重要组成部分。一方面它由经济基础决定，随着经济基础的变化而变化；另一方面它又对经济基础有反作用，同时对上层建筑的其他组成部分也有影响作用。

宪法的作用是由宪法的地位决定的，具有不同于普通法律的特殊性，具体说，宪法的作用带有根本性、决定性、指导性和相对稳定性的特点。

一、宪法确认国家的经济制度

宪法是在一定的经济基础上产生的，作为上层建筑重要组成部分的宪法对于社会经济的作用问题，恩格斯曾经做过这样的论述：经济状况是基础，但是对历史斗争的进程发生影响并且在许多情况下主要是决定着这一斗争的形式的，还有上层建筑的各种因素：阶级斗争的各种政治形式和这个斗争的成果——由胜利了的阶级在获胜以后建立的宪法等等。这里说的"历史斗争的进程"，包括社会经济的发展。宪法对社会经济发展的促进作用主要表现为它要确认国家现存的经济制度，并为经济的发展规定总的方针。

资本主义类型的宪法是建立在生产资料资本主义私有制的基础上，为资本主义的经济基础服务的。"私有财产神圣不可侵犯"这一宪法原则以及现代资本主义国家宪法中关于经济方面的规范,为其经济基础的巩固和发展起了确认和促进的作用。

我国宪法是建立在生产资料公有制的基础上,为社会主义的经济基础服务的,它不仅对我国经济制度起了创建性的作用,确认了我国现有的经济制度,而且为国民经济的发展规定了一系列的方针政策,并为经济体制的改革规定了方向和原则,推动着经济体制改革的发展。

宪法对经济的作用,可以表现为积极的推动,也可以表现为消极的阻碍。关键在于它能否正确反映客观的经济规律,它所保护的经济基础是否适应生产力发展的要求。

二、宪法巩固国家的统治权

掌握国家权力是制定宪法的前提条件,这是为中外宪政史所证明的一条规律。这条规律源于宪法是由国家权力所创造的,在旧政权下想要实现新的宪政主张,是根本不可能的。而宪法一旦制定,它又必然要为巩固和强化国家的统治权服务,这是执政者立宪的重要目的之一。

宪法对巩固国家权力的作用体现在以下三个主要方面:①它要规定国家权力的归属,确认各阶级在国家中的地位。但这种作用在资本主义宪法中,是以虚伪的标榜形式出现的。②它要根据本国的历史条件和现实条件确立行使国家权力的主要形式,规定它所要遵循的基本原则。③它要规范国家权力的运行机制,以维护国家的统治秩序。在正常情况下,凡涉及国家权力行使的任何重大变动,不经宪法确认,便不具有合法地位。

我国宪法所公开确认的国家性质、以民主集中制为原则的人民代表大会制度以及专章规定的国家机构,都是适合我国国情,有中国特色的重要规定。它对保证国家权力的正常行使,防止权力的滥用,使国家政权更有效地领导和组织社会主义现代化建设事业,发挥着重要的宪法保障作用。

三、宪法保障公民的基本权利

世界各国一般都把确认公民的基本权利和自由作为宪法的重要组成部分。例如,英国虽然没有成文的宪法典,但英国的宪法性法律则包括了比较古老的《人身保护法》(1679年)和《权利法案》(1689年)等。在历史上,也有的国家把保障人民权利的文件列为宪法的序言。例如,法国1791年制定的第一部宪法,就把《人权宣言》作为宪法的序言。十月革命胜利以后所制定的第一部苏俄宪法，也是把《被剥削劳动人民权利宣言》列为第一篇。美国宪法虽然最初并没有规定公民的权利与自由，但其后通过的宪法修正案也就此作了补充。由于保障公民权利在宪法中占有重要地位，因此列宁从这个意义上指出："宪法是什么？宪法就是一张写着人民权利的纸。"

我国宪法从人民民主专政的国家性质出发，本着不断发展社会主义民主的精神，对公民的基本权利和义务作出了切实的、实事求是的明确规定。这些规定的作用在于：它体现着公民在国家中的地位；为公民与国家之间和公民相互之间的关系确立了准则。公民的基本权利和自由一旦遭受侵犯，他们可以诉诸司法部门予以裁决。

在我国，公民宪法权利的保障主要是借助于普通法律来实现的。因此，以宪法规定的公民基本权利为依据，制定相关的法律，则是保障公民宪法权利的必要条件。此外，经济的发展，公民文化素质的提高及正确权利观的树立等，都对公民宪法权利的实现产生影响。

四、宪法为法制建设确立基础

加强法制建设是管理国家的重要手段。任何国家在法制建设中都力求完备和统一，如果各种立法活动各行其是，法制不统一，法律秩序紊乱，不能正确表达人民的意愿，就会造成政局的不稳定。宪法作为国家根本法，它在法制建设中的作用，主要表现为两个方面：

1. 宪法为法制的完备奠定了基础。宪法是我国法律体系中的核心部分，是我国立法工作的法律基础，是制定一般法律的依据。宪法不仅为日常立法规定了应遵循的基本原则，而且对立法的权限和程序也都作了明确的规定。因此，没有宪法就不会有法制的完备，从而也就不能满足社会发展的需要。

2. 宪法为法制的统一规定了指导原则。随着社会主义事业的不断发展，需要用法律调整的社会关系不仅日益增多，而且越来越复杂。因此，在完备法制的过程中，也就产生了如何保证法制统一的问题。各项立法互相矛盾，甚至自己推翻自己，必然会使执法工作无所适从，影响法律作用的发挥。宪法在保证法律体系的和谐一致和法制统一方面的作用主要是，它为审定法律、法规和一切规范性文件规定了最高准则，为法制建设的协调发展提供了依据。

五、宪法促进精神文明建设

对建设社会主义精神文明作出系统规定是我国现行宪法的一个重要特点，它表现了对社会主义理解的深化。把我国建设成为富强、民主和文明的社会主义国家作为全国人民的一项根本任务和奋斗目标，已写入我国宪法的序言之中。其中"文明"，既包括物质文明，也包括精神文明。不仅如此，《宪法》在总纲中还从文化建设和思想建设两方面，规定了国家建设社会主义精神文明的基本政策和措施，这是建设具有中国特色的社会主义的重要方面。《宪法》的这些规定，对我国社会主义精神文明建设起着巨大的促进作用。它有利于提高全民族的素质，使我国人民成为有理想、有道德、有文化、有纪律的劳动者；有利于实现社会风气、社会秩序、社会治安的根本好转。

六、宪法维护国家的统一

国家的统一关系到民族的兴旺和国家的富强。我国宪法在维护国家统一方面的作用主要表现为：

1. 它确认我国是单一制的国家结构形式。少数民族聚居的地方实行区域自治，但各民族自治地方都是中华人民共和国不可分离的部分。

2. 为了解决历史上遗留下来的香港、澳门问题以及台湾回归祖国的问题，《宪法》规定了"一国两制"的方针。当前，根据《宪法》的规定，对香港、澳门恢复行使主权的问题已获得合情合理的圆满解决，台湾回归祖国也将继续按照这一方针解决。尽管这些地区可以成立特别行政区，实行高度自治，但它们都是中华人民共和国神圣领土不可分离的一部分。这一点，已为根据《宪法》制定的《香港特别行政区基本法》和《澳门特别行政区基本法》所确定。特别行政区的成立并不改变我国单一制的国家结构形式。鉴于国家的统一具有重大意义，因而《宪法》序言庄严宣布，完成祖国统一的大业是全国人民的神圣职责，并将维护国家的统一作为公民的基本义务规定在《宪法》之中。

宪法除上述作用外，在对外方面，它体现着国家的主权，象征着国家的独立。宪法中关于国际事务的规定，表现着该国的政治立场和由此而决定的方针、政策。我国宪法的有关规定，有利于维护世界和平和促进人类进步事业的发展，在改革开放的形势下，也有利于通过国际交流与合作，促进我国社会主义现代化建设事业的不断前进。

第六节 宪法实施的监督与违宪审查

一、违宪审查制度的概念

宪法实施的监督是为保证宪法的全面贯彻执行，而对一切违宪活动所进行的审查。

宪法颁布以后，能否在社会生活的一切领域保证其实施，与国家的政治、经济形势密切相关。综观世界各国的历史与现状，凡是宪法受到尊重，得到较好贯彻的时期，其国内政局也必然相对稳定，经济也会获得发展；反之，在宪法遭到践踏的时候，必然伴随着专制与暴政，经济发展迟缓、停滞甚至倒退。因此，任何一个国家的当政者，都十分重视宪法实施的监督问题，除明确规定宪法具有最高法律效力及严格的修改程序外，为了处理违宪问题，还建立了宪法实施的监督制度，违宪审查制度就是其中的重要内容。

所谓违宪审查制度，是指在实行宪政的国家，由特定的国家机关按照特定的程序对某些行为进行合宪性审查，并对其是否违宪作出裁决的制度。至于违宪审查的范围，在各国是不相同的，但总的讲主要包括：审查法律、法规及法律性文件的合宪性；审查国家机关（尤其是政府部门）及其工作人员行为的合宪性；审查国家机关之间的权限纠纷等。欧洲的某些国家，违宪审查机构还对条约是否违宪进行审查。在联邦制国家，违宪审查机构并负有保证邦与邦之间和邦与联邦之间的平衡的责任。

违宪审查制度是伴随着宪法的产生而产生的，它与宪法的解释往往有着紧密的联系，所以各国一般都采取宪法的解释权与违宪审查权由同一机关行使的做法。违宪审查制度，最早起源于美国。1780年，美国新泽西州法院在审理"霍姆斯诉沃尔顿"一案中，宣布该案所涉及的1778年通过的一项法案违反了新泽西州宪法，从而开创了州法院审查州立法是否符合州宪法的先例。在美国，联邦最高法院审查国会立法的实践是伴随着法院解释宪法这一先例的形成而产生的。美国最高法院马歇尔对1803年"马伯里诉麦迪逊"一案的审查，使联邦最高法院获得了审查国会立法是否符合联邦宪法的权力，第一次确认了法院解释宪法和法律的合宪性由司法机关审查的原则，从此确立了美国的违宪审查制度，并在以后的司法实践中对美国政治产生了重大影响。后来，许多资本主义国家效仿美国，确立了自己的违宪审查制度。

二、违宪审查机关

在各国政治体制中,行使宪法实施监督职能的主要机关,大致有如下几种:

1. 由立法机关或最高国家权力机关行使。社会主义国家由于实行民主集中制原则,一般都规定最高国家权力机关不仅具有立法职能,并负有监督宪法实施的责任。例如,早在十月革命胜利后制定的第一部社会主义宪法——《俄罗斯社会主义联邦苏维埃共和国宪法》就明确规定:"全俄苏维埃中央执行委员会……负责监督苏维埃宪法、全俄苏维埃代表大会及苏维埃政权中央机关各项决定的实施情况。"虽然这一规定过于原则、笼统,但它标志着社会主义宪法实施监督制度的创立,并对以后各社会主义国家产生了重要影响。但是,随着现代宪政的发展,有的社会主义国家打破了一般采用最高权力机关行使违宪审查权的传统模式,出现了违宪审查主管机关专门化的趋向,确立了适合本国国情的违宪审查制度。

2. 由司法机关行使。如前所述,司法机关行使违宪审查权的先例是由美国开创的。除美国外,实行这种体制的国家还有日本、菲律宾、加拿大、澳大利亚、墨西哥、阿根廷等国家。如《日本宪法》第81条规定:"最高法院为有权决定一切法律、命令、规则以及处分是否符合宪法的终审法院。"《菲律宾宪法》第10条也规定:"一切涉及条约、政府协定或法律合宪性的案件,应由最高法院审讯和判决"。

许多西方法学家把这种由司法机关审查违宪活动制度看做是实施宪法的保障和立法、司法、行政三机关"牵制与平衡"的体现。在这些国家,最高法院不但有解释和适用宪法的权力,而且有依照它所解释的宪法来审查立法、行政和其他国家机关的行为以及下一级法院的判决是否有效的权力,可以对上述机关的行为作出是否符合宪法的裁决。这些国家的法院行使司法审查权的方式,主要是通过审理具体诉讼案件来审查其所适用的法律、法令是否违宪。如果没有遇到具体诉讼案件,法院不能主动对它进行审查,也不能以假设的事实为根据,对法律、法令进行预防性的审查。只有在初审或上诉审的案件中,当事人就某项法律、法令的合宪性问题提出异议,法院才能在具体判决中对有关法律、法令的合宪性问题作出裁决。

3. 由专门设立的宪法法院或宪法委员会行使。根据一些国家宪法的有关规定,宪法法院不审理普通民、刑事案件,其主要职能是保证宪法的实施。例如,《意大利宪法》规定,宪法法院的职能是:①审理"国家与省的法律及具有法律效力的法令同宪法合法性相抵触的案件";②审理"国家各机关间、国家与各省间以及各省相互间权限的争执与疑问的案件";③审理"根据宪法规范对共和国总统和各部长所提出的控告案件"（参见第134条）。在德国，联邦宪法法院除具有上述职能外，还有裁决联邦大选中有关选举的诉讼案，以及确定某政党或某政党的一个独立组成部门是否违法的权力。

法国宪法委员会的职权则是：①监督公民对共和国总统的投票程序，保证选举的合法性，并对国民议会和参议院两院议员的选举发生了争执时作出裁决；②在国家安全受到威胁或公共权力机关正常行使职权受到破坏中断时，总统可以采取应急措施，但总统在行使紧急命令权之前，必须征询宪法委员会的意见并取得同意；③审查各种法律、法令是否违宪。其法律审查权限的范围是：①各项法律在颁布之前，均先提交宪法委员会审查，委员会在一个月内作出裁决。紧急情况下，经政府要求可在8天内裁决。②各项"组织法"在颁布前要先提交宪法委员会审查，只有在宪法委员会宣布符合宪法后始能颁布。③国民议会和参议院制定的规章在执行前先送交宪法委员会审查是否违宪。④政府的法令、条例，经宪法委员会审查认可后才能生效。⑤对政府或议会提交的国际协定进行审查，如认为协定含有违宪条款，则必须修改后才得批准执行。

为了强化违宪审查机关的职能，有的国家还在其宪法或法律中对主管机关的组成人员及产生方式、职权及法律程序，作了具体的规定。这体现出现代国家监督宪法实施的工作已日益得到加强。

三、违宪审查的方式及效力

违宪审查的方式，概括起来主要有以下几种：

1. 事先审查，又称预防性审查。即在法律、法规制定过程中，由专门机关进行审查，经审查认可后，才能颁布、执行。例如，在法国各项组织法、议会制定的规章等，在其生效之前均须提交宪法委员会审查其合宪性。

2. 事后审查。即对已经生效的法律、法规在执行或适用过程中，因对它的合宪性产生怀疑而予以审查。对主管机关审查的期限、裁决的公布等，各国都有明确的规定。世界上大多数国家都采用事后审查制。

3. 附带性审查，又称具体性审查或个案审查。即司法机关在审理具体案件时，对所适用的法律、法规是否违宪进行审查。附带性审查是与那种不以争议为前提的主动审查即抽象性审查相对应的。美国的违宪审查就属于附带性审查方式，法院在审理案件过程中，要对有关法律作出裁决。如果该项法律违宪，法院就作出该案件不能适用此项违宪法律的判决。

4. 宪法控诉。即指公民个人的宪法权利受到侵害时，有权向宪法法院提出控诉的一种制度。德国、奥地利、西班牙均实行这一制度，在德国，这种控诉既不受具体危害后果是否已发生的限制，也不受是否涉及本人权益的限制，只要认为某项法律侵犯了基本法所保障的公民权利就可提出。而在奥地利，宪法法院则只受理基本权利受到侵犯的个人提出的申诉。西班牙的宪法法院不仅受理公民对侵犯宪法权利的法规所作申诉，而且可以对官员侵犯公民宪法权利的粗暴行为提出申诉。

世界各国的违宪审查方式虽各不相同，但在违宪审查的效力上却是共同的，即主管机关对法律、法规、行政行为合宪性所作出的裁决具有法律效力，例如，被意大利宪法法院宣布为违宪的法律、法令、法规等，在判决公布次日起失效，而且不能对宪法法院的判决表示抗议。《法国宪法》规定，被宪法委员会宣告为违反宪法的条款不得公布，也不得执行；对宪法委员会的裁决不得上告；宪法委员会的裁决对一切公共机构、一切行政机关和司法机关具有强制力（第6条）。

四、我国宪法实施的监督制度

新中国成立以来，我国宪法实施的监督制度经历了一个曲折的发展过程。这个过程是从我国1954年颁布第一部宪法开始的。1954年《宪法》除了对宪法修改的程序作了必要的规定外，还规定全国人大有权监督宪法的实施；全国人大常委会有权解释法律，撤销国务院的同宪法、法律和法令相抵触的决议和命令，改变或者撤销省、自治区、直辖市国家权力机关的不适当的决议等。上述规定确立了我国由最高国家权力机关监督宪法实施的体制，并为这一制度奠定了基础。但是，由于缺乏有关监督的具体程序，加之"左"倾思想的干扰，致使1954年《宪法》没能得到很好的贯彻实施，特别是"文化大革命"期间对宪法的严重毁弃，也证明了这一宪法保障体制的不完善。

如果说1954年《宪法》关于其实施的监督制度尚不完备和成熟，那么，在"文化大革命"末期颁布的1975年《宪法》，则倒退到完全取消了这一重要制度的地步。1978年《宪法》虽然恢复了全国人大监督宪法实施的规定，并增加全国人大常委会有权解释宪法的条款，但仍缺乏具体监督措施，自然也未能发挥应有的作用。

党的十一届三中全会以后，国家的政治生活逐步走上正轨，1982年颁布的现行宪法，在总结以往经验教训的基础上，加强了宪法实施的监督制度，增加了许多新的内容。根据现行宪法的规定，在宪法实施的监督方面，主要内容可归纳为以下几个方面：

1. 《宪法》在序言中明确规定:"宪法是国家的根本法,具有最高的法律效力;全国各族人民、一切国家机关和武装力量、各政党和各社会团体、各企业事业组织,都必须以宪法为根本的活动准则,并且负有维护宪法尊严,保证宪法实施的职责。"在第5条中又规定,国家维护社会主义法制的统一和尊严;一切法律、行政法规和地方性法规都不得同宪法相抵触;任何组织或个人都不得有超越宪法和法律的特权。一切违反宪法和法律的行为,必须予以追究。此外,宪法第53条还把遵守宪法列为公民必须履行的基本义务。第76条规定,全国人大代表要在自己参加的生产、工作和社会活动中,协助宪法和法律的实施。第99条规定,地方各级人大要在本行政区域内保证宪法的遵守和执行。

2. 按照1954年《宪法》和1978年《宪法》的规定,监督宪法的实施是全国人大的职权之一。现行宪法在总结经验的基础上,把监督宪法实施的职权同时赋予全国人大及其常委会。这不仅有利于对违宪事件的及时处理,而且由于解释宪法是全国人大常委会的职权,把解释权和监督权结合起来,还可使问题的处理更能符合宪法的精神。

此外,根据《全国人民代表大会组织法》的规定,全国人大设立的各专门委员会要协助最高国家权力机关行使监督宪法实施的职权。各专门委员会的任务之一是:审议全国人大常委会交付的被认为同宪法相抵触的国务院的行政法规、决定和命令,国务院各部、各委员会的命令、指示和规章,省、自治区、直辖市的人民代表大会和它的常委会的地方性法规和决议,以及省、自治区、直辖市的人民政府的决定、命令和规章,提出报告。这些规定表明了我国宪法监督体制的重大发展,它不仅弥补了原来只由全国人大行使监督宪法实施职权的不足,保证了我国最高国家权力机关得以经常地行使这一职权,而且各专门委员会又可在这方面从事具体的审议工作,使这一工作加强了组织基础。

3. 现行宪法建立了一套自上而下、比较完整的法制监督体系,以保证宪法的统一实施。根据《宪法》规定,全国人大有权改变或者撤销全国人大常委会不适当的决定;全国人大常委会有权撤销国务院制定的同宪法、法律相抵触的行政法规、决定和命令,并有权撤销省、自治区、直辖市国家权力机关制定的同宪法、法律和行政法规相抵触的地方性法规和决议;国务院有权改变或者撤销各部、各委员会发布的不适当的命令、指示和规章,并有权改变或者撤销地方各级国家行政机关的不适当的决定和命令;县级以上的地方各级人大有权改变或者撤销本级人大常委会不适当的决定;县级以上的地方各级人大常委会有权撤销本级人民政府的不适当的决定和命令,并有权撤销下一级人大的不适当的决议;县级以上的地方各级人民政府有权改变或者撤销所属各工作部门和下级人民政府不适当的决定；省、直辖市的人大和它们的常委会制定的地方性法规，须报全国人大常委会备案；自治区的自治条例和单行条例须报全国人大常委会批准后生效，自治州、自治县的自治条例和单行条例须报省或者自治区的人大常委会批准后生效，并报全国人大常委会备案。

现行宪法就其监督体制的有关规定，表明我国宪政发展有了长足的进步。我国宪法实施的监督制度是从我国的实际出发的，其特点主要表现为：①确立了国家权力机关监督制，体现了一切权力属于人民和民主集中制的原则。②我国宪法的实施具有广泛的群众基础，突出地表明了保障宪法实施的全民性和民主性。③我国宪法的实施具有一定的组织保证，它可运用从中央到地方全部国家机构的力量防止违宪事件的发生。④它采用事前审查与事后审查相结合的方法，既能积极预防违宪情况的出现，又能在违宪情况发生后予以及时纠正。

当然，尽管我国现行的宪法监督制度的完备程度较前有了明显的提高，但仍缺乏相应的实施细则，继续完善这一制度，将有助于为宪法的实施提供更加可靠的保障。

五、坚持改革开放是保障宪法实施的必要条件

坚持改革开放作为党的基本路线的组成部分，已被第八届全国人大第一次会议通过的宪法修正案增入《宪法》序言之中。这不仅有利于宪法全面反映党的基本路线，而且有助于保证宪法的实施。

走社会主义道路，实行社会主义制度，是我国人民经过长期革命斗争所总结的历史经验，也是我国历部宪法所规定的核心内容之一。

在社会主义道路上，一方面，我国的经济建设、政治建设和科学教育文化事业都取得了重大成就，初步显示了社会主义制度的优越性。但另一方面，由于种种原因，社会主义制度的优越性又没有得到应有的发挥。在经济发展方面，主要在较长的时间里，没有能够自觉地和坚定不移地及时转到以经济建设为中心的轨道上来。

科学社会主义历史发展的实践表明，劳动人民取得政权，社会主义制度建立之后，仍然有个解放生产力的问题。马克思、恩格斯早在《共产党宣言》中就明确指出："无产阶级在上升为统治阶级以后，要尽可能快地增加生产力的总量。"我国生产资料私有制的社会主义改造基本完成以后，党的八大全面分析了国内主要矛盾的发展变化，指出全国人民的主要任务是集中力量发展社会生产力，实现国家的工业化，逐步满足人民日益增长的物质文化需要。可是这一正确思想却被后来出现的"左"的错误打断，从而使我们走了一段大的弯路。在

一个时期里,强调"以阶级斗争为纲",把社会主义的特征简单地归结为公有制和无产阶级专政,这不仅给了"四人帮"搞假社会主义以可乘之机,也使我们没有能从社会主义条件下的生产力要比资本主义发展得更高一些、更快一些这一方面体现社会主义的优越性。正是由于在理论上和实践上没有正确认识和解决这一问题,所以在"文化大革命"期间制定的1975年《宪法》,才没有把进行社会主义经济建设,发展社会主义生产力这一中心任务,在国家的根本法中确立应有的地位。

十一届三中全会以来,邓小平同志对我国社会主义制度所面临的主要矛盾作了全面深刻的分析。他反复指出:"社会主义阶段的最根本的任务就是发展生产力,社会主义的优越性就是体现在它的生产力比资本主义发展得更高一些,更快一些。""从1958年到1978年这20年的经验告诉我们:贫穷不是社会主义,社会主义要消灭贫穷。不发展生产力,不提高人民的生活水平不能说是符合社会主义要求的。"等等这些论述关系到党的指导思想的拨乱反正,它的解决使我们终于踏上了从"以阶级斗争为纲"转到以经济建设为中心的康庄大道。我国现行宪法就是在这样的历史条件下,在其《序言》中明确规定了新的历史时期国家的根本任务,以及实现这一任务的根据、条件和保证。这就使进行社会主义现代化建设成了国家的法定目标,并为全国人民指明了今后的奋斗目标。这是现行宪法的重要特点之一。

在社会主义条件下,怎样才能实现宪法规定的根本任务,使生产力得到充分发展呢?历史的结论告诉我们:新生的社会主义社会不仅同其他社会制度一样,是经常变化着的社会,而且在它的初级阶段必然是不巩固、不完善、不成熟的。要使社会主义制度走向健全,走向完善,使生产力获得大发展,出路就在于改革,即改变同生产力发展不相适应的生产关系和上层建筑,改变一切与之不相适应的管理方式、活动方式和思维方式。这是一场革命性变革。鉴于我国各种体制所存在的弊端,邓小平同志曾经尖锐地指出,如果现在再不实行改革,我们的现代化事业就会被葬送。

从广义上说,开放也是一种改革。从我国历史发展看,近代中国长期落后的重要原因之一就在于闭关自守。从当今世界看,对外开放已成为各国发展经济的重要途径。发达国家如此,发展中国家更是如此。近一二十年中发展比较快的国家和地区,大都是充分利用了国际条件。我国是一个人口众多、经济文化基础薄弱的社会主义国家,要实现宪法确定的现代化建设的根本任务,克服资源相对不足、资金严重短缺、科学技术和管理比较落后的许多困难,就必须实行对外开放,积极发展对外经济技术交流与合作,利用外资引进技术和人力,努力吸收世界文明成果。在对外开放和利用外资中先后建立起来的中外合资企业、中外合作企业和外商独资企业，在现行宪法中也获得了相应的法律地位。对于"三资"企业的宪法保障，正在推动着对外开放的健康发展。当前"三资"企业已逐步成为我国现代化建设中的又一股力量，对我国国民经济的发展产生了积极效应。

正是从这个意义上我们说，实施宪法需要改革开放，而改革开放的归宿也正是为了实施宪法。只有改革开放，才能实现宪法规定的根本任务；只有改革开放，才能使宪法确认的各项基本制度获得活力；只有改革开放，才能使宪法规定的公民权利获得更加充分的物质保障；只有改革开放，才能保持国家的长治和社会的久安。总之，只有改革开放，才能使宪法的实施获得更加坚实的经济基础，获得具有实质意义的保证条件。正如邓小平同志在南巡重要谈话中所说的："如果没有改革开放的成果，'六·四'这个关我们闯不过，闯不过就乱，乱就打内战，'文化大革命'就是内战。为什么'六·四'以后我们的国家能够很稳定？就是因为我们搞了改革开放，促进了经济发展，人民生活得到了改善。"如果我们把这段话加以引申来理解，那就是，没有改革开放，我们宪法的命运就有可能像"文化大革命"期间那样，变成一纸空文，而这一历史教训是我们永远要汲取的。

把事例扩展开来看，进入20世纪90年代，苏联和东欧一些国家的政局相继发生剧烈变化，社会主义遇到严重挑战，世界上第一个社会主义国家——苏联，在很短时间内的解体，以及这些国家宪法所遇到的厄运，究其原因固然是多方面的。但这些国家不搞改革或把握不住改革的走向，从而没能改变经济发展缓慢、停滞的状况，人民生活得不到应有的改善，以致相当一部分人对社会主义丧失了信心，这不能说不是一个根本的原因。这一事例从另一个侧面也证明了社会主义条件下实行改革开放与实施宪法的关系。

国内外的正反事例证明：当我们研究如何保证宪法实施这一重大课题时，既应注意消除违宪行为的防范性方面，也应从努力实现宪法所确定的发展目标方面去为宪法的实施创造条件，这是保证宪法实施的主动的、富有开创性的方面。

六、增强宪法意识是保障宪法实施的根本途径

宪法意识是社会意识的一部分，指人们在一切有关宪法活动中所形成的一种特殊的社会意识，是人们关于宪法的各种思想、观点、理论和心理的总称。它的内容大体可概括为：人们对于现行宪法规定内容的理解和掌握，对于现行宪法的评价以及在此基础上所形成的感情和态度。

宪法意识无非是宪法问题在人们头脑里的反映，它一般是由人们的直接生活经验获得的，是同人们的政治观、道德观和世界观等紧密联系着的，对人们的宪法实践起着支配作用。培养和增强全体公民的宪法意识是实施宪法的重要保证。特别是由于宪法规范具有较强的原则性，常常需要普通法律的辅助和补充，因而它的实施将更加依赖于人们的宪法意识。

正因如此，为了树立和维护宪法的权威并把它奉为一切人都必须遵守的神圣准则，每个宪政国家都十分重视在各自不同的宪法理论、原则的指导下，对人们宪法意识的培养。例如，早在1787年《美国联邦宪法》制定后不久，以汉密尔顿为代表的联邦党人就发起了一场颇具声势的宪法宣传活动，敦促各州政府和公民接受宪法、遵守宪法。在法国颁布第一部宪法时，激进的资产阶级革命家罗伯斯庇尔要求"每一个人要时刻牢记这一宪法"，"这一宪法应庄严地出现于你们的公共仪式中；它应出现于人们的一切集会中；出现于人民代表的住所；它应抄在我们的墙壁上；它应是父亲教育孩子的第一课。"[1] 有的资本主义国家还在宪法典中就宪法的教育、宣传作出具体规定。例如，1947年《意大利宪法》规定："宪法原文将于共和国每一乡之公用大厅内存放一份，并在1948年全年中进行陈列，俾使每个公民得以熟悉。宪法应盖国玺，登载于共和国的官方法令汇编。全体公民和一切国家机关，对共和国根本法——宪法，均须忠诚遵守。"（见《过渡性的最终决定》第18项）1973年《菲律宾共和国宪法》第15条也规定："宪法研究应是一切学校课程的一部分。"有的国家还不惜耗费巨资举行宪法颁布的纪念活动或通过各种舆论工具对宪法进行宣传。1948年，日本还将5月3日规定为宪法纪念日，作为国民的节日之一，以纪念1946年《日本国宪法》的制定。

社会主义国家也都普遍重视对宪法的宣传教育，重视对公民进行宪法意识的培养。1918年，在列宁领导下制定的《苏俄宪法》在序言中规定："这个根本法自从它用最终的形式在全俄苏维埃中央执行委员会的机关报公布之日起而发生效力。它必须由苏维埃政权全部地方机关广泛地公布出来，并放置在所有苏维埃机关的显著的地方。第五次全俄苏维埃代表大会委托教育人民委员部，在俄罗斯共和国的所有学校中布置研究，以及说明和解释本宪法的基本原则。"有的国家还在宪法中规定国家公职人员就职时须宣誓效忠宪法，以昭示宪法的神圣性和最高权威。

---

[1] [法]罗伯斯庇尔：《革命法制与审判》，赵涵舆译，商务印书馆1965年版，第135页。

我国 1954 年《宪法》颁布以后，为了提高和增强广大群众遵守宪法和维护宪法的自觉性和积极性，以使社会主义的法律基础得以巩固，党和国家曾把法制观念包括宪法意识的培养作为一项重要任务来抓，并产生了一定的成效。然而，自 50 年代后期开始，由于"左"的思想逐渐抬头，从而出现了轻视宪法和法律的错误倾向，人们的法制观念特别是宪法观念也因此而日趋淡薄。同时，一些极端错误的宪法观念却大为泛滥。林彪、江青反革命集团所鼓吹的"马克思主义就是根本大法"等错误口号曾给一些人的思想造成了严重的混乱。由于宪法作为国家根本法的最高地位在人们的观念中未被确立，结果终于导致了"文化大革命"那样的历史悲剧。无法无天的混乱局面，使宪法丧失了应有的权威，给社会主义法制建设带来了惨重的损失。

党的十一届三中全会在宣布把党和国家的工作重心转移到经济建设上来的同时，也着重提出了发展社会主义民主和健全社会主义法制的战略任务。中国共产党在党章中确定的"党必须在宪法和法律范围内活动"的基本准则，充分表明了中国共产党对于树立和维护宪法权威的坚定决心。新中国成立以来，"中国共产党和中国人民从历史的经验教训中已经深刻地认识到，宪法的权威关系到我国政治的安定和国家的命运……人民是实施宪法的最深厚的基础和最基本的力量。亿万人民增强宪法意识，养成遵守宪法、维护宪法的观念和习惯，同违反和破坏宪法的行为进行斗争，这是一个伟大的力量。"[1] 正如孙中山先生所说，宪法之所以能有效力，全恃民众之拥护。

现行宪法颁布以来，通过以宪法为核心的普法教育，公民包括国家干部的法制观念和宪法意识相应有所增强，但从总体上说，公民的宪法意识依然比较淡薄。有的人对宪法的许多重要规定还知之甚少；也有的人尚未将宪法知识内化为宪法意识；甚至在一些人中还存有错误的宪法观念，认为宪法只是一种纲领，而不是必须服从的法律，或者认为"宪法与自己离得太远，没有直接关系"，等等。特别是国家工作人员的宪法观念淡薄是导致违宪事件发生的主要原因。这种状况同我们建设富强、民主、文明的社会主义国家的要求是很不适应的，对宪法的实施是十分不利的。

为了加强社会主义法制，必须把宪法和法律交给群众，让群众掌握法律武器，自觉地遵守宪法和法律，养成依法办事的观念和习惯，并且学会运用宪法和法律武器维护自己的合法权益。当前，增强宪法意识的具体内容和要求主要是，要使广大干部和群众都知道宪法所遵循的总的指导思想，以及宪法的基本

---

[1] 乔石：《在首都纪念宪法颁布十周年大会上的讲话》，载《人民日报》1992 年 12 月 5 日。

精神和各项主要规定，以便深刻认识宪法在国家政治生活中的地位和作用；要了解宪法与每个公民的密切关系和公民遵守宪法的必要性，逐步养成遵守宪法、维护宪法的观念和习惯；要在人民群众中提高国家的一切权力属于人民的观念，使广大人民加强自己作为国家和社会的主人翁的自觉性，加强对于国家事业和社会事业的责任感；要使每个公民都能正确认识民主与法制、民主与集中、自由与纪律的关系，特别是正确认识权利与义务的关系，以使公民把握在行使自由和权利的时候所应遵循的指导原则，公民既要通过合法形式充分行使权利，也要在社会生活中按照法律的要求约束自己的行为，促进和维护我国安定团结的政治局面。

树立和增强全民的宪法意识不仅有赖于宪法的宣传和教育，而且需要借助于宪法监督工作的改善和加强。宪法的全面实施是培养和提高公民宪法意识的客观基础，而公民宪法意识的提高又是促进宪法实施的必要条件。英国宪法学家 J. S. 密尔说过："推荐和拥护特定的制度或政府形式，并把它的优点突出出来，就是不仅为了使人民接受或要求这个制度，而且为了实行这个制度而对民族进行思想教育的方法之一，并往往是能够采取的惟一方法。"[1]

总之，通过全民宪法意识的树立与增强，使宪法得到更好地贯彻落实，是强化宪法权威，保障宪法实施的根本途径。

◆ 思考题

1. 为什么说宪法是根本法、最高法？
2. 如何理解宪法的本质？
3. 宪法的形式分类有哪些？如何评价这些分类？
4. 宪法的作用有哪些？如何发挥宪法的作用？
5. 何谓一切权力属于人民原则？在我国宪法中是如何体现的？
6. 我国宪法中权力制约原则具体表现在哪些方面？如何完善我国的权力制约制度？
7. 宪法规范与宪法有何不同？如何理解宪法规范的特征？
8. 什么是宪法监督？宪法监督与违宪审查有何不同？
9. 现代国家的宪法解释体制对我国完善解释制度有何启示？
10. 如何完善我国的宪法监督制度？

---

[1] [英] 密尔：《代议制政府》，汪瑄译，商务印书馆1982年版，第12页。

第二章　宪法的历史发展

◆ **教学目的**

通过本章的学习，对宪法特别是中国宪法的历史发展有个简要的了解，认清《中华人民共和国宪法》是中国共产党领导全国各族人民经历长期艰难曲折斗争的胜利成果和经验总结，也是我国社会主义现代化建设实践经验的总结，是社会主义初级阶段建设富强、民主、文明的社会主义现代化国家的总章程。

第一节　近代宪法的产生和发展

一、近代宪法产生的基本条件

近代意义的宪法是在十七八世纪资产阶级革命时期才出现的，它是资产阶级革命的产物。正如毛泽东同志指出："讲到宪法，资产阶级是先行的。英国也好，法国也好，美国也好，资产阶级都有过革命时期，宪法就是他们在那个时候开始搞起的。"[1] 作为近现代意义的宪法具有国家根本法的地位，以法治和分权为核心并以保障人权为目的。而在奴隶社会和封建社会，君主专制的国家制度和法律制度与宪政主义的精神格格不入。君主专制的时代没有宪法和宪政得以产生的社会条件。这正是"凡权利无保障和分权未确立的社会，就没有宪法。"[2]

资产阶级宪法的产生并不是偶然的，而是有着深刻的社会经济、政治和思

---

[1] 《毛泽东著作选读》（下册），人民出版社1986年版，第708页。
[2] 《法国人权宣言》，第16条。

想条件。

1. 近代资产阶级宪法的产生是资本主义商品经济发展的必然结果。在封建社会末期，资本主义生产方式逐步替代了封建生产方式。资产阶级为了迅速发展资本主义经济，迫切要求废除一切封建主义的羁绊，建立自由竞争和平等交换的资本主义生产关系。这种资本主义经济发展的客观要求，必然要反映在资产阶级的法律制度当中，要求用根本法去组织政府并规范政府权力，防范权力专横并为公民的平等权利与自由提供保障，这就为宪法的产生和宪政制度的形成提供了经济上的动力。

2. 资产阶级革命的胜利和资产阶级民主制度的建立是资产阶级宪法产生的政治条件。资产阶级宪法是在摧毁封建专制制度、建立资本主义民主制度的过程中产生的。为了摆脱封建专制的压迫和束缚，新兴的资产阶级不断掀起反对封建专制、争取民主、自由和平等的斗争。因为封建主义的政治制度严重阻碍着资本主义经济的自由发展，新兴的资产阶级迫切需要用资本主义的民主制度来代替封建专制制度。为了巩固资产阶级革命的胜利成果，防止封建势力复辟，促进资本主义经济的发展，资产阶级便以国家根本法的形式来确认和巩固资本主义的民主制度。以平等自由为基础，以代议制、选举制、政党制度等为主要内容的近代民主政治为宪法的产生提供了政治条件。因此，近代宪法是资产阶级革命和资本主义民主政治的产物。

3. 以"天赋人权"、"人民主权"、"三权分立"和"法治"为内容的资产阶级启蒙思想是近代宪法产生的思想理论条件。当时，资产阶级的先进思想家纷纷著书立说，提出了一系列的民主、自由的主张，论证了以民主代替专制、以民权代替君权、以人权代替神权、以自由代替奴役、以平等代替特权的合理性，为资产阶级革命制造舆论。具有代表性的是十七八世纪的资产阶级学者如英国的洛克、法国的孟德斯鸠和卢梭等人提出的"天赋人权"、"人民主权"、"三权分立"、"法治"等学说。这些学说和理论反映了新兴资产阶级的利益和要求，成为资产阶级反对封建主义的重要思想理论武器，对于动员广大人民群众起来反对封建专制制度，推动资产阶级革命，促进资本主义的发展起了不可磨灭的历史作用。资产阶级革命胜利后，它们又成为资产阶级制定、实施宪法组织国家的重要思想理论基础。

4. 法律制度本身的发展，法律形式的分化及由此而产生的各种法律部门在更高层次上的统一是宪法得以产生的法律条件，同时也为宪法的产生提供了现实的可能性。随着历史的发展，新型的资本主义生产关系突破了原来的自然经济的老框架，生产的专业化、社会化促进了商品交换的普遍与流行，因而使民事方面的法律关系在整个法律体系中的地位日益突出,原来以刑法为主、诸法合体的法律表现形式已不能适应现实的需要,各种部门法分离独立、自成体系已是大势所趋。而另一方面,法律各部门的分化又易导致各部门法的冲突,不利于法制的统一,因此需要有一种更高层次的根本法来统摄各部门法,使一个国家的各部门法形成一个有机联系的整体。这种法律表现形式的变化为宪法的产生提供了可能条件。

宪法正是基于上述政治、经济、文化和法律的因素才得以产生的,它是时代的产物。十七八世纪欧美各国资产阶级革命相继成功,并且先后颁布了各自的宪法,作为革命成功的标志。这一资本主义上升时期的宪法,在一定程度上适应了历史发展的客观要求,确实具有一定的进步性和民主性,也产生了积极的历史作用。它促进了资本主义生产关系的发展;确立了资本主义国家的民主政治制度;它以国家根本法的形式确立了资产阶级的统治地位,有利于资产阶级通过法律形式协调各种社会矛盾,以维护资本主义的稳定和发展。当然,资产阶级宪法所确认的民主制度和国家制度就其本质而言是为资产阶级统治服务的。

二、资本主义宪法的产生和发展

(一) 英国宪法

英国是近代宪法的发源地,其立宪历史甚为久远,享有"宪政之母"的声誉。它最早产生了议会政治,建立了资本主义代议制度。英国的宪政和代议制度为后来各国资产阶级革命成功后制定宪法与构建政体所效仿。

英国宪法具有妥协性。1640年英国爆发了资产阶级革命,后来又经过克伦威尔军事独裁、斯图亚特王朝复辟和1688年光荣革命,英国资产阶级革命最终以资产阶级和封建贵族的妥协而结束,确立了君主立宪制政体。英国宪法的妥协性反映出英国资产阶级革命的不彻底性,英国宪法是通过逐步限制王权和扩大资产阶级政治权力的途径来实现的。英国宪法的形成和发展的全过程体现了英国从一个封建君主专制的国家过渡到现代资产阶级民主国家存在明显的连续性和继承性。正如马克思所指出的:不列颠宪法其实只是非正式执政的、但实际上统治着资产阶级社会一切决定性领域的资产阶级和正式执政的土地贵族之间由来已久的、过时的、陈腐的妥协。

英国宪法是不成文宪法。英国没有制定统一的完整的宪法典,英国宪法不是由一个统一完整的法典形式的书面文件表现出来,而是由各个时期颁布的宪法性文件和形成的判例、惯例所构成。这是由于英国不像其他资本主义国家在建立资产阶级统治后制定出一部成文宪法，而是在漫长的历史发展过程中逐步形成了不成文宪法。它是历史的产物，反映了英国资产阶级的保守性。

英国不成文宪法包括三部分内容：宪法性文件、宪法性惯例和宪法性判例。现介绍如下：

1. 各个历史时期颁布的宪法性文件。这些宪法性文件一般是指涉及国家根本性问题的重要议会法案以及含有宪法性质的议会制定法。如1215年限制王权的《自由大宪章》；1628年的《权利请愿书》；1676年的《人身保护法》；1689年的《权利法案》；1701年的《王位继承法》以及后来的1911年《议会法》；1937年《内阁大臣法》；1949年《人民代表法》；1972年《欧洲共同体法》等等，都属于宪法性法律文件。

2. 宪法性惯例。惯例是指某些政治制度和原则最初不是由法律明文规定的，而是由于一些历史的原因而形成的事实，逐渐成为一种习惯，并为国家认可赋予它法律效力。惯例在英国宪法中占有重要地位，被认为是理解英国宪法的关键。这些宪法性惯例的主要内容有：国王的权力和法律地位；英国内阁的建立和职权；内阁与议会的关系；首相的地位等。这些惯例使英国议会内阁制得以建立和完善，从而使君主立宪制最终巩固下来。

3. 宪法性判例。宪法性判例是英国在法院审判实践中形成的，即法官对某些案件的判决所形成的观点运用于以后再发生的同类案件，这种观点就成为判例。这种判例由于涉及宪法性内容而成为英国宪法的一部分。

英国宪法的构成多种多样，内容比较庞杂，但它具有历史连续性、灵活性的优点，这就为资产阶级提供了随意解释、灵活运用宪法的条件，使宪法更好地为适应社会的变迁和巩固资本主义统治秩序服务。

（二）美国宪法

美国宪法是世界上第一部成文宪法。它以1776年的《独立宣言》为先导，以1777年的《邦联条例》为基础而制定。

1775年～1783年美国人民进行了伟大的独立战争。1776年在费城召开的北美13个殖民地的代表会议通过了著名的《独立宣言》。宣言的主要内容有：阐明了独立的理论根据是天赋人权，强调人人生而平等，有生命权、自由权和追求幸福的权利；认为政府是为保障这些权利而成立的，人民有权改变和废除违反上述目的的政府；宣告"成立自由独立的合众国"。《独立宣言》是资产阶级革命时期一部具有历史意义的重要文献，它不仅宣告美利坚合众国的建立，而且它是反对民族压迫、反对封建制度的著名政治纲领,马克思称其为世界上"第一个人权宣言",它为后来制定美国宪法和增补人权条款打下了民主基础。

1777年,13个州的代表制定了《邦联条例》,13个州组成邦联。然而邦联这种松散的国家结构不能适应美国资本主义发展的进一步需要。为了克服邦联的缺陷,美国资产阶级开展了制宪运动,要求建立一个强有力的中央政权,即联邦国家。1787年制宪会议制定出《美利坚合众国宪法》。美国宪法本文包括序言和7条条文,主要内容是:第1条规定立法权属于国会两院及有关国会的问题;第2条规定行政权属于总统及有关总统的问题;第3条规定司法权属于法院及有关法院的问题;第4条规定州的问题;第5条规定宪法的修改和批准的方式;第6条规定联邦宪法的效力;第7条规定宪法本身的批准程序。1787年美国宪法作为资本主义国家的第一个成文宪法,它巩固了独立战争的胜利成果,确认了民主共和制,反映了资产阶级革命的基本要求,促进了新兴资本主义的发展,具有一定的历史进步意义。同时作为第一部成文宪法,它所确立的联邦主义原则和三权分立原则及总统制的政体,为后来许多的资本主义国家所效仿。

美国联邦宪法于1787年制定以来,迄今已200多年,连同正式通过的27条宪法修正案,全部延续生效。这27条修正案都是美国宪法的组成部分。值得注意的是,美国宪法稳定运行200多年,形式上变化不多,但其内容却在不断发生变化。美国资产阶级主要通过议会的立法、政府的行政行为、惯例、判例,特别是联邦最高法院的解释对宪法的内容赋予新的意义,以使宪法适应不断变化的发展形势和统治阶级的需要。

(三) 法国宪法

法国在资本主义宪法史上占有重要的地位,它在1789年颁布的《人权宣言》是法国大革命胜利的产物,具有进步的历史意义,它还是欧洲第一个拥有成文宪法的国家。

1789年法国爆发了资产阶级大革命,推翻了封建的波旁王朝。同年,法国制宪会议通过了法国历史上第一个宪法性文件——《人和公民的权利宣言》,简称《人权宣言》。这个宣言由序文和17条条文组成,主要内容有:①宣布了资产阶级的"自由"、"平等"原则,提出"人们生来是而且始终是自由平等的",每个人都应享有"自由、财产、安全和反抗压迫"的权利,并享有言论、出版、著述等自由;②确立了资产阶级国家制度的基本原则,提出了"主权在民"、"权力分立"的主张;③提出了一系列资产阶级法制原则,包括:法律面前人人平等、罪刑法定、无罪推定、罪刑相适应主义等。《人权宣言》体现了法国资产阶级反对封建制度和发展资本主义的要求，以资产阶级人权理论来对抗封建的君权神授思想，具有划时代的历史意义。宣言较全面地提出了资产阶级的政治、经济纲领和法治原则，是法国建立资产阶级国家法律制度的纲领性文件。它对法国大革命起了促进作用，对其他资本主义国家影响也很大。但是，宣言也体现了资产阶级的本质，它宣称"私有财产神圣不可侵犯"。

1791年，法国制定了欧洲历史上第一部成文宪法。这部宪法把《人权宣言》作为宪法序言，并宣布废除一切封建制度，取消一切特权，因而具有一定的进步性。但是，这部宪法规定在法国建立君主立宪政体，只限制王权而不废除王权。此外，还公开违背《人权宣言》的民主原则，把公民分为"积极公民"和"消极公民"，剥夺广大劳动人民的选举权。就这些来说，它比《人权宣言》又后退了一步。

法国从1791年制定第一部宪法以来，在将近200年的时间里，由于国内外政治风云变幻，阶级斗争尖锐复杂，阶级力量对比关系不断变化，政治形式多次变更，其间经历了两次封建王朝复辟，两次帝制和五次共和，最后共和制取得了胜利。法国历史上也先后颁布了14部宪法。总体上看，法国宪法的发展可以分为两个阶段，第一阶段从1789年《人权宣言》到1875年《宪法》，标志着资产阶级代议制政体的完全确立和资产阶级统治的全面巩固。第二阶段从1875年《宪法》到现行1958年《宪法》，法国资产阶级共和国从政局不稳、内阁频繁更替逐渐向稳定的政府和完善的宪政发展。

（四）其他各国资本主义宪法的产生和发展

美国、法国成文宪法的制定颁布，标志着资本主义类型宪法正式产生。在美国、法国资产阶级革命和制宪活动的影响下，后来欧亚各国也相继爆发了资产阶级革命，陆续制定了本国的资本主义宪法。比较重要的有日本和德国。日本历史上共有两部近现代意义的宪法：①1889年《大日本帝国宪法》，确立了天皇专权的君主立宪政体，是亚洲第一部具有近代意义的资本主义宪法；②1946年《日本国宪法》，它确立了天皇为国家象征的议会内阁制君主立宪政体。德国历史上则产生了著名的1919年《魏玛宪法》。《魏玛宪法》确立了联邦主义原则和二元议会制的共和政体；它不仅规定了公民的政治权利和自由，还强调了公民享有经济权利；它还标榜社会化原则，对私有制进行限制。《魏玛宪法》所提出的公民经济权利的保护和社会化原则，反映了20世纪初个人本位逐步为社会本位所取代。这代表了时代的新动向，为世界的法学思潮和宪政制度的新发展提供了契机。从这个意义上说,《魏玛宪法》具有划时代的意义,它标志着近代资本主义宪法向现代宪法的过渡。

三、社会主义宪法的产生

1918年的《苏俄宪法》是世界上第一部社会主义性质的宪法。

1917年俄国人民在列宁的领导下,取得了十月社会主义革命的伟大胜利,建立了人类历史上崭新的苏维埃社会主义国家,与此相适应,社会主义宪法也随之在世界上诞生了。在苏俄宪法诞生之前,苏维埃政权于1917年11月至1918年7月颁布了一系列的宪法性法令,统称十月法令。十月法令为制定苏维埃国家宪法奠定了基础。其中列宁起草的《被剥削劳动人民权利宣言》还被全部列入1918年《苏俄宪法》。

无产阶级在取得革命胜利后,同样需要制定宪法来巩固自己的胜利成果和革命政权。为了用根本法把新的国家制度固定下来,1918年全俄苏维埃第五次代表大会通过了《俄罗斯苏维埃联邦社会主义共和国宪法》(根本法),简称1918年《苏俄宪法》。这部宪法共有6篇90条,其主要内容有:①确立了社会主义的经济原则。规定土地、森林、水流、矿藏、银行等实行国有化,宣布消灭剥削和阶级;②宣布了苏维埃的国家性质是"城乡无产阶级与贫农专政";③宣布了苏维埃国家的政权组织形式;④规定了劳动者共同享有的权利和自由,并提供了物质保障。它规定,劳动者享有信仰、出版、集会、游行、结社等自由,并享有免费获得教育的权利以及选举权与被选举权等。

1918年《苏俄宪法》是十月革命的产物,列宁在评述它的历史意义时指出:苏维埃宪法和苏维埃一样是在革命斗争时期产生的。它是第一个宣布国家政权属于劳动人民、剥夺剥削阶级即新生活建设者的敌人的一切权利的宪法。这就是它和其他国家宪法的重要区别,同时也是战胜资本主义的保证。

作为人类历史上第一部社会主义宪法,1918年《苏俄宪法》在宪法史上具有重要的地位和作用。①它标志着世界上从此存在两种不同类型的宪法。它的出现对宪法的发展、宪政运动的发展具有重要意义。它为全世界的宪政运动增强了活力并且产生了深远的影响。②它为社会主义类型宪法的制定提供了指导原则,为后来各个社会主义国家制定本国宪法提供了借鉴。

1918年《苏俄宪法》制定以后,苏联先后颁布了1924年《宪法》、1936年《宪法》和1977年《宪法》。前两部宪法反映剥削阶级尚未消灭,进行社会主义改造时期的特点,后两部则反映社会主义已经建成时期的特点。这几部宪法为后来新建立的社会主义国家的制宪产生了深远的影响。第二次世界大战结束以后，欧洲、亚洲以及拉丁美洲的一系列国家，在取得本国人民民主主义革命或社会主义革命胜利的基础上，先后制定了自己的社会主义类型宪法。

第二节　旧中国宪法的产生和发展

一、清末立宪骗局

1895年，清廷在中日甲午战争中惨遭失败后，以康有为、梁启超为首的资产阶级改良派举起"变法"、"维新"的旗帜，提出了"伸民权，争民主，开议院，定宪法"的政治纲领，发动了一场争取资产阶级民主的宪政运动。虽然维新运动不久便遭到以慈禧太后为首的封建顽固派的镇压而失败，但它却揭开了中国近代宪政运动的序幕。

20世纪初，以孙中山为代表的资产阶级革命派势力迅速发展起来，其领导的资产阶级革命运动直接冲击清王朝的反动政权。在这种形势下，清朝统治者开始改变手法，玩弄起"预备立宪"的骗局，企图挽救自己摇摇欲坠的政权。他们于1906年8月宣布所谓"预备仿行立宪"，并于1908年9月颁布了《钦定宪法大纲》，规定以9年为立宪预备期限。

《钦定宪法大纲》分为"君上大权"和附录"臣民权利义务"两部分。其根本目的是为了维护"君上大权"和清廷统治，其主要内容有：①确立君主神圣不可侵犯的地位。它规定："大清皇帝统治大清帝国万世一系，永永尊戴"，"君上神圣尊严，不可侵犯"。②规定君主总揽统治大权，皇帝享有颁行法律、发交议案、召集及解散议院、设管制禄、黜陟百司、统率军队、宣战议和、订立条约、宣告戒严、总揽司法等大权。③限制臣民权利，规定臣民的义务。臣民除应尽纳税、当兵、遵守国家法律等义务外，享有的民主自由权利少得可怜，而且皇帝可以随时颁布诏令予以剥夺。由此可见，《钦定宪法大纲》是用根本法的形式把封建专制的国家制度确认下来，具有浓厚的封建色彩。它徒有宪法和宪政的虚名，并无宪政之实，纯粹是欺骗人民的把戏。

1911年辛亥革命爆发，并迅速席卷全国。为了挽救奄奄一息的清王朝，清政府在即将覆灭的前夕，还想乞灵于立宪，公布了所谓《宪法重大信条十九条》（以下简称《十九信条》）。《十九信条》在形式上缩小皇帝的权力，扩大国会的权力，但它和《钦定宪法大纲》一样，其实质都是为了维护清政府的反动统治。尤其值得注意的是，《十九信条》对人民民主自由权利只字未提，这充分暴露了它的欺骗性和反动性。虽然《十九信条》在限制君权方面有表面的让步，但这仍挽救不了清王朝灭亡的命运。1912年2月12日，清朝皇帝不得不宣布退位，《十九信条》也随着清朝的灭亡而成为一张废纸，清朝末年的立宪丑剧也宣告收场了。

二、辛亥革命时期的《中华民国临时约法》

1911年孙中山领导的辛亥革命，推翻了清朝政府，结束了中国2000多年的封建帝制，建立了中华民国。1912年元旦，中华民国临时政府在南京成立，孙中山就任临时大总统。在孙中山主持下，南京临时参议院召开制定约法的会议。通过了《中华民国临时约法》，于1912年3月11日由孙中山正式颁布实施。孙中山主持起草临时约法的目的在于借助约法的形式来保卫辛亥革命的成果，确立和维护资产阶级共和政体，并借以制约袁世凯的政治野心。

《中华民国临时约法》共7章56条。第一章为"总纲"，第二章为"人民"，第三章为"参议院"，第四章为"临时大总统副总统"，第五章为"国务员"，第六章为"法院"，第七章为"附则"。它的主要内容有：①肯定了资产阶级革命派的民权主义思想。总纲部分确立了"主权在民"的资产阶级民主原则，庄严宣告："中华民国之主权，属于国民全体"。②根据资产阶级民主自由的原则，规定人民享有的权利和自由。如：人民享有人身、居住、言论、出版、集会、结社、通信、信仰等自由，有请愿、诉讼、考试、选举与被选举的权利等。③根据"三权分立"原则，确立了资产阶级民主共和国的国家政治制度。它规定，中华民国以参议院、临时大总统、国务员、法院行使统治权。参议院是立法机关，有权决议一切法律、预算决算、税法币制等；临时大总统总揽政务，拥有公布法律、发布命令、统率军队等权力；国务总理及各部部长均称为国务员，他们辅佐临时大总统行使行政权并负有连带责任；法院为行使司法权的司法机关，由临时大总统及司法总长分别任命法官组成。

《中华民国临时约法》是辛亥革命的胜利成果，是中国宪法史上仅有的一部资产阶级宪法性质的文件，也是中国近代资产阶级宪政运动的光辉结晶。它以根本法的形式废除了在中国延续2000多年的封建专制，确立了主权在民、三权分立等资产阶级民主原则，具有反封建的重大进步作用和积极的历史意义。但是，这部约法没有提出一个彻底的反帝反封建纲领。由于时代和阶级的局限性，这部约法不可能使广大人民享有真正的民主自由权利，也不可能实现其资产阶级共和国的理想。正如毛泽东同志指出："民国元年的《中华民国临时约法》，在那个时期是一个比较好的东西，当然，是不完全的，有缺点的，是资产阶级性的，但它带有革命性、民主性。"[1] 这部约法最终被袁世凯撕毁，辛亥革命最终归于失败，证明资本主义道路在中国是走不通的。

三、北洋军阀时期的宪法

辛亥革命失败以后，中国进入了北洋军阀政府的反动统治时期。在这一段时期，先后有几部宪法性文件问世。

袁世凯窃夺辛亥革命的胜利果实当上临时大总统后，立即背弃《中华民国临时约法》，阴谋复辟封建专制。1913年10月31日，国会宪法起草委员会急急忙忙地三读通过了《中华民国宪法》（草案），史称《天坛宪草》。《天坛宪草》采取了资产阶级宪法的原则和形式，并没有采纳袁世凯提出的总统制建议，而采取了责任内阁制，规定国会对大总统的牵制权，使袁世凯恼羞成怒。于是他于1914年1月10日下令解散国会，使《天坛宪草》成为一纸空文。随后袁世凯指使亲信组织了一个"约法会议"，并于1914年5月1日炮制出袁记《中华民国约法》。与《临时约法》相比，它取消了责任内阁制，实行总统制；总统独揽立法、行政、军事、财政、司法大权而成为最高统治者。《袁记约法》的出笼彻底否定了资产阶级民主共和制度，确认了封建军阀专制，从而为袁世凯复辟帝制作舆论准备并铺平道路，反映出《袁记约法》的反动本质。

袁世凯复辟失败后不久便遗臭而死，中国又进入北洋军阀混战时期。混战结果，由实际控制北洋政府的军阀曹锟、吴佩孚打着所谓"恢复法统，促进统一"的旗号夺取大权，并演出了"贿选总统"和"贿选宪法"的丑剧。曹、吴先逼迫黎元洪向国会辞职。随后，他们派军队包围国会，出价每票大洋，恩威并施迫使"猪仔议员"选举曹锟为总统并赶制出《中华国民宪法》，还堂皇地于1923年10月10日举行总统就职和布宪典礼。这部所谓的《中华民国宪法》，即"贿选宪法"，是旧中国反动政府正式公布的第一部宪法，共13章141条。其内容繁琐，不少条文抄自《袁记约法》和《天坛宪草》。

上述北洋军阀政府的制宪活动完全是政治骗局，他们打着资产阶级民主宪政的幌子，推行的却是封建军阀的独裁统治。毛泽东同志批判的好："宪法，中国已有过了，曹锟不是颁布过宪法吗？但是民主自由在何处呢？"[2]

---

[1]《毛泽东选集》第5卷，人民出版社1977年版，第127页。
[2]《毛泽东选集》第2卷，人民出版社1952年版，第694页。

四、国民党政府时期的宪法

北洋军阀的制宪丑剧随着北伐战争的胜利而宣告收场，接着登台亮相的便是以蒋介石为首的国民党政府，他们同样玩弄起制宪的骗局。

国民党政府为了欺世盗名，大肆宣扬和篡改孙中山先生已经放弃了的建国三时期（即军政时期、训政时期、宪政时期）学说。他们诬蔑人民群众"愚昧不知"，不会管理国家，必须由国民党政府实行训导。1928年10月3日，国民党中央常务委员会根据"以党治国"的方针，制定出《训政纲领》。1931年5月国民会议根据国民党中央委员会的决定，以《训政纲领》为基础制定了《中华民国训政时期约法》，6月1日由国民政府公布实施。《训政时期约法》共8章89条，它虽然在形式上抄袭了一些资产阶级宪法的民主词句，但是在具体内容上却确认了国民党一党专政和蒋介石个人独裁的专制统治，在本质上是反民主的。

1936年5月5日国民党宪草委员会又公布了一个与《训政时期约法》换汤不换药的宪法草案，史称《五五宪草》。该宪草除前言外，共8章148条，其主要内容是：①赋予总统无上权力，如规定"总统为国家元首"、拥有军队统率、发布命令、宣战媾和、紧急处置权等权力；②确认并保障大地主大资产阶级的经济利益；③规定人民享有权利的同时又作出诸多的法律限制。《五五宪草》承袭了《训政时期约法》的精神，其主旨是设立一个大权独揽的总统，以把国民党专政和个人独裁合法化。

抗日战争胜利以后，国民党蒋介石在美帝国主义的支持下，悍然发动了全国内战。与此同时，为了欺骗舆论，掩人耳目，于1946年11月15日非法召开了"国民大会"，炮制出了蒋记《中华民国宪法》。这部宪法共14章175条，基本上把《五五宪草》移植过来，加以改头换面，名为实行国会制与责任内阁制，实则是总统独裁制。国民大会的权力仅限于选举、罢免正副总统和复决立法院提出的宪法修正案，而行政院和立法院都受国民党控制。"一党专政，个人独裁"和"人民无权，独夫集权"就是这部宪法的实质和精髓。随着人民解放战争的胜利和国民党政府的垮台，《中华民国宪法》也最终被人民抛弃。

五、新民主主义革命时期革命根据地的宪法性文件

1919年"五四"运动的爆发和中国共产党的诞生，标志着中国民主革命已经从旧民主主义革命转变为新民主主义革命。从此，中国的宪政运动也发展到一个新阶段。中国共产党在领导中国人民进行革命斗争的过程中，也制定过一

些人民民主的宪法性文件。

第一次国内革命战争失败以后,中国共产党走上了农村包围城市、武装夺取政权的道路。中国共产党领导人民创建革命根据地,建立了工农民主政权——苏维埃政权。1931年在江西瑞金召开的第一次全国苏维埃代表大会上,通过了《中华苏维埃共和国宪法大纲》,后来又经1934年1月召开的第二次代表大会作了一些修改,正式公布施行。它的主要内容有以下几点:①规定中国红色政权的性质是工农民主专政;②规定民主集中制的工农兵代表大会制度是工农民主共和国的基本政治制度。最高政权机关是全国工农兵代表大会;③规定工农民主专政的目的是消灭一切封建势力,赶走帝国主义列强在华的势力,统一中国;④规定了工农劳动群众的政治、经济和文化教育方面的基本民主权利。该大纲全文17条,是中国历史上由人民政权制定并公布施行的第一个宪法性文件。尽管该大纲还不够完备,从名称到体制都有生搬硬套的弊病,并且许多规定由于历史的条件一时也无法实现,但它同旧中国反动政府制定的"宪法"却有着根本的区别。它体现了反帝反封建、保障人民民主权利的精神,它的颁布和实施,进一步推动了全国的革命斗争,并为以后的民主制度的建设和制宪工作提供了宝贵的历史经验,在我国宪法史上占有重要的地位。

抗日战争爆发后,中国共产党领导的抗日民主根据地进行了一些民主与法制方面的建设。1941年11月,在陕甘宁边区第二届参议会正式通过了《陕甘宁边区施政纲领》,它是陕甘宁边区具有地方性的宪法性文件。施政纲领共有21条,确立了"三三制"的政权组织原则,规定了抗日民主根据地人民享有的一些基本权利和自由。它对于实现抗日民主根据地的民主政治,调动人民抗日的积极性起了积极的作用。

抗日战争胜利后,1946年4月,陕甘宁边区召开的第三届参议会通过了《陕甘宁边区宪法原则》。它共有5个部分26条,主要规定了人民政权的组织形式、人民享有的各项权利,确立了民族平等、男女平等的原则并第一次规定了人民司法原则。它的制定和实施,不但对巩固新民主主义政权,推动人民解放战争的胜利起了积极作用,同时它也为新中国成立以后制定宪法、进行政权和法制建设积累了宝贵的历史经验。

六、旧中国宪政运动的回顾和反思

中国近代史上的所谓的宪政运动是民主政治运动,宪法问题是民主制度化的立法问题。它反映了从鸦片战争后100多年来中国人民反对帝国主义和封建主义争取国家独立和民族解放的英勇斗争的历程。纵观旧中国的宪政运动,有如下几方面值得深思：

（一）旧中国宪政运动反映出三种不同势力对宪法的三种不同主张

1. 从清廷、北洋军阀到民国的伪宪法。以晚清统治者、北洋军阀和国民党为代表的旧中国反动势力，他们要求的是反人民反民主的伪宪法。他们所代表的是封建君主、军阀和大地主、大资产阶级的利益，他们的制宪活动其实是欺骗民众的历史丑剧，他们炮制出台的所谓"宪法"、"约法"徒有宪法的虚名而无宪政之实，他们制宪的目的是企图利用宪法为其反动政权和反动统治装点门面、粉饰太平。这样的伪宪法其实质是反动的，随着这些反动统治者的倒台也就灰飞烟灭了。

2. 以孙中山为代表的中国民族资产阶级要求的是资产阶级民主共和国的宪法。他们希望实现主权在民、三权分立的资产阶级民主原则和实行资产阶级的国家制度。但历史证明，中国民族资产阶级由于阶级和历史的局限性没有能力领导中国人民走上资产阶级宪政道路。

3. 以中国共产党为代表的广大劳动人民要求的是人民民主共和国的宪法。它要求建立人民共和国的国家制度，实现真正民主和社会主义。实践证明，它符合广大人民的利益和愿望，它所代表的方向是中国具体历史条件下惟一可行的救国救民的宪政发展方向。只有社会主义才能救中国，中国必须走社会主义宪政道路。

（二）旧中国宪政运动历经风雨、坎坷波折有着深刻的社会历史背景

从维新变法的失败，到清廷、北洋军阀和国民党制宪骗局和丑剧，尤其是代表资产阶级民主主义的《中华民国临时约法》不幸灭亡，旧中国的宪政运动遭受风雨坎坷，演奏了一曲悲歌。旧中国宪政运动跟其他国家相比，其突出的特点是近代意义的资产阶级民主宪政在中国发展欠缺，造成此种局面有如下几个因素：

1. 近代意义的民主宪政在中国缺乏其赖以存在、发展的基础。中国2000多年的封建社会自然经济占统治地位，对半殖民地半封建社会的中国资本主义的发展很不利，资产阶级宪政的存在和发展在中国存在欠缺因素。

2. 近代意义的民主宪政在中国缺乏有利的社会阶级基础。从阶级的因素来看，旧中国民族资产阶级具有阶级局限性，力量弱小不足以对抗封建势力和反动力量。他们领导的资产阶级革命运动遭到失败，他们所主张的资产阶级共和国宪法也被反动势力撕毁践踏。

3. 近代意义的民主宪政在中国缺乏有利的文化心理基础。中国漫长的封建社会儒家思想占统治地位,封建主义的思想根深蒂固。统治者专制独裁的观念顽固不化,而人民群众由于受封建思想的束缚,义务本位、社会本位的思想观念很深。封建主义的思想与宪政所主张的制约权力和保障权利的精神格格不入。中国宪政的发展缺乏有利的文化背景,缺乏与之相适应的社会宪政意识。尤其值得注意的是,中国的宪政意识萌芽很晚,而且还是引进西方的宪政思潮,是舶来品。

旧中国宪政运动的历史证明,资产阶级民主宪政的道路不适合中国的具体国情,必将遭到挫折和失败,而只有中国共产党领导中国各族人民走社会主义的宪政道路才是历史的必然选择。

第三节 新中国宪法的产生和发展

一、《中国人民政治协商会议共同纲领》

1949年,中国人民解放战争已取得了决定性的胜利,新中国即将诞生。此时,中国社会阶级力量的实际对比关系已发生了根本性的变化,因此完全有必要制定一部国家根本法来确认革命胜利成果和提出新的奋斗目标。然而由于战争尚未结束,人民群众的觉悟程度和组织程度有待进一步提高,封建势力还没有肃清,人民政府也有待巩固,所以还不可能召开全国人民代表大会并制定正式的宪法。只能由当时的政协全体会议先制定出一部共同纲领。1949年9月,中国人民政治协商会议第一届全体会议在北平开幕,会议于9月29日通过了起临时宪法作用的《中国人民政治协商会议共同纲领》。

《共同纲领》除序言外,共7章60条。其主要内容有:①庄严宣告帝国主义、封建主义和官僚资本主义在中国的统治时代已经结束,人民民主专政的共和国代替封建买办法西斯专政和国民党反动统治;②规定了我国的国体是人民民主专政;③明确规定"中华人民共和国的国家政权属于人民",我国的基本政治制度是人民代表大会制;④规定了经济政策和经济建设的根本方针;⑤规定了人民享有较为广泛的权利和自由;⑥规定了民族政策,宣告民族平等,实行民族区域自治制度;⑦规定了新中国独立自主的外交政策,反对帝国主义侵略和战争政策,体现了爱国主义和国际主义相结合思想。

《共同纲领》就其性质来说,它是中国共产党、各民主党派、各社会团体和爱国民主人士团结合作的政治纲领和政治基础。在当时的情况下，中国共产党要领导中国各族人民继续完成新民主主义革命的任务，因此它反映出我国处在历史转折时期而具有纲领性、过渡性的特点。

《共同纲领》是由代行全国人民代表大会职权的中国人民政治协商会议第一届全体会议制定的，它所规定的人民共和国的根本政治制度、基本政策和根本任务，具有最高的法律效力，成为建国初期制定法律的根据。《共同纲领》无论从内容上、形式上都具有国家根本法的性质，在当时起了临时宪法的作用。

二、1954年《宪法》

（一）1954年《宪法》制定的历史背景

在新中国成立后短短的3年内，中国人民胜利地完成了社会改革和恢复国民经济的基本任务。1952年12月，党中央及时地提出了过渡时期的总路线。全国人民遵循这条总路线，从1953年起，开始了社会主义改造和有计划的经济建设的新时期。为了适应新的形势和新的任务，需要制定一部比《共同纲领》更完备的正式宪法。一方面，《共同纲领》规定的某些制度和政策，已不适应中国共产党人急速向社会主义过渡这一形势发展的需要，不适应国家正规化经济建设的需要。因为政权建立巩固以后，中国共产党需要领导国家继续向前发展，建立无产阶级政权和社会主义制度。另一方面，当时已具备召开人民代表大会制定正式宪法的条件：全国已基本解放，实现了国内统一和安全；土地改革的任务彻底完成；人民群众的觉悟大大提高。1953年1月13日成立了以毛泽东为主席的宪法起草委员会，负责宪法的起草工作。1954年9月15日中华人民共和国第一届全国人民代表大会第一次会议召开，大会于9月20日一致通过了《中华人民共和国宪法》。

（二）1954年《宪法》的主要内容及其基本原则

1954年《宪法》由"序言"、"总纲"、"国家机构"、"公民的基本权利和义务"、"国旗、国徽、首都"组成，共106条。其主要内容如下：

1. 规定了我国社会制度和国家制度的基本原则。它确认了我国是"工人阶级领导的、以工农联盟为基础的人民民主国家"的国家性质，这比《共同纲领》规定的国家性质有所发展；它规定了我国采取单一制的国家结构形式；确认了国家在过渡时期的4种生产资料所有制形式。

2. 肯定了《共同纲领》所规定的国家基本政治制度，即实行民主集中制的人民代表大会制度，并且根据人民代表大会制度和新中国成立以来政权建设的经验，确定了我国国家机构的组成，规定了国家机构的民主集中制的活动原则。

3. 对公民的基本权利和义务作了比较完善和具体的规定，发展了人民民主，同时规定了逐步扩大物质保障的措施，体现出国家、社会利益同公民个人利益的一致性。

1954年《宪法》的主要基本原则：

1. 人民民主原则。宪法关于我国基本政治制度的规定，关于国家机构的设置及其相互关系的规定，关于公民的基本权利和义务的规定，都体现了社会主义民主的精神。这种民主，不是资产阶级的民主，而是人民民主，即无产阶级领导的、以工农联盟为基础的人民民主。

2. 社会主义的原则。宪法明确规定了国家的根本任务是通过社会主义工业化和社会主义改造，保证逐步消灭剥削制度，建立社会主义，并且"通过和平的道路消灭剥削和贫困，建成繁荣幸福的社会主义社会"。这就明确确立了我国社会主义过渡进而建设社会主义的方向。

值得注意的是，1954年《宪法》在贯彻上述基本原则的同时，也体现了原则性和灵活性相结合的特点。比如，宪法确认了社会主义原则，而在实现社会主义改造的步骤和方法时，宪法的规定又有很大的灵活性。

（三）1954年《宪法》的历史地位

1954年《宪法》的制定贯彻了人民民主和社会主义的原则，体现了原则性和灵活性相结合的特点。它是民主革命历史经验和社会主义革命和建设实践经验、中国经验和外国经验、领导智慧与群众智慧相结合的产物。它对于巩固人民民主专政、促进社会主义经济发展和推动社会主义革命和建设起了巨大的作用。同时它为普通立法提供了原则和依据，为新中国的法制建设做出了重要贡献。1954年《宪法》是一部比较好的宪法，也是我国第一部社会主义类型的宪法，我们也应该看到，这部宪法带有过渡性的特征，没有很好地解决宪法的稳定性问题。宪法自身对于宪法的保障与监督也没有作出有效的规定。当我国过渡时期的任务完成以后，这部被看做是实现国家过渡时期总任务的宪法的稳定性和严肃性便成了一个尖锐的问题。

三、1975 年《宪法》和 1978 年《宪法》

(一) 1975 年《宪法》

1975 年 1 月 17 日，第四届全国人民代表大会第一次会议通过了 1975 年《宪法》。这部宪法肯定了社会主义的一些基本原则，也肯定了社会主义建设取得的一些成果，因此，它基本上属于社会主义性质的宪法。但是，由于这部宪法是在"文化大革命"时期制定的，受"左"的思想影响，加上"四人帮"的干扰和破坏，致使它在内容和形式上都存在着一些严重的错误和缺陷。这主要表现在：

1. 宪法的指导思想是坚持以阶级斗争为纲这条基本路线。肯定了"文化大革命的伟大胜利"，"坚持无产阶级专政下的继续革命"。它确认了"文化大革命"中国家机构的混乱状态，打乱了国家机关的合理分工和正常活动。

2. 缩小了公民基本权利和自由的范围。例如，1954 年《宪法》规定的"公民在法律面前一律平等"被取消了，国家为公民享受经济、政治、文化等方面的权利自由提供物质保障的规定也被删掉了。此外，这部宪法还一反常规，把公民的义务置前而把权利自由置后。

3. 1975 年《宪法》虽然保持了 1954 年《宪法》的基本结构，但它大幅度地削减条文。从 1954 年《宪法》的 106 条削减到仅有的 30 条，而且不少条文、规范遗漏与脱节。它的体系也不科学，总纲一章就占了全部条文的 1/2。

总之，1975 年《宪法》是在政治生活极不正常的年代产生的一部宪法。这部宪法很不完善，有许多严重的错误，可以说是我国制宪史上的一次倒退。

(二) 1978 年《宪法》

1976 年 10 月"四人帮"被粉碎，我国的社会主义革命和建设进入了一个新的历史发展时期。为了拨乱反正，恢复和发展 1954 年《宪法》的基本原则，消除"四人帮"的流毒，以适应新时期的需要，有必要对 1975 年《宪法》进行全面修改。1978 年 3 月 5 日，第五届全国人大第一次会议通过了 1978 年《宪法》，即我国的第三部《宪法》。这部《宪法》包括序言、4 章共 60 条。它对 1975 年《宪法》作了重要的修改，主要表现在：明确规定了我国新时期的总任务，序言中提出了"在本世纪内把我国建设成为农业、工业、国防和科学技术现代化的伟大的社会主义强国"的总任务；强调了社会主义民主原则；在国家机构部分恢复了人民检察院的设置，强调健全社会主义法制；对公民基本权利和义务的规定从 1975 年《宪法》的 4 条增加到 16 条；等等。

1978 年《宪法》是在特定的历史环境下颁布的，制定的比较仓促，它还来不及彻底肃清长期以来尤其是"文化大革命"中的极"左"思潮对于宪法的影响和流毒。它虽然对 1975 年《宪法》有所改进，但还存在严重的不足和缺陷，它依然保留了 1975 年《宪法》的一些错误观点和条文。

为了肃清极左影响，解决存在的问题，适应形势发展的需要，1979 年 7 月第五届全国人大第二次会议通过了《关于修正〈中华人民共和国宪法〉若干规定的决议》，决定在县级及县级以上各级人大设常委会，改地方各级革命委员会为各级人民政府；将县级人大代表由间接选举改为直接选举；将上下级人民检察院的监督关系改为领导关系。1980 年 9 月第五届全国人大第三次会议又通过了《关于修改〈中华人民共和国宪法〉第 45 条的决议》，取消了宪法有关"大鸣、大放、大辩论、大字报"的规定。

虽然经过以上两次宪法修改，但从总体上看，1978 年《宪法》仍未摆脱"左"的影响，它越来越不能适应新时期客观形势发展的要求，因此全面修宪就提上了日程。

四、1982 年《宪法》

（一）1982 年《宪法》的制定及其意义

1978 年 12 月党的十一届三中全会的召开成为历史的伟大转折点。中国共产党人开始了拨乱反正，全面纠正"文化大革命"的错误，深入总结新中国成立以来的历史经验教训的工作。全会决定全党和全国人民工作重点转移到社会主义现代化建设上来。1981 年 6 月党的十一届六中全会召开，通过了《关于建国以来党的若干历史问题的决议》，正确总结了过去 32 年来正反两方面的经验教训，明确了许多重大理论和实际问题，这标志着拨乱反正历史任务的胜利完成。1982 年 9 月，党的十二次代表大会确定了全面开创社会主义现代化建设新局面的战略决策，为宪法的彻底修改奠定了坚实的理论基础和正确的指导思想，指明了宪法修改的方向。

从党的十一届三中全会以后，我国才真正进入社会主义现代化建设的新时期。我国的政治、经济和文化生活发生了巨大的变化。国家经济体制的改革、国家领导体制和国家机构的改革，"一国两制"的构想，统一祖国的大业等等，都提到了国家议事日程上来。这些新的历史形势的要求，以及党的十一届三中全会以来一系列行之有效的正确的方针政策，都不可能在 1978 年《宪法》中得到很好地反映。虽然经两次局部修改,但它仍不能适应社会主义现代化建设的客观需要,因此,必须进行彻底而全面的修改。正如1980年9月中共中央向五届人大三次会议提出的《关于修改宪法和成立宪法修改委员会的建议》中所指出:"为了完善无产阶级专政的国家制度、切实保障人民的权利和各民族的权利,巩固发展安定团结、生动活泼的政治局面,充分调动一切积极因素,发挥社会主义制度的优越性,加速四个现代化建设事业的发展,需要对宪法作出比较系统的修改。"

五届人大三次会议接受党中央的建议,决定成立宪法修改委员会,主持修改宪法的工作。根据各地方、各方面人士的意见和建议,宪法修改委员会先后举行了五次会议并进行了充分的讨论研究,提出了经过最后修改的《中华人民共和国宪法修改草案》,并决定提请第五届全国人大第五次会议审议。1982年12月4日,第五届全国人大第五次会议以无记名投票方式通过了这个宪法修改草案,1982年《宪法》诞生了。

1982年《宪法》由"序言"、"总纲"、"公民基本权利和义务"、"国家机构"、"国旗、国徽、首都"组成,共138条。它继承和发展了1954年《宪法》的基本原则,规定了国家的根本任务和发展措施。它的制定和实施,标志着我国社会主义制度的基础得到了进一步的巩固和完善,标志着我国社会主义民主法制建设进入了一个新的发展阶段。1982年《宪法》是一部较完备的社会主义宪法,也是一部具有中国特色的宪法,而且它是新中国成立以来我国制定并颁布实施的最好的宪法。

(二) 1982年《宪法》是具有中国特色的社会主义宪法

1982年《宪法》在性质上不同于资本主义宪法,在反映的国情上不同于其他社会主义国家的宪法,在阶级上不同于以往的我国各部宪法,它是一部具有中国特色的社会主义宪法,它的理论基础是建设有中国特色社会主义的理论。这主要体现在:

1. 确定四项基本原则为总的指导思想。我国宪法的一个比较突出的特点就是把一定时期党的基本路线或总任务写进宪法。1982年《宪法》对四项基本原则作了集中的、完整的表述,把四项基本原则提高到宪法根本原则的崇高地位。坚持社会主义道路、坚持人民民主专政、坚持中国共产党的领导、坚持马克思列宁主义、毛泽东思想成为我国的立国之本和现阶段我国社会主义现代化建设顺利进行的根本保证。四项基本原则贯穿于宪法的内容及其实施,一切违反四项基本原则的行为,都是违宪行为,都要受到追究。

2. 坚持两个文明建设一起抓。《宪法》明确规定："今后国家的根本任务是集中力量进行社会主义现代化建设"，"逐步实现工业、农业、国防和科学技术的现代化，把我国建设成为高度文明、高度民主的社会主义国家"。确定在社会主义初级阶段要以经济建设为中心，并对我国社会主义的经济制度作了比较完善的规定。宪法在序言中还把建设高度文明的社会主义国家确定为国家的根本任务和奋斗目标之一。明确提出了"加强社会主义精神文明建设"的战略方针。

3. 坚持改革开放。1982年《宪法》坚持改革的精神，总结了我国社会主义发展中的主要历史教训，对正在进行的经济体制和政治体制改革作出了重要原则性规定。宪法改变了前两部宪法中有关党政不分的一些规定，完善了人民代表大会制度和国家机构的体系和形式；规定了完善经济管理体制和企业经营管理制度，规定改进劳动组织，实行各种形式的社会主义责任制，赋予全民所有制企业和集体所有制企业以不同范围的经营自主权，等等。宪法的这些规定，对后来我国改革开放的深入和社会主义市场经济体制的建立和发展起了指导作用。

4. 加强社会主义民主和法制建设。社会主义民主是社会主义基本特征之一，也是社会主义国家的奋斗目标之一。1982年《宪法》明确提出要"把我国建设成为高度文明、高度民主的社会主义国家"，同时宪法对发展社会主义民主作了许多新的规定，其中重要的有：强化了人民代表大会制度，完善了国家机关民主集中制原则，恢复国家主席的建制，增设中央军事委员会，等等；在公民的基本权利方面，增加了新的内容，把社会主义民主扩大到政治、经济、文化和社会生活各个方面，等等。

社会主义民主和社会主义法制密不可分。1982年《宪法》在社会主义法制建设方面，从基本原则到具体措施都作了比较全面的规定。它确立了宪法的最高权威，使维护法制的统一和尊严有了保证；它对我国立法体制进行了重大改革，对我国的法制体系、法律实施和法律监督制度、司法制度等都比前宪法作了更详尽的规定。

5. 巩固民族的团结和国家的统一。现行宪法把巩固民族的团结和国家的统一作为自己的基本精神之一，它对完成祖国统一大业、维护民族团结、保证民族平等、促进各民族共同繁荣作出了重要规定。

总之，1982年《宪法》是一部具有中国特色的社会主义宪法，它的理论基础是建设有中国特色社会主义的理论和党的"一个中心、两个基本点"的基本路线。值得注意的是，1993年《宪法修正案》把"建设有中国特色的社会主义理论"正式写入宪法、使现行宪法的理论基础进一步明确并被赋予新的内涵，获得了新的发展。

(三) 1982 年《宪法》的修改

1982 年《宪法》实施以后的十几年，我国的改革开放不断深入，社会主义现代化建设事业获得了长足的发展，我国的政治、经济、文化等领域发生了很大的变化，为了适应中国社会主义新时期的形势和需要，1982 年《宪法》作了四次相应的修改和补充。

1988 年 4 月 12 日第七届人大第一次会议通过《宪法修正案》，对现行《宪法》作了两处修改，一处是修改第 10 条第 4 款，删去了不得出租土地的规定，增加规定"土地的使用权可以依照法律的规定转让。"另一处是在第 11 条增加对私营经济的规定，即"国家允许私营经济在法律规定的范围内存在和发展。私营经济是社会主义公有制经济的补充。国家保护私营经济的合法的权利和利益，对私营经济实行引导、监督和管理。"

1993 年 3 月八届全国人大一次会议通过了《宪法修正案》。这个修正案总共 9 条，主要内容包括：①把"我国正处于社会主义初级阶段"、"建设有中国特色的社会主义理论"、"坚持改革开放"写入宪法序言，将"高度文明、高度民主"改为"富强、民主、文明"。这肯定了建设有中国特色社会主义理论的指导地位，比较集中、完整地表述了党的基本路线。将建设有中国特色社会主义的理论和党的基本路线写进宪法中是这次宪法修改的灵魂和核心。②强化规定了多党合作、政治协商制度的内容。强调"中国共产党领导的多党合作和政治协商制度将长期存在和发展"，这对于推进社会主义民主和巩固发展爱国统一战线有重要的意义。③将家庭联产承包责任制作为农村集体经济组织的基本形式确定下来，以保证农村政策的长期稳定。④确认社会主义市场经济作为国家的基本经济体制。规定"国家实行社会主义市场经济"。"国家加强经济立法，完善宏观调控。""国家依法禁止任何组织或者个人扰乱社会经济秩序。"这样使实行社会主义市场经济的改革目标有了宪法地位。⑤将宪法第 98 条县级人民代表大会的任期由 3 年改为 5 年。这是适应党章对县级党委任期的修改而作的修改。

1999 年 3 月，九届人大二次会议通过了 6 条宪法修正案，主要内容包括：

1. 关于邓小平理论。将邓小平理论写入宪法，确立邓小平理论在国家的指导思想地位，是这次宪法修改的最主要内容。邓小平理论是马克思主义基本原理同当代中国实际和时代特征相结合的产物，是毛泽东思想的继承和发展，是指导中国人民在改革开放中胜利实现社会主义现代化的理论,是马克思主义在中国发展的新阶段。这一理论主要是在十一届三中全会以后逐步形成的,其轮廓在1987年党的十二大作了初步阐述,1992年党的十四大作了进一步阐述,并在1993年八届全国人大一次会议修改宪法时,将"建设有中国特色社会主义的理论"写入宪法序言。1997年党的十五大对这一理论作了进一步的全面总结和系统论述,明确将这一理论称为"邓小平理论",并写入党章。十五大之后,各方面纷纷要求将邓小平理论载入宪法。因此,这次宪法修改将序言第七自然段中"中国各族人民将继续在中国共产党领导下,在马克思列宁主义、毛泽东思想指引下"一句话"毛泽东思想"后面增写了"邓小平理论",并相应将"根据建设有中国特色社会主义的理论"一句修改为"沿着建设有中国特色社会主义的道路"。这样修改,把邓小平理论与马克思列宁主义、毛泽东思想并列为宪法的一项基本原则,就为邓小平理论在国家的指导思想地位提供了宪法依据和保障,使邓小平理论成为全国人民的行动指南,必将更有利于全国各族人民更加自觉地高举邓小平理论这一伟大旗帜,团结一致地将建设有中国特色社会主义事业全面推向21世纪。

同时,根据邓小平理论,还对《宪法》序言第七自然段的相关内容作了相应修改:

一是将"我国正处于社会主义初级阶段"修改为"我国将长期处于社会主义初级阶段"。我国正处于社会主义初级阶段,是十一届三中全会以来我们党总结社会主义建设的历史经验,正确分析国情得出的科学论断,是邓小平理论的基础和重要组成部分,是我们党和国家制定路线、方针、政策的根本出发点。1993年修改宪法时,将"我国正处于社会主义初级阶段"写入宪法。党的十五大进一步强调我国正处于并将长期处于社会主义初级阶段,指出"这样的历史进程,至少需要一百年时间。至于巩固和发展社会主义制度,那还需要更长的时间,需要几代人、十几代人,甚至几十代人坚持不懈地努力"。根据十五大对社会主义初级阶段的这一新的认识,对宪法作相应修改,对于树立社会主义建设的长期性、复杂性和艰苦性的思想,解决深化改革中遇到的种种矛盾、澄清种种疑惑,树立埋头苦干、脚踏实地的精神,克服急于求成的急躁情绪,避免重犯过去那种超越历史阶段的错误,具有重要而深远的意义。

二是增加规定"发展社会主义市场经济"。把社会主义同市场经济结合起来,明确我国经济体制改革的目标是建立社会主义市场经济体制,是我们党的一个伟大创举,是改革开放发展的必然结果,是邓小平理论的重要组成部分。新中国成立以来,我国在一个较长时期内,实行的是高度集中的计划经济体制。

这种体制在当时条件下，起过积极的作用。但随着经济的不断发展，这种体制统得过多过死的弊端逐渐显露出来，阻碍了生产力的发展。十一届三中全会以来，随着改革的深入，我们逐渐摆脱这种旧的体制，形成新的认识；十二大提出计划经济为主，市场调节为辅；十二届三中全会提出商品经济是社会经济发展不可逾越的阶段，我国社会主义经济是公有制基础上的有计划的商品经济；十三大提出社会主义有计划商品经济的体制应该是计划与市场内在统一的体制；十三届四中全会后，提出建立适应有计划商品经济发展的计划经济与市场调节相结合的经济体制和运行机制。特别是1992年邓小平同志南巡谈话，对社会主义可以搞市场经济问题，作了透彻、精辟的阐述，使我们在计划和市场关系问题上的认识有了新的重大突破。江泽民同志在党的十四大报告中提出社会主义经济体制改革的目标是建立社会主义市场经济体制，并在1993年八届全国人大一次会议上将宪法第15条"国家在社会主义公有制基础上实行计划经济"修改为"国家实行社会主义市场经济"。这次宪法修改又在序言中增加规定"发展社会主义市场经济"，进一步表明了我国发展社会主义市场经济的决心和信心。

2. 关于依法治国，建设社会主义法治国家。实行依法治国，建设社会主义法治国家，是邓小平民主法制思想的重要内容，也是邓小平理论的重要组成部分，是党领导人民治理国家的基本方略，是社会文明进步的标志，是国家长治久安的重要保障。

实行人治，还是实行法治，这是治理国家的两种根本不同的方略。我国历史上长期受封建统治影响，传统观念根深蒂固，缺乏法治传统和习惯。建国初期，我们党是比较注意实行社会主义法制的，但没能一以贯之，结果导致了"文化大革命"的无法无天，国家法制和社会秩序遭受严重破坏，公民权利被践踏。党的十一届三中全会总结历史经验教训，提出了发展社会主义民主、加强社会主义法制的任务，要求做到"有法可依，有法必依，执法必严，违法必究"。根据这一思想，1982年《宪法》明确规定："国家维护社会主义法制的统一和尊严。""一切国家机关和武装力量、各政党和各社会团体、各企业事业组织都必须遵守宪法和法律。一切违反宪法和法律的行为，必须予以追究。"1996年2月，江泽民同志在中共中央举办的法制讲座上提出要"实行和坚持依法治国、建设社会主义法治国家"。八届全国人大四次会议根据党中央的建议，把这一方针载入《国民经济和社会发展"九五"计划和2010年远景规划纲要》。党的十五大进一步指出："依法治国，是党领导人民治理国家的基本方略"。这是我们党治国方略的一个历史性转变，是我们党更加成熟的标志。为了把党的意志变成国家意志，这次宪法修改，根据党员的建议，在《宪法》第5条增加规定"中华人民共和国实行依法治国，建设社会主义法治国家"。这对于发展社会主义民主政治、维护宪法和法律的权威，健全社会主义法律体系，完善行政执法制度和司法制度，保证人民当家做主，特别是保证这一治国方略不因领导人的改变而改变，不因领导人的看法和注意力的改变而改变，保障国家的长治久安，具有极其深远的历史意义和重要的现实意义。

3. 关于我国社会主义初级阶段的基本经济制度和分配制度。党的十五大郑重提出："要坚持和完善社会主义公有制为主体、多种所有制经济共同发展的基本经济制度。""坚持和完善按劳分配为主体的多种分配方式"。这是我们党经过长期的社会主义建设实践总结出来的基本经验，是历史的正确选择。

新中国成立后，我们在所有制结构和分配制度问题上的认识曾一度出现偏差，偏离了生产关系一定要适合生产力发展这一马克思主义的基本原理，脱离了我国生产力发展水平，认为所有制越公越好、越纯越好，盲目追求"一大二公"、搞"穷过渡"；在分配制度上搞平均主义，实行大锅饭、铁饭碗，干好干坏一个样。结果造成资源浪费严重，生产效率低下，经济发展停滞，人民生活贫困。党的十一届三中全会以后，实行改革开放，允许个体经济、私营经济存在和发展，引进外资，对公有制的实现形式进行改革，允许多种分配方式存在，允许一部分人和一部分地区先富起来，带动和帮助后富，逐步走向共同富裕，逐步消除了所有制结构和分配制度的不合理状况，出现了以公有制为主体、多种所有制经济成分共同发展和以按劳分配为主体、多种分配形式并存的局面，极大地促进了社会生产力的发展，国家综合国力显著增强，人民生活得到明显改善。党的十五大总结改革开放20年来的实践经验，对我国所有制结构和分配制度问题进行了系统的阐述，提出一系列新观念、新论断，丰富和发展了社会主义经济理论。根据党中央的建议，这次宪法修改，把经实践检验证明为适应我国社会主义初级阶段生产力发展要求的经济制度和分配制度写进宪法，在《宪法》第6条增加规定，作为第2款："国家在社会主义初级阶段，坚持公有制为主体、多种所有制经济共同发展的基本经济制度，坚持按劳分配为主体、多种分配方式并存的分配制度。"这样修改，就使得宪法更加符合社会主义初级阶段的实际，更加清楚地表明在整个社会主义初级阶段，公有制、按劳分配为主体不是权宜之计，必须长期坚持和完善；多种所有制经济共同发展、多种分配方式并存也不是权宜之计，也必须长期坚持和完善。这对于坚持和完善我国在社会主义初级阶段的基本经济制度和分配制度，深化改革开放，进一步解放和发展社会生产力，具有极其重要的积极作用。同时需要指明的是，《宪法》第6条原来的规定"中华人民共和国的社会主义经济制度的基础是生产资料的社会主义公有制,即全民所有制和劳动群众集体所有制。""社会主义公有制消灭人剥削人的制度,实行各尽所能,按劳分配的原则。"并没有修改,而是作为第 6 条的第 1 款。

4. 关于家庭承包经营为基础、统分结合的双层经营体制。十一届三中全会以后,我国的经济体制改革率先从农村开始。广大农民在实践中创造了家庭联产承包责任制这一集体经济组织的新型经营方式。我们党及时总结农民的这一伟大创造,向全国广泛推广,取得了巨大成功。随后,经济体制改革从农村转向城市,形成所谓的"第二次农村包围城市"。1993 年《宪法》修改时,根据党中央的建议,将家庭联产承包为主的责任制写入宪法,对稳定家庭联产承包责任制起到了积极的作用。这次宪法修改,根据党的十五届三中全会精神和党中央的建议,将《宪法》第 8 条第 1 款中"农村中的家庭联产承包为主的责任制"一句,修改为:"农村集体经济组织实行家庭承包经营为基础、统分结合的双层经营体制。"这样修改,不再提"联产",使之更加符合目前农村家庭承包经营不再与产量相联系的实际做法。统分结合的双层经营体制,是指在农村集体经济组织内部实行的集体统一经营和家庭承包经营相结合的经营体制。家庭承包经营是基础,双层经营是补充。将家庭承包经营为基础、统分结合的双层经营体制这一农村集体经济组织的经营体制写入宪法,有利于这一经营制度的长期稳定和不断完善,有利于农村生产力的解放。

5. 关于个体经济、私营经济等非公有制经济。我们党和国家对个体经济、私营经济等非公有制经济的认识,经历了一个发展的过程。十一届三中全会以前,在很长一段时间里,我们不承认非公有制经济的存在,把个体经济、私营经济看做是与社会主义不相容的东西,认为搞社会主义就要消灭非公有制经济,在农村甚至连家庭多养几只鸡鸭也当做"资本主义尾巴"来批判,极大地束缚了生产力的解放,严重影响了经济的发展和人民生活水平的改善。党的十一届三中全会总结过去的沉痛教训,提出个体经济是社会主义公有制经济的必要补充部分,并写入 1982 年《宪法》。随着改革开放的深入,到 80 年代中期,个体经济经过一定的积累和发展,有些逐渐发展为私营企业;同时,外商独资企业开始出现。党的十三大总结实践经验,明确提出私营经济是公有制经济的必要的和有益的补充,并在 1988 年七届全国人大一次会议修改《宪法》时,将这一内容写入《宪法》。党的十五大进一步提出:"非公有制经济是我国社会主义市场经济的重要组成部分。对个体经济、私营经济等非公有制经济要继续鼓励、引导,使之健康发展。"这标志着我们党对非公有制经济认识的进一步深化。这次宪法修改,根据党中央的建议,在《宪法》第 11 条增加规定:"在法律规范范围内的个体经济、私营经济等非公有制经济,是社会主义市场经济的重要组成部分。"鉴于这一提法是从社会主义市场经济这一概念,而不是从所有制性质出发的,因此,相应删去个体经济、私营经济是"社会主义公有制经济的补充"的提法,同时将本条的其他文字修改为"国家保护个体经济、私营经济的合法权利和利益。国家对个体经济、私营经济实行引导、监督和管理。"这样修改,进一步明确了个体经济、私营经济等非公有制经济在我国社会主义市场经济中的地位和作用,表明个体经济、私营经济是适应我国社会主义初级阶段生产力状况的,有利于生产力发展。以国家根本大法的形式作出这一规定,必将有力地推动个体经济、私营经济等非公有制经济的健康发展,有利于深化发展,促进我国所有制结构的完善,加快社会主义现代化建设。

6. 关于将"反革命的活动"修改为"危害国家安全的犯罪活动"。这是考虑到我们国家已经从革命时期进入集中力量进行社会主义现代化建设的历史新时期,从国家体制和保卫国家整体利益考虑,从法律角度来看,把颠覆国家政权、推翻社会主义制度等危害中华人民共和国的犯罪行为,规定为危害国家安全的犯罪活动,比较合适,更有利于惩治这类犯罪活动。1997年八届全国人大四次会议通过的新刑法,已经将"反革命罪"修改为"危害国家安全罪"。这次宪法修改,将"反革命的活动"修改为"危害国家安全的犯罪活动",对促进刑法的实施,更好地适应新情况,与危害国家安全的犯罪进行斗争,具有积极意义。

这次修宪虽然只有6条,但意义十分重大,它为全面推进建设有中国特色社会主义事业提供了更加完善的宪法依据,必将对我国经济、政治、社会生活产生重大影响。

2004年的宪法修正案是由十届全国人大二次会议于2004年3月14日通过的。其主要内容有:①在"序言"部分,把"三个代表"重要思想同马克思列宁主义、毛泽东思想、邓小平理论一道确立其在国家政治和社会中的指导地位,并将"沿着建设有中国特色社会主义道路"修改为"沿着中国特色社会主义道路";增加"推动物质文明、政治文明和精神文明协调发展"的内容;在统一战线的表述中增加"社会主义事业的建设者"。②在"总纲"一章,关于土地征用将"国家为了公共利益的需要,可以依照法律规定对土地实行征用"。修改为"国家为了公共利益的需要,可以依照法律规定对土地实行征收或者征用并给予补偿。"(第10条第3款)关于非公有制经济,将"国家保护个体经济、私营经济的合法的权利和利益。国家对个体经济、私营经济实行引导、监督和管理。"修改为"国家保护个体经济、私营经济等非公有制经济的合法的权利和利益。国家鼓励、支持和引导非公有制经济的发展,并对非公有制经济依法实行监督和管理。"(第11条第2款)关于公民个人财产,将"国家保护公民的合法的收入、储蓄、房屋和其他合法财产的所有权。""国家依照法律规定保护公民的私有财产的继承权。"修改为"公民的合法的私有财产不受侵犯。""国家依照法律规定保护公民的私有财产权和继承权。""国家为了公共利益的需要,可以依照法律规定对公民的私有财产实行征收或者征用并给予补偿。"(第13条)并在第14条增加"国家建立健全同经济发展水平相适应的社会保障制度"的内容,作为第4款。③在"公民的基本权利和义务"一章,在第33条增加"国家尊重和保障人权"的内容,作为第3款,将原第3款作为第4款。④在"国家机构"一章,关于全国人大的组成,将第59条第1款中"全国人民代表大会由省、自治区、直辖市和军队选出的代表组成。……"修改为"全国人民代表大会由省、自治区、直辖市、特别行政区和军队选出的代表组成。……"关于全国人大常委会的职权,将第67条第20款"决定全国或者个别省、自治区、直辖市的戒严;"修改为"决定全国或者个别省、自治区、直辖市进入紧急状态;"关于国家主席的职权,在第80条中将"发布戒严令"修改为"宣布紧急状态",在第81条"中华人民共和国主席代表中华人民共和国,"之后,增加"进行国事活动"的内容。关于国务院的职权,将第89条第16款"决定省、自治区、直辖市的范围内部分地区的戒严;……"修改为"依照法律规定决定省、自治区、直辖市的范围内部分地区进入紧急状态;"关于国家机关的任期,将第98条"省、直辖市、县、市、市辖区的人民代表大会每届任期5年。乡、民族乡、镇的人民代表大会每届任期3年"修改为"地方各级人民代表大会每届任期5年"。⑤在"国旗、国徽、首都"一章,将该章的标题修改为"国旗、国歌、国徽、首都"。在第136条增加"中华人民共和国国歌是《义勇军进行曲》"的内容,作为第2款。

  这次对宪法的修改是在党的十六大胜利召开之后进行的。王兆国副委员长在向十届全国人大二次会议所作的"关于《中华人民共和国宪法修正案(草案)》的说明"(以下简称"说明")中指出:"从本世纪开始,我国进入全国建设小康社会、加快推进社会主义现代化的新的发展阶段。党的十六大全面分析了新世纪新阶段我们党和国家的新形势新任务,科学总结了改革开放以来特别是党的十三届四中全会以来党团结带领全国人民建设中国特色社会主义的基本经验,把'三个代表'重要思想同马克思列宁主义、毛泽东思想、邓小平理论一道确立为党必须长期坚持的指导思想,明确指出了本世纪头二十年的奋斗目标和重大方针政策。党的十六届三中全会根据新形势新经验,提出《中共中央关于修改宪法部分内容的建议》,主张把实践中取得的、并被实践证明是成熟的重要认识和基本经验写入宪法,反映了全党全国各族人民的共同意愿,将使宪法更加完善,更加适应全面建设小康社会、开创建设中国特色社会主义事业新局面的要求,更加能够发挥宪法作为国家的根本法的作用。"

对于确立"三个代表"重要思想在国家政治和社会生活中的指导地位,"说明"指出:"'三个代表'重要思想同马克思列宁主义、毛泽东思想、邓小平理论是一脉相承而又与时俱进的科学体系,是马克思主义在中国发展的新成果,是面向二十一世纪的中国化的马克思主义,是引导全党全国各族人民为实现新世纪新阶段的发展目标和宏伟蓝图而奋斗的根本指针。把'三个代表'重要思想同马克思列宁主义、毛泽东思想、邓小平理论一道写入宪法,确立其在国家政治和社会生活中的指导地位,反映了全党全国各族人民的共同意愿,体现了党的主张和人民意志的统一,为全党全国各族人民在新世纪新阶段继续团结奋斗提供了共同的思想基础,具有重大的现实意义和深远的历史意义。"

对于增加推动物质文明、政治文明和精神文明协调发展的内容,"说明"指出:"党的十六大提出'不断促进社会主义物质文明、政治文明和精神文明的协调发展',反映了我们党对共产党执政规律、社会主义建设规律和人类社会发展规律认识的深化,既是对社会主义文明内容的极大丰富,又是对社会主义现代化建设理论的重大发展,具有重要意义。把'三个文明'及其相互关系写入宪法,并同这一自然段中确定的'把我国建设成为富强、民主、文明的社会主义国家'的社会主义现代化建设总目标紧密相连,不仅意思比较连贯、逻辑比较严谨,而且为'三个文明'协调发展提供了宪法保障。"

对于在统一战线的表述中增加社会主义事业的建设者,"说明"指出:"随着改革的深化、开放的扩大和经济社会的发展,我国的统一战线不断扩大。党的十六大明确提出,在社会变革中出现的新的社会阶层'都是中国特色社会主义事业的建设者'。……统一战线包括'劳动者'、'建设者'和两种'爱国者',一层比一层更广泛,社会主义事业的建设者包括全体社会主义劳动者和在社会变革中出现的新的社会阶层。这样修改,有利于最广泛、最充分地调动一切积极因素。"

对于完善土地征用制度,"说明"指出:"……征收和征用既有共同之处,又有不同之处。共同之处在于,都是为了公共利益的需要,都要经过法定程序,都要依法给予补偿。不同之处在于,征收主要是所有权的改变,征用只是使用权的改变,宪法第10条第3款关于土地征用的规定,以及依据这一规定制定的土地管理法,没有区分上述两种不同情形,统称'征用'。从实际内容看,土地管理法既规定了农村集体所有的土地转为国有土地的情形,实质上是征收;又规定了临时用地的情形,实质上是征用。为了理顺市场经济条件下因征收、征用而发生的不同的财产关系,区分征收和征用两种不同情形是必要的。"

对于进一步明确国家对发展非公有制经济的方针,"说明"指出:"国家在社会主义初级阶段,坚持和完善公有制为主体、多种所有制经济共同发展的基本经济制度。作为社会主义市场经济重要组成部分的个体、私营等非公有制经济在促进经济增长、扩大就业、活跃市场等方面的重要作用日益显现。……这样修改,全面、准确地体现了党的十六大关于对非公有制经济既鼓励、支持、引导,又依法监督、管理,以促进非公有制经济健康发展的精神;也反映了我国社会主义初级阶段基本经济制度的实际情况,符合生产力发展的客观要求。"

对于完善对私有财产保护的规定,"说明"指出:"我国改革开放以来,随着经济发展和人民生活水平提高,公民拥有的私人财产普遍有了不同程度的增加,特别是越来越多的公民有了私人的生产资料,群众对用法律保护自己的财产有了更加迫切的要求。根据党的十六大关于'完善保护私人财产的法律制度'的精神,……这样修改,主要基于三点考虑:①进一步明确国家对全体人民的合法的私有财产都给予保护,保护范围既包括生活资料,又包括生产资料。②用'财产权'代替原条文中的'所有权',在权利含意上更加准确、全面。③我国几个现行法律根据不同情况已经作出了征收或者征用的规定,在宪法中增加规定对私有财产的征收、征用制度,有利于正确处理私有财产保护和公共利益需要的关系,许多国家的宪法都有类似的规定。"

对于增加建立健全社会保障制度的规定,"说明"指出:"社会保障直接关系广大人民群众的切身利益。建立健全同经济发展水平相适应的社会保障制度,是深化经济体制改革、完善社会主义市场经济体制的重要内容,是发展社会主义市场经济的客观要求,是社会稳定和国家长治久安的重要保护。"

对于增加尊重和保障人权的规定,"说明"指出:"这样修改,主要基于两点考虑:①尊重和保障人权是我们党和国家的一贯方针,这次把它写入宪法,可以进一步为这一方针的贯彻执行提供宪法保障。②党的十五大、十六大都明确地提出了'尊重和保障人权'。在宪法中作出尊重和保障人权的宣示,体现了社会主义制度的本质要求,有利于推进我国社会主义人权事业的发展,有利于我们在国际人权事业中进行交流和合作。"

对于国家机构部分的修改,在全国人大的组成方面,基于香港、澳门的回归,《宪法》第59条第1款修改为"全国人民代表大会由省、自治区、直辖市、特别行政区和军队选出的代表组成。……"符合全国人大组成的实际情况。

关于全国人大常委会、国家主席和国务院职权中原规定的决定戒严、发布戒严令修改为决定进入紧急状态、宣布进入紧急状态，是基于总结 2003 年抗击非典的经验教训，并借鉴国际上的普遍做法，需要完善应对严重自然灾害、突发公共卫生事件、人为重大事故等紧急状态的法律制度而作出的修改。这样修改，"紧急状态"包括"戒严"而又不限于"戒严"，适用范围更宽，既便于应对各种紧急状态，也同国际上通行的做法相一致。关于国家主席职权的规定增写"进行国事活动"的规定，主要考虑的是当今世界，元首外交是国际交往中的一种重要形式，需要在宪法中对此留有空间。关于将乡镇人大每届任期由原来规定的 3 年改为 5 年，可以使各级人大任期一致，有利于协调各级经济社会发展规划、计划和人事安排。上述内容在"说明"中都给予了明确的回答。

对于增加国歌的规定，"说明"指出："赋予国歌的宪法地位，有利于维护国歌的权威性和稳定性，增强全国各族人民的国家认同感和国家荣誉感。"

综上所述，从中华人民共和国成立至今，《共同纲领》是建国初期的临时宪法；1954 年制定的第一部《中华人民共和国宪法》，是一部比较好的宪法；1975 年和 1978 年制定的两部宪法，限于当时的历史条件，在内容和形式上都显得很不完善；1982 年制定并经四次修正的现行宪法是新中国成立以来最完善的一部宪法，并将在今后的宪政实践中不断得到进一步发展和完善。

第四节 宪法的发展趋势

随着人类社会的不断发展和进步，随着各国政治、经济、教育、科学、文化事业的飞速发展，宪法民主制度的内容也有了很大的变化，综观各国宪法内容的发展，主要反映出以下几个方面的趋势：

一、公民权利的扩大和人权问题的强调

各国宪法中，关于公民基本权利的项目逐步增多，社会经济权利与教育事业普遍受到重视。早期宪法对公民权利的规定，大多限于政治方面的权利和人身自由的保护。进入 20 世纪特别是第二次世界大战以后，不少国家的宪法增加了公民的社会经济权利和科学文化方面的权利，如规定公民的财产所有权、继承权、劳动权、休息权、劳动保险和社会救济以及著作权、发明权、艺术权，等等。公民权利的扩大还反映在公民享受政治权利上的限制逐步减少。早期的资本主义国家宪法，对公民行使政治权利往往设有较多的资格和条件限制，如

对公民的选举权和被选举权规定了财产、种族、性别、教育程度等方面的限制，而现在许多国家的宪法形式上已经取消了对公民的政治权利的一些限制，公民行使政治权利有了更多的自由和保障。

第二次世界大战以后各国宪法普遍对人权问题给予关注，并将人权问题扩展到世界范围，成为宪法的一个重要问题。《联合国宪章》、《世界人权宣言》、《经济、社会文化权利国际公约》、《公民权利和政治权利国际公约》等一系列国际人权公约，已成为公认的国际首要标准。人权问题超出了国内法的界限，已成为国际法的基本内容。另外，人权范围不断扩大，出现了与个人的权利和自由相对应的民族自决权等所谓的集体人权。各国宪法普遍强化了人权保障措施，扩大了公民基本权利和自由的范围。这种对人权保障机制的完善，必将在越来越多的国家的宪法中得到体现。

二、宪法保障制度的完善

宪法是国家的根本大法，是国家法制建设的核心，它的现代国家生活和社会生活中的地位和作用不可替代。宪法的贯彻与实施对于调整日益复杂的社会关系，发展国家的法治，起着举足轻重的作用。因此，如何维护宪法的权威和尊严、保障宪法的实施和运作，建立切实有效的宪法监督保障制度日益受到重视。

由于各国的具体国情不同，保障宪法实施的机关和制度也不一样。有的国家由最高国家权力机关保障实施，有的由法院保障实施，有的则由专门机关保障实施。社会主义国家宪法多数规定由最高国家权力机关保障宪法实施，如我国宪法明确规定由全国人民代表大会及其常务委员会负责监督宪法的实施。美国和日本是由法院监督宪法实施的代表国家。1803年，美国联邦最高法院审理马伯里诉麦迪逊案确立了司法审查制度，这种制度与司法解释制相结合，最高法院拥有司法解释权，同时也有司法审查权，即有权宣布联邦法律或州法律是否违宪。日本也是由普通法院行使违宪审查权，而且在实践中除了最高法院之外，日本的下级法院在一定范围内也能行使违宪审查权。联邦德国、韩国、意大利等国则设置专门的宪法法院来监督宪法的实施，这些国家给予宪法法院崇高的地位，由它来监督法律的合宪性、审理宪法诉讼以及裁决一些权限争议。法国则由宪法委员会来监督宪法的实施，宪法委员会是一种具有政治机构和司法机构二重性的机构，它拥有广泛的职权，其中包括最重要的违宪审查权。尽管各国的宪法监督机关和宪法保障制度各具特色，但是各国不断完善宪法保障制度的趋势却是一致的。

三、行政权力的加强

随着社会经济发展，科学技术的日新月异，国内和国际事务越来越复杂，而且要求得到迅速果断的解决和处理，立法程序复杂的议会或国会难以承担这些任务，单靠传统的议会统治形式显然不能适应社会迅速发展的需要，因此，新形势的发展要求加强行政权力。同时政党政治的发达也为行政权力的加强创造了有利的条件。20世纪特别是第二次世界大战以后，资本主义各国行政机构日益扩大、权力日益加强成为普遍现象。这突出地表现在委托立法权的发展，行政得以直接干预议会立法和紧急措施权的运用。

英国是奉行议会至上的国家，但是议会立法权的最高性在实践中被日益增多的委托立法所冲突。在实行委托立法时，议会只通过法案的一般原则，具体执行的细则由行政机关规定，议会只保留监督权，这必然使议会的立法权削弱而行政机关的行政权得到加强。许多资本主义国家的宪法规定政府享有制定具有国家强制力的并与法律效力相等的行政法规的权力。如《联邦德国基本法》规定："联邦政府、联邦部长或各州政府根据法律的授权，发布有法律效力的命令。"美国总统通过一系列法律形式的授权，如委托立法权（1939年授权）、自行处理战略物资权（1953年授权）、自行决定使用武装力量权（1957年授权）等，其行政权力不断得到加强。法国1958年《宪法》也规定政府可以根据议会授权以法令对通常属于法律范围的事项采取措施。

行政权力加强的另一个紧急措施权的运用。所谓紧急措施权是指国家出现紧急状态时，为迅速恢复正常的社会秩序，由有关国家机关（通常是行政机关）依照宪法和法律规定的范围和程序，发布紧急命令，采取紧急对抗措施的特别权力。法国现行《宪法》第16条规定："当共和国体制、民族独立、领土完整或国际义务的执行受到严重和直接威胁，并当宪法所规定的国家权力的正常行使受到阻碍时，共和国总统在同总理、议会两院议长和宪法委员会主席正式磋商，根据形势采取必要措施。"其他一些国家的宪法也有关于政府或国家元首享有采取紧急措施和发布紧急命令的权力的类似规定。

资本主义国家通常是实行三权分立的政治体制，行政权力的加强一般伴随着立法权力的弱化，在这一点上社会主义国家有所不同。随着经济的发达、科学的进步和国际关系的复杂化，社会主义国家组织和管理的事务不断扩大，与此相适应，行政机关及其职权也会相对加强。

四、宪法与国际法相结合

随着国际间交往的频繁和国际关系的复杂化,各国对国际交往问题越来越关注,尤其经过两次世界大战,这种现象越来越明显。与此相适应,许多国家的宪法都规定了关于加强国际协作,维护世界和平的内容。有的国家在宪法中规定遵守国际条约,承认国际法是国内法的一部分,具有高于一般法的法律效力。例如:《日本宪法》规定:"日本国缔结的条约及已确定的国际法规,必须诚实遵守之。"《联邦德国基本法》第 24 条规定:"联邦可以通过法律将部分主权让与国际机构"。有的国家宪法宣布放弃用战争作为解决国际争端的手段或不参与侵略战争。世界各国宪法有关的类似规定,反映了国际形势的进一步缓和与国际协作关系的进一步发展。21 世纪,冷战已经结束,世界格局逐步由对抗转向合作与对话,和平与发展是当今世界的主题,与此形势相适应,世界各国的宪法与国际法相结合的趋势将更加明显,加强合作和维护和平的要求在各国宪法中必将得到更广泛的体现。

◆ **思考题**

1. 近代宪法产生的条件有哪些?
2. 如何归纳和总结中国近代的宪政史?
3. 我国现行宪法有哪些特色?
4. 概述我国宪法四次修正案的产生背景和内容。
5. 简述宪法的发展趋势。

第三章　国家性质

> ◆ **教学目的**
>
> 通过本章的学习，首先要求学生在分析我国现阶段的阶级结构、阶级关系的基础上，理解国家的阶级构成和由其决定的人民民主专政制度的合理性和科学性。其次要求学生在把握政党、政党制度的一般理论的基础上，了解中国共产党领导的多党合作和政治协商制度的含义及其在中国宪法体制中的意义。

第一节　国家性质概述

一、国家与国家性质

国家是人类社会的政治组织形式，在社会生活和社会发展中起着极为重要的作用。国家性质是对国家的阶级属性的确认。这两者之间是现象与本质的关系。所以，在研究国家性质之前，要弄清国家到底是什么，它是怎样产生的，它的本质是什么。

（一）国家的起源与本质

西方宪法学者对于国家提出过种种理论。他们普遍认为国家是由人民、国土、主权三要素构成。它是"永恒不变的为全社会谋求福利的组织"，是"人们为实现共同生活、保护共同利益而组成的共同体"。在国家的起源问题上，最具影响力的观点是"社会契约论"。这是在英法资产阶级革命时期由霍布斯、卢梭、洛克等人提出的，其理论基础是自然法理论。根据社会契约论，国家的产生是人们共同订立契约的结果。这种理论在反对"君权神授"，推动资产阶级革命时曾起到积极的作用。

马克思主义认为任何事物都有其产生、发展和灭亡的过程。国家也不例外。国家是一种社会现象，它是人类社会发展到一定历史阶段，随着生产力的发展、私有制的出现、阶级的形成而最终形成的。恩格斯在《家庭、私有制和国家的起源》一书中指出："国家是社会在一定发展阶段上的产物；国家是表示：这个社会陷入了不可解决的自我矛盾，分裂为不可调和的对立面而无力摆脱这些对立面。而为了使这些对立面，这些经济利益相互冲突的阶级，不致在无谓的斗争中把自己和社会消灭，就需要一种表面上凌驾于社会之上的力量，这种力量应该缓和冲突，把冲突维持在'秩序'的范围以内；这种从社会中产生但又自居于社会之上并且同社会日益脱离的力量就是国家。"国家在本质上是一个阶级概念、政治范畴。它是在经济关系中占统治地位的阶级实现阶级统治，维护自身利益的工具。这个含义也表明了国家的本质：国家就是一个阶级对另一个阶级的专政。专政的目的在于维护并发展那些有利于统治阶级的社会秩序。

(二) 国家性质的内涵

国家性质就是国家的阶级性。毛泽东在《新民主主义论》中把它称为"国体"就是指社会各阶级在国家中的地位。具体包括两方面内容：一方面是指在一个国家内谁是统治阶级，谁是被统治阶级；另一方面是指在统治阶级内部谁是领导者，谁是同盟者以及他们之间的政治、经济、文化等各种社会关系。

国家性质是国家制度的核心。它决定国家的政权组织形式，是组织和管理一国国家生活和社会生活的基本依据。

如前所述，国家是生产力发展到一定历史阶段的产物。一定的生产力水平要有一定的经济关系与之相适应。在不同的经济关系中，占据统治地位的阶级的性质就会不同。所以决定国家性质最重要的因素是经济关系。

但是，经济关系并不是决定国家性质的惟一因素。具有同一经济关系的不同国家，具有同一经济的一个国家在不同历史时期，国家性质也会有所差别，因为即使统治阶级与被统治阶级相同，但两者之间的力量对比，以及统治阶级有无同盟者，同盟者与统治阶级之间的力量对比，这些在不同国家以及同一国家的历史时期都会有所变化。所以阶级结构也是影响国家性质的因素。如同是资本主义生产关系的英国与法国，在英国，由于资产阶级的力量弱小，而封建地主贵族的力量则相对强大，所以英国的资产阶级革命是一场不彻底的革命，虽然建立了资产阶级专政的国家，但保留了封建制的遗迹。而在法国，由于资产阶级力量的强大，资产阶级革命是一场彻底的革命，完全肃清了封建制度。在我国，同样是人民民主专政，但20世纪50年代的阶级结构与20世纪80年代的阶级结构有很大差异。20世纪50年代以前，除了工人阶级和它的同盟者农民阶级，城市小资产阶级和民族资产阶级也参加政权和管理国家事务。但经过对民族资产阶级的和平赎买和引导城市小资产阶级走合作化道路，在政治上消除了这两个阶级。所以今天的人民民主专政和20世纪50年代的人民民主专政的内涵有很大区别。

人类进入阶级社会以来，根据国家性质的不同，可以将历史上出现的国家分为四种类型，也就是：奴隶制国家、封建制国家、资本主义国家与社会主义国家。前三种类型的国家是少数人对多数人的统治，是剥削阶级国家。社会主义国家是占人口绝大多数的劳动人民对少数敌视破坏社会主义制度分子实行专政。

二、国家性质与宪法

（一）对国家性质的规定是宪法的重要内容

人类社会自进入阶级社会，国家便已出现。但作为国家根本法律的宪法则是社会发展到资本主义阶段的产物，它是伴随资产阶级革命的胜利，并取得政权而出现于人类社会的。所以说宪法是近代民主政治的产物，是以民主政治的存在为前提的。在奴隶主和地主阶级的专制统治下是没有宪法可言的。所以这里讲的国家性质与宪法的关系只能是资本主义宪法与社会主义的宪法与国家性质的关系。

无论是资本主义宪法还是社会主义宪法，对国家性质的规定都是宪法的重要内容，不论这种规定是采取明确的方式还是抽象的方式。这是由国家性质的重要性和宪法的根本法地位决定的。

国家性质是国家的阶级属性，指在一个国家里谁是统治阶级，谁是被统治阶级，实际上是指国家政权对哪个阶级实行民主，又对哪个阶级实行专政。但在奴隶社会与封建社会，就奴隶主和封建地主内部来说，普通的奴隶主地主所享有的权力也是十分有限的，国王或皇帝是最高统治者，对整个社会实行独裁统治。所以在奴隶制与封建制社会，不可能形成近代具有普遍形式的民主政治。但资本主义社会的生产关系要求整个社会关系的商品化，在平等与自由的原则上进行商品买卖和竞争，这种关系同封建社会的特权等级制度以及人身依附是不相容的。所以资产阶级思想家纷纷提出诸如天赋人权、主权在民、分权制衡、议会制度、选举制度等一系列民主与自由的主张，并且通过资产阶级推翻封建专制制度，建立自己的国家政权以将这些主张付诸实施。所以资本主义社会的民主是整个资产阶级的民主。社会主义社会则是工人阶级和广大劳动人民当家做主的社会，所以社会主义民主主体尤为广泛。但是，如果没有法律的确认与保障，这种民主只能是不稳定的、没有保障的民主。而宪法又是近现代民主政治的产物，规定的是一个国家的根本制度和根本任务。一个国家哪个阶级是民主的主体无疑是这个国家的根本制度，以根本法的形式确认民主的主体，并规定一系列的制度以实现民主，就会使民主有了稳定性和实现的保证，所以宪法是民主制度化、法律化的根本形式。资本主义宪法的分权制度、政党制度、议会制度、选举制度以及社会主义宪法的无产阶级政党领导制度、人民代表制度、民主集中制度、选举制度都是宪法所确认的保证实现民主的具体制度。这种以根本法的形式把已取得的民主事实确认下来并以此来巩固与发展实际上是宪政。正如毛泽东在《新民主主义论》中所指出的："世界上历来的宪政，不论是英国、法国、美国，或是苏联，都是在革命成功有了民主事实以后，颁布一个根本大法，去承认它，这就是宪法。"民主与专政是国家性质的两个方面。从专政的角度来看，国家也须以根本法的形式确认对哪个阶级实行专政。只有有效的实行专政，才能实现民主。

（二）世界各国宪法对国家性质的规定

由于世界各国宪法性质的不同，对国家性质的规定采取了不同的方式，大致可分为三种不同的类型。

1. 社会主义国家宪法的规定。社会主义国家宪法对国家性质的规定的共同特点是以明确的语言揭示国家的阶级性，在宪法序言或总纲中列明民主与专政的阶级范畴，确认社会主义国家是工人阶级领导的、工农联盟为基础的人民民主国家，突出保护广大劳动者的权利与利益。社会主义国家是以马克思主义为指导建立起来的。《共产党宣言》强调："工人革命的第一步就是使无产阶级上升为统治阶级，争得民主。"所以社会主义国家本质就要求其以保护劳动者的利益为根本宗旨。作为社会主义国家根本法的宪法当然要体现这一点。在我国，1949年中国人民政治协商会议上通过的起临时宪法作用的《中国人民政治协商会议共同纲领》在宣言中宣布："中国人民民主专政是中国工人阶级、农民阶级、小资产阶级、民族资产阶级及其他爱国民主分子的人民民主统一战线的政权，而以工农联盟为基础，以工人阶级为领导。"第1条规定："中华人民共和国为新民主主义即人民民主主义的国家，实行工人阶级领导的、以工农联盟为基础的，团结各民主阶级和国内各民族的人民民主专政，反对帝国主义、封建主义和官僚资本主义，为中国的独立、民主、和平、统一和富强而奋斗。"1954

年《宪法》第1条规定："中华人民共和国是工人阶级领导的、以工农联盟为基础的人民民主国家。"第2条规定："中华人民共和国的一切权力属于人民。"刘少奇在第一届全国人民代表大会第一次全体会议上所作的《关于中华人民共和国宪法草案的报告》中指出："工人阶级领导和以工农联盟为基础，标志着我们国家的根本性质。这就表明我们的国家是人民民主国家。"1975年《宪法》是极"左"思潮的产物，而1978年《宪法》又是在极"左"思潮未得到全部清除的情况下作出修改的，因此这两部宪法都接受了无产阶级专政下继续革命的政治理论，表现在国家性质的规定上就是提出无产阶级专政。1975年《宪法》规定："中华人民共和国是工人阶级领导的以工农联盟为基础的无产阶级专政的社会主义国家。"1978年《宪法》重复了这一规定。1978年底中央召开了十一届三中全会，全面总结了建国后社会主义革命和建设的经验教训，彻底清算了极"左"思潮，在此基础上制定的1982年《宪法》对我国的国家性质作了明确而恰当的规定，首先在宪法序言中分析了我国的阶级结构，指出："在我国，剥削阶级作为阶级已经消灭，但是阶级斗争将在一定范围内长期存在。"并且规定了我国现阶段人民民主专政的阶级基础，这就是："社会主义的建设事业必须依靠工人、农民和知识分子，团结一切可以团结的力量。在长期的革命与建设过程中，已经结成由中国共产党领导的，有各民主党派和各人民团体参加的，包括全体社会主义劳动者，拥护社会主义的爱国者和拥护祖国统一的爱国者的广泛的爱国统一战线，这个统一战线将继续巩固与发展。"在此基础上，规定了我国的国家性质："中华人民共和国是工人阶级领导的、以工农联盟为基础的人民民主专政的社会主义国家。""中华人民共和国的一切权力属于人民。"

在外国，前苏联1936年《宪法》规定："苏维埃社会主义共和国联盟是工农社会主义国家；苏联的政治基础，是由于推翻地主和资本家的政权并争得无产阶级专政而成长和巩固起来的劳动者代表苏维埃；苏联的一切权力属于城市劳动者。"1992年经过修改的《朝鲜宪法》也规定："朝鲜民主主义共和国以主体思想作为其活动指导原则，主权属于劳动者、农民、知识分子与一切劳动人民。"

2. 资本主义国家宪法的规定。资本主义国家宪法多以"国民"、"国家主权属于人民"之类词句来掩盖资产阶级专政的本质，但实际上是以抽象的"人民主权"原则来表明它们的阶级性质。《美国联邦宪法》序言称："我们美国人民，为了建立一个更完美的联邦，树立正义，保证国内安宁，筹备公共防务，增进全民福利，并谋求我们自己和子孙后代永享自由和幸福起见，特为美利坚合众国规定和制定这部宪法。"《日本宪法》（1946年）规定："兹宣布产权属于国民，并确定本宪法。国政仰赖国民的严肃信托，其权威来自国民，其权力由国民代表行使，其福利由国民享受。"《联邦德国基本法》(1949年)规定："全部国家权力属于人民。"《法国宪法》(1958年)规定："共和国的原则是：民有、民治、民享的政府。"

第二节 人民民主专政制度

一、人民民主专政是我国的国家性质

我国《宪法》第1条第1款规定："中华人民共和国是工人阶级领导的、以工农联盟为基础的人民民主专政的社会主义国家。"这一规定表明，我国的国家性质是人民民主专政。

（一）人民民主专政是中国历史条件下的无产阶级专政

我国《宪法》序言指出："工人阶级领导的、以工农联盟为基础的人民民主专政，实质上即无产阶级专政。"人民民主专政是无产阶级专政在我国历史条件下的具体表现，实质上是无产阶级专政。因为人民民主专政和无产阶级专政在领导阶级、阶级基础、职能和历史使命等方面都是相同的。首先，两者的领导阶级都是工人阶级。工人阶级对国家政权的领导是通过工人阶级政党——共产党来实现的。其次，无产阶级专政和人民民主专政一样，都是以工农联盟为基础。再次，无产阶级专政和人民民主专政的国家职能是保卫社会主义制度，维护人民当家做主的权利，组织社会主义物质文明建设和精神文明建设。在对外职能方面，都是维护世界和平和促进人类进步事业。最后，在历史使命方面，两者都担负消灭剥削阶级和剥削制度、最终实现共产主义的任务。

我国的人民民主专政制度的建立是从我国的具体国情和阶级状况出发的。与无产阶级专政相比，仍有自己的特点：

1. 我国的人民民主专政经历了新民主主义革命和社会主义革命两个历史阶段。所以，它不仅要承担无产阶级专政的任务，还要担负民主革命的任务。同时，在社会主义革命的方法与步骤上也有自己的特点。这就是对大资产阶级实行剥夺政策，对民族资产阶级在建国后实行和平赎买的政策，对个体劳动者则引导他们走合作化的道路，在步骤上，由初级到高级，形式多样。同时，由于我国是在半殖民地半封建社会基础上进行新民主主义革命，未经过彻底的资产

阶级民主革命，因而我国的民主制度建设就显得尤为重要。

2. 人民民主专政有着广泛的阶级基础。在民主革命与社会主义革命时期，参加国家政权和社会事务管理的不仅有工人阶级、农民阶级，还有城市小资产阶级和民族资产阶级。具有两面性的民族资产阶级，在民主革命时期参加了革命。在社会主义革命时期作为一个剥削阶级当然应该被消灭，但共产党对他们采取的是和平赎买的政策，在政治上把他们改造成为人民的一分子，而不是国家政权专政的对象。他们享有宪法规定的各种民主权利，其中的一些代表还参加到国家政权机构里。在现阶段，民族资产阶级已被消灭，但我国除工人阶级、农民阶级以外，仍存在多种社会政治力量，尤其是随着经济体制改革的深入，社会分工越来越细，社会政治力量的分化更加深。中国共产党领导的爱国统一战线能够有效地团结组织这些政治力量，使他们能更好地为国家政权服务。

3. 从人民民主专政的对象看，我国的人民民主专政的对象是反抗社会主义革命和敌视、破坏社会主义建设的社会势力和社会集团。其中包括盗窃犯、诈骗犯、杀人放火犯、流氓集团和严重破坏社会秩序的分子。对于专政对象，在专政方法上，除极少数罪大恶极、血债累累、民愤极大、必须判处死刑立即执行的犯罪分子以外，对其余的触犯刑法的犯罪分子则按照惩罚与思想改造相结合、劳动生产和政治教育相结合的原则，实行劳动改造，使他们改恶从善，在劳动中改造成为自食其力的新人。对于其他没有触犯国家法律的专政对象，主要是从经济上通过没收或赎买等方式，剥夺他们赖以剥削人民的生产资料，使他们自食其力地生活，在政治上大多给以出路。对于民族资产阶级中的优秀分子还吸收到国家政权里来以发挥他们的积极作用。

我国的人民民主专政是具有中国特色的无产阶级专政，是中国共产党在领导中国革命过程中，坚持将马克思主义关于无产阶级专政的理论同中国国情相结合，创造性地提出的理论，这一理论丰富和发展了无产阶级专政的理论。中国革命是在农民占绝大多数的半殖民地半封建社会的旧中国发生的，在工人阶级通过自己的政党——中国共产党的领导下经历了新民主主义革命和社会主义革命两个历史阶段。无论在什么时候，广大农民始终是工人阶级最可靠的同盟者。民族资产阶级参加了新民主主义革命并且在建国后自觉接受了社会主义改造，绝大多数成员成为社会主义的劳动者和爱国者。中国革命发展的历史特点和阶级状况决定了人民民主专政的基本内容，这就是工人阶级领导的、以工农联盟为基础的，团结一切爱国者对敌视和破坏社会主义制度的国内外敌对势力和敌对分子实行专政。

我国宪法对此的规定经历了一个曲折的过程。1954年《宪法》规定我国是一个人民民主国家，肯定了国家的人民民主专政的阶级性质。但由于极"左"思潮的影响，1975年和1978年的两部宪法都规定我国是无产阶级专政的社会主义国家。1982年《宪法》重新恢复了"人民民主专政"的提法。这是在新的历史时期更加科学地表达了我国政权的内容、实质和特点，有利于调动一切积极因素，团结一切可以团结的人实现社会主义初级阶段的基本路线，而且，这样表述更能确切地反映我国的国情和阶级状况，更便于群众接受、理解和掌握，具有拨乱反正的巨大作用。同时，它也不是对1954年《宪法》确认的简单恢复，在阶级结构和所负担的历史使命方面都有了很大的发展。

（二）人民民主专政是新型民主和新型专政的结合

人民民主专政是包含对人民实行民主和对敌人实行专政两个方面的矛盾统一体，是新型民主和新型专政的结合。列宁曾经指出："无产阶级的国家不可避免地应当是新型民主的（对无产者和一般穷人是民主的）国家和新型专政的（对资产阶级是专政的）国家。"毛泽东在《论人民民主专政》一文中指出："中国人民在几十年中积累起来的一切经验，都叫我们实行人民民主专政，或曰人民民主独裁。总之是一样，就是剥夺反动派的发言权，只让人民有发言权。""对人民内部的民主方面和对反动派的专政方面，互相结合起来，就是人民民主专政。"在新时期，四项基本原则是我国的立国之本，人民民主专政是四项基本原则之一，在实现社会主义初级阶段的宏伟战略目标的过程中，邓小平指出："没有民主就没有社会主义，就没有社会主义的现代化。"我们要发展的民主，"只能是社会主义民主或称人民民主，而不是资产阶级个人主义的民主"。而在发展民主的同时，"不能不讲四个坚持，不能不讲专政，这个专政可以保证我们的社会主义现代化建设顺利进行，有力地对付那些破坏建设的人和事"。

民主和专政是人民民主专政的两个方面。两者是相互依存、相辅相成、互为条件的关系。在人民内部实行民主是实现对敌人专政的前提和基础，而对敌人实行专政又是对人民民主的有力保障。只讲一方面而偏废另一方面，都只会削弱人民民主专政。

1. 人民民主即社会主义民主，就是实现人民当家做主，让人民享有管理国家和社会的权力。我国《宪法》第2条第1款规定："中华人民共和国的一切权力属于人民。"这是我国人民民主专政的根本所在，是我国国家制度的本质特征。社会主义民主是我国各族人民在中国共产党的领导下，经过长期艰苦卓绝的英勇斗争而获得的，包含有以下三个方面的内容：①社会主义民主首先是社会主义的国家制度。我国人民民主专政的国家性质和建立在民主集中制原则上的人民代表大会制的政权形式，保证人民当家做主权力的实现，正如《宪法》第2条第2款所规定的："人民行使国家权力的机关是全国人民代表大会和地方各级人民代表大会。"这是社会主义民主的核心内容。②社会主义民主包含着人民群众在国家和社会生活中享有的广泛的权利和自由。我国《宪法》第二章以专章的形式规定了公民的各项基本权利和自由。③社会主义民主还表现为人们在国家和社会生活中的民主意识、民主习惯和民主作风。在新的历史时期，由于阶级结构在不断变化，人民民主的主体在不断扩大，现阶段，我国的人民包括：工人阶级、农民阶级、知识分子、其他社会主义劳动者以及拥护社会主义的爱国者和拥护祖国统一的爱国者。

2. 在对人民实行民主的同时，还必须对极少数敌对分子实行专政。在我国，尽管剥削阶级作为一个阶级已经被消灭，但阶级斗争仍在一定范围内长期存在，仍然有极少数敌视和破坏社会主义的敌对分子。所以，国家政权适度专政的职能并没有消失。我国《宪法》在序言里规定："中国人民对敌视和破坏我国社会主义制度的国内外的敌对势力和敌对分子，必须进行斗争。"《宪法》第28条规定："国家维护社会秩序，镇压叛国和其他危害国家安全的犯罪活动，制裁危害社会治安，破坏社会主义经济和其他犯罪的活动，惩办和改造犯罪分子。"只有坚持对敌对分子的专政，才能保障社会主义现代化建设事业的顺利进行，才能维护和切实建设社会主义民主。忽视专政，是违背广大人民群众意愿和利益的，将有害于人民民主专政。

二、人民民主专政的阶级结构

（一）工人阶级是我国的领导阶级

工人阶级领导是我国人民民主专政国家政权的根本标志。工人阶级作为我国的领导阶级，保证社会主义前进的方向，体现社会主义国家的阶级性质，保障改革开放和社会主义现代化建设的顺利发展。

工人阶级成为我国的领导阶级是由它的阶级本质和所担负的历史使命决定的。工人阶级是近代机器工业的产物，是先进生产力的代表，代表着社会前进的方向。这就决定了工人阶级最有远见、最大公无私、最具革命的彻底性。同时大工业的机器生产活动也培养锻炼了他们的严明的组织性与纪律性，所以只有他们才能肩负起消灭阶级、消除剥削、解放全人类，最终实现共产主义的伟大历史使命。此外，由于中国的工人阶级产生于19世纪四五十年代，正值中国逐步沦为半殖民地之际，他们受到的压迫最为深重，受到帝国主义、封建主义和官僚资本主义的三重压迫，因而他们的革命性也最坚定、最坚决。而且，自承担起领导新民主主义革命任务的第一天起，便有了以马克思主义武装起来的政党——中国共产党的领导。中国工人阶级由于历史的原因同占中国人口绝大多数的农民有着天然的联系，这样有利于结成巩固的工农联盟，并以此为基础团结一切爱国者振兴中华。

新中国成立以来，尤其是改革开放以来，中国工人阶级自身发生了很大的变化。①数量上有了很大的增长。分布在国有企业、集体企业、"三资"企业和农村乡镇企业的工人阶级以及从事个体、私营经济的工人阶级总数已达到1.4亿人。②工人阶级的结构优化，思想文化素质有了普遍的提高。知识分子成为工人阶级的一部分，使工人阶级更好、更紧密地将科学性与革命性结合起来，促进了整个工人阶级文化程度的提高。当代工人阶级，尤其是青年工人，多来自工人、干部、军人、知识分子家庭，个人身份多为学生，普遍具有视野开阔、好学上进、思想活跃等特点，他们的思想和文化素质普遍较高。③工人阶级结构和利益趋向于多元化。这是由于经济体制的改革导致了多种所有制形成和经济成分的出现，经营方式和分配方式也在不断发生变化，因而不同所有制之间、相同所有制的不同行业之间、相同行业的不同地区和企业之间，甚至在那些实行"一厂两制"的企业内部的不同职工之间的利益也出现了明显变化。利益结构在不断进行调整。④作为中国工人阶级自己的政党——中国共产党也在不断成熟。指导我们建设有中国特色社会主义的邓小平理论已成为党的指导思想。党已经形成了在社会主义初级阶段的成熟的理论、路线、方针和政策。以上的这些变化确保了工人阶级在新的历史时期仍是推动社会生产力发展的主导力量。在建设社会主义民主政治方面，《宪法》规定："工人阶级是国家和社会事务的管理者。"要求工人阶级不断提高自身素质，更多地参与国家、社会和所在单位的民主管理。

但是，以前工人阶级的领导地位只是简单地、形式化地体现在宪法中，体现在所有制中，事实上，工人群众的领导地位问题，执政党、政府同工人组织、工人群众的关系问题，是属于政治体制和政治过程范畴的具体制度问题，并不是随着社会主义基本制度的建立就在一朝一夕能得到解决的。工人阶级如何实现自己的领导作用，具体制度和运作措施却很少。另一方面，随着经济体制改革的深入，工人阶级虽获得了一定的物质实惠，但也承受了一定的失落感，工人阶级在社会中的地位、声望以及政治待遇都较以前有了明显的下降。再加以工人阶级有相当一部分自身政治素质不高，政治主体意识不强，中国工人阶级的领导地位在很大程度上仍停留在形式上。因此，要实现工人阶级作为国家和企业主人地位的复归，落实工人阶级的领导地位，就必须以适当的方式实现早已规定下来的工人群众同政权的关系、工人群众同生产资料的关系。在国家生活中，要健全人民代表大会制度以及其他具体、实在的民主途径，使工人阶级由身份上的主人变为现实中的主人。在企业，工人的主人翁地位要以集体方式来实现，不应仅表现为个体行为。在解决工人阶级与生产资料的关系上，不应仅停留在"工人是企业的主人"的抽象表述，可以通过股份制改革等方式，使劳动者拥有企业的部分产权，同生产资料直接结合，并以股东身份参与企业决策，使工人由抽象的"法律所有者"变为具体的"经济所有者"。只有当工人真正成为生产资料的主人，才能真正成为自身的主人，只有在此基础上，才能谈得上落实工人阶级的领导作用。

(二) 工农联盟是我国政权的阶级基础

工农联盟思想是马克思主义关于无产阶级专政学说的基础，是无产阶级专政的最高原则。马克思主义普遍原理和各国无产阶级的革命斗争实践表明，无产阶级在推翻剥削制度的斗争中，必须同广大农民群众结成坚强的联盟，农民阶级也只有在工人阶级的领导下才能获得彻底解放。我国是一个农业人口占多数的国家。因此，农民问题无论是在民主革命时期还是在社会主义革命和建设时期，始终是一个关系革命成败和国家前途的至关重要的问题。

在新民主主义革命时期，工人阶级依靠和农民阶级结成的阶级联盟，推翻了帝国主义、封建主义和官僚资本主义在中国的统治，建立了人民民主专政的国家政权。在社会主义革命和建设时期，工农联盟也是坚持和巩固人民民主专政，把我国建设成为富强、民主、文明的社会主义现代化国家的基本力量。以工农联盟为基础，可以将全国各民族、各民主党派、各社会团体、所有的工人、农民和知识分子团结起来，共同投身于建设有中国特色社会主义的伟大事业中来。在制定国家法律和政策方面，农民问题是出发点和归宿。工农联盟是使国家政策和法律得以贯彻和执行的可靠保证。为更好地推动工农联盟向前发展，不断巩固工农联盟，必须大力发展农业，切实减轻农民负担，全面贯彻落实党和国家在农村的方针政策、法律法规，使工农联盟的物质基础更加强大。

(三) 知识分子是国家的依靠力量

我国《宪法》序言规定："社会主义的建设事业必须依靠工人、农民和知识分子，团结一切可以团结的力量。"知识分子是脑力劳动者，是我国工人阶级的一部分，是我国社会主义事业的依靠力量。

在新民主主义革命时期，知识分子绝大部分是爱国的，积极参与中国人民为国家独立、民族解放、人民的民主自由而进行的斗争，在建设有中国特色社会主义事业过程之中，知识分子起到了越来越重要的作用。①建设有中国特色社会主义面临很多新情况、新问题，这就需要知识分子把马克思主义的普遍原理同中国的国情紧密结合起来，从实际出发，研究新问题，总结新经验，对人民的实践进行理论概括，掌握社会主义现代化建设的客观规律，从而为领导决策提供科学保证。②在科学技术飞速发展的当今时代，无论从决定生产力发展水平的技术要素来看，还是从劳动者要素、管理水平要素看，知识分子都对社会的物质文明建设起决定性作用，代表着社会生产力的发展方向。因此，知识分子应以极大的努力来掌握、推广和运用现代化科学知识，提高劳动生产率。③知识分子作为人类科学文化知识的重要继承者和传播者，作为先进科学技术的开拓者，作为美好精神产品的创造者，在精神文明建设中是一支极为重要的力量。④在中国社会主义民主和法制建设中，必须加强民主和法制建设的理论研究，完善民主制度、制定各方面的法律、法规，宣传、普及民主知识和法律知识，提高全民族的民主素质和法制观念。为完成这些任务，需要知识分子艰苦的探索和不懈努力。正因为如此，我国《宪法》第13条规定："国家培养为社会主义服务的各种专业人才，扩大知识分子队伍，创造条件，充分发挥他们在社会主义现代化建设中的作用。"

三、爱国统一战线

统一战线、武装斗争、党的建设，是中国共产党在中国革命中战胜敌人的三大法宝。统一战线是中国共产党在领导我国人民进行革命斗争和社会主义建设事业中，以马克思主义为指导创造出来的法宝。我国《宪法》序言规定："在初期的革命和建设过程中，已经结成由中国共产党领导的，有各民主党派和各人民团体参加的包括全体社会主义劳动者、社会主义建设者、拥护社会主义的爱国者和拥护祖国统一的爱国者的广泛的爱国统一战线，这个统一战线将继续巩固和发展。"

统一战线经过了抗日民族民主统一战线、人民民主统一战线以及现在的爱国统一战线三大历史发展时期。在新时期，邓小平同志指出："统一战线仍然是一个重要法宝，不是可以削弱，而是应该加强，不是可以缩小，而是应该扩大。"之所以应该予以加强与扩大，就是因为爱国统一战线发展成为全体社会主义劳动者和建设者，拥护社会主义的爱国者和拥护祖国统一的爱国者的最广泛的联盟。这个联盟的范围比工农联盟更为广泛，依靠它，可以团结一切可以团结的力量，调动一切积极因素，化解消极因素，为社会主义现代化建设事业服务。

新时期爱国统一战线的基本任务是：高举爱国主义、社会主义的旗帜，团结一切可以团结的力量，调动一切积极因素，同心同德，群策群力，坚定不移地贯彻执行党的"一个中心两个基本点"的基本路线，为维护安定团结的政治局面服务，为推进改革开放和社会主义现代化建设服务，为健全社会主义民主和法制服务，为推进"一国两制"和平统一祖国服务。

通过爱国统一战线，可以实现广泛团结，凝聚人心，这是完成新时期总任务的根本保证。建设有中国特色的社会主义是一项宏伟而艰巨的历史使命，又是一个复杂的社会系统工程，需要广大工人、农民、知识分子、全国各族人民以至海内外中华儿女的共同奋斗。爱国统一战线可以将他们全部联合起来、形成最广泛的联盟。这样，建设社会主义就会获得取之不尽、用之不竭的力量源泉。通过爱国统一战线，还可以体察民情，反映民意，密切党同群众的关系，从而化解矛盾、维护社会的稳定。在社会主义初级阶段，由于多种经济成分和分配方式并存，多民族、多党派、"一国两制"都将长期存在，各民主党派、各人民团体也联系不同群众并代表他们的利益。他们之间不可避免地存在矛盾和利益冲突。通过统一战线，可以及时将各种信息反馈回来，协调各方面关系，沟通思想，理顺情绪，有效地消除各种不稳定的因素，从而密切党和各方面的关系。通过爱国统一战线，可以更好地促进祖国和平统一大业的实现。和平统一，在一定意义上说，就是用统一战线的方式，发挥统一战线的联系面广的优势，依靠大团结、大联合的力量来统一祖国。

为加强、巩固和发展爱国统一战线，要做到以下几点：①要坚持党对统一战线的领导，巩固和发展党同爱国宗教界的统一战线，认真做好非公有制经济代表人士工作，认真做好党外知识分子工作，团结港、澳、台同胞和海外侨胞以及一切热爱中华民族的人们。②在爱国主义的旗帜下，实行最广泛的团结，只要有利于社会主义建设、祖国统一、民族团结，不论哪一个阶级、阶层，哪一个党派，哪一个人都要团结。团结越广泛，对我们越有利。③巩固和发展爱国统一战线的两个方面的联盟。一是以爱国主义和社会主义为政治基础的团结全体劳动者和爱国者的联盟。二是以爱国和拥护祖国统一为政治基础的团结台湾同胞、港澳同胞和海外侨胞的联盟。

第三节 中国共产党领导的多党
合作和政治协商制度

一、政党制度概述

政党是近代民主宪政体制下的产物。当一个国家步入宪政时期，人民取得了结社的自由，才有组建政党的权利。有共同利益、政治立场相同或相近的一群人为了议政、参政以至于直接掌握政权，利用政党这样的组织将他们的力量联合起来，统一行动。政党就是特定的阶级或阶层，为了共同利益，采取共同行动，以期取得政权或影响政权而结合起来的政治组织。政党是近代社会特有的政治现象。与一般的社会团体相比，政党有自己的特征：①政党是阶级或阶层的政治组织，由这个阶级或阶层中最活跃的一部分人组成，肩负维护本阶级或阶层的责任。因而，他们总是制定代表本阶级利益的政治纲领或章程，用以组织和领导本阶级或阶层同盟者为实现其政治目标而奋斗。②政党有一套自己的组织系统和一定的纪律约束。但不同国家、不同政党的组织情况可以相差很远。纪律约束性的强度也不一样。③政党总是力求通过某种方式来影响、参与以至于直接掌握政权。只有依靠国家政权的力量，才能实现他们的经济利益。所以，政党间的斗争总是围绕国家政权来进行。

在当代国际政治生活中，政党政治已经成为普遍现象。一方面，绝大多数国家都有政党存在；另一方面，当代各重大政治斗争都由政党操纵，各国政权绝大部分都是由政党来影响、控制或指挥运转的。这一情况在第二次世界大战以后达到了高潮。政党影响政治主要是通过下列途径来实现的：①利用自己手中掌握的国家政权或影响政府的能力来推行自己的政策。各政党都有反映自己政见的各种政纲。政党还必须依靠国家政权将自己政党的意志上升为国家意志，从而实现本阶级或阶层的利益。执政党总是将自己的政纲交由担任政府首脑的党的领袖，由其将此变为政府的政策。在实行两党制或多党制的国家里，那些没有掌握国家政权的反对党或在野党，一方面他们总是力图通过宪法途径使自己成为执政党，直接推行自己的政纲；另一方面由于处于在野地位，可以抨击执政党的政策，从而对政府施加影响。执政党在推行一些重大政策时，为了取得在野党的合作，有时也不得不吸收他们的某些政见，甚至有时直接吸收在野党的少数成员参加他们的政府。②控制议会。现代国家无论是实行内阁制还是总统制，议会都是政党发挥作用的重要场所，在实行政府由议会产生的内阁制国家更是如此。议会是立法机关，哪个党派控制了议会的多数，就可以直接将本党意志制定为法律而由政府加以实行。③操纵选举。西方国家无论是实行间接选举还是直接选举，从提出候选人到宣布选举结果，每个环节无不由政党控制或由政党协助进行，有的规定，候选人必须由政党提出，在实行比例选举制的国家，选民直接向各政党、各政党的候选人名单投票，然后按照各政党得票比例来分配当选者名额，而不是直接向候选人投票。那些没有政党支持的候选人一般是很难当选的。④政党利用自己手中掌握的舆论宣传工具，对人民宣传自己的政见，影响人民的意志，进而通过社会舆论来影响政治。

由于政党在当代社会的重要作用，政党制度也就构成了一国政治制度的重要组成部分。政党制度是指一个国家有关政党组织与活动，政党行使政权或干预政治的由法律或惯例形成的制度的总称。具体内容包括政党如何组成、如何执掌政权或干预政治、政党如何宣传和组织群众以便在选举和代议机关中进行斗争、各政党间的关系如何等。由于各国的社会制度、历史传统、政治经济发展情况的不同，存在着多种而复杂的政党制度。

在资本主义国家，主要存在三种政党制度：①两党制，主要有两个政党通过竞选轮流执政。说两党制并不是肯定这个国家只有两个政党存在，而是指除开这对立的两大政党之外，其他小的党派在取得国家政权问题上不起作用或无足轻重。两党制最初产生于英国，后来推行于英国的殖民地或受英国影响很深的国家如美国、加拿大、澳大利亚、新西兰等国家。当前实行两党制的国家，除美国以外，对立的一方或双方，有时是由两个或是更多的政党所组成的较稳定的联盟。②多党制。目前实行多党制的国家有两种情况，一种是国内存在着三个以上的政党，其中没有一个政党能长期保持绝对优势，而需靠选举时的偶然胜利或与其他政党结成联盟以掌握国家政权；另一种是在许多政党中有一个政党长期占压倒优势，一直把持政权。这与一党制有些相近。但这里的压倒优势主要是靠选举维持的，而真正的一党制是靠法令与某些独裁措施维持的。多党制的最大特点是政局不稳定，政府容易倒台，不利于执行长期政策。③一党制。历史上存在的独裁统治国家，如第二次世界大战时德国的"国家社会主义党"和意大利墨索里尼的法西斯党实行的统治都是一党制。另一种一党制是第二次世界大战以后新独立的民族主义国家实行的政党制度。他们多认为两党制与多党制是人为地制造动乱和分歧。

资本主义国家无论是实行两党制、多党制还是一党制，政党代表的利益都是资产阶级的。两党制和多党制都是资产阶级内部不同利益集团的轮流坐庄。

社会主义国家的政党制度同资本主义国家的政党制度有着本质上的差别。无产阶级政党在无产阶级专政的国家政权建立之后就成为社会主义国家的执政党。但各个社会主义国家具体情况不一样。有的国家是无产阶级政党的一党制，如古巴。有的国家实行执政党领导的多党合作制，如朝鲜。我国实行的是中国共产党领导的多党合作和政治协商制度。

二、政党制度和宪法

政党和宪法都是民主政治的产物，也是民主政治的标志。但是，政党与宪法并不是一开始就结合在一起的，政党被纳入宪法规范调整之内，形成宪法规定的政党制度经历了一个历史的过程。早期宪法没有作规定，在大部分国家，政党的政治活动，政党同国家政权的关系，都是通过宪法惯例，而不是成文宪法来调整的。例如美国的共和党、民主党分别提出总统候选人参加竞选，胜者当总统；英国的政府由在议会选举中取得多数席位的政党来组成。出现这种情况原因在于按早期的宪法理论，组建政党只是公民行使自由的政治权利的表现而已，应由宪法有关公民的结社自由的规范来调整。在有的国家，宪法出现之时，还没有形成近代意义上的政党。而且，有的国家宪法理论更强调政党的政治危险性。

但是，政党制度终归要成为国家宪法规定的内容。近代宪法确认的代议制：间接民主制和富有竞争性的选举制给政党的存在和发展提供了空间。因为由代议制产生的议会是政党发挥作用的最佳场所；间接民主制必然要求某一社会组织成为有共同利益那一部分选民的代表人，政党正适合于扮演这个角色；竞争性的选举制使得仅凭单个人的力量很难赢得选举的胜利，只有凭借政党的支持才能取得胜利。在此过程中政党的作用也发挥出来了。所以在第二次世界大战以后，各国宪法纷纷对政党进行相应的规范，克服以往政党存在的游离性、任意性等弊端。

政党和宪法的关系体现在两个方面：

1. 政党的建立与活动应符合宪法的规定。很多国家的宪法确认了组织政党的权利。如《意大利宪法》第19条规定，为了按照民主原则参与决定国家政策，一切公民均有自由组织政党的权利。《法国宪法》第4条规定，各党派是以自由地组织进行活动，但是，政党的建立与活动必须符合宪法的精神，政党的纲领应服从宪法规范的最高性。宪法是国家的基本大法，宪法规范是包括政党在内的各种政治力量的最高、最基本的行为准则，政党纲领不可与其相违背。《意大利宪法》第18条规定，所有公民均有不经许可而可自由结合之权利，但其所以追求的目的应以刑事法律所禁止为限。《联邦德国基本法》第21条规定，如果根据政党的宗旨或其党员的行为判明某一政党企图侵犯或者废除自由民主的基本秩序，或者企图危害德意志联邦共和国的存在，该政党即为违背宪法，为此，很多国家还确认监督宪法实施的机关有权裁定政党违宪并予以取缔，如联邦德国的宪法法院。第二次世界大战以后，很多国家，尤其是社会主义国家，政党在制定宪法过程中占有领导地位，政党的主张与纲领通过一定形式变为宪法的指导思想与基本内容。对于这些国家来说，确保政党在宪法规定的范围内活动更具有现实意义。

2. 政党的建立与活动应有助于宪法的实施。宪法是民主政治的最高法律保障。政党的政治功能是实现民主政治。《联邦德国基本法》第21条规定，各政党应相互协作以实现国民的政治意愿。《法国宪法》第4条规定，各党派和政治团体协助选举进行。另外，政党作为社会和国家意志的中介者，应向公民宣传有关方针和政策，动员公民参与政治生活，提高公民的政治意识，以使公民对宪法有更多的了解和认识。从而有利于宪法实施，政党还承担挑选执行国家权力的人选。政党选择的人的政治素质，业务水平以及对宪法的态度都直接影响宪法的实施，在有的国家，政党甚至控制了直接监督宪法实施的机关。所以，政党的行为与宪法实施关系密切。

三、我国的政党制度

（一）中国共产党领导的多党合作和政治协商制度是具有中国特色的政党制度

1. 多党合作和政治协商制度的产生和发展。中国革命和建设的历史表明，在我国不能实行一党制。坚持多党合作是中国共产党在政权建设中长期的一贯的主张。早在抗日战争爆发前夕，中国共产党就在"八一"宣言中表明实行多党派合作的愿望。1949年9月，第一届中国人民政治协商会议召开，各民主党派参与制定了《中国人民政治协商会议共同纲领》，各民主党派领导人参加了中央和地方各级国家政权的工作。周恩来同志指出："我们是从一个复杂的阶级社会来的，认为只要有一个共产党，问题就可以解决了，这是一个简单化的想法。这样就必然会使我们的耳目闭塞起来。"1956年毛泽东在《论十大关系》中指出："究竟是一个党好，还是几个党好？现在看来，恐怕是几个党好。不但过去如此，而且将来也可以如此，就是长期共存，互相监督。"这标志着中国共产党领导的多党派合作方针的确立。1982年，在党的十二大报告中，共产党与各民主党派合作的八字方针被发展为"长期共存，互相监督，肝胆相照，荣辱与共"的十六字方针。1986年，党中央在《关于新时期党对民主党派工作的方针任务的报告》中指出："发展和完善多党派合作的政治制度，充分发挥民主党派的监督作用，是我国政治体制改革的主要内容之一。"这是党中央第一次把多党合作与政治协商作为我国的政治制度提出来。1989年12月，中国共产党公布了《中共中央关于支持和完善中国共产党领导的多党合作和政治协商制度的意见》。《意见》就加强中国共产党和各民主党派之间的合作协商，进一步发挥民主党派和无党派人士在人民代表大会中的作用，举荐民主党派成员以及无党派人士担任各级政府以及司法机关的领导职务等方面，全面阐述了党的主张。它标志着中国共产党领导的多党派合作政权建设达到进一步完善，也标志着这一政权建设理论方针政策的全部形成。在1992年召开的党十四大和1997年召开的十五大都强调要坚持和完善共产党领导的多党合作和政治协商制度。

2. 多党合作和政治协商制度的内涵。中国共产党领导的多党合作与政治协商的政党制度不同于其他一些社会主义国家的一党制。它植根于以工人阶级为领导、以工农联盟为基础，实行人民民主专政的社会主义国家之内。在这一制度中，中国共产党是人民民主专政国家的领导核心，是执政党；各民主党派作为各自联系一部分社会主义劳动者和拥护祖国统一的爱国者的政治组织，是与中国共产党亲密合作的参政党。在共产党与各民主党派的关系上，不存在西方国家那种执政党与反对党、在朝党与在野党的关系，它们是执政党与参政党的关系。国家宪法是共产党和各民主党派共同的根本活动准则。都负有维护宪法尊严，保证宪法实施的职责。中国共产党强调："我国的多党合作必须坚持中国共产党的领导，必须坚持四项基本原则，这是共产党同各民主党派合作的政治基础。"所以，民主党派必须承认并接受共产党的领导。各民主党派从参加新政协会议时起，就先后正式宣布接受中国共产党的领导，在中国革命的实践中，各民主党也曾探索过拯救中国的道路，但都失败了。他们在痛苦的摸索和比较中，最终认识到只有共产党才能救中国。各民主党派的充分信赖，为共产党在政治协商中加强对各参政党的政治领导提供了重要的前提条件，在政治上接受共产党领导的同时，在组织上各民主党派又是独立的，他们都有自己的章程，组织原则和组织机构，独立处理自己的内部事务，在宪法的制约下，各政党之间相互独立、平等、相互尊重、支持。各民主党派和共产党之间还有着共同的奋斗目标，这就是：坚持四项基本原则，坚持社会主义初级阶段的基本路线，实现祖国的统一大业，把祖国建设成为富强、民主、文明的现代化国家。在多党合作的形式上，中国共产党不断总结历史经验，规定了多种与民主党派进行政治协商的形式，①民主协商会，中共中央在出台大的方针政策以前，总是邀请各民主党派领导人进行协商；②座谈会，由中共中央邀请民主党派领导人座谈，通报或交流重要情况，传达重要文件，听取他们提出的政策性建议或讨论某些专题；③书面建议。各民主党派可以就国家的大政方针或某一方面的重要问题向中共中央提出自己的意见或建议。

3. 中国共产党在多党合作中的领导地位与领导性质。在多党合作和政治协商中，中国共产党处于领导地位。这种领导地位不是自封的，而是在长期的革命实践中，以自己的彻底的革命精神和正确的路线、方针、政策，以自己卓越的领导才能领导中国革命和建设不断取得胜利而获得的，全国各族人民与各民主党派一致公认的。中国共产党的领导地位具有不可替代性，这与实行两党制或多党制国家中的执政党随时有可能在选举中败下阵来，丧失领导地位不一样。其次，共产党的领导具有全面性，不仅领导国家的立法机关、行政机关和司法机关，对于国家经济、意识形态的影响也是深刻的。而资本主义国家执政党主要是负责组织政府，对立法机关和司法机关的控制则是有限的。在美国，立法机关和行政机关是由不同的党派来掌握。由于对国家政权的全面领导，共产党就能强有力地推行自己的方针政策（通过法定程序将自己的方针政策上升为国家法律）。而在资本主义国家往往受到立法机关和司法机关的牵制。

但是，共产党在多党合作中的领导是一种政治上的领导，而不表明共产党和各民主党派在组织上的隶属关系。各民主党派在政治上接受中国共产党的领导，承认共产党在国家政权中的领导地位，共同执行在共产党领导下经法定程序制定的国家的方针政策，同时实行互相监督。从这里不能得出领导党与被领导党的结论。共产党实行对民主党派的政治领导，要经过各种中介环节，是政党间的一种复杂的政治运作。

4. 各民主党派的性质和参政党地位。我国现有的民主党派，它们是中国国民党革命委员会、中国民主同盟会、中国民主建国会、中国民主促进会、中国农工民主党、中国致公党、九三学社、台湾民主自治同盟。这些民主党派是在新民主主义革命时期先后成立的。他们没有工农群众的基础，主要是民族资产阶级、城市小资产阶级和知识分子以及其他爱国民主分子。他们所联系和代表的不是单一阶级，而是这些阶级、阶层的人们在反帝爱国和争取民主的共同要求的基础上的政治联合。在他们成员当中，还有一部分革命知识分子和共产党人。在抗战胜利后，各民主党派试图在国共两党的夹缝中闯出一条"第三条道路"，即在国民党实行独裁统治，共产党实行的人民民主专政的政权以外，在中国建立一条英美的资产阶级民主共和国，实行资产阶级政党政治制度，或者以联合政府的形式与国共两党共掌政权。但是，由于国民党实行一党独裁，国共两党发生分裂，民主党派随之发生了分化。个别右翼政党（青年党、民社党）投入到国民党的怀抱，多数民主党加入了中国共产党领导的人民民主统一战线，参加了1949年召开的中国人民政治协商会议。建国以后，尤其是在社会主义改造完成以后，我国的阶级关系发生重大变化，资产阶级作为剥削阶级也不存在，这个阶级的绝大多数成员已成为社会主义的劳动者和爱国者。知识分子已成为工人阶级的组成部分。这样，各民主党派原有的社会基础已经发生了质的变化。各民主党派已不再是原来的以民族资产阶级、城市小资产阶级和与这些阶级相联系的知识分子组成的阶级联盟性质的政党。它们已发展成为各自所联系的一部分社会主义劳动者和一部分拥护社会主义的爱国者的政治联盟，是在中国共产党的领导下为社会主义服务的政党，是社会主义的参政党。

我国各民主党派的参政党地位是长期的、稳定的。这里的"参政"不是指一般公民的参政议政，而是说明一个政党的政治地位。根据中国共产党确认的多党合作的"长期共存、互相监督、肝胆相照、荣辱与共"的方针以及惯例和政策，民主党派的参政方式主要有：①参加国家政权。从1954年以来的历届全国人民代表大会代表，全国人大常委会的组成人员以及国务院、最高人民法院、最高人民检察院组成人员中都有一定数量的民主党派成员。在地方各级政权机关中，民主党派也占有一定的人数。这对于巩固人民民主专政起到了重要的作用。②参与国家大政方针和领导人选的协商。凡是有关国计民生的重大问题，如社会主义经济建设和精神文明建设、社会主义民主法制建设、改革开放中的重要方针政策及部署、政府工作报告、财政预算、省级行政区划的变动、有关祖国统一的重要方针政策、各民主党派间的共同事务，在由全国人民代表大会行使国家权力作出决策之前，总是由中共中央召开民主党派领导人座谈会或其他方式，与各民主党派进行协商，广泛听取意见，取得统一认识。③参与国家事务的管理，如各民主党派负责人参加重大国事活动。④参与国家方针政策、法律法规的制定与执行。在全国和地方各级人民代表大会上，代表中的民主党派成员可以就某一问题提出议案。例如，在全国人大八届一次会议上通过的有关政党制度的宪法修正案就是各民主党派共同参与的结果。⑤对共产党实行监督。共产党作为执政党，它的行为对国家的发展起着至关重要的作用，自觉接受民主党派的监督，有利于纠正自己的失误，吸收正确的建议和意见，从而巩固自己的执政党地位。

（二）坚持和完善中国共产党领导的多党合作和政治协商制度

中国共产党领导的多党合作和政治协商制度是我国政治制度的主要内容之

一。党的十四大提出我国的经济体制改革目标是建立社会主义市场经济体制。作为执政党,中国共产党对领导经济体制改革,为最终建立社会主义市场经济体制肩负着重要的历史使命。同时,在建立社会主义市场经济体制的过程中,随着经济体制改革的深入,经济利益的主体会发生分化、组合、形成利益主体的多样性,不同主体之间的矛盾和冲突也会不断出现。所以要求有一种力量去协调和处理这些矛盾和冲突,维持社会的稳定,以确保改革目标的实现。这种力量应该超越于各种利益主体之上,实现各种利益主体的基本协调。作为各族人民根本利益的代表,中国共产党能够担任这样的重任,也只有共产党这种政治力量能够承担,但在这一过程中,各民主党派的协助也是必不可少的。因为民主党派各自都有自己联系的社会力量。在民主党派的联系对象中有不少具有资金优势、科技优势和管理优势的分子。共产党依靠民主党派的协助联系这些力量,协调他们之间的利益关系,发挥他们的作用,对于实现社会的稳定,促进市场经济的发展具有重要的作用。所以,在新的历史时期,必须继续坚持中国共产党领导的多党合作和政治协商制度。

另一方面,中国共产党领导的多党合作和政治协商制度也应同社会主义市场经济体制相适应,并以此作为发挥作用的基础。在完善多党合作和政治协商制度时,应做到:

1. 加强和改善党的领导,把党的执政水平和领导水平提高到与市场经济体制相适应的水平。①加强党的思想建设。关键是以邓小平理论作为自己的行动指南,运用邓小平理论的立场、观点和方法搞好对多党合作制的领导。另一方面,党的干部和广大党员要努力学习社会主义市场经济知识和多党合作制的理论。②在党内要树立宪法至上的观念,党应严格在宪法和法律规定的范围内活动。党领导人民制定了宪法,宪法规定的内容反映了党的政策。宪法作为国家的根本法,具有最高的法律效力,规定:"全国各族人民、一切国家机关和武装力量、各政党和各社会团体、各企业事业组织,都必须以宪法为根本的活动准则。""一切国家机关和武装力量、各政党和各社会团体、各企事业组织都必须遵守宪法和法律。"中国共产党作为执政党应成为遵守宪法的模范。多党合作和政治协商制度是宪法确认的制度。严格遵守宪法,对于实现依法治国、更好地实行多党合作具有重大意义。③加强党的制度建设。制度带有根本性、全局性、稳定性和长期性。制度的完备程度是衡量党成熟程度的重要标志。制度健全了,可以改变领导干部凭个人主观意志活动,加强党的活动的规范化,避免党内产生自由主义和个人主义。同时健全的制度还能够有效地防止党内腐败的发生,搞好党风廉政建设,树立党在人民群众和各民主党派中的威信。④加强党的民主化建设。要保证党的政策的正确性和可行性,决策民主化是必不可少的。所以要疏通和拓宽党内民主化的渠道,保障党员的民主权利,使党员的意愿能充分表达,从而发挥党员的积极性和创造性。加强民主化建设一方面要求领导干部首先要树立民主意识,带头实行民主化决策。另一方面要有制度的保障。只有在党内实行民主,党才有可能在决定有关国家方针政策,实行多党合作方面充分发扬民主作风。

2. 完善多党合作和政治协商制度。目前我国政党制度还没有实现法制化、具体化。各民主党派在国家政治生活和经济生活中的地位与作用仅是由历史传统形成的。《宪法》只有原则性的规定:"中国共产党领导的多党合作和政治协商制度将长期存在和发展。"应以《宪法》的规定和中共中央1989年颁布的《中共中央关于坚持和完善中国共产党的领导的多党合作和政治协商制度的意见》为指导,制定专门的"政党法",明确规定党对民主党派的领导方式、民主党派的法律地位、作用、参政议政的具体途径与方式,这样也能加强民主党派对执政党的监督制约作用。民主党派要充分发挥参政议政的作用,也必须不断加强自身建设。在思想上,要努力以邓小平理论武装自己,坚持解放思想与实事求是,提高理论修养。在组织上,要注意增加民主党派成员的数量,壮大队伍、解决好民主党派的新老交替。同时鼓励其成员积极参加社会主义现代化建设,发挥他们的资金和知识优势,为市场经济体制的建立贡献自己的力量。民主党派也可以凭此扩大自己的社会影响,为更好实行参政议政提供良好的社会基础。

第四节　中国人民政治协商会议

一、中国人民政治协商会议的性质

现行《宪法》序言确认:"中国人民政治协商会议是有广泛代表性的统一战线组织,过去发挥了重要的历史作用,今后在国家政治生活、社会生活和对外友好活动中,在进行社会主义现代化建设、维护国家的统一和团结的斗争中,将进一步发挥它的重要作用。"这说明,中国人民政治协商会议是爱国统一战线的组织,是巩固和发展爱国统一战线的卓有成效的组织形式。它有广泛的社会基础,由共产党、各民主党派、无党派爱国人士、各人民团体、各少数民族、港澳同胞、台湾同胞、海外侨胞等社会各界代表组成,因而,它是发扬社会主义民主、实行政治协商和民主监督的重要形式。但是，它不同于西方国家两院制中的上院，不是国家机关，不属于国家机关体系。自 1959 年起，政协全国委员会会议同全国人民代表大会会议同时召开，采取分合穿插的形式，全国政协委员列席全国人大会议，共商国是。这已形成我国的宪法惯例。在我国，凡是关系到国计民生的重要问题，都要经过人民政协讨论协商，广泛听取各民主党派和各方面代表人士的意见，集思广益，确保决策的科学化与民主化。所以，人民政协也不同于一般的社会团体。

二、中国人民政治协商会议的历史发展

从 1949 年 9 月在北平召开第一届中国人民政治协商会议第一次全体会议时起到现在，中国人民政治协商会议经过了三个历史发展阶段。

第一阶段，从 1949 年到 1962 年，这是它的产生和发展时期，在这一时期内，中国人民政治协商会议作为中国共产党领导的统一战线的组织形式组建起来，并为新中国的建立、巩固与发展发挥了重要的历史作用。1948 年，随着解放战争的节节胜利，中共中央在发布庆祝"五一"国际劳动节的口号中提议召开新的政治协商会议，成立民主联合政府，为打倒国民党的统治、建立新中国而奋斗。这个号召得到了各民主党派、各人民团体、无党派爱国人士、少数民族和国外华侨的响应和赞成。各界代表人士纷纷通过各种方式从全国各地来到北平。1949 年 6 月在北平成立了新政协筹备会，经过 3 个月的准备工作，于当年 9 月召开了有中国共产党、各民主党派以及其他各界代表人士参加的中国人民政治协商会议第一次全体会议。这次会议标志着中国人民政治协商会议作为统一战线的组织形式正式成立起来。同时，由于国家当时并没有实现全部解放，还不具备召开全国人民代表大会的条件，所以这次会议不仅是一次中国共产党和民主党以及其他各界代表人士进行政治协商的会议，它还代行了全国人民代表大会的职权，制定了起临时宪法作用的《中国人民政治协商会议共同纲领》；选举产生了中央人民政府委员会和政协全国委员会，制定了《中华人民共和国中央人民政府组织法》和《中国人民政治协商会议组织法》；决定将北平改为北京并作为新中国的首都；以《义勇军进行曲》为国歌，以五星红旗为国旗。

人民政协于 1949 年 10 月召开了第一届全国委员会第一次会议，选举产生了毛泽东为主席的政协领导机构。随后在动员团结全国人民反对国内外敌人、巩固人民政权、恢复和发展国民经济、实行社会主义改造等方面，人民政协都发挥了重要的作用。

1954 年，第一届全国人民代表大会第一次会议召开，制定了《中华人民共

和国宪法》，取代了《中国人民政治协商会议共同纲领》，而且政协也从此不代行全国人民代表大会的职权，但作为统一战线的组织形式仍将存在。周恩来在政协第二届全国委员会第一次会议上指出："现在全国人民代表大会第一次会议已经召开，中国人民政治协商会议代行全国人民代表大会职权的政权机关的作用已经消失，但中国人民政治协商会议本身的统一战线的作用仍然存在。"这一论述解决了1954年以后人民政协的性质、地位、任务和作用问题，为人民政协的继续向前发展奠定了思想基础。1962年召开了第三届中国人民政治协商会议第三次会议。这是人民政协发展史上的一次具有重要意义的会议，是在社会主义改造已取得完全胜利，国家进入大规模经济建设，并且经历了3年国民经济暂时困难时期之后召开的。周恩来在会议上指出："它在社会主义改造和社会主义取得伟大成果的基础上，现在要团结一切可以团结的力量，动员更多可以动员的因素，来参加社会主义建设，扩大我们的民主生活。这就是我们的新任务。不要把我们人民民主统一战线看成只是进行社会主义改造，它的作用，不但表现在社会主义改造方面，而且表现在社会主义建设方面。"这次会议提出了人民政协参加社会主义建设的新任务，对于动员各民主党派和广大知识分子参加社会主义建设起了重要的作用。

第二阶段，1962年到1976年，在此期间，人民政协的工作受到党的"左"的指导思想干扰和后来的"文化大革命"破坏，基本上陷于停顿。人民政协经受了严峻的历史考验。

第三阶段，从1976年"文化大革命"结束到现在，是人民政协的恢复和重新发展时期。1978年党的十一届三中全会将党工作重新转移到经济建设方面来，确定坚持四项基本原则，坚持改革开放的方针，使人民政协也进入了一个新的历史时期。在1979年召开的第五届中国人民政治协商会议第二次全体会议上，邓小平同志科学地阐明了我国经济状况已发生了根本的变化，指出今后统一战线和人民政协的根本任务，就是要"调动一切积极因素，努力化消极因素为积极因素，团结一切可团结的力量，同心同德，群策群力，维护和发展安定团结的政治局面，为把我国建设成为现代化的社会主义强国而奋斗。"1982年召开的第五届中国人民政治协商会议第五次会议通过的《中国人民政治协商会议章程》中，确认了这一根本任务。1993年通过的《宪法修正案》规定："中国共产党领导的多党合作和政治协商制度将长期存在和发展。"这对进一步扩大爱国统一战线，发挥人民政协的作用，发展社会主义民主，调动一切积极因素，为实现党和国家的根本任务有重要意义。

三、中国人民政治协商会议的职能

人民政协是由中国共产党和各民主党派共同创立、共同参加，在其中合作共事的政治组织，不但有共同的政治奋斗目标，而且有共同遵守的章程和长期形成的工作作风和工作制度。所以党派性是人民政协的重要特点。人民政协的职能与它的特点紧密相连。概括地说，人民政协的职能是：政治协商、民主监督、参政议政。政治协商来源于多党合作，民主监督来源于共产党和各民主党派及无党派民主人士之间的相互监督。1979年6月，邓小平在全国政协五届二次会议的开幕词中指出："中国的社会主义现代化建设事业，继续需要政协就有关国家的大政方针、政治生活和四个现代化建设中的各项社会主义经济问题，进行协商、讨论，实行互相监督，发挥对宪法和法律实施的监督作用。"根据邓小平同志的思想，1982年的政协章程第一次把"政治协商"和"民主监督"作为政协的主要职能确定下来。1989年1月，政协第七届全国委员会常务委员会通过的《政协全国委员会关于政治协商、民主监督的暂行规定》中，第1条就写明人民政协的主要职能是政治协商和民主监督，并具体规定了政治协商和民主监督的目的、主要内容及基本程序。1994年全国政协八届二次会议所通过的《中国人民政治协商会议章程》（修正案）中，又将参政议政作为"政治协商，民主监督"的延伸说明，纳入政协职能。

政治协商是对国家和地方的大政方针以及政治、经济、文化和社会生活中的重要问题在决策之前进行协商和就决策执行过程的重要问题进行协商，听取各民主党派和无党派民主人士的意见和建议。政协可根据中国共产党、人大常委会、人民政府、民主党派、人民团体的提议，就某一问题举行协商会议，充分表达各方的意见，谋求共识。

民主监督是对国家宪法、法律和法规的实施，对国家机关及其工作人员的行为的监督，对国家重大方针政策贯彻执行的监督，共产党和各民主党派及无党派人士间的相互监督，尤其是民主党派和无党派人士对共产党的执政行为的监督。这种监督是建立在多党合作制度基础上的互相监督，法律监督和人民群众的监督是互为补充的，它是一种民主监督，虽然不具有法律上的约束力，但较之法律监督更为灵活、更为广泛，随时随地都可以发挥作用。监督的方式可以多种多样，如提出建议、意见和批评，接受群众来访和来信，向有关部门反映问题。

参政议政是政治协商和民主监督的深化与发展。各民主党派和无党派人士在政治和民主监督过程中所表达的意见和建议以至批评，只要是有利于加强和改善党的领导,有利于社会稳定和经济发展的,即使是尖锐的,执政党也应该采纳。对于各级政协所提的议案。执政党应建立专门的处理制度,明确处理议案的承办机关和人员、办理期限,并及时将处理结果反馈回来。只有这样,才能不使政治协商和民主监督流于形式,实现民主党派和无党派人士的参政作用,也有利于巩固共产党的执政地位。

四、中国人民政治协商会议的组织

中国人民政治协商会议的组织包括全国性组织和地方性组织。全国委员会是政协的全国性组织,全称为中国人民政治协商会议全国委员会,简称"全国政协",由三部分人士组成:①中国共产党、各民主党派、全国工商联、无党派民主人士、各民族的代表;②台、港、澳同胞和归国侨胞的代表;③特别邀请的人士。全国政协设主席、副主席若干人和秘书长,每届任期为5年。每年举行一次会议,根据宪法惯例,全国政协会议和全国人大会议同时举行,政协委员列席人大全体会议,并就政府工作报告等重要议案提出自己意见。全国政协设常务委员会主持会务。

在地方,除乡镇的各级地方行政区域,凡有条件的地方都可设立该地方的人民政协,其名称为中国人民政治协商会议某省(市、县)委员会。但政协地方委员会不是全国政协的下级组织,两者之间不存在隶属和领导关系,而是指导关系。上级地方政协与下级地方政协的关系也是一样。但是,地方政协对全国政协、下级地方政协对上级地方政协的决议都有遵守和履行的义务。

◆ **思考题**

1. 试析我国人民民主专政的特点。
2. 我国多党制合作、政治协商制度的形成、发展及其基本内容是什么?
3. 人民政协会议的性质和基本的作用是什么?

第四章　国家政权组织形式

◆ **教学目的**

通过本章的学习，要求学生在了解人民代表大会制度含义、产生、组织、运行和我国选举制度的基础上，从宪法体制的层面，理解人民与国家的关系，国家机关和国家权力的总体构成，特别是国家权力的横向配置和在此基础上形成的同一级国家机关的相互关系，从而把握国家权力横向配置的一般理论。

第一节　政权组织形式的概述

一、政权组织形式的概述

政权组织形式，是指统治阶级采取何种原则和方式，去组织反对敌人、保护自己、治理社会的政权机关。政权组织形式的具体内容大体包括：一个国家把权力分为几部分，相应地设立哪些行使权力的机构；行使权力的机构按照什么原则产生；各种机构的权限划分及其相互关系等。在近代民主国家，由于政权的组织要通过选举过程来完成，政权运行中各种政治力量的地位和作用也与其在选举中的得票结果相关联。因此，选举制度也被认为属于政权组织形式的范畴。

在一定意义上讲，政权组织形式同政体指的是同一个问题，但后者的含义更广一些。前者着重于实现国家权力的机关组织，后者着重于实现国家权力的体制。不仅政体的内涵比政权组织形式更加丰富，而且政体与政权组织形式实际上分属两个不同层次，政体是对政权组织形式的抽象和概括，是宏观上的国家政权构架，政权组织形式是政体的具体化，是宏观政权构架的微观体现。本书采用政权组织形式这一概念，借以从政权的组织方面表现特定国家的国家形式。

二、政权组织形式的分类

政权组织形式是国家制度的重要组成部分。作为国家统治的外在表现形态，政权组织形式是与国家同时产生、同步发展的，也是随着人类政治、经济、文化的发展逐步完善的。考察人类社会政权组织形式的历史与现状，依据不同国家形态可分为：

1. 奴隶制国家的政权组织形式。在奴隶制国家，曾经实行过宗主附庸型君主制、绝对君主制、贵族共和制和民主共和制。宗主附庸型君主制是君主作为最高政治统治的代表，对全国的统治通过层层宗主附庸关系实施，以早期一些西欧国家为典型。绝对君主制是君主至高无上，集所有国家权力于一身，人民和财产归私有，如古罗马帝国、古埃及。贵族共和制是由选举产生的奴隶主贵族组成国家机关，执掌国家权力，以公元前6世纪至1世纪的罗马奴隶制国家为典型。民主共和制则是由具有公民权的全体人民选举产生代表机关和其他国家机关，国家的统治权统一掌握在民选代表机关手中，如奴隶制时代的雅典共和国。

2. 封建制国家的政权组织形式。主要有专制君主制、等级代表君主制和民主共和制等几种形态。专制君主制又称绝对君主制，是奴隶制和封建制时代广泛存在的一种政治制度。等级代表君主制是欧洲中世纪出现的一种君主制形式。其特征是，在君主以下设由社会各级代表组成的等级代表会议，君主掌握国家政治统治权，但在一定程度上受等级会议制约。如增加赋税、颁布法律时必须向等级会议咨询。这种君主制以英国早期的政治制度为典型。民主共和制是奴隶制时代和封建制时代存在的原始共和制的一种，如封建时代的一些城邦共和国。

3. 资本主义国家的政权组织形式。资本主义国家的政体，从总体上可分为立宪君主制和共和制两种。立宪君主制相对于专制君主制是一种进步，出现在资产阶级革命以后，是一种妥协的产物。根据君主宪法地位和实际权限的不同，分为二元君主制和议会君主制。

现代国家，尼泊尔、摩洛哥、约旦等极少数封建势力强大的国家仍实行二元君主制。在此体制下，存在君主和议会两个权力中心。君权受宪法和议会的限制，国家的实际权力不由议会掌握，而是集中在君主以及君主周围的少数人手中。实际运作中，君主还掌握政府任命权、解散议会权和制定宪法权力。

在议会君主制下,议会是国家最高权力机关,议会权力至上,由议会产生政府。君主权力受宪法和议会的实际制约,君主只是作为国家和民族统一的象征而存在,国家统治权掌握在议会和政府手中,如日本、英国、西班牙等。

共和制可分为议会共和制、总统共和制和委员会制三种不同形式。

议会共和制是共和制的一种主要形式,由民选议会和其他国家机关执掌国家权力,立法、行政、司法实行分权,但并不严格。其主要特点是:①议会由民选代表组成,是国家最高立法机关;②政府由议会中多数党的首领组织,政府成员同时是议会成员,政府首脑是议会中多数党的领袖,政府受议会监督,要对议会负责;③国家元首为民选总统,不负实际责任,但如果总统有违宪行为,则应受到追究;④议会不信任政府时,政府要立即辞职或提请国家元首解散议会,举行大选。这种政权组织形式与议会君主制类似,采用议会共和制的国家有德国、意大利等。

总统共和制。这是民主国家实行的最主要的一种政权组织形式,由民选的总统和其他国家机关共同行使国家权力,各国家权力机关之间实行严格的"分权与制衡"。其主要特点是:①总统和国会议员均由选民选举产生;②总统既是国家元首,又是政府首脑;③总统直接对选民负责,而不对议会负责;④政府成员由总统依法在其同党中选任,不得同时为议会成员;⑤总统不直接参与立法过程,不能向议会提出法案或参加法案讨论,但总统拥有立法否决权和签署权;⑥总统不能解散议会,但议会可依法弹劾总统或其他高级公职人员。总统共和制以美国为最典型。

委员会制。在这种政权组织形式下,立法权属于联邦议会,联邦委员会是最高行政机关,由联邦议会选举的数名委员组成,集中行使国家行政权,实行集体领导和集体负责制。议会和委员会的关系是:议会无权通过不信任投票迫使联邦委员会成员辞职,委员会也无权否决议会议案或解散议会;联邦议会和联邦委员会均实行任期制。实行这种制度最典型的国家是瑞士。

还有学者划分出"半总统制",以法国为代表,其政权组织形式是一种介于议会共和制和总统共和制之间的混合共和政体形式。主要特点是总统由议会中多数党的领袖担任;总统掌握行政权,组织领导政府,同时又是国家元首,统率武装力量;政府对总统和议会负责;议会可以通过对政府的不信任案,总统可解散议会。

4. 社会主义国家的政权组织形式。社会主义国家是人类历史上崭新类型的国家,是无产阶级和人民群众掌握政权的国家。没有一定的政权组织形式就不能表现国家,政权组织形式问题是马列主义国家学说的有机组成部分。从无产阶级取得政权、建立政权的发展历史看,无产阶级国家一般采用民主共和政体,根据实际情况,各国无产阶级组织政权时有不同表现形式,以便适合本国发展需要。具有典型意义的政权组织形式有巴黎公社、苏维埃共和国和人民代表大会制。

1871年巴黎爆发无产阶级革命,马克思发现巴黎公社是"可以而且应该用来代替已被打碎的国家机器的政治形式"。它是无产阶级建立自己国家的第一次尝试。巴黎公社只存在72天,各项制度很不完备,但在其存在的短暂时期内,也表现出一些特点:实行直接选举制,国家的一切管理人员均由选举产生,对选民负责;公社委员会是最高机关,统一行使立法、行政权;全体公民可以轮流担任公职等。它是新型的人民政权代表机关,为无产阶级创建政体起了开创作用。

苏维埃共和国是巴黎公社的继承和发展,它是在总结经验基础上并结合俄国革命的具体历史情况发展起来的。其主要特点是:①苏维埃代表大会是国家最高权力机关。②在闭会期间两院制的苏维埃中央执行委员会是最高国家权力机关,联邦院和民族院享有平等权利。③部长会议、最高法院和最高检察院由最高苏维埃产生并向其负责。④各加盟共和国、自治共和国的最高国家权力机关和管理机关与联邦国家相似。不同的是,它们的最高苏维埃实行一院制。⑤审判机关的活动不受地方当局干涉,拥有独立的司法审查权。列宁认为苏维埃共和国"保证能够把议会制的长处和直接民主制的长处结合起来,就是说,把立法的职能和执行法律的职能在选出的人民代表身上结合起来。"[1]

人民代表大会制是中国人民在苏维埃政权基础上,结合中国革命和建国实践发展起来的一种政权组织形式。朝鲜、罗马尼亚等社会主义国家的政权组织形式类似于中国,它们采用"最高人民会议"和"大国民议会"等形式。人民依法选举代表组成国家权力机关,由权力机关产生其他国家机关,共同行使国家权力。国家权力机关拥有立法和重大事项决定权,并负有监督其他国家机关执法过程的法律责任。

三、宪法与政权组织形式的关系

政权组织形式和国家性质同属于国家制度的重要内容,自从人类社会出现国家,它就随之产生并存在。国家性质决定政权组织形式的具体形态。奴隶制国家和封建制国家是以绝对主义的王权为根本特征的,其政体也是适应这种权

---

[1]《列宁选集》第3卷,人民出版社1973年版,第309页。

力性质而设立的。在这个时期，人民没有政治权力可言。由于缺乏民众参与基础，在奴隶制和封建制时代不存在近现代意义上的立宪政体，因为近现代立宪政体是以民众不同程度地直接、间接地参与国家的政治生活为根本特征的。

随着欧洲封建制的崩溃，近代民族国家逐步兴起，大都实行君主专制制度。资本主义性质经济迅速发展，专制主义统治和重商主义严重阻碍新兴生产力的发展。已经壮大起来的新兴资产阶级迫切要求打破政治上的封建专制和经济上的封建壁垒，争取资本主义自由发展，孟德斯鸠的"三权分立"学说，代表了当时新兴资产阶级的利益和要求，反映了资产阶级要求政治权力的愿望。其主要内容是把国家权力分为立法、行政、司法三权，三种权力属于三种不同的国家机关。立法权表现国家共同意志，应属于全体人民，由人民选出代表进行立法，实行代议制；行政权由君主一人掌握；司法权力由人民选出的法官行使。三权彼此制约，互相平衡。资产阶级夺取政权后，都实行三权分立政体，但因各国具体情况不同，采用的政权组织形式也类型多样。

最早发生资产阶级革命的英国，在组织政权时对"三权分立"作了一定程度的运用，由于资产阶级与封建贵族的妥协，保留了君主，英国最终建立君主立宪制政权组织形式。1689年通过的宪法性法律文件《权利法案》规定国会权力高于国王的权力，肯定了"议会至上"的宪法原则，为建立君主立宪制度提供宪法依据。1911年和1949年的《议会法》进一步完善议会制度。由于英国没有一部统一的成文宪法典，有关议会、内阁、法院权力的行使及制度散见于各类宪法性文件中或宪法惯例中。对"三权分立"作彻底运用，并将其贯穿于成文宪法中的首推美国。独立战争胜利后，资产阶级独掌国家权力，不存在资产阶级与封建贵族阶级的阶级分权，而是资产阶级内部不同私有集团间的权力分工；同时美国是移民大国，邦联松散，中央无权，资产阶级要求加强中央权力，确立了总统共和制政权组织形式。《美国宪法》第1条、第2条、第3条的首句分别规定"本宪法所授予的各项立法权，均属于由参议院和众议院组成的合众国国会"；"行政权属于美利坚合众国总统"；"合众国的司法权，属于最高法院及国会随时规定和设立的低级法院"，说明美国的立法权、行政权和司法权分别由国会、总统和法院行使，同时，某一方行使权力受它方制约，相互制衡，防止权力滥用。法国宪法加强了总统的权力，从历史上看，法国是传统的资产阶级议会制国家。随着议会权力的削弱，法国是兼有议会制和总统制两种制度特色的国家。现行宪法第四章"议会"，第五章"议会和政府的关系"对议会主要职权、组织机构、选举制度等方面作了规定。扩大总统职权，第11条规定总统可以绕过议会，就重大问题和法案直接提交国民表决；第12条"总统可以下令解散国民议会"。其他实行三权分立的国家，如日本，是保留君主的议会内阁制，不同于美国的总统制，但本质上并无差别，都是权力既分立又制衡，更好地达到资产阶级统治目的。

总之，所有西方国家的宪法，都根据自己的国情和实际需要，设计出各种形式的三权分立的政权组织形式，并通过宪法，对具体事项作出规定。

无产阶级在夺取政权、建设社会主义的过程中，马克思列宁主义关于政权建设的原理同本国具体国情和革命实践密切结合，创设适合本国发展的政权组织形式，巴黎公社建立了委员会制度，实行议行合一，马克思对此充分肯定。十月革命成功后，我国采取工农兵代表苏维埃的形式组织国家政权，由人民选举代表组成各级苏维埃，按照民主集中制的原则，统一行使国家权力。1918年、1924年和1936年《苏联宪法》对苏维埃代表大会的性质、组成、活动原则等事项作了规定。1977年《苏联宪法》对代表制度作了重点规定。第2条规定："苏联的一切权力属于人民。人民通过作为苏联政治基础的人民代表苏维埃行使国家权力。其他一切国家机关受人民代表苏维埃的监督并向人民代表苏维埃报告工作。"第108条规定："苏联最高苏维埃是苏联最高国家权力机关。苏联最高苏维埃有权解决本宪法规定属于苏维埃社会主义共和国权限内的一切问题。"第十五章对最高苏维埃的性质、组成、职权及活动原则都作了具体规定。第二次世界大战后涌现的社会主义国家也都实行代表制的政权组织形式，并在各自宪法中作出明确规定。

西方国家普遍认为，三权分立是实现民主的最为有效的途径，可防止政府成员的腐败和公共权力腐化。但就现在说，议会制国家的立法权与行政权已经结合于内阁，英国首相既领导内阁施政，又领导议会立法，立法与行政的界限已很模糊。典型的总统制国家美国，三权分立也日益削弱，总统控制立法的作用越来越大，行政司法的权力也日益扩张。三权分立的实际意义越来越小。而实行代表制政权组织形式的社会主义国家，也存在着不同程度的权力过分集中的现象，不可避免滋生官僚主义和各种腐败现象。所以，研究各国政权组织形式的内容及在宪法上的意义，将有助于我们从中吸取先进经验，不断完善和发展国家的政治制度。

第二节 人民代表大会制度

一、人民代表大会制度的概念

人民代表大会制度，就是指以民主集中制为组织和活动原则，由人民选举代表组成全国人民代表大会和地方各级人民代表大会，作为行使国家权力的机关，其他国家机关都由人民代表大会产生，对它负责，受它监督，实现人民当家做主的一种基本政治制度。我国《宪法》第2条规定："中华人民共和国的一切权力属于人民。人民行使国家权力的机关是全国人民代表大会和地方各级人民代表大会。"

人民代表大会制度是我国人民在中国共产党的领导下，总结长期革命斗争中政权建设的历史经验而创立的具有中国特色的政权组织形式。我国是工人阶级领导的、以工农为基础的人民民主专政的社会主义国家。国家性质表明，人民是国家的主人，要保证人民作为国家主人的地位，其核心问题是要实现真正的人民权力，即人民当家做主。

人民代表大会制度与人民代表大会是两个既相联系又有区别的概念。人民代表大会是国家机关，包括全国和地方各级人民代表大会及其常委会。人民代表大会制度，是指以人民代表大会为核心和主要内容的国家政权组织制度，不仅包括人民代表大会本身的组织、职权，还包括人民代表大会与公民和其他国家机关的关系。依照宪法规定，人民代表大会制度的含义是，国家的一切权力属于人民。人民通过选举产生各级人民代表，组成全国人民代表大会和地方各级人民代表大会，作为人民行使国家权力的机关。国家行政机关、审判机关和检察机关都由人民代表大会产生，对它负责，受它监督，全国人民代表大会和地方各级人民代表大会对人民负责，受人民监督，人民有权罢免由它选出的人民代表和各级国家机关的领导。可见，人民代表大会和人民代表大会制度截然不同，前者指具体的国家机关，后者是指国家政治组织制度。但两者紧密联系，相互促进，人民代表大会这一权力机构如果能充分发挥作用，则能促进人民代表大会制度的完善与发展；而有了健全的人民代表大会制度，则更有利于人民代表大会及其常委会行使职权，是相辅相成相互作用的。

二、人民代表大会制度的性质

人民代表大会制度性质上是国家的根本政治制度。所谓根本政治制度，就是国家制度的根本点和出发点，它决定国家的其他具体制度。之所以说人民代表大会制度是我国的根本政治制度，是由以下几方面原因决定的：

1. 人民代表大会制度直接反映我国人民民主专政的国家性质。我国《宪法》第1条规定："中华人民共和国是工人阶级领导的、以工农联盟为基础的人民民主专政的社会主义国家"。《宪法》第2条又规定，国家的一切权力属于人民。这些规定表明，我国是人民民主专政的国家，它的本质是人民当家做主，国家的一切权力属于人民。而人民代表大会制度的首要功能就是确保人民当家做主的实现。从组织上看，作为国家权力机关的各级人民代表大会是由人民群众平等民主地依法选举代表组成的，选举资格没有任何苛刻的限制，能够保证人民充分自主地表达自己的意愿，选出自己信任的代表。从人民代表大会制度的运行来讲，各级人民代表大会是国家权力机关，其他国家机关都由它产生，对它负责，受它监督。人民代表大会不仅掌握立法权，而且还有监督权，这就保证了国家权力行使的人民性。

2. 人民代表大会制度是其他制度赖以建立的基础，反映了我国政治生活的全貌。人民代表大会制度的产生，不以任何制度为依据，它一经确立即成为其他制度赖以建立的基础。人民代表大会制度是由人民革命直接创造出来的，是革命斗争胜利的产物，是人民革命政权组织建设工作的经验总结。它不以其他任何制度为依据，也不是依靠从前任何法律规定而产生的。

人民代表大会产生以后，即代表全国人民行使国家权力。它拥有立法权，凭借这项权力，它不但可以建立立法制度本身，而且还可以通过立法活动建立许多其他的制度，如婚姻制度、外交制度等；它拥有对其他国家机关的组织、领导的监督权，凭借这项权力，与立法权配合起来，可以建立行政制度、司法制度和国家机关组织活动的其他各种制度；它拥有对国家一切重大事务的决定权，据此可以根据实际需要建立各种国家生活和社会生活中必须建立的制度。因此，凡属国家管理范围内的一切制度，都是以人民代表大会为基础建立起来的，即使不是由人民代表大会亲自创建，也是由它批准或经由它授权的机关批准才得以形成和生效。人民代表大会制度从性质上讲与其他许多具体制度，如司法制度、财政制度、税收制度、婚姻制度、选举制度等完全不同。这些具体制度只能反映我国政治生活中的某一方面，而人民代表大会则全面反映我国政治生活，是国家政治力量的源泉。

3. 人民代表大会制度是人民行使国家权力，实现社会主义的基本形式。我国《宪法》第2条规定："中华人民共和国的一切权力属于人民。人民行使国家权力的机关是全国人民代表大会和地方各级人民代表大会。人民依照法律规定，通过各种途径和形式，管理国家事务，管理经济和文化事业，管理社会事务。"这说明，我国人民行使民主权利，当家做主的途径和方式多种多样，但最基本的途径是人民代表大会制度。从实现民主权利的范围来说，只要符合法定条件，不管从事何种职业，都依法行使选举权和被选举权，通过人民代表大会制度的组织和运行过程实现当家做主的权利。按人民代表大会制度原则组织起来的国家政权从人民中取得权力，人民是国家权力的源泉，从而使其权力获得合法性，通过这一制度，使国家政权得到人民的有力支持，国家权力会有效行使。它充分保障最大多数人民的利益，充分保证公民政治、经济和社会权利，从而使社会获得持续稳定发展。人民代表大会制度的发展和完善对国家其他政治制度和民主形式有重大影响。

三、人民代表大会制度的原则

根据宪法规定的人民代表大会制度的基本精神，人民代表大会制度的原则可以分为根本原则和组织原则两个层次，人民代表大会制度的根本原则就是"一切权力属于人民"，人民代表大会制度的组织原则就是"民主集中制"。下面具体阐述这两个原则：

1. 一切权力属于人民。国家的一切权力属于人民是人民代表大会制度的实质。法国著名思想家卢梭提出"人民主权"论，他认为人们为了保证自己的自由，才不得不放弃部分权利，订立契约组织国家。国家基于契约成立，统治者应由人们推选。国家一旦成立即拥有绝对的权力，称之为"主权"。主权属全体人民，至高无上，不可转让，人民是国家主权的主体，立法权属于人民，议员只是人民的公仆，根据"人民主权"的理论，资产阶级组建国家时，采取代议制形式，由人民选举产生代表机构，由其行使人民委托的权力，早期的资产阶级的代议制度，其实是根据"主权在民"的理论设置的。

马克思主义批判吸收资产阶级启蒙思想家的思想，提出国家一切权力属于广大人民的观点，并把它作为政权建设的根本原则。具体实现方式是先由人民依法选举代表组成国家权力机关，再由权力机关产生其他国家机关，共同行使国家权力。国家权力机关有立法权和重大事项决定权，并负有监督其他国家机关执法过程的法律责任。这种方式在我国表现为人民代表大会制度。

一切权力属于人民这一原则贯穿于人民代表大会制度的各个方面。①各级人民代表大会都由人民选举产生，对人民负责，受人民监督。人民有权随时依法罢免自己选出的代表，下级人民代表大会也可以随时罢免由其选出的上一级人大代表。②由选举产生的全国人民代表大会和地方各级人民代表大会是人民行使国家权力的机关，其他机关都由它产生对它负责，受它监督。③一切国家机关和国家公职人员要接受人民群众的监督。我国《宪法》第41条规定："中华人民共和国公民对于任何国家机关和国家工作人员，有提出批评和建议的权利；对于任何国家机关和国家工作人员的违法失职行为，有向有关国家机关提出申诉、控告或者检举的权利，但是不得捏造或者歪曲事实进行诬告陷害。"④一切权力属于人民还体现在人民代表大会制度建立了一套监督系统。全国人民代表大会有权改变或撤销它的常委会不适当的决定；全国人大常委会有权撤销国务院和省级国家权力机关制定的同宪法、法律相抵触的行政法规和地方性法规、决定、命令；国务院有权改变和撤销各部委和地方各级行政机关发布的不适当的决定和命令；县级以上地方各级人民代表大会有权改变或撤销同级常委会不适当的决定；县级以上地方各级人大常委会可以撤销本级人民政府不适当的决定和命令，并且可以撤销下级人民代表大会不适当的决议等。这套监督系统有力保证了国家权力掌握在人民手中。

2. 民主集中制。我国《宪法》第3条规定："中华人民共和国的国家机构实行民主集中制的原则。"这一规定确认了民主集中制是人民代表大会制度的基本组织和活动原则。

民主集中制是指在充分发扬民主的基础上，集中多数人的正确意见作出决定的决策方式，是民主与集中的辩证统一。从民主角度讲，发扬民主的过程是由多数人决定问题的过程；从集中角度讲，实行集中的过程也是汇集多数人的意见的过程。民主与集中的运用方式和程序虽然有所不同，但它们的实质都是服从多数人的意见，强调决策的民主化。坚持民主集中制一方面要反对极端民主化，另一方面也要反对独断专行。

民主集中制原则在人民代表大会制度组织中主要表现为：①在人民代表大会制与人民群众的关系中，全国与地方各级人民代表大会都由人民直接或间接选举产生，对人民负责，受人民监督，选民或原选举单位有权罢免自己选出的不称职的代表。②在人民代表大会和其他国家机关的关系上，其他国家机关都由人民代表大会产生，对它负责，并受它监督。权力机关有权决定国家一切重大事务，其他国家机关在自己的职权范围内，充分发挥作用，但不得违背权力机关制定的法律和决议。③在中央与地方的关系上，遵循在中央统一领导下，充分发挥地方的积极性、主动性的原则，地方要服从中央。

民主集中制作为国家政权组织的原则，从一定意义上讲，是与西方国家机关"三权分立与制衡"原则相对应而提出来的，它强调在民主分工的基础上，赋予民意代表机关全权地位，加强人民在国家权力行使过程中的地位和作用。民主集中制原则是我国一贯倡导并坚持的政治原则，与社会主义国家的本质相适应。

四、人民代表大会是我国适宜的政治制度

人民代表大会制度适合于我国的基本国情，是我国适宜的政治制度，具有极大的优越性。

1. 便于人民群众参加国家管理，有利于充分发挥人民群众的积极性和创造性。首先，在我国人民代表大会制度下，人民参政没有任何苛刻的资格限制，这就使人民能够顺利地最大限度地参加国家管理。我国宪法和选举法都明确规定，凡年满18周岁的中华人民共和国公民，不分民族、种族、性别、职业、家庭出身、宗教信仰、教育程度、财产状况和居住期限，只要未被依法剥夺政治权利，都有选举权和被选举权。这一参政资格的规定，为广大人民群众依法行使当家做主的权利准备了条件。其次，在我国人民代表大会制度下，人民代表大会和其他政权机关是按地区分级设立的，便于人民群众就近参加选举和监督，管理地方性事务和国家事务，行使民主参政的权利，这一特点在我国这样一个地域辽阔、人口众多、各地情况差别较大的国度，对人民参政权的实现极为有利。再次，我国的人民代表大会制度从本质上说能够容纳各行各业、各方面、各地区、各民族的人民群众广泛参政，鼓励人民群众参与国家事务和地方事务的管理。事实上，我国历届全国人民代表大会和地方各级人民代表大会的代表来源都是十分广泛的，具有真正的代表性和人民性。以九届全国人大代表构成为例，在2979名代表中，各方面的代表均占一定的比例：工农563名，占代表总数的18.3%；知识分子628名，占代表总数的21.1%；干部988名，占代表总数的33.2；解放军268名，占代表总数的9%；归国华侨37名，占代表总数的1.25%。港澳地区的代表有所增加。代表中，中共党员2 130名，占代表总数的71.5%，少数民族代表428名，占代表总数的14.4%，全国55个少数民族都有本民族的代表。妇女代表650名，占代表总数的8%。这样一个从组织结构上具有广泛民主性的政权组织形式，为人民群众的民主参与提供了基本条件，有利于充分发挥人民群众的积极性和创造性。

2. 人民代表大会制度体现了国家的统一与人民权力的统一，有利于国家权力的集中行使，提高国家机关的工作效能。马克思和列宁在总结巴黎公社革命政权建设经验以后，针对资产阶级国家的"三权分立"原则而提出无产阶级政权的组织和活动原则：人民代表制，我国实行以民主集中制为核心的人民代表大会制度。在人民代表大会制度下，人民代表大会是国家权力机关，进行立法和决定重大事项；行政机关和司法机关是执行人民代表大会决策和立法的机关，它们由人大产生，对人大负责，受人大监督，我国虽然存在着立法、行政、审判、检察等不同性质的国家机关，并各自行使职权，但与资产阶级的"三权分立"有本质区别。按照我国宪法规定，国务院对全国人民代表大会负责并报告工作，在全国人民代表大会闭会期间对全国人大常务委员会负责并报告工作；中央军委主席对全国人民代表大会和全国人大常委会负责；最高人民法院、最高人民检察院都对全国人民代表大会和全国人大常委会负责。宪法还规定，全国人民代表大会有权罢免下列人员：国家主席、副主席；国务院总理、副总理及其他组成人员；中央军委主席及其他组成人员；最高人民法院院长和最高人民检察院检察长。由此可见，全国人民代表大会和它的常务委员会体现了人民的统一权力，是最高国家权力机关，而其他国家机关相对最高国家权力机关来说，处于从属地位。人民代表大会制度体现了国家权力的统一和人民意志的统一，有利于提高国家政权机关的工作效率，有助于人民意志的统一贯彻与有效落实执行。

3. 体现了中央和地方的一致性，既能保证中央的统一领导，又便于充分发挥地方的主动性和积极性。我国处理中央与地方关系的原则是既要有利于国家的统一领导，又要有利于因地制宜。人民代表大会制依据这个原则，要认真贯彻执行下级服从上级、地方服从中央的规定，即下级人民代表大会的一切活动必须以上级人民代表大会的决议为依据，地方一切重大事务的决定，必须服从中央的总政策与总任务、中央对地方的领导，上级对下级的监督，必须从具体条件出发，不妨碍地方积极性和创造性的发挥；下级对上级的服从，地方对中央的服从，可以根据上级或中央的决定结合本地区的具体情况在自己的职权范围内发挥自己的主动性和首创精神，正确地理解与执行上级或中央的决定。人民代表大会制所创制的这种上级与下级、中央与地方的关系，能够保证正确处理中央与地方的权限划分问题，一方面保证中央统一的领导；另一方面给予地方以适当的自主权，使之因地制宜。从而使人民代表大会把我们国家的中央和地方联结成一个统一的、坚强的整体，发挥中央和地方两个积极性。

五、坚持和完善人民代表大会制度

人民代表大会制度从1954年建立至今已经历了50多年的实践历史。事实证明，人民代表大会制度作为国家的根本政治制度，它体现了人民民主专政的国家性质，符合我国政治、经济、文化的发展状况，既能保障全体人民行使国家权力，调动人民群众当家做主的积极性和主动性；又有利于国家政权机关分工合作，相互配合，有效地组织社会主义建设事业。这一制度经过长期实践已在人民群众中扎下根，具有强大的生命力。实践证明，人民代表大会制度是适合于我国国情的政权组织形式，具有极大的优越性。

但是，由于我国民主制度以及民主观念发展较晚，国家生活和社会生活中的民主化程度还有待提高，加之人民代表大会制度历史较短又曾遭破坏，这就决定了一方面我国的人民代表大会制度的某些环节还不够完善，另一方面人民代表大会制度在实施中亦存在着一定的阻力和干扰。因此，如何坚持和完善人民代表大会制度，是我国今后相当长的时期内所面临的课题。党的十五大报告中指出要坚持和完善人民代表大会制度，保证人民代表大会及其常委会依法履行国家权力机关的职能，加强立法和监督工作，密切人民代表大会的关系，从现阶段我国人民代表大会制度的实际运行状况来看，健全和完善人民代表大会制度应解决好以下几方面的问题：

1. 正确认识政权组织形式与国家性质的关系。政权组织形式和国家性质同属于国家制度的重要内容，两者是形式和内容的关系，国家性质决定政权组织形式的具体形态，政权组织形式反映国家性质的基本要求，两者是不可分割的统一整体。政权组织形式不但从属于国家性质，而且对国家性质具有能动的反作用。只有不断地适应国家性质的要求，变革完善现有的政权组织形式，才能更好地为国家性质服务，达到良好的政治效果。宪法作为国家的根本法规定政权组织形式的意义，在于一方面确认和保护适合于国家性质的政权组织形式，另一方面亦为政权组织形式的补充与完善提供原则和方向。

2. 加强人大及其常委会的自身建设，提高其工作效能。加强人大及其常委会的自身建设，首先必须加强人大及其常委会的组织建设，提高人大代表和人大常委会组成人员的参政议政素质和能力。人民代表大会是代表民意行使国家权力的机关，人大常委会是权力机关的常设机关，它们都担负着依法行使国家权力的重任。作为人大代表和人大常委会组成人员，就个人讲必须具备以下素质：①基本文化素质。缺乏文化知识的人其思维能力和工作能力必然具有很大局限性。人大代表和人大常委会组成人员代表人民行使国家权力，必须具备很强的工作能力和一定的文化素质。②法律素质，即具有专业法律知识和技能。国家权力机关的主要职责是集中广大人民的意志进行立法、决定和监督。执法活动的每一项内容都涉及专门的法律知识和严格的法律程序。不具备基本的法律素质，很难胜任工作。③政治素质，即具有较高的政治觉悟和全心全意为人民服务的精神。目前，人民代表的文化素质有很大提高，但仍不能适应人大工作的实际需要，尤其是法律素质和政治素质的提高仍是亟待解决的现实问题。加强人大及其常委会的组织建设还必须健全监督机制，进一步完善人大专门委员会机构，提高议事效率和质量，保证决策的科学化和民主化。其次，必须加强人大工作的程序建设，通过立法健全和完善工作程序和制度。

国家权力机关的工作程序是为保证各项职权的行使而规定的工作步骤和次序，包括会议程序、日常工作程序、文书处理程序等。全国人大及其常委会已相继颁布了《全国人民代表大会常务委员会议事规则》、《全国人民代表大会议事规则》，修改了《地方各级人民代表大会和地方各级人民政府组织法》。各省、市、自治区的人大及其常委会在工作程序建设方面也做了大量卓有成效的工作，为准确有效行使法定权力提供了依据，也为以后的程序建设提供了宝贵经验。

3. 加强人大职权的行使，理顺人大制度内部和外部各权力层次的关系，落实人大对"一府两院"的监督。各级人大要依据宪法和法律，充分行使国家权力，在建设社会主义市场经济体制的新形势下，要加强立法，特别是加强市场经济立法，以建立一个保障生产方式和分配方式，促进经济效益，增强国内外市场竞争力的法律制度。八届全国人大一次会议以来，我国不断加快市场经济立法步伐，社会主义市场经济法律体系框架已初步形成。但在立法体制、立法程序、立法技术等方面，还需进一步研究和改进。要健全人大监督制度，特别是强化监督权的行使。人大建设中，监督权是一个薄弱环节，主要表现在：法律关于人大监督的内容过于原则抽象，缺少程序保障，监督机构不完善等，这就不能保证各级国家机关严格按照人民的意志行使职权，人大及其常委会的法律权威未得到应有的保障，十五大报告中把"完善民主监督制度"规定为当前和今后一段时间政治体制改革的主要任务。加强人大监督，需要理顺三方面关系：

（1）理顺党和人大的关系，坚持党的正确领导。我国宪法在序言中规定了四项基本原则，确认了中国共产党对国家生活的领导地位，同时又在总纲中确立了人民代表大会是国家权力机关的地位，两者关系如果处理不好，要么会削弱党的领导，要么会影响人民代表大会作用的充分发挥。党与人大是政治领导关系，党对国家生活的领导必须由人大立法将党的主张变为国家意志才能实现，党不能直接对国家权力机关发布命令。同时，党又必须在宪法和法律的范围内活动。实践中，要正确认识党的领导与发挥国家权力机关作用的一致性，既坚持党的领导，又使各级党委充分尊重和支持人大依法行使职权。

（2）理顺人大同政府的关系。妨碍人大监督权实施的制度因素，主要是由于党政不分的体制造成的，人民代表大会在监督实践中经常碰到的难题是"监督到党委头上"，而党委又是人民代表大会的领导。近几年来，人大和政府在协调关系、行使各自法定权力方面都做了大量工作，但要充分实现人大的监督职能，还需要进一步从以下方面理顺二者关系：①人大要切实行使决定与监督权，政府要主动接受人大监督，认真执行人大决定的重大事项，支持和帮助人大工作，以防人大与政府的法定关系流于形式。②以法律形式廓清人大与政府各自决定的"重大事项"的范围，明确哪些该由人大及其常委会讨论决定，哪些则由政府或其他部门决定。③廓清地方性法规和行政法规、行政规章在调整范围与对象上的具体界限，明确地方国家权力机关与行政机关各自的法定权力范围。④人大要严格审议政府工作报告、国民经济和社会发展计划、财政预算决算，已经决定的问题政府必须执行，变动过多，出入过大会影响人大工作的严肃性和法律的权威性。

（3）理顺人大与司法机关的关系，解决好人大监督与司法独立的关系问题。人民法院是我国的审判机关，人民检察院是国家法律监督机关，它们都是由人大选举产生，对它负责受它监督。但宪法又规定，人民法院和人民检察院分别依照法律规定独立行使审判权和检察权，不受行政机关、社会团体和个人的干涉。为了保证裁判无误，有关法律还规定了人民法院内部的审判监督程序。那么究竟人大的司法监督与司法机关独立行使决定权力的关系如何，人大如何实行司法监督？这些问题不解决，人大的司法监督权很难实现，人大的权威也很难维持。需要注意的是，司法独立是相对的，它要受人民的监督，人大监督和司法独立都统一在为人民利益服务的基点上，人大监督一般不介入两院的诉讼活动，主要通过审查工作报告和工作过程来进行，对于发现的错误只能建议司法机关通过其内部程序予以解决。

4. 强化社会监督，推进人大制度运行的民主化。强化社会监督，主要是加强国家权力行使过程的外部监督，包括政党监督、舆论监督和公民申诉控告监督。强化政党监督，就是要鼓励民主党派和无党派人士参政议政，并确保其参政议政有效；强化舆论监督，就是要形成一种国家权力行使过程的强劲舆论监督氛围，造就廉洁政治与良好的社会风尚；强化公民申诉控告监督，就是要从制度上完善申诉控告机制，理顺主管机构的隶属关系，赋予其独立权力，使公民不但告状有门，而且能得到公正处理。同时，强化国家权力行使的外部监督。除了上述本身建设以外，必须与权力行使的内部监督机制衔接与协调。内外监督系统有效配合，才能确保人民代表大会制度的充分实现和不断民主化。

5. 完善选举制度。民主选举是人民代表大会制度的组织基础，完善选举制度，使其发挥实效，也是健全与完善人民代表大会制度的重要环节。我国宪法和法律关于选举原则的规定是民主的、完备的，但是选举制度的民主性，不仅体现在选举原则上，同时也体现在选举程序上，目前我国选举制度主要在候选人的提名制度、介绍候选人制度以及选区的划分原则等方面还有待于进一步改进。

总之，人民代表大会制度的健全和人大法定职权的落实具有极为重大的现实政治意义。只有坚持和完善人民代表大会制，人民的意志才能以法律的形式表现出来，并得到贯彻，人民的根本利益和要求才能得以实现，同时，由于坚持和完善这一制度的过程必然伴随着人民代表大会法律权威的确立，故而能够形成国家机构体系的良性运转，使各类国家机关依照宪法和法律的规定相互配合，全力合作，共同完成国家任务。

第三节 选举制度

一、概述

选举是由选民依照法律规定的程序和方式推选民意机关代表或国家公职人员的政治活动。从严格意义上讲，选举与近现代民主政治相联系，是资产阶级革命胜利的产物。在专制政治时代，官吏的任用是由世袭的君主基于人治需要来决定，选举既无必要亦无可能。到了民主政治时代，国家政治以民主参与为基础，国家政权机关由人民代表组成，国家权力的行使要接受人民的监督，作为集中人民意志和民主参与的最佳手段，选举才应运而生。

宪法学所说的选举制度是与国家相联系的，是重要的政治制度，属国家制度的范畴，受到各国的普遍重视。选举制度，是指公民按照法律的规定选举国家代表机关代表和某些国家公职人员的各项制度的总称，一般包括选举的基本原则、选举权的确定、选举的组织和程序，以及选民和代表的关系等。将选举制度以法律的形式具体化和条文化而形成系统规范，就是选举法。选举法在一国法律体系中占有非常重要的地位，属于基本法律的范畴。选举法的功用，一方面在于规范选举过程，使其秩序化和制度化，达到民主选举的目的和要求；另一方面则是以法律保障选举活动的顺利进行。

二、我国选举制度的历史发展

选举作为一种政治活动形式，是 19 世纪末 20 世纪初与民主、宪法、科学、文明一同从西方传入中国的。我国的选举制度是人民革命斗争胜利的产物，它经历了一个不断发展完善的过程。

第二次国内革命战争时期，中国共产党领导中国工农建立了红色政权，即中华苏维埃共和国，先后颁布了《中华苏维埃共和国宪法大纲》、《中华苏维埃共和国选举细则》、《中华苏维埃共和国选举委员会工作细则》、《苏维埃暂行选举法》等。这些是我国最早的有关选举的法律文件。

抗日战争时期，民族矛盾上升为主要矛盾。我党在抗日根据地建立了抗日民族统一战线的政权，这时期颁布的选举条例，都明确规定了"普遍、平等、直接、无记名投票"的原则。

解放战争时期，阶级斗争形势及阶级关系发生变化，选举制度在继承了上述不同时期选举制度基础上建立起来，有了一些新发展。选举权只给予一切反对国民党反动派和赞成土地改革的工人、农民、城市小资产阶级、民族资产阶级以及一些开明人士和民主人士，不给帝国主义走狗、封建地主阶级、官僚资产阶级以选举权和被选举权，各界人民代表大会由地区、民主党派、人民团体、部队和少数民族等方面的代表组成；代表通过直接和间接选举产生，也可用推选或特邀的方式产生。

总之，我国在民主革命时期形成和发展起来的民主选举制度，都是从当时的阶级关系和具体情况出发，反映了广大人民的意志和要求，对革命斗争的胜利发挥了巨大的动员作用，它确立的许多民主原则为新中国建立完备的选举制度积累了丰富的经验。

1953 年 2 月，中央人民政府委员会通过的《中华人民共和国全国人民代表大会及地方各级人民代表大会选举法》（以下简称《选举法》），是建国后我国的第一部选举法。它吸收了革命根据地的选举经验，特别是新中国成立后政权建设的经验和国际经验，对我国选举制度的基本原则、程序和方法，作了具体的规定。主要有：①选举权的普遍性。1953 年的《选举法》第 4 条规定，年满 18 周岁的我国公民，不分民族和种族等特征均有选举权和被选举权，没有选举权和被选举权的只有少数依法未改造好的地主阶级分子、剥夺政治权利的反革命分子和刑事犯罪分子。②选举权的平等性。《选举法》第 6 条规定，每一个选民只有一个投票权，第 43 条规定，每一个选民只得进行一次登记。③采取直接选举和间接选举并用的原则。《选举法》规定，在乡、镇、市辖区及不设区的市等基层政权单位实行直接选举，而在县以上则实行间接选举。④选举采用举手和无记名投票两种方法。它规定在乡、镇、市辖区和不设区的市的人民代表大会的代表和乡、镇出席县人民代表大会的代表的选举，采用举手投票或者无记名投票的方法；县以上各级人民代表大会的代表的选举，采取无记名投票的方法。这些规定都反映了它的社会主义民主的实质。

1979年，第五届全国人大第二次会议适应我国政治、经济情况的发展变化，通过新的《选举法》。它在1953年《选举法》的基础上作了重大修改，使我国的选举制度更加完善，与1953年《选举法》相比，1979年《选举法》的主要变动如下：①将直接选举扩大到县一级。②把原来的等额选举改为差额选举。③一律实行无记名投票的原则。④把按居住情况划分选区的规定，改为按生产、事业单位、工作单位和居住情况划分选区。⑤对候选人的提名程序作了更具体完善的规定。⑥明确了每个少数民族至少要有一个代表参加全国人民代表大会。

1982年第五届全国人大第五次会议根据新《宪法》，对《选举法》又作了几点修改。会议通过《关于修改选举法的若干规定的决议》，作了如下修改：①将原《选举法》当中与现行宪法不相一致的名词和词句作了修改。如将人民公社改为乡、民族乡；人民公社管理委员会改为乡、民族乡人民政府。②确定归侨较多的地区的地方人民代表大会，应有适当名额的归侨代表。③在农村和镇每一代表所代表的人口数，具有特殊情况的可作变通规定。④关于少数民族的选举，在每一代表所代表的人口数比例方面，作出了特殊照顾的规定。⑤把原来可以用各种形式宣传代表候选人的规定改为由选举委员会向选民介绍及可以在选民小组会议上介绍代表候选人的情况。⑥增加了关于"地方各级人民代表大会在任期内调离或者迁出本行政区域的，其代表资格自行终止，缺额另行补选"的规定。

1986年12月，第六届全国人大常委会第十八次会议根据近年来选举工作的实践，对《选举法》作了第二次修正。重新规定选区划分、选民登记手续，明确必须实行差额选举等，对选举委员会的领导关系、少数民族和选举、委托他人投票、代表的补选也作了修改和补充。

1995年2月第八届全国人大常委会通过了《关于修改〈全国人大和地方各级人大选举法〉的规定》，修改了关于农村与城市每一代表所代表的人口数的比例，地方各级人大代表名额的确立、选区划分、预选、选举时间、罢免代表的程序、代表辞职等。

2004年10月，第十届人大常务委员会第十二次会议通过了《关于修改

〈全国人民代表大会和地方各级人民代表大会选举法〉的决定》，恢复了 1979 年选举法关于预选程序的规定，细化了候选人介绍的方式，提高了罢免代表的联名人数的门槛，并加大了对破坏选举的制裁力度。这次修改只是个别修改，不是全面修改。

2010 年 3 月，第十一届全国人民代表大会第三次会议通过了《关于修改〈全国人民代表大会和地方各级人民代表大会选举法〉的决定》，在 2004 年选举法的基础上进行了全面修改。在体例上增加"选举机构"一章；提高了人大代表的广泛性，如要求有基层代表，妇女代表；明确了选举委员会的组成和职责；实行城乡平等选举权的原则，这是本次修改的一个最大亮点；增强候选人的透明度，如接受推荐的代表候选人应当向选举委员会或者大会主席团如实提供个人身份、简历等基本情况；确定秘密投票的原则；规范代表和选民的选举权利等。

经过多次修改的现行《选举法》，无论内容还是形式方面都更为完善，更加切实可行，符合我国政治、经济、文化的发展和政治体制改革的进行，有利于健全人民代表大会制度、完善社会主义民主。

三、我国选举制度的基本原则

根据我国《宪法》和《选举法》的规定，我国选举制度的基本原则包括：普遍、平等、直接和间接并用、差额选举以及无记名投票等。

（一）选举权的普遍性原则

选举权是指具有选举资格的公民按照法律规定推选国家民意机关代表或国家公职人员的权利，包括被选举权。在民主国家，选举权是公民参政权的首要内容。我国选举权的普遍性主要表现在选举法关于享有选举资格的规定上。我国《选举法》第 3 条规定："中华人民共和国年满 18 周岁的公民，不分民族、种族、性别、职业、家庭出身、宗教信仰、教育程度、财产状况和居住期限，都有选举权和被选举权。"依照法律被剥夺政治权利的人没有选举权和被选举权。这一规定表明享有选举权须具备三个条件：即年满 18 周岁，是中华人民共和国公民，依法享有政治权利。除此无任何其他限制。

资本主义国家及其选举制度比社会主义国家及其选举制度早问世 200 多年，但普遍选举权的原则却是社会主义国家首先实行的。我国选民资格的规定以及由此形成选举权的普遍性，首先是由我国人民民主专政的国家性质决定的。政权的民主性是我国选举权普遍性的政治基础。我国法律同时规定，依照法律被剥夺政治权利的人没有选举权和被选举权。根据1983年3月全国人大常委会通过的《全国人民代表大会常务委员会关于县级以下人民代表大会直接选举的若干规定》，下列人员准予行使选举权利：①被判处有期徒刑、管制、拘役而没有附加剥夺政治权利的；②被羁押、正在受侦查、起诉、审判，人民检察院或者人民法院决定准予行使选举权利的；③正在取保候审或者被监视居住的；④正在被劳动教养的；⑤正在受拘留处罚的。另外，我国《选举法》规定，精神病患者亦享有选举权，不属于被剥夺选举权之列。这些规定表明了普遍选举权在我国政治生活中真正得到了实现。

(二) 选举权的平等性原则

选举权的平等性，是指所有选民在平等的基础上参加选举，不允许任何人享有特权，更不允许对任何选民非法限制或歧视。根据我国《选举法》，选举权的平等性主要表现在：①每人一票，即每个选民在每次选举中只能投一票，享有一个投票权；②每票效力相等。选举权的平等性是我国选举制度社会主义民主性的重要体现。

2010年选举法依据我国工业化、城镇化和民主法治建设的新情况，一步到位地解决了城乡选民的不平等选举权问题，真正做到了形式上的平等。《选举法》第14条规定："地方各级人民代表大会代表名额，由本级人民代表大会常务委员会或者本级选举委员会根据本行政区域所辖的下一级各行政区域或者各选区的人口数，按照每一代表所代表的城乡人口数相同的原则，以及保证各地区、各民族、各方面都有适当数量代表的要求进行分配。在县、自治县的人民代表大会中，人口特少的乡、民族乡、镇，至少应有代表一人。"这次修改落实了党的十七大的要求，满足了人民群众日益高涨的参政议政的新需要，因而是我国民主政治建设中具有里程碑意义的事件。

《选举法》给予少数民族特别照顾，不以人口数为限。在少数民族聚居的地方，每一聚居的少数民族都应有代表参加当地的人民代表大会。"聚居境内同一少数民族的总人口数不足境内总人数15%的，每一代表所代表的人口数可以适当少于当地人民代表大会每一代表所代表的人口数，但不得少于1/2，实行区域自治的民族人口特少的自治区，经省、自治区的人民代表大会常务委员会决定，可以少于1/2。人口特少的其他聚居民族，至少应有代表一人。"这些照顾性规定，有效地保证了我国少数民族选举的平等权，有利于加强各民族的团结。

(三) 直接选举和间接选举并用原则

直接选举和间接选举是两种不同的选举方式。直接选举，就是由选民直接投票选出民意机关代表或国家公职人员的选举方式；间接选举，就是由下一级民意机关或由选民投票选出的代表（选举人）选举上一级民意机关或者国家公职人员的选举方式。从理论上讲，直接选举是更为完备的一种选举方式。这有利于选民直接挑选他们所熟悉和信任的人到国家政权机关中去代表他们行使管理国家的权力，便于选民直接向代表反映意见和要求，并监督代表的活动。它能够增强人民群众的主人翁意识和参政、议政的积极性，便于增强人民公仆的责任感，进一步加强人民群众和政权之间的密切联系。

我国《选举法》第2条规定："全国人民代表大会的代表，省、自治区、直辖市、设区的市、自治州的人民代表大会的代表，由下一级人民代表大会选举。""不设区的市、直辖市、县、自治区、乡、民族乡、镇的人民代表大会的代表由选民直接选举。"这说明，我国同时采用直接选举和间接选举两种方式选举各级人民代表大会。直接选举制和间接选举制各有利弊。在人口较多、地域广大、各地区经济文化发展不平衡、选民素质尚待提高、经济发展比较落后的国家，即使实行直接选举，也无法达到由选民直接真实表达个人意愿的目的。如果直接选举具备现实基础或扩大直接选举范围的条件比较成熟，应该及时实行或扩大直接选举。我国现行《选举法》就根据变化了的新情况，不失时机地发展直接选举原则，把人民代表的直接选举范围由原来基层政权（不设区的市、市辖区、乡、民族乡、镇）扩大到县、自治县，扩大代表直接联系选民的范围，加强了县级政权的民主基础，便于联系群众。

(四) 差额选举的原则

选举制度中，从代表候选人提名方式的差异可分为等额选举制和差额选举制。等额选举是指选举中候选人的人数与应选代表名额相等的选举。差额选举是指在选举中候选人的人数多于应选代表名额的选举。差额选举是较为民主的一种选举方式，体现了民主选举的本意要求。1953年《选举法》中没有关于等额或差额的明确规定，实践中采用等额选举方式。当时的等额选举是由解放初期实际情况决定的，起过一定的积极作用。后来发展成为"上边提名单，群众划圈圈"的"指选"和"派送"，民主选举成了形式。现行《选举法》对此作了重大修改，将等额选举改为差额选举，《选举法》第30条规定，全国和地方各级人民代表大会代表实行差额选举，代表候选人的人数应多于应选代表的名额。由选民直接选举人民代表大会代表的,代表候选人的人数应多于应选代表名额三分之一至一倍;由县级以上的地方各级人民代表大会选举上一级人民代表大会代表的,代表候选人的人数应多于应选代表名额五分之一至二分之一。同时法律还规定,人民代表大会常务委员会主任,乡、民族乡、镇的人民代表大会主席,人民政府正职领导人员,人民法院院长,人民检察院检察长的候选人数一般应多于一人,进行差额选举;如果提名的候选人只有一人,也可以等额选举。副职必须实行差额选举。这些规定,进一步完善了我国的选举制度,使其更加民主。加强了代表与选民之间的联系和选民对代表的监督。

(五) 无记名投票原则

无记名投票也称秘密选举,是指选举人进行选举时按照自己的意愿在选票上只注明被选举人,不署自己姓名,不向他人公开的选举方法。无记名投票与公开投票相对应,由其逐步发展演变而来。公开选举主要是通过欢呼、唱名、举手等形式表示是否选举某被选举人。秘密选举中选民的意思表示是完全按个人意愿秘密进行,他人无权干涉也无从干涉,有利于选民无所顾虑地自主表达真实意愿,达到民主选举的目的,《选举法》第38条规定:"全国和地方各级人民代表大会代表的选举,一律采用无记名投票的方法。选举时应当设有秘密写票处。选民如果是文盲或者因残疾不能写选票的,可以委托他信任的人代写。"无记名投票是我国选举制度的基本原则之一,它有利于选民自由表达意志,为民主选举提供了重要保障,有助于人民民主参政权的有效实现。

(六) 代表受监督和罢免的原则

用法律形式认真贯彻和实施对代表监督和罢免的原则,是人民当家做主、管理国家的重要保障。选民拥有对代表的罢免权,能保证代表按人民的意志决定国家重大事务,认真履行其代表的职责,密切联系选民。另外,也能增强人民群众当家做主的责任感,巩固人民在国家中主人翁的地位,调动人民参政议政的积极性。

我国《选举法》对代表的监督、罢免程序作了具体规定:①全国和地方各级人民代表大会的代表,受选民和原选举单位的监督。选民或者选举单位都有权罢免自己选出的代表。②对于县级的人民代表大会代表,原选区选民五十人以上联名,对于乡级的人民代表大会代表,原选区选民三十人以上联名,可以向县级的人民代表大会常务委员会书面提出罢免要求。③被罢免的代表有权在选民会议或主席团会议上提出申辩意见,也可书面提出申辩意见。④罢免代表采用无记名的表决方式。⑤罢免县级和乡级的人民代表大会代表，须经原选区过半数的选民通过。罢免由县级以上的地方各级人民代表大会选出的代表，须经各该级人民代表大会过半数的代表通过；在代表大会闭会期间，须经常务委员会组成人员的过半数通过。⑥罢免的决议，须报送上一级人民代表大会常务委员会备案、公告。

四、我国选举的组织和程序

（一）选举的组织机构

2010年选举法吸收了《全国人民代表大会常务委员会关于县级以下人民代表大会代表直接选举的若干规定》的部分内容，在增加两个条文的基础上单设《选举机构》一章。实行间接选举的选举组织机构是各级人大常委会，实行直接选举的选举组织机构是选举委员会，选举委员会的组成人员由各县级人大常委会任命，并接受其领导。《选举法》第8条规定："省、自治区、直辖市、设区的市、自治州的人民代表大会常务委员会指导本行政区域内县级以下人民代表大会代表的选举工作。"为了保证选举委员会组成人员的中立性，《选举法》第9条明确规定："选举委员会的组成人员为代表候选人的，应当辞去选举委员会的职务。"选举委员会的职责是：①划分选举本级人民代表大会代表的选区，分配各选区应选代表的名额；②进行选民登记，审查选民资格，公布选民名单；受理对于选民名单不同意见的申诉，并作出决定；③确定选举日期；④了解核实并组织介绍代表候选人的情况；根据较多数选民的意见，确定和公布正式代表候选人名单；⑤主持投票选举；⑥确定选举结果是否有效，公布当选代表名单；⑦法律规定的其他职责。选举委员会应当及时公布选举信息。

（二）选区划分

选区是指以一定数量的人口为基础进行直接选举，产生人民代表的区域；同时也是人民代表联系选民进行活动的基本单位。在我国，在直接选举的地方，即在不设区的市、市辖区、县、自治县、乡、民族乡、镇，其人民代表大会代表的名额分配到各个选区，由选民按选区直接投票进行选举。《选举法》规定："选区可以按居住状况划分，也可以按生产单位、事业单位、工作单位划分。"这样，居住在一起的选民，或者在同一单位工作的选民，彼此互相了解，便于挑选自己熟悉信赖的人大代表，便于选民就近参加选举活动，也便于代表联系选民、接受选民监督和向选民负责。同时，《选举法》还规定："选区的大小，按照每一选区选 1 名至 3 名代表划分。"实践中,究竟是按生产单位、事业单位、工作单位划分选区,还是按照居住状况划分选区,或者按照这两方面相结合的原则划分选区,必须从具体情况出发,按照便于选民行使权利,便于代表联系选民和接受选民监督的原则加以考虑。

(三) 选民登记

选民登记是对选民资格的法律认可。所谓选民登记,就是选举组织机构依照《选举法》的规定,对本选区的公民进行审查以确认其选举资格并发给选民证的行为。选民登记按选区进行,经登记确认的选民资格长期有效。为保证选民登记工作认真准确,又节约人力物力和财力,现行《选举法》进一步简化选民登记程序,规定:"每一次选举前对上次选民登记以后新满 18 周岁的、被剥夺政治权利期满后恢复政治权利的选民,予以登记。对选民登记后迁出原选区的,列入新迁入的选区的选民名单;对死亡的和依照法律被剥夺政治权利的人,从选民名单上除名。精神病患者不能行使选举权利的,经选举委员会确认,不列入选民名单。"

选举权是公民的一项重要的政治权利。公民有无选举权利,要由选举委员会按选区进行登记、审查。对于符合法律规定条件的公民,列入选民名单,确认其选民资格。因此,选民登记不仅是选举的一项基础工作,而且是一项严肃细致的工作,必须切实做到不错登、不漏登、不重登。选民资格审查结束,选民登记工作完毕,选民名单应在选举日的 20 日前公布,实行凭选民证参加投票选举的,并应当发给选民证。对于公布的选民名单有不同意见的可以向选举委员会提出申诉。选举委员会对申诉意见,应在 3 日内作出处理决定。申诉人如果对处理决定不服,可以在选举日的 5 日以前向人民法院起诉,人民法院应在选举日以前作出判决。人民法院的判决为最后决定。

(四) 代表候选人的提名与介绍

代表候选人的提名与介绍,是充分发扬民主,选好人民代表的关键。必须切实按照法律规定的程序进行。我国选举法对此作了如下规定:

1. 代表候选人的推荐。全国和地方各级人民代表大会的代表候选人,按选区或者选举单位提名产生。各政党、各人民团体,可以联合或者单独推荐代表候选人。选民或者代表,10 人以上联名,也可以推荐代表候选人。

2. 确定代表候选人名单的程序。由选民直接选举的人民代表大会代表候选人,由各选区选民和各政党、各人民团体提名推荐。选举委员会汇总后,在选举日的 15 日以前公布，并由各该选区的选民小组反复酝酿、讨论、协商，根据较多数选民的意见，确定正式代表候选人名单，并在选举日的 5 日以前公布。间接选举的代表候选人，提名、酝酿代表候选人的时间不得少于两天。由各该级人民代表大会主席团将依法提出的代表候选人名单印发全体代表，由全体代表酝酿、讨论。如果所提候选人的人数符合法定差额比例，直接进行投票选举，如果所提候选人的人数超过法定最高差额比例，进行预选，根据预选时得票多少的顺序，按照本级人民代表大会的选举办法，根据具体差额比例，确定正式代表候选人名单，进行投票选举。

3. 向选民介绍代表候选人。《选举法》规定，除推荐时必须认真地介绍代表候选人的情况外，选举委员会或者人民代表大会主席团应当向选民或者代表介绍代表候选人的情况。推荐代表候选人的政党、人民团体和选民、代表可以在选民小组或者代表小组会议上介绍所推荐的代表候选人的情况。选举委员会根据选民的要求，应当组织代表候选人与选民见面，由代表候选人介绍本人的情况，回答选民的问题。但是在选举日必须停止对代表候选人的介绍。

（五）投票和选举结果的确认

选举工作的最后环节是选民投票和确认选举结果。各国对此均有不同规定，我国《选举法》的规定是：①设投票箱和召开选举大会。在选民直接选举人民代表大会的代表时，选民根据选举委员会的规定，凭身份证或者选民证领取选票。各选区应当设立投票站、流动票箱或者召开选举大会进行选举。投票选举由选举委员会主持。县级以上的地方各级人民代表大会在选举上一级人民代表大会代表时，由各该级人民代表大会主席团主持。②采用秘密投票方法。全国和地方各级人民代表大会代表的选举，一律采用无记名投票的方法。选举时应当设有秘密写票处。③代写和委托。选民如果是文盲或者因残疾不能写选票的，可以委托他信任的人代写。选民如果在选举期间外出，经选举委员会同意，可以书面委托其他选民代为投票。每一选民接受的委托不得超过 3 人。④选民填写选票自由。选民对于代表候选人可以投赞成票，可以投反对票，可以另选其他任何选民，也可以弃权。⑤监票、计票人员的公正。代表候选人的近亲属不得担任监票人、计票人。

关于选举结果的确认，我国《选举法》规定，在选民直接选举人民代表大会代表时，选区全体选民的过半数参加投票，选举有效。代表候选人获得参加投票的选民过半数的投票时，始得当选。县级以上的地方各级人民代表大会在选举上一级人民代表大会代表时，代表候选人获得全体代表过半数的选票时，始得当选。获得过半数选票的代表候选人的人数超过应选代表名额时，以得票多的当选。如遇票数相等不能确定当选人时，应当就票数相等的候选人再次投票，以得票多的当选。获得过半数选票的当选代表的人数少于应选代表的名额时，不足的名额另行选举。另行选举县级和乡级的人民代表大会代表时，代表候选人以得票多的当选。但是得票数不得少于选票的1/3；县级以上的地方各级人民代表大会在另行选举上一级人民代表大会代表时，代表候选人获得全体代表过半数的选票，始得当选。选举结果由选举委员会或者人民代表大会主席团依法确定是否有效。并予以宣布。

（六）代表的补选

补选代表，是指原选区或原选举单位依法对其选举的人民代表的缺额进行补充选举。我国《选举法》对代表的补选程序作了原则规定：代表在任期内，因故出缺，由原选区或者原选举单位补选。地方各级人民代表大会代表在任期内调离或者迁出本行政区域的，其代表资格自行终止，缺额另行补选。县级以上的地方各级人民代表大会闭会期间，可以由本级人民代表大会常务委员会补选上一级人民代表大会代表。补选出缺的代表时，代表候选人的名额可以多于应选代表的名额，也可以同应选代表的名额相等。补选的具体办法由省、自治区、直辖市的人民代表大会常务委员会规定。在补选代表时，应注意两个问题：一是补选的本选区或本级人大代表，只对代表出缺进行补选；二是严守"出缺"标准，属于本选区或本级人大没有选出的代表或虽已选出但被代表资格审查委员会确认其资格无效的应由本选区或本级人大另行选举，不是"因故出缺"不能补选。

五、我国选举权的物质保障和法律保障

为保证民主选举的顺利进行，有效地贯彻选举制度的各项民主原则，我国从物质上和法律上给选民行使民主权利提供保障。

《选举法》规定，选举经费由国库开支。选举中所需的一切物质设施，都由国家提供。这就从物质上保证选举的顺利进行、保证选民能够自由行使选举权利，为选举活动平等、民主、公正和顺利的进行准备了物质基础。选举的法律保障表现在两方面：首先，我国《选举法》和其他有关的选举法律文件具体规定选举原则、程序、方式和方法，从法律上保证选举过程严格按照程序进行，减少违法选举现象的发生；其次，《选举法》第55条规定："为保障选民和代表自由行使选举权和被选举权，对有下列行为之一，破坏选举，违反治安管理规定的，依法给予治安管理处罚；构成犯罪的，依法追究刑事责任：①以金钱或者其他财物贿赂选民或者代表，妨害选民和代表自由行使选举权和被选举权的；②以暴力、威胁、欺骗或者其他非法手段妨害选民和代表自由行使选举权和被选举权的；③伪造选举文件、虚报选举票数或者有其他违法行为的；④对于控告、检举选举中违法行为的人，或者对于提出要求罢免代表的人进行压制、报复的。国家工作人员有前款所列行为的，还应当依法给予行政处分。以本条第一款所列违法行为当选的，其当选无效。"这些规定使我国人民选举权利的行使和实现得到国家法律的保障。

六、选举制度的完善

1. 引入竞选机制。竞选广义上讲是候选人或政党为争取选民信任，以得到更多的选票，达到当选或上台执政的目的而进行的各项活动。资本主义国家的选举制度中大都采用这一程序。我们在此讲的竞选，仅从狭义角度来谈，即以候选人为中心，在选举的过程中通过不同候选人的竞争使选民全面了解候选人，真正按意愿投票，增加选举透明度和民主性的各项活动的总称。

目前，选民对代表候选人的了解只能通过选举委员会、人民代表大会主席团的介绍，对推荐代表候选人也只能通过政党、人民团体和选民、代表在选民小组或代表小组会议上的介绍来了解，这种宣传介绍有其片面性，选民对代表候选人没有充分的认识与信任，投票时盲目性很大。人民群众及选举工作者都希望改变宣传介绍的传统方式，引入竞争机制，加强选民与候选人的沟通，有组织按程序实行竞选。

很多人认为竞选是资产阶级的专利，不宜为社会主义国家采纳。诚然，竞选同议会一样都是由资产阶级创造倡导的，但我们并不能因其适用于资本主义制度而舍弃它。竞选是组织政权机关的一项重要手段，我们应在吸取西方国家竞选活动优势的基础上，根据自己的本质与国情，形成有特色的竞选方式。

竞选的时间一般是从候选人产生之日起，到投票前止，目前这一时间较长，达数月之久。竞选活动虽无具体规定，但目前大致形成较为统一的做法。首先组建竞选班子，这是开展竞选必须进行的工作。同时筹集竞选经费，西方国家的竞选要花费大量金钱。另外，要制定竞选文件，开展竞选宣传，发表竞选演说，提出竞选口号，进行争取选票的竞选战。我们实行竞选方式，并不需要如此大张声势，可让候选人向选民进行自我介绍并阐述当选后的打算，举行候选人之间的辩论会，接受选民咨询等多种灵活方式，为候选人提供公平竞争、平等参与的机会，充分展现能力，也便于调动选民的积极性，选出真正代表人民、高素质的代表。毋庸置疑，竞选机制的引入，会加强代表的责任感，促进代表素质的提高，进一步完善选举制度，从而完善人民代表大会制度。

2. 建立选举诉讼。选举诉讼同民事诉讼、刑事诉讼、行政诉讼等一样，属于诉讼中的一种，是以选举活动中的争议为前提，是选举制度的重要组成部分。世界上很多国家建立了这种诉讼制度，防止和解决选举中出现的营私舞弊现象，保证选举活动公平、民主地进行，选举诉讼的法律根据是宪法、选举法等有关法律。其争讼双方当事人为选民、候选人、政党、社会团体、选举工作组织及其工作人员和其他有关机关。

实践中，我国《选举法》对选民资格的确认有明确的法律规定，公民如对选举委员会公布的选民名单认为有错误，向选举委员会申诉后，不服选举委员会作出的处理决定，可依法向人民法院提起诉讼。而对选举过程中发生的争议及选举结果的争议法律没有规定，这实际上弱化了选举的合法公正性，不能有效地制止违法行为的发生。选举权和被选举权是公民的一项十分重要的政治权利，法律对此权利的充分实现应予以保障。

至于选举诉讼的管辖机关，各国做法不一，但大致都确定了选举过程中的诉讼管辖机关和选举结果公布以后的诉讼管辖机关。选举结果公布以后的诉讼管辖机关又分为代议机关管辖、普通法院管辖、宪法法院管辖三类。代议机关负责管辖的模式在西方运作过程中已显现弊端，随着政党政治的有力推进，议会一般被一个政党或者几个政党把持，往往出现偏袒现象。普通法院管辖模式为很多国家所采用，我国普通法院管辖选民资格案件，选举过程中的争议、选举结果争议等是否进行管辖值得商榷，但此方案就目前我国现状来说是较为可行的。最高权力机关不能管辖，因为自身监督难以达到令人满意的效果。我国没有宪法法院或宪法委员会等专门宪法监督机关。所以，可先由普通法院进行管辖，但要建立一套完整严密的诉讼制度，以保证严格执法，有力地监督选举。

3. 减少代表名额。全国人大代表近3000人，在世界各国议会中按人数排名居于前列。省级人大代表在400至1000人之间，比一般国家的议会人数还要多，设区的市、自治州的人大代表在200至800人之间，高于多数国家议会人数的平均水平。县级人大代表数量约在100至500人之间，相当于中小国家议会的规模。通常认为，我国人大代表多是因为中国人口众多，代表人数与人口总数成正比。这似乎不无道理，代表的确是按人口比例产生的。但我国人大代表名额过多的弊病已有显露。代表过多，不便于召开会议，充分讨论和决定问题，影响人民代表大会职权的行使和人民代表大会作用的有效发挥。

各级代表大会代表该如何确定？这要考虑两个因素：一是代表人数应具有

最广泛的代表性，人数越多，代表性的广泛程度就愈大；二是代表数量的多少应以有利于代表充分行使职权为要，便于召开会议，讨论和决定问题。而究竟以多少人数为最好，还有待在实践中总结经验。

4. 扩大直接选举范围。我国《选举法》将直接选举由乡镇级已扩大到县级，这是进步的表现。发展社会主义民主，让公民充分行使当家做主的权利，就必须逐步扩大直接选举范围。"人大代表多层次间接选举使我国先进的民主选举理论与落后的选举实践形成反差。我们的理论历来为我国的高度民主而自豪，而民主实践却没有跟上去。"[1]

马克思主义认为，选举要真正按"普遍、平等、直接、秘密"的原则进行，其中直接选举是公民有效行使选举权。依我国实际情况，我们可以在经济发达、公民素质较高的发达城市搞直接选举。在我国，如何逐步扩大直接选举的范围，这需要在理论与实践的结合上作出深入的探讨。

◆ **思考题**

1. 为什么说人民代表大会制度是我国的根本政治制度？
2. 如何理解坚持和完善我国人民代表大会制度？
3. 试述我国选举制度的基本原则。
4. 如何进一步完善我国选举的民主程序？

---

[1] 蔡定剑：《中国人大制度》，社会科学文献出版社1992年版，第145页。

第五章 国家结构形式

◆ **教学目的**

通过本章的学习,掌握国家结构的一般理论,明确我国单一制下国家权力的三种模式,即中央与普通地方、中央与民族自治地方、中央与特别行政区关系的特征和主要内容,并能用所学理论分析我国中央与地方关系的具体问题。

第一节 国家结构形式概述

一、国家结构形式概述

国家结构形式是调整国家整体与其所属的区域之间的关系的形式。

以地缘政治为基础的国家,必然存在着整体与部分,中央与地方的关系问题。如何看待和调节这种关系,就构成了国家结构形式问题,从广义上说,国家结构也属于国家政体问题。西方学者一般都把国家结构形式纳入国家政体的范畴加以研究,鲜见把国家结构形式作为宪法学或者一般法律科学乃至政治学的独立范畴加以研究。西方出版的大量关于地方政府、地方制度的著作中绝少提到国家结构形式即是例证。在社会主义国家,宪法学中发明并使用了国家结构或国家结构形式的概念,来说明国家的纵向权力关系,以与用国家政权组织形式概念来说明国家横向权力关系相对应,不能不说是对宪法学发展的一大贡献。

任何国家在选择、确立或改变其国家结构形式时,都持十分慎重的态度,因为大家都清楚地认识到,一种国家结构形式的选择、确立或改变,将直接关系到整个国家的政治统治方式和社会管理方式。显见,国家结构形式对国家具有重要意义：①它决定社会调控方式。国家结构形式决定着中央政府与地方政府的基本关系，而这一基本关系的核心就是权力关系。中央政府与地方政府之间的权力关系是集权还是分权，将直接关系到社会调控形式、机制和程度。②它制约社会资源配置。国家结构反映国家的整体与局部的关系。这关系的背后，实际上就是社会资源配置，而社会资源配置则直接影响着社会的利益关系。③它影响着民族关系。在多民族国家，选择、确定或改变国家结构时都必然会充分考虑到民族关系与民族问题。正确的选择和合理的设计，能使一个多民族的国家变成一个和谐、统一和安定的大家庭；反之，错误的选择和不合理的设计，将可能使一个国家解体。在这方面，前苏联的教训是深刻的。④它引导政治发展。在西方社会，国家结构形式与政党体制和公民参与体制有着内在的联系。西方国家政党的主要目的是掌握政权，因而政党体制必须与政权体制相适应，而政权体制的基本格局是由国家结构的具体形式决定的。

二、国家结构形式的分类

我们以国家权力纵向分布状态为标准，可以将国家结构形式分成单一制与联邦制。[1]

（一）单一制的特点及具体形式

所谓单一制，是指国家由若干不具有独立性的行政单位或自治单位组成，各组成单位都是国家不可分割的一部分的国家结构形式。现代多数国家采用这种国家结构形式，其基本特征是：全国只有一部宪法，只有一个中央国家机关体系；每个公民有一个统一的国籍；各行政单位或自治单位均受中央政府的统一领导，不能脱离中央而独立；各行政单位或自治单位所拥有的权力都是由中央通常以法律的形式授予的；国家整体是代表国家进行交往的惟一主体。

在单一制国家，由于中央和地方纵向权力配置的状态不同，所以有不同表现形式：

1. 中央集权单一制。这种单一制的特点有两个：一是地方自治权很小；二是中央行政机关往往直接指挥控制地方各级行政机关并监督地方代表机关，地方行政长官不对本级议会负政治责任而是对上级行政机关负责。在这种体制下，即使宪法对地方政府规定了广泛的自治权，但地方政府实际上只能享有中央政

---

[1] 国家结构形式还有分成单一制与复合制的提法。复合制又包括联邦制、邦联制、君合国与政合国。本书以主权国家作为分类的依据，故未采用这一学说。

府允许它行使的职权。法国是这种形式的典型。[1]

2. 地方自治单一制。这种单一制的主要特征是地方自治权比较广泛，地方政权机关虽然不享有主权权力，得接受中央国家机关监督，但处理本地事务不受上级指挥、命令，直接对法律负责，甚至地方自治还得到一定程度的宪法保障，而且，地方均有民选的代表和行政机关作为地方自治机关，行使自治权。英国和日本是这种形式的典型。

3. 中央地方均权单一制。这种单一制基本上是指1947年旧中国宪法规定的国家结构形式。从制宪修宪、国家机构体系的产生和组成等重要方面看，这种国家结构形式属于单一制。但是该宪法明确列举了中央和省、县的权限范围，并在有关条款中规定，除宪法所列举事项外，"如有未列举事项发生时，其事务属于全国一致之性质者属于中央，有全省一致之性质者属于省，有一县之性质者属于县。"该宪法全面解决了中央和地方的权限划分和剩余权力的问题。

4. 民主集中单一制。这是社会主义国家通常采用的体制。一方面，各级权力机关要么直接由选民选举产生，受选民监督，要么由下级人民代表机关选举产生，其组成人员受选民或原选举单位监督；各级其他国家机关都由同级人民代表机关产生并对其负责。另一方面，全国最高代表机关指导、监督地方人民代表机关工作，最高审判机关监督地方审判机关工作，各级行政机关、检察机关体系中，实行下级服从上级、地方服从中央的领导体制。中国是这种形式的典型。

（二）联邦制的特点和具体形式

联邦是指由两个以上的联邦组成单位（如邦、州、共和国等）组成的国家。联邦制国家结构形式的基本标志是：联邦和成员国分别有自己的宪法和法律，以及各自的国家机关体系；公民具有双重国籍，既是成员国的公民，又是联邦的公民；联邦的最高立法机关通常采用两院制，其中一院由联邦成员国派代表组成；通过宪法划分联邦与成员国之间的权力，联邦的权力包括立法权、行政权和司法权来自各成员国的授予，凡未授予联邦的权力均由各成员国保留；在对外关系方面，联邦的组成单位一般没有权力，但有的联邦国家允许组成单位同外国签订某方面的协议，联邦德国和瑞士，前苏联的白俄罗斯、乌克兰加盟共和国在联合国有合法席位。

在联邦制国家中，根据整体与部分间纵向权力配置状态，其具体形式有：

---

[1] 1981年，法国制定了《权力下放法案》，扩大了地方自主权，多少改变了这种权力模式。

1. 中央集权联邦制。这种联邦制全国性政府集权程度比较高。体现在联邦成员单位分享的主权权力比较小，而且在全国性政府与成员单位的权限发生争议时，前者显然居于绝对优势地位。如有的国家联邦宪法的修改基本上由联邦立法机关方面为之。马来西亚、印度、巴基斯坦等是采用这种形式的典型国家。

2. 分权制衡联邦制。这种联邦制的特征是按照权力分立与制约平衡的原则在联邦政府与联邦成员单位间划分包括主权权力在内的国家权力，权力分配相对均衡，既不易因联邦政府过度集权走向中央集权制，亦不太可能因成员单位独立性太强致使联邦解体，且双方都极难单方面改变法定权力分配格局。美国、瑞士是这种类型的代表。

3. 民主集中联邦制。实行此制的典型国家是前苏联。在民主方面，苏联宪法规定：全联盟最高国家权力机关由联盟成员单位的居民用直接选举的方式选出；全联盟其他最高国家机关由全联盟最高国家权力机关选举或任命产生；每个联盟成员单位都有自己的代表分布在全联盟各个最高国家机关中；在全联盟宪法规定的属于全联盟的权限之外，联盟成员单位是主权国家，有权自由退出联盟国家。在集中方面，宪法规定：联盟国家是主权国家，宪法的修改权属于联盟最高权力机关；联盟宪法优于成员单位的宪法，联盟法律优于成员单位的法律；联盟有权规定各成员单位内各级国家权力机关和行政机关的组织与活动的一般原则。

4. 自治民主联邦制。这是前南斯拉夫社会主义联邦共和国独有的国家结构形式。这种联邦是与代表团制的国家政权组织形式和社会经济政治民主生活的自治民主原则结合在一起的。其主要特点是，联邦政府享有的主权太少，财政能力较低；各成员单位自主权很大，离心力较强，联邦范围内的重大事项包括修宪在内，需要成员单位的一致同意，才能采取行动。

（三）单一制与联邦制的主要区别

1. 全国性宪法制定和修改的主体不同。在修宪程度上，单一制国家的中央国家机关通常可单方面改变权限分配格局，即使地方的权限是由宪法加以保障的也是一样，因为中央国家机关可单方面修改宪法，不需要多区域构成单位批准；联邦宪法的修改则不同，涉及联邦与其成员单位权限的重新分配，往往需要双方同意，任何一方都不得单方面修改。

2. 权力来源和剩余权力的归属不同。单一制与联邦制国家各有其权力来源。由于联邦制国家在形成以前，各组成单位基本上是拥有主权的政治实体，所以它们在组成联邦制国家时，是各自把权力交与联邦政府，同时又各自保留了一部分管理该成员国内部事务的权力。这种权力的让渡在各个联邦制国家各不相同，但联邦政府统一行使的权力和各成员国的中央政府所保留的权力都借联邦宪法明确界定，却是大同小异的。在联邦制国家，关于联邦政府与成员国权限的划分，通常采取联邦列举、成员国保留的原则。如《美国宪法》规定："宪法所未授予合众国政府，也未禁止各州行使的权力，均由各州或各州人民保留。"各州人民保留的权力在宪法学上称为"剩余权力"，所谓剩余权力，是指各成员国尚未交出的权力。由于单一制国家不是由原先拥有主权的成员国联合组成，而其本身即是一个统一的整体，只是为了便于治理，把领土划分成若干行政区域，并据以建立起地方政权。所以各地方政府行使的职权来源于中央授权，并不是地方所固有。中央国家机关同地方国家机关行使的职权虽然通常也由宪法规定，但它同联邦制国家中各成员国权力被让渡有质的不同。单一制国家不发生"剩余权力"的问题，[1] 这是因为从理论上讲，那是一种中央未授权而保留在中央手中的权力。

3. 区域性宪法之有无和全国性立法机关中区域构成单位平等参政权之有无。在联邦制国家的两院中，通常有一院代表联邦成员单位的平等参政权；联邦和联邦成员单位双方往往各有自己的宪法，各有自己的民事立法、刑事立法和法院组织。这些是单一制国家通常所没有的特点。

4. 各级政府间权限争议的解决办法不同。单一制国家中央与地方权限之争的解决办法往往是由中央立法机关针对有关问题制定、修改法律或对宪法、法律单方面作出解释来改变或明确彼此的权限，个别国家由专门行政法院进行裁决；联邦制国家解决全国性政府与成员单位政府之间的权限争议常用的方法，是由宪法法院或联邦最高法院对这种争议进行裁决。

三、我国的国家结构形式

我国《宪法》序言规定："中华人民共和国是全国各族人民共同缔造的统一的多民族国家。"《宪法》第3条规定："中华人民共和国的国家机构实行民主集中制的原则"、"中央和地方的国家机构职权的划分，遵循在中央的统一领导下，充分发挥地方的主动性、积极性的原则。"为了解决港澳台与祖国的统一问题，国家根据"一国两制"的方针，设立了特别行政区。以上规定表明，我国的国家结构形式属于有中国特色的民主集中单一制。

---

[1] 我国有的学者认为，单一制国家也有"剩余权力"问题，只是"剩余权力"应归中央政府所有，而不是由地方政府保留。参见胡锦光：《中国宪法问题研究》，新华出版社1998年版，第31页。

（一）我国采取单一制国家结构形式的原因

1. 实行单一制的国家结构形式是我国历史发展的必然趋势，是全国各族人民长期奋斗的结果。我国是世界上历史最悠久的国家之一，国内各民族共同创造了中华民族的文明历史。自古以来，我国各族人民就生活在这块土地上，共同开拓祖国疆域。各族人民在缔结伟大祖国的斗争中，共同劳动、共同生活，结成了血肉关系，成为不可分割的整体。公元前221年，秦始皇统一了全中国，结束了自西周到战国800多年的诸侯割据，开创了历史上第一个统一的中央集权的封建国家，自秦汉以来，在漫长的历史发展进程中，除较短时间处于分裂状态外，一直实行统一的中央集权制。特别是自元朝以后的700多年，我国再没有出现过大的分裂局面，长期的历史传统决定了我国有建立统一主权国家的基础。

2. 实行单一制是由我国的民族分布状况决定的。我国是一个有56个民族的多民族国家，各民族的分布状况决定了在我国的具体条件下，不适宜采取联邦制，而宜于采取单一制，并在统一的多民族国家内以民族区域自治制度作为解决民族问题的基本制度。①各民族在长期交往过程中，相互学习，人员交错往来，就全国范围来看，绝大多数少数民族都与汉族相互交错地居住在某一地区，逐渐形成了大杂居、小聚居的局面。除新疆、西藏、青海、宁夏、广西、内蒙古、云南等省、自治区有居住比较集中的少数民族外，其他少数民族与汉族交叉居住在全国的其他各省，一个民族完全集中在一个省居住的极少。新疆是少数民族居住比较集中的地方，除维吾尔族外，还有12个民族，回族和满族更是遍布全国各省。②我国各民族的人口数量之间差异较大。在全国总人口中，汉族人口占绝大多数，其他少数民族的人口仅占全国总人口数的1/10。有的少数民族只有数万人甚至数千人。这样的人口结构，比较有利于实行单一制国家结构形式，而实际上无法实行联邦制。

3. 实行单一制国家结构形式是由我国现代化建设目标决定的。社会主义事业是各民族共同努力、共同创造、共同发展的事业，仅靠一个民族不能完成社会主义建设事业的任务。由于历史的原因，各民族政治、经济、文化发展极不平衡。国家的根本任务就是要巩固祖国的统一和民族团结，在统一的祖国大家庭内，逐步发展各民族的政治、经济和文化，逐步缩小和消灭各民族之间事实上的不平等，实现各民族的共同繁荣。要实现这一任务，必须充分利用国家的人力资源。各少数民族聚居的地区占全国总面积的60%，资源丰富，而沿海和内地人口多，经济文化发展快。建立单一制的国家结构形式可以互通有无、互相合作，发挥各自的优势，充分利用国家的资源，达到各民族共同繁荣的目的。

4. 采取单一制的国家结构形式是由各民族所处的外部条件决定的。我国少数民族基本上分布在祖国的边疆，与其他国家接壤。历史上，帝国主义国家为了达到其颠覆中华人民共和国、破坏社会主义制度的目的，曾经通过各种手段破坏我国的民族关系，制造民族分裂。直到现在，国外的一些反动势力仍然在我国民族问题上制造事端。为此，我国各族人民只有在中央的统一领导下团结起来，才能抵御帝国主义及其他反动势力颠覆活动，达到各民族的共同繁荣。

(二) 有中国特色的民主集中单一制的可包容性

与实行民主集中单一制的其他国家不同，中国的单一制受到本国政治、经济、文化的影响，表现出了极大的灵活性和可包容性，概言之，有三种模式值得提及。

1. 中央与普通行政单位的关系。普通行政单位是中国地方行政区中最基础、最主要的部分，它包括23个省和4个直辖市。中央和省、直辖市的关系是直接又较单纯地贯彻民主集中制的结果，涉及中央与省级及其下级等普通行政区域的权力关系。

2. 中央与民族区域自治地方的关系。这是指我国处理中央与民族区域自治地方关系的一整套定型化的制度，它属于普通型的改进型，在普通型的基础上增加了体现民族平等、团结和共同繁荣原则的新东西，主要是自治机关的自治权。

3. 中央与特别行政区的关系。它是根据"一国两制"原则解决我国历史遗留问题所确立的模式，它不是贯彻民主集中制原则的结果，而是对中央与普通地方关系的一个补充，其最大特点是特别行政区可依法享有高度的自治权。

第二节 行政区划

一、行政区划的概念和原则

(一) 行政区划的概念

行政区划是指国家根据行政管理和经济发展的需要，把国家领土划分为大小不同、层次不等的行政单位，在此基础上设立相应的地方国家机关，在中央领导下，实行分级管理的制度。

行政区划是国家结构形式的具体表现，亦是国家结构形式的基本内容之一。行政区划的目的在于实现国家的行政管理，建立行政系统。因此，行政区划是人为的、非自然形成的。任何国家的行政区域划分，总是要依据一定的原则，考虑政治、经济、文化、民族、历史传统、地理因素，从而科学地划分国家领土，形成一定的国家整体与组成部分之间的关系。

(二) 行政区划的原则

我国是多民族的单一制国家，行政区划是根据我国的多种因素进行的，主要遵循着以下几项原则：

1. 政治原则。划分行政区域必须首先考虑我国是单一制的国家。任何一个具体的行政区域都是中华人民共和国不可分离的部分，都是属于中央管辖下的地方行政单位。我国形成多层次、多类型的行政区域体系，便于在政治上贯彻民主集中制原则，既有利于维护中央的统一领导，又有利于发挥地方的主动性和积极性。行政区划应考虑便于人民群众直接或间接管理国家事务，管理经济和文化事业，管理社会事务。各级政权组织是国家政权组织体系的有机组成部分。国家机关代表人民群众行使国家权力。因此每一个具体的行政区域范围都要有一个经济文化比较发达、地理位置比较适中的城市或城镇作为本行政区域的政治中心，这便于带动本行政区域地方政治、经济和文化的发展。

2. 经济文化原则。我国自然资源的分布和地方经济发展水平很不适应。一方面是自然资源丰富的行政区域经济文化较落后，另一方面是经济文化较发达的地区，自然资源相对匮乏。这种矛盾状态极大地影响并制约着我国经济文化的整体发展水平。当然，由于众多的原因仅靠行政区划的手段是难以解决这种不平衡格局的，但是，最大限度地考虑这些因素，争取实现优势互补，是进行行政区划时应当特别注意的。

3. 民族原则。我国少数民族分布的客观状态和民族自治地方的特点，要求国家在划分行政区域时，在政治上要考虑少数民族实行区域自治、当家做主管理本民族内部事务的权力，凡是够条件的地方都应实行区域自治。在经济上，要有利于少数民族地区的发展，使资源、财力、人力得到有机结合，促进多民族的共同繁荣。

4. 历史地理原则。行政区域的划分虽然是人们的主观行为，但是历史、地理等客观因素又影响着行政区域划分的实际。我国是一个历史悠久的国家，有许多地方名称沿袭几百年甚至上千年；以山川河流界线形成了比较固定的区域范围。台湾、海南岛独特的地理位置，香港、澳门特殊的历史背景都是划分行政区域应考虑的历史地理因素。

二、行政区划的历史沿革

我国是世界文明古国之一，早在公元前两千多年就有了行政区划的萌芽。秦朝统一中国后，建立了我国历史上第一个中央集权制的国家，建立郡县两级地方政权，随着历代王朝的更换，行政区划体制历经变更，大体情况是：汉朝恢复封国制，设置州、郡（国）、县三级地方政权。魏、晋、南北朝基本沿袭汉旧制。隋朝为郡（州）、县二级制。唐朝为道、州、县三级。到宋朝改为路、州（府、军、监）、县三级。元朝则为省、路、府、州、县五级，创建了省一级行政区域。明朝为省、府、县三级。清朝为省、道、府（州）、县四级。民国时期先后废除了道、府（州），改为省、县两级。

1949 年中华人民共和国成立以来，我国对行政区划进行了大幅度的调整。主要分为四个时期：

1. 建国时期。为了在中央统一领导下，因地制宜地领导地方政府的工作，先后设立了东北、华北、西北、华东、华南、西南 6 大行政区，并设大区人民政府或军政委员会。当时，大区是我国地方的最高一级行政区划，其下辖省、市和行署区等。在此期间，还将国民党统治时的 35 个省和一个地方，改建为 39 个省级行政单位，即 28 个省、8 个行署区、一个自治区、一个地方和一个地区。

2. 1953 年起各大区人民政府或军政委员会一律改为行政委员会，作为中央政府的派出机关，领导和监督地方政府的工作。1954 年 6 月，撤销了大区建制，由中央直接领导省和直辖市。到 1956 年，我国的省级行政建制为 27 个省（自治区）和三个直辖市。

3. 1957 年至 1970 年。在这一时期，我国新成立了三个自治区，即 1958 年 3 月 5 日成立的广西壮族自治区；1958 年 10 月 25 日成立的宁夏回族自治区；1965 年 9 月 9 日成立的西藏自治区。在"文革"时期，我国曾将内蒙古自治区东部的三个盟、西部的三个旗，分别划归辽宁、吉林、黑龙江、甘肃、宁夏 5 省区。到了 1969 年 7 月，又重新恢复了内蒙古自治区原行政区划建制。

4. 1976 年至今。我国的行政区划逐步走向科学化、规范化的轨道。特别是 1982 年现行《宪法》颁布实施后，随着民主政治、市场经济和地方制度的推进与完善，从 30 个行政单位（22 个省、5 个自治区、3 个直辖市），又增加了海南省、重庆直辖市和香港、澳门特别行政区，共 34 个省级行政单位。同时，经过几年的艰苦努力，我国省级行政单位的勘界工作已将完成，地图上的模糊界线将被具有法律效力的界线所取代。随着改革的深化，省级行政单位仍将继续调整。另外，在省以下的地方，我国一直在推行地市合并，由市管县的体制，并取得了较大进展。

三、我国行政区域设立、变更的法律制度及特点

（一）我国行政区划的审批权

行政区域的设立及其变更必须严格地依法进行，它是国家实现其职能的保障。具体言之，宪法确定的程序是：

1. 省、自治区、直辖市、特别行政区的设立、撤销、更名，须报全国人大审议决定。

2. 省、自治区、直辖市行政区域界线变更；县、自治县、市、市辖区的设立、撤销、更名和隶属关系的变更；自治州、自治县的行政区域界线的变更；县、市行政区域界线的重大变更，均报国务院审批。

3. 县级行政区域内部界线的变更，国务院授权省、自治区、直辖市人民政府审批。

4. 乡级行政区域的设立、撤销、更名、界线的变更，由省、自治区、直辖市人民政府审批。

从宪法的规定来看，我国行政区域的设立及变更的法律程序是相当严格的，一般的国家机关无权决定行政区域设立及变更，只有经省级以上国家机关审批或审议，才能对现有的行政区域作合理调整。

（二）我国行政区域的特点

根据1982年《宪法》第30条的规定，我国的行政区划为：全国分为省、自治区、直辖市；省、自治区分为自治州、县、自治县、市；县、自治县分为乡、民族乡、镇。直辖市和较大的市分为区、县。自治州分为县、自治区、市。《宪法》第31条还规定，国家在必要时得设立特别行政区。在特别行政区内实行的制度按照具体情况由全国人民代表大会以法律规定。

综合宪法的规定和我国行政区划的现实情况，其特点可以概括为：

1. 四种类别的行政区域建制并存。①一般地域建置，包括省、县、乡等，这一类建制在我国数量最大，可以说是主体的或基本的行政区域建制。②城镇型建制，它是国家根据城镇地区人口密集及社会经济文化相对发达形成的社会

需要，将城镇地区划出作为单独的行政区域，设置行政建制，进行专门的管理。它包括直辖市、市、市辖区、镇等。③民族自治地方，包括自治区、自治州和自治县（旗）。这一类建制虽然在数量上没有一般区域型建制多，但所辖面积却超过一般的行政区域，占全国总面积的60%。④特殊型建制，包括神农架特区、1969年以前的大兴安岭特区、港澳特别行政区等。特别型建制主要不是考虑地域、人口数量等因素，而是考虑设置的特殊目的。

2. 多级建制并存。一般的行政区域基本上设省、县、乡（镇）三级建制。但直辖市是两级建制，如北京市海淀区。实行民族区域自治，设立了自治州的地方和实行地管县的地方则是四级建制，如四川省甘孜藏族自治州雅江县河口乡。

3. 虚实结合制。在宪法学上，所谓"实"表示一级政权机关，"虚"表示各级人民政府的派出机关。我国绝大多数行政区域都设有相应的国家权力机关，并由权力机关产生和组织其他国家机关。但为了行政管理方便，还可由多级国家行政机关设置派出机关，在一定的行政区域内进行管理，这一级行政区域是虚的，它不设置权力机关。如建国初期的东北、华北、西北、华东、中南、西南六个行政区，起初是一级高于省级的地方行政建制，1952年以后改为中央的派出机关，代表中央人民政府在各地区进行领导和监督。1954年为减少层次，大行政区全部撤销。目前，我国省、自治区与各县、市之间设有行政公署作为自己的派出机关；县、自治县与各乡之间设有区公所作为自己的派出机关。总的说来，我国行政区域的建制是"三实二虚"制，即虚实结合制。

4. 地市双轨制，即实行行政公署管县和市管县相结合的体制。虽然我国在地方制度改革中，有些地方已取消了地区的设置，如辽宁和江苏等省，在许多省区，仍然会实行地市并立的双轨制。

5. 三级市建制并存。我国市建制的情况比较复杂，宪法将市的建制分为三级，①直辖市与省、自治区平行；②省会市和较大的市，一般称之为地级市；③不设区的市，通常是县级市。

第三节 民族区域自治制度

我国是统一的多民族国家，为在单一制下实现民族平等、团结和互助，国家采用民族区域自治制度作为解决民族问题和处理民族关系的基本政治制度。现行《宪法》规定："各少数民族聚居的地方实行区域自治，设立自治机关，行使自治权。各民族自治地方都是中华人民共和国不可分离的部分。"

一、民族区域自治的概念和内容

民族区域自治制度是指在统一的祖国大家庭内，在国家的统一领导下，以少数民族聚居区为基础，建立相应的自治地方，设立自治机关，行使自治权，使实行区域自治的民族的人民实现当家做主，管理本民族内部地方性事务的权利。各民族自治地方都是中华人民共和国不可分离的部分。作为一项基本制度，它包含以下内容：

1. 各民族自治地方都是国家统一领导下的行政区域，是中华人民共和国不可分离的组成部分，民族自治地方的自治机关是中央人民政府统一领导下的一级地方政府。民族自治地方是建立在统一的国家领土内的行政单位，实行民族区域自治的民族是祖国大家庭中的一员，不能脱离中央的统一领导而搞独立。民族区域自治是以祖国的统一、领土完整为前提的。

2. 民族区域自治必须以少数民族聚居区为基础。这种民族自治以区域为基础，是民族自治与区域自治的结合，既不同于脱离一定区域的"民族文化自治"，也不同于离开少数民族的"地方自治"，而是以少数民族聚居区为基础的民族自治。对于散居的少数民族，国家同时采取了其他方法保障他们的平等权利。

3. 民族区域自治是为了实现少数民族当家做主，管理本民族内部地方性事务的权利。民族自治机关行使自治权是少数民族聚居区实行民族区域自治制度的标志，否则，其与一般地方国家机关无异。可以说，民族自治权是民族区域自治制度的核心。正因为少数民族聚居区在经济、文化等方面与汉族地区相比较，既有一定的特殊性，客观上又有一定的差距，国家才实行民族区域自治制度，允许民族自治机关除行使一般地方国家机关的职权，还行使宪法和有关法律、法规所规定的广泛自治权。

二、民族自治地方

（一）民族自治地方的概念

民族自治地方是指在我国少数民族聚居的地方，依法建立的实行区域自治的行政单位。宪法规定，各少数民族聚居的地方实行区域自治，各民族自治地方都是中华人民共和国不可分离的部分。我国的民族自治地方分为自治区、自治州、自治县三级。其中自治区为省一级的民族自治地方，自治州为设区的市一级的民族自治地方，自治县为县级自治地方。十一届三中全会以来，随着《宪法》和《民族区域自治法》的颁布实施，我国建立民族自治地方的工作取得了重大进展。截至 1999 年 2 月，我国已建立了 5 个自治区，30 个自治州，120 个自治县（旗），总计 155 个民族自治地方。全国 55 个少数民族中已有 45 个民族建立了自治地方，实行区域自治的民族人口占少数民族总人口的 75%。这表明我国建立民族自治地方的任务已基本完成。

需要说明的是，民族乡不是民族自治地方，它是同乡、镇一样的基层行政单位。我国法律规定，民族自治地方内其他少数民族聚居的地方，建立相应的自治地方或者民族乡，凡是不够条件建立自治地方的，相当于乡级的少数民族聚居的地方，可以建立民族乡。民族乡虽然不是民族自治地方，但是具有一定的特殊性。我国在民族杂居、散居、聚居地区共有民族乡 1500 多个。

（二）建立民族自治地方的原则

依据《宪法》和《民族区域自治法》，建立民族自治地方应遵循四项原则。

1. 区域范围限定原则。少数民族聚居的地方，根据当地民族关系、经济发展条件并参酌历史情况，可以建立以一个或者几个少数民族聚居区为基础的自治地方，当然其范围必须是以少数民族聚居区为基础，非少数民族聚居区不能建立自治地方。

2. 确定名称原则。法律规定，民族自治地方的名称，除特殊情况外，按照地方名称、民族名称、行政地位的顺序组成。其中民族名称是指实行区域自治民族的名称。行政地位是指自治区、自治州和自治县三级行政单位。如广西壮族自治区、延边朝鲜族自治州、大厂回族自治县等。

3. 充分协商原则。法律规定，民族自治地方的建立、区域界线的划分、名称的组成、区域界线的变更等一系列问题，上级国家机关应会同有关地方国家机关、自治机关和有关的民族代表充分协商决定。对于协商确定的问题要报有权的国家机关审批。

（三）民族自治地方的类型

依照一定的标准对我国民族自治地方进行区别分析所产生的结果，就是民族自治地方的类型。

1. 根据少数民族聚居区域内，自治地方是否包含重合的情况，自治地方可以分为包含型民族自治地方和非包含型自治地方。包含型是指一个较大的民族自治地方内，同时包含有若干个较小的民族自治地方。如新疆维吾尔自治区境内含有5个自治州和6个自治县。具体是指，以一个人口较多的少数民族聚居区所建立的民族自治地方，同时又包括一个或几个人口较少的其他少数民族聚居区所建立的民族自治地方。非包含型是指一个民族建立的自治地方。

2. 根据民族自治地方内实行民族区域自治的情况，可将自治地方分为单一型与复合型。单一型是指由一个实行区域自治的少数民族建立的自治地方。我国159个民族自治地方中，有110多个属于单一型，如西藏自治区。所谓复合型，是指两个或两个以上的实行区域自治的少数民族共同建立的民族自治地方。如湖南省湘西土家族苗族自治州，贵州省紫方族希依族自治县等。

三、民族自治地方的自治机关

民族自治地方的自治机关是指在民族自治地方设立的行使同级地方国家机关职权和同时行使自治权的国家机关，包括自治区、自治州、自治县的人民代表大会和人民政府。民族自治机关具有双重性：一方面，它们在法律地位上是国家的一级地方政权机关，因而在产生方式、任期、机构设置和组织活动原则方面，与一般地方国家机关完全相同，并行使相应的一般地方国家机关的职权；另一方面，它们是民族自治地方的国家机关，依据宪法和有关法律的规定行使一般国家机关所不享有的自治权（参见第九章第七节二、自治机关的自治权部分）。

民族自治机关与同级的一般地方人大及其常委会、人民政府实行同样的组织原则和领导制度。自治区、自治州、自治县的人大及其常委会是各该自治单位的地方国家权力机关；自治区、自治州的人大由下一级人大选举代表组成，自治县的人大由选民直接选举代表组成；自治区、自治州、自治县的人大会议的组织和工作程序，与省、市、县的人大相同，它们的常委会的组织和活动与省、市、县的人大常委会相同。自治区、自治州、自治县的人民政府是本级人大的执行机关，是地方国家行政机关，对本级人大及其常委会和上一级国家行政机关负责并报告工作，并服从国务院统一领导。其组成人员的产生办法与省、市、县人民政府相同。人民政府也实行个人负责制，即实行自治区主席、自治州州长、自治县县长负责制。自治区主席、自治州州长、自治县县长分别主持本级人民政府的工作。

民族自治机关是当地聚居的民族的人民行使自治权的政权机关。因此，民族自治地方的人大及其常委会、人民政府在组成方面又具有不同于一般地方国家权力机关和行政机关的特点：

1. 民族自治地方的人大中，除实行区域自治的民族的代表外，其他居住在本行政区域内的民族也应当有适当名额的代表。

2. 民族自治地方的人大常委会中，应当有实行区域自治的民族的公民担任主任或者副主任。

3. 自治区主席、自治州州长、自治县县长由实行区域自治的民族公民担任。

4. 民族自治地方的人民政府的其他组成人员和自治机关所属工作部门的干部中，要尽量配备实行区域自治的民族和其他少数民族的人员。自治区、自治州、自治县的人大和人民政府每届任期5年。

四、国家的民族政策和民族区域自治制度的优越性

（一）我国的民族政策

为了巩固和健全我国的区域自治制度，我国党和国家采取一系列有利于发展民族区域自治制度的政策。

1. 维护和发展各民族的平等、团结、互助的关系，保障少数民族的合法权益。民族平等、团结、互助原则是马克思主义处理民族问题的根本原则。中国共产党一贯重视实行民族平等与加强民族团结和互助。建国以后，《共同纲领》专门规定了民族政策，明确规定："中华人民共和国境内各民族一律平等、实行团结互助，反对帝国主义和民族内部人民公敌，使中华人民共和国成为各民族友爱合作的大家庭。反对大民族主义和狭隘民族主义，禁止民族间的歧视、压迫和分裂各民族团结的行为。"1951年中央人民政府政务院发布了《关于处理带有歧视或侮辱少数民族性质的称谓、地名、碑碣、匾联的指示》，1952年制定了《中华人民共和国民族区域自治实施纲要》和《关于保障一切散居的少数民族成分享有民族平等权利的决定》，1984年全国人大通过了《中华人民共和国民族区域自治法》，建国后颁布的两部宪法都明确规定要维护和发展民族平等、团结和互助。

2. 大力帮助少数民族地区发展经济和文化。由于历史原因，少数民族地区的经济文化相对较为落后，因此，帮助少数民族发展经济文化教育事业，改变落后状态，既是实行民族平等、团结和互助的重要方面，也是实行民族区域自治制度的重要措施。现行宪法规定，"国家根据各少数民族的特点和需要，帮助各少数民族地区加速经济和文化的发展。""国家尽一切努力，促进全国各民族的共同繁荣。"《民族区域自治法》在序言中规定："国家根据国民经济和社会发展计划，努力帮助民族自治地方加速经济和文化发展。""必须大量培养少数

民族的各级干部，各种专业人才和技术工人。"同时，另设《上级国家机关的领导和帮助》一章，对上级国家机关帮助少数民族地区发展经济和文化作了详细的规定。

3. 禁止对任何民族歧视和压迫，禁止破坏民族团结和制造民族分裂，反对大民族主义，主要是大汉族主义，也要反对地方民族主义。大汉族主义即无视中国是多民族国家，不承认少数民族的特点，歧视少数民族，不尊重少数民族的风俗习惯等。地方民族主义，即盲目排外，闭关自守，不愿接受其他民族的经验和帮助，过分强调民族的特殊性，而忽视民族间的平等、团结和互助。这两种思想都不利于实行民族区域自治制度，必须采取思想教育及各种具体措施，努力加以克服，使党和国家的民族政策真正落到实处。

(二) 民族区域自治制度的优越性

我国在单一制国家结构形式下，采取民族区域自治制度作为解决民族问题的基本政治制度。实践证明，这一制度是与国家具体情况相适宜的。

1. 这一制度有利于贯彻民主集中制。依照宪法和有关法律的规定，民族自治地方必须接受中央人民政府的统一领导，遵守宪法和法律，在原则上保证社会主义法制的统一和尊严；同时，它又享有比一般行政区域更大的自主权。这样，既保证了中央的统一领导，又能够充分发挥民族自治地方的主动性和积极性，它把国家的统一和民族的自主性结合起来。

2. 这一制度可以照顾少数民族分布的不同情况，采取灵活多样的形式。我国少数民族分布的特点是大杂居、小聚居，适应这样的具体情况，民族自治地方除了在行政地位上有自治区、自治州和自治县的区分外，在民族构成方面可以有各种不同的形式，既可以以一个少数民族聚居区为基础建立，也可以以两个或者两个以上的少数民族聚居区为基础建立；既可以在自治区内有其他少数民族的自治州或自治县，也可以在省、市内有自治州或自治县。

3. 这一制度有利于促进各少数民族的共同繁荣和共同发展。一方面，中央可以大力帮助各少数民族加速发展经济和文化，组织各民族互相支援，文化发达的民族可以和文化、科学技术落后的民族共同开发物质资源；另一方面，认真执行民族区域自治政策，可以最大限度地调动和发挥少数民族地区的人力、物力等各方面的积极性。

第四节 特别行政区制度

一、设立特别行政区的依据

特别行政区是在我国的领土范围内,根据宪法和法律所设立的具有特殊的法律地位,实行特别的社会制度、经济制度的行政区域。

(一) 设立特别行政区的理论依据

"一国两制"是特别行政区设立的理论依据。其基本内容是,在一个中国的前提下,国家的主体坚持社会主义制度;香港、澳门、台湾是中国不可分割的组成部分,它们保持原有的资本主义制度长期不变,在国际上代表中国的只能是中华人民共和国政府。它是邓小平理论的重要组成部分。具体说,这一理论包括六个方面:

1. "一国两制"的基础是一个中国,在国际上代表中国的只能是中华人民共和国政府,国家的领土和主权不能分割。

2. "一国两制"的核心问题是祖国统一。邓小平说,我们都是炎黄子孙,实现真正的统一,前人没完成的,我们完成,后人会怀念我们,不做这件事,后人写历史总要责备我们。

3. "一国两制"的"两制"是指在中国国内可以两种制度长期并存,共同发展,由宪法规定设置特别行政区,在特别行政区内,原有的社会制度、生活方式、同外国的经济文化关系不变,私人财产、房屋、土地、企业所有权、合法继承权和外国投资等方面都得到切实保障。两制并存,尊重历史,尊重现实,充分考虑和照顾到了各方面的利益,有利于特别行政区的稳定和繁荣。

4. "一国两制"的主体是社会主义。邓小平谈到,"一国两制"要讲两个方面。一方面,社会主义国家里允许一些特殊地区搞资本主义,不是搞一段时间,而是搞几十年,成百年。另一方面,也要确定国家的主体是社会主义。

5. 实行"一国两制",台湾与香港、澳门有所不同,比香港更宽。作为中国对香港恢复行使主权的象征,中央政府向香港派驻军队;台湾可以保留军队,中央政府不派军队去。统一后,大陆不仅不派行政人员到港澳台,中央政府还要在全国性政权机构中留出一定比例名额,让台湾各界人士参加国家管理。

6. 实行"一国两制"长期不变,具有法律保障。香港和澳门实行原有制度50年不变,已写入有关的基本法中。对台湾政策"50年不变",被正式写入了全国人大六届二次会议通过的《政府工作报告》中。

总之,"一国两制"的理论,既体现了实现祖国统一、维护国家主权的原则性,又充分考虑到台湾、香港、澳门的历史和现实,体现了高度的灵活性,并成为特别行政区设立的理论依据。

(二) 设立特别行政区的法律依据

就宪法学而言,设立特别行政区,属于国家结构中的行政区划问题,应由全国人大依法决定。规定特别行政区实行的制度,属于国家的政权组织问题,应由全国人大制定基本法律决定。这就涉及到了特别行政区的设立依据和特别行政区基本法的立法依据问题。一般说来,特别行政区设立的法律依据比较简单,例如,1990年4月4日七届人大三次会议关于香港特别行政区的决定指出,根据《中华人民共和国宪法》第31条和第62条第13项的规定,决定于1997年7月1日起设立香港特别行政区,其区域包括香港岛、九龙半岛,以及可辖的岛屿和附近海域。香港特别行政区的行政区域图由国务院另行公布。1993年3月31日八届人大一次会议关于设立澳门特别行政区的决定指出,根据《中华人民共和国宪法》第31条和第62条第13项的规定,决定于1999年12月20日起设立澳门特别行政区,其区域包括澳门半岛、凼仔岛和路环岛。澳门特别行政区的行政区域图由国务院另行公布。上述可见,《宪法》第31条和第62条第13项是特别行政区设立的宪法依据。而基本法的立法依据就比较复杂了。从全国人大关于香港、澳门特别行政区基本法的决定我们可以看出,香港、澳门特别行政区基本法是根据《中华人民共和国宪法》按照香港、澳门的具体情况制定的,是符合宪法的。也就是说,由于在特别行政区实行的制度涉及的问题很多,不只是《中华人民共和国宪法》第31条,还涉及其他众多宪法条文,无法一一列举,所以它以整部宪法为立法依据。[1]

二、特别行政区的法律地位

特别行政区的法律地位是指特别行政区在国家结构和政权结构中的地位,其核心问题是如何处理中央与特别行政区的关系。

---

[1] 关于基本法的立法依据,目前学术界有五种不同观点。具体内容请参见胡锦光:《中国宪法问题研究》,新华出版社1998年版,第286~287页。

（一）特别行政区是国家不可分离的部分

香港自古以来就是中国的领土。1840年英国发动鸦片战争，强迫清政府于1842年签订《南京条约》，割让香港岛。1856年，英国发动第二次鸦片战争，迫使清政府于1860年缔结《北京条约》，割让九龙半岛南端界限街以南的地区。1895年中日甲午战争后，英国又逼迫清政府于1898年签订《拓展香港界址专条》，强租界限街以北、深圳河以南的大片土地以及200多个附属岛屿（后称"新界"），租期99年，到1997年6月30日。

澳门自古以来也是中国领土。1553年，葡萄牙人在澳门通过船舶，进行贸易。1557年葡萄牙人进入澳门，并开始在澳门长期居留。1840年，鸦片战争后，葡萄牙人乘清政府战败之机，相继侵占了澳门南面的凼仔岛和路环岛。1887年，当时的葡萄牙政府迫使清政府先后签订了《中葡会议草约》和《中葡北京条约》，规定"葡国管理澳门以及属澳之地与葡国治理它处无异。"此后，葡国一直占领澳门并把澳门划归葡国领土。1976年，《葡萄牙宪法》规定澳门为在葡萄牙管辖下的特殊地区。

我国人民从来不承认有关香港、澳门的上述不平等条约。我国政府曾多次阐明香港、澳门是中国领土，港澳问题是中国历史遗留问题，并一贯主张在适当时候通过谈判和平解决。可见，香港、澳门是我国领土的一部分，我国对港澳拥有主权，并受到国际社会的承认。现在，我国用"一国两制"的方针，解决了港澳问题，港澳地区已和平地回归祖国，国家在此设立了特别行政区，在港、澳特别行政区实施的基本法也明确规定，特别行政区是国家不可分离的部分，这不仅是对港澳历史和现实的确认，也是我国单一制国家结构形式的要求。可以肯定地说，香港和澳门特别行政区不是脱离国家而存在的独立的政治实体。它们和我国其他行政单位一样，都没有脱离中华人民共和国的权力。

（二）特别行政区直辖于中央人民政府

在我国，直辖于中央人民政府的地方行政单位有各省、自治区和直辖市。特别行政区虽然也是我国的一个地方行政区域，但它并不辖属于任何其他行政区域，而是接受中央人民政府的管辖。在中央人民政府与特别行政区之间，没有任何中间层次。因此，两个基本法又都规定，中央人民政府所属各部门、各省、自治区、直辖市均不得干预特别行政区依据基本法自行管理的事务。中央各部门、各省、自治区、直辖市如需在特别行政区设立机构，须征得特别行政区政府同意并经中央人民政府批准。所设机构及其人员并须遵守特别行政区的法律。各省、自治区、直辖市的人进入特别行政区须办理批准手续等。

(三) 特别行政区享有高度自治权

根据香港和澳门特别行政区基本法的规定，特别行政区不仅不实行社会主义的制度和政策，而且还享有高度自治权，包括行政管理权、立法权、独立的司法权和终审权。特别行政区的行政机关和立法机关由永久性居民组成。特别行政区保持财政独立，财政收入全部用于自身需要。特别行政区可自行制定经济、贸易、文化教育等政策。根据中央人民政府的授权可自行处理某些涉外事务，可以"中国香港"或"中国澳门"的名义同各国、各地区及有关国际组织保持和发展经济、文化关系。特别行政区保持原有的资本主义制度和生活方式50年不变。私人财产受法律保护，居民可以像过去一样生活，继续享有现在的法律规定的各种权利和自由。除属于殖民统治性或带有殖民主义色彩的法律必须删除或修改，以及一些法律由于情况变化不再适用外，现行的法律基本不变，等等。

基本法关于特别行政区法律地位的规定，既维护了国家的主权、统一和领土完整，又充分体现了"一国两制"的方针。这些规定表明，特别行政区既不同于普通行政区域单位，也不同于在少数民族聚居区建立的民族自治地方和只在经济上实行特殊政策的经济特区，而是一个可以实行资本主义制度并享有高度自治权的特殊的地方行政区域。特别行政区与中央的关系在性质上仍然是在单一制下地方从属于中央的关系。尽管特别行政区的存在将在我国中央与地方的关系在局部地区带有特殊性，但这并不改变我国单一制的国家结构形式。

三、特别行政区的政治体制

行政、立法和司法是政治体制中最基本、最重要的三个部分，这三者的关系构成了政治体制的基本内容。根据设计港澳特别行政区政治体制的原则，其三者的关系应当是：司法独立、行政主导、立法与行政既制衡又配合。

(一) 司法独立

香港特别行政区各级法院是行使审判权的司法机关。其组织系统是：终审法院、高等法院、区域法院、裁判署法庭和其他专门法院。终审法院行使终审权，设4名常任法官。审理案件时，由5人组成的终审法庭进行，其中1人可邀请其他普通法适用地区的法官参加审判。香港特别行政区高等法院设上诉法庭和原讼法庭。

澳门特别行政区设立终审法院、中级法院、初级法院和行政法院。终审法院行使特别行政区终审权。初级法院可根据需要设立若干专门法庭。行政法院是管辖行政诉讼和税务诉讼的法院。不服行政法院裁决，可向中级法院上诉。澳门特别行政区检察院自成体系，独立行使法律赋予的检察职权。香港特别行政区不设检察院。香港的检察官是特别行政区政府律政司刑事检控科的官员，属于行政部门。

司法机关和司法活动是特别行政区政治体制的组成部分，对特别行政区的安定和发展有重要作用。特别行政区的司法独立于行政和立法之外，其活动不受任何干涉。司法官履行审判职责的行为不受法律追究。值得注意的是，在我国的特别行政区，司法活动不仅不受特别行政区其他部门的干预，而且也不受内地任何部门包括各级司法机关的干预，甚至最高人民法院也不干预特别行政区的审判活动。我国《宪法》第127条关于"最高人民法院监督地方各级人民法院和专门人民法院的审判工作"的规定，对特别行政区不适用。

(二) 行政主导

行政主导是指特别行政区的行政机关拥有较大的权力，在政治生活中起积极的主导作用。行政机关一般包括行政长官、行政会议和政府三部分。

1. 行政长官。行政长官是特别行政区的首长，代表特别行政区，对中央人民政府和本特别行政区负责。行政长官经当地选举产生，由中央人民政府任命，任期5年。行政长官同时又是行政机关的首长，领导特别行政区政府。行政长官负责执行应在特别行政区实施的法律；决定政府决策，制定行政法规，发布行政命令；签署并公布立法机关通过的法律及财政预算；提名并报请中央人民政府任命特别行政区政府的主要官员；依法任免特别行政区的公职人员和各级法院的法官（在澳门还任免检察官）；执行中央人民政府发出的有关指令；处理中央授权的对外事务和其他事务；批准向立法机关提出的财政收支动议；决定政府公职人员是否向立法机关作证；赦免和减轻刑事罪犯的刑罚；处理请愿，申请事项等。

2. 行政会议。香港称行政会议，澳门称行政会，是发挥集体智慧、协助行政长官决策的机构。其成员由行政长官从政府主要官员、立法会议员和社会人士中委任，其任免由行政长官决定。行政会议（行政会）由行政长官主持。行政长官在作出重要决策、向立法会提出立法议案、制定行政法规和解散立法会前，须征询行政会议的意见，但人事任免、纪律制度和紧急情况下采取的措施除外。

3. 政府。政府是特别行政区的行政机关，它的首长是特别行政区的行政长官。香港特区政府设政务司、财政司、律政司和各局、处署；澳门特区政府设司、局、厅、处。特别行政区政府制定并执行政策；管理各项行政事务；办理中央人民政府授权的对外事务；编制并提出财政预算、决算；提出法案、议案，草拟行政法规，委派官员列席立法会议听取意见或代表政府发言。特别行政区政府对立法会负责，执行立法会通过并已生效的法律，定期向立法会作施政报告，答复议员的质询。

行政主导在政治体制中主要表现在以下四个方面：

1. 行政长官地位显要。行政长官既是特别行政区政府的首长，领导特区，并主持行政会议（行政会），而且又是特别行政区的首长，法律地位崇高。特别行政区的重大决策实际上都由行政长官会同行政会议（行政会）作出。

2. 行政参与立法程序。立法程序从全过程来看，从起草到公布生效，包含着许多环节。其中某些环节实际上并非由立法会去做，而是由行政方面去负责完成的。如政府拟定法律草案，向立法机关提出法案；政府编制并提出财政预算案；立法会通过的法律、预算必须经行政长官签署、公布方能生效；行政长官对立法会通过的法律有相对否决权等。

3. 议案的行政优先原则。向立法会提出的议案为数很多，其中有的是政府提出的，有的是立法会议员个人或者联合提出的。法律明确规定，政府提出的议案应当优先列入议程。

4. 行政长官有权依照法律规定的程序解散立法会。另外，依照法律规定，行政长官可向立法会申请临时拨款或者依法批准临时短期拨款；决定政府官员等是否向立法会作证等和提供证据。

（三）行政与立法须制衡又配合

香港特别行政区立法会是立法机关，由60名议员组成。第一届立法会分别由30名功能团体选举产生的议员、10名由选举委员会产生的议员和20名分区直接选举产生的议员组成。以后各届逐步扩大直选议员的比重，最终达到全部议员由普选产生的目标。澳门特别行政区第一届立法会由23人组成，其中直接选举产生的议员8名，间接选举产生的议员8名，由行政长官委任的议员7名。以后各届逐步扩大直选议员的名额和比重，并相应地扩大立法会议员的总名额，至2009年再由当时的法律对立法会的组成作出新的规定。

在特别行政区政治体制中，行政对立法的制衡主要体现在两方面：

1. 行政长官的相对否决权。行政长官对立法会通过的法律虽然没有绝对否决权，但行政长官若认为该项法律不符合本特区的整体利益，可以拒绝签署并在 3 个月的时间内将原案发回立法会重议。

2. 解散立法会。对于行政长官发回重议的法案，如果经立法会以不少于全体议员 2/3 的多数再通过，而行政长官拒绝签署，则行政长官可以解散立法会，重新组织选举。另外，如果立法会拒绝通过政府提出的财政预算案或其他的重要法案，行政长官也可以解散立法会。当然，行政长官行使解散权也要受到一定限制：首先，行政长官应先进行协商，若经协商仍不能取得一致时，方可解散立法会；其次，行政长官在解散立法会之前，须征询行政会议的意见；再次，行政长官在其一届任期内，以解散立法会一次为限。

立法机关依据基本法的规定，也制衡着行政机关制，主要体现在：

1. 政府必须遵守、执行立法会通过的法律。
2. 立法会听取、辩论行政长官的施政报告；有权对政府工作提出质询，政府应负责答复。
3. 行政长官任免终审法院院长、高等法院院长，事先须经立法会同意；政府征税及公共开支须经立法会批准。
4. 对行政长官不签署而发回重议的法案，立法会经全体议员 2/3 多数再次通过原案时，除非解散立法会，行政长官必须签署。
5. 行政长官因两次拒绝签署法案而解散立法会，如果新选出的立法会仍以全体议员 2/3 多数通过原案，而行政长官仍拒绝签署，则行政长官必须解职。
6. 立法会因拒绝通过政府提出的财政预算或其他重要法案而被解散，但重新选出的立法会仍拒绝通过原来的财政预算案或其他重要法案，则行政长官必须辞职。
7. 立法会有权依照法律规定的程序提出对行政长官的弹劾案。

在行政与立法互相配合上，基本法规定了以下主要内容：

1. 作为协助行政长官决策机构的行政会议（行政会）地位十分重要。在行政会议的组成人员中，必须包含有若干名立法会议员。这种规定有利于互相沟通和配合。
2. 按照行政长官解散立法会的法定程序，在行使解散权之前，行政长官应征询行政会议的意见。既然行使会议成员中包含有一部分立法会议员，那么征询行政会议的意见，同时也就是征询部分立法会议员的意见，从而使解散立法会形成单纯对抗。
3. 在立法会举行会议的时候，政府应委派官员到席并代表政府在会议上发言，就有关问题作出说明，以便相互了解和沟通。

4. 在香港特别行政区，立法会的部分议员由选举委员会选举产生。而这个选举委员会也就是选举产生行政长官的同一个选举委员会。因此，这部分议员在立法会中能够较多地支持行政长官的工作和政策。在澳门特别行政区，立法会的部分议员由行政长官委任。这部分议员当然在立法会中能够支持行政长官的工作和政策。

四、特别行政区的法律制度

香港和澳门特别行政区成立以后，实行着与大陆不同的一套独立的法律制度。就其法律文件的层次而言，主要包括以下方面：

（一）基本法

基本法是全国人民代表大会根据宪法制定的，虽然主要在特别行政区适用，但属于全国性法律，而非地方法律。它在特别行政区的法律体系中处于最高地位，任何其他法律都不得和基本法相抵触，为了维护基本法的权威性和稳定性，只有全国人大才能有权修改基本法。在基本法的解释权上，全国人大常委会享有立法解释权，同时它也授权特别行政区法院就其自治权范围内的事项进行司法解释。

（二）被采用的原有法律

根据香港、澳门特别行政区基本法的规定，香港原有法律，即普通法、衡平法、条例、附属立法和习惯法，除同基本法相抵触或经香港特别行政区的立法机关作出修改者外，予以保留。澳门原有的法律、法令、行政法规和其他规范性文件，除同基本法相抵触或经澳门特别行政区的立法机关或其他有关机关作出修改者外，予以保留。当然，原有法律是有范围的，并非原来有效实施的法律都算作原有法律。

原有法律是否被采用为特别行政区的法律，要经过严格审查。其标准为是否与基本法相抵触。在特别行政区成立时，由全国人大常委会进行审查，凡与基本法抵触的原有法律都不能被采用为特别行政区的法律。

（三）特别行政区立法机关制定的法律

特别行政区成立以后，其立法机关制定的法律将逐渐增多。当然，它制定的法律应报全国人大常委会备案。备案不影响法律的生效。全国人大常委会如果认为特别行政区立法机关制定的任何法律不符合基本法关于中央管理的事务的规定，以及中央和特别行政区关系的条款时，可以将有关法律发回，但不作修改。经全国人大常委会发回的法律立即失效。

（四）在特别行政区实施的全国性法律

一般而言，全国性法律不在特别行政区实施。但是有少量法律经最高国家权力机关制定后，需要全国统一遵守的，则必须在特别行政区实施。这些法律主要包括：基本法"附件三"所列举的法律。

◆ **思考题**

1. 什么是国家结构形式？
2. 我国采取单一制的原因是什么？
3. 我国现行行政区划的特点是什么？
4. 简述我国民族区域自治的概念。
5. 特别行政区与中央的关系。
6. 简述特别行政区的政权组织（政治体制）。
7. 特别行政区适用哪些主要法律？

第六章　我国社会主义初级阶段的经济制度

◆ **教学目的**

通过本章的学习，要求理解国家构成的经济因素，国家、国家权力在经济生活中的地位和作用，以及国家和其他宪法主体参与经济活动所应遵守的基本准则，从而掌握宪法与经济制度的一般关系。

第一节　社会主义公有制是我国经济制度的基础

一、确立社会主义经济制度是我国宪法的重要特征

经济制度是指国家在经济关系方面所作的规定或准则的总称。它包括一个国家的生产资料所有制的性质和形式、社会生产的目的和手段、社会产品的分配和国民经济管理原则等。其中，最重要的是生产资料的所有权制度。它是社会经济制度的基础，决定经济制度的性质，同时也决定着社会生产的目的，社会产品的分配形式，以及生产管理的原则等，是社会性质的最基本特征。由于经济制度在社会生活中占有重要地位，所以很多国家的宪法都把经济制度作为自己调整和规范的对象。但是，由于宪法是国家的根本法，它不可能也没必要把社会经济生活的一切细节都规定下来，见之于宪法的，通常是作为社会经济生活主要内容的制度，特别是生产资料所有权的制度。

一切剥削阶级国家经济制度的基础，都是生产资料的私人占有制。在资本主义制度下，资本家占有生产资料，雇佣工人劳动，剥削他们的剩余价值。这种资本家占有制决定了整个资本主义经济制度的性质,反映了资本主义社会最基本的特征。

作为维护资产阶级剥削利益的资本主义宪法,一向重视对资本主义经济制度,特别是作为这个制度的基础核心的生产资料私有制作出规定。不过,这种规定正如资本主义宪法关于"民主"、"自由"、"平等"规定一样,不是露骨地、直接地规定是资产阶级一个阶级所享有的,而是采取隐晦的形式,规定为全体社会成员所享有。因为资本主义社会事实上只有资本家占有生产资料,劳动工人除了出卖自己的劳动力,别无所有,所以规定全社会成员享有财产权,对工人阶级并没有实际的意义,实际上只能起到维护资产阶级私有制的目的。世界上第一部成文的资本主义宪法——《美国宪法》,在其修正案第4条中规定了人民的财产不得侵犯,第5条修正案规定:"不依正当法律程序……私有财产不给予公平赔偿,不得充作公用。"这就开创了在资本主义国家的宪法中确立私有财产神圣不可侵犯的原则。收入法国宪法中的《人权宣言》第17条更加明确地规定:"财产是神圣不可侵犯的权利,除非当合法认定的公共需要所显然必需时,且在公平而预先赔偿的条件下,任何人的财产不得受到剥夺。"从此,私有财产神圣不可侵犯的原则,便成为资本主义国家宪法的一条根本原则。

进入20世纪以来,随着资本主义社会财富的日益集中,广大劳动者和资产阶级的矛盾日益加深。为了缓和这种矛盾,维护资本主义国家的长治久安,资产阶级除了在宪法中继续规定保护资本主义的私有制和私有财产神圣不可侵犯外,还从形式上对私有财产权加以限制。例如,1947年通过的《意大利宪法》第42条第2款规定:"法律承认并保障私有财产,但法律为了保证私有财产能履行其社会职能并使其为人人均可享有,得规定获得与使用私有财产的办法以及私有财产的范围。"这反映了资本主义宪法对调整经济的作用的加强,也是近代资本主义宪法的发展趋势。

社会主义宪法在性质上不同于资本主义宪法,这种不同,最根本的方面就在于它们所规定的经济制度不同,特别是所有制的不同。社会主义社会最根本的特征之一,就是实行生产资料的社会主义公有制。这是社会主义社会经济制度的基础,它决定了社会主义经济制度的性质。在社会主义公有制的条件下,由于消灭了剥削制度,生产的目的不再是满足社会上少数人无休止的财产欲望,而是为了满足社会全体成员日益增长的物质和文化生活的需要。同时,社会主义公有制也消灭了生产的盲目竞争和无政府状态,避免了资本主义条件下反复出现的经济危机,使国民经济作为一个统一的整体,同时又充满活力地得到高速度的发展。社会主义公有制还为先进的科学技术、生产的组织管理的推广和发展开辟了广阔的天地。此外，以社会主义公有制为基础的整个国民经济的发展，也极大地保障和促进了社会主义精神文明、社会主义民主和上层建筑其他领域的发展和进步。鉴于社会主义公有制的优越性，社会主义国家的宪法都明确规定要保护社会主义公有制。作为世界上第一部社会主义宪法的1918年《苏俄宪法》，在其第一篇《被剥削劳动人民权利宣言》中庄严宣告：废除土地私有制，宣布全部土地为全民财产；全国性的一切森林、蕴藏与水利，全部家畜与农具，实验农场与农业均宣布为国有财产；使工厂、矿山、铁路和其他生产及运输手段完全转为国有；将一切银行收为国有。前苏联1936年《宪法》第4条规定："苏联之经济基础，为社会主义经济体系及生产工具与生产资料社会主义所有制，此体系及所有制因铲除资本主义经济体系，废除生产工具与生产资料私有制以及消灭人对人剥削而业经奠定。"第5条、第6条、第7条还就社会主义所有制的两种形式作了规定。规定生产资料的社会主义公有制也是其他社会主义国家宪法必不可少的基本内容。除此之外，社会主义宪法还就社会主义经济制度的其他方面，如生产的目的，社会产品的分配，国民经济的计划管理等作出必要的规定。总之，通过在宪法上确立以社会主义公有制为基础的经济制度，以保障和促进社会主义经济生活的正常运营和高速度的发展社会生产力，最大限度满足社会成员不断增长的物质和文化的需要，这是社会主义宪法的重要特征之一。

我国宪法是社会主义性质的宪法，它同样具有上述社会主义宪法的最基本的特征。我国从制定第一部宪法时起，就十分重视对社会主义经济基础的形成、巩固和发展的促进作用。早在1954年《宪法》中，就把我国当时从新民主主义向社会主义过渡的国家任务确定下来，规定国营经济是全民所有制的社会主义经济，是国民经济中的领导力量和国家实现社会主义改造的物质基础。国家保证优先发展国营经济；规定合作社经济是劳动群众部分集体所有制的半社会主义经济，国家保护合作社的财产，鼓励、指导和帮助合作社经济的发展，并且以发展生产合作为改造个体农业和个体手工业的主要道路。由于当时我国正处在过渡时期，社会主义改造还没有完成，宪法从当时的实际出发，除了规定国家所有制和合作社所有制外，还同时规定允许个体劳动者所有制和资本家所有制存在。正因为1954年《宪法》在经济方面具有这些特点，所以这部宪法虽是社会主义类型的宪法，但还不是完全社会主义的宪法，而是一部过渡时期的宪法。

1956年，我国已经在全国范围内基本上完成了对农业、手工业和资本主义工商业的社会主义改造，有步骤地实现了从新民主主义向社会主义的过渡。随着社会主义改造的基本完成，社会主义公有制已经成为经济的主体，从此，我国开始进入社会主义的初级阶段。在初级阶段内，由于谁战胜谁的问题已经由社会主义战胜资本主义、无产阶级战胜资产阶级而得到解决，因而社会的主要矛盾已经不再是阶级斗争，而是人民日益增长的物质与文化需要同落后的社会生产之间的矛盾。由于我国的社会主义脱胎于半殖民地半封建社会，没有经过资本主义的充分发展，因而生产社会化程度低，商品经济不发达，整个社会生产力水平还远远落后于当今世界现代化的水平。这就决定了我国必须在社会主义条件下，经历一个相当长的初级阶段，去完成国家工业化和生产社会化、商品化、现代化的任务。我国1982年《宪法》有关经济制度的规定就是从这一具体历史条件下的实际出发的。它总结了我国社会主义经济建设的正反两方面的经验，确立了一整套适合我国国情、具有中国特色的社会主义初级阶段的经济制度，以保障和促进社会主义经济的发展。从社会主义初级阶段的实际出发，我国宪法确认的经济制度遵循下列一些具有长远意义的指导方针。

1. 在我国经济发展中，应继续坚持公有制的主体地位。生产资料的公有制，作为社会主义制度的基本特征，具有私有制所无法比拟的优越性，以公有制为基础的社会主义生产关系，能够从根本上克服资本主义固有的基本矛盾，保证生产、流通、分配置于社会的自觉调节和控制之下，实现经济的合理发展。只有以公有制为基础，才能使劳动者从被奴役的地位成为名副其实的生产资料的主人和国家的主人；才能实行按劳分配，消灭剥削，调动广大劳动者的积极性，并通过诚实劳动走向共同富裕。

2. 建立社会主义初级阶段的所有制结构。在发挥国有经济主导作用的基础上，形成以公有制为主体，个体、私营和中外合资、合作以及外商独资经济等多种经济成分长期共存、共同发展、平等竞争的所有制结构新格局。积极发展多种经济形式，是与我国当前的生产力发展水平相适应的，是发展壮大社会主义经济、加快社会主义现代化建设的需要。在保障国有经济巩固和发展的同时，积极发展上述各种经济形式，使之成为社会主义经济的必要的有益的补充，发挥其不可替代的作用，并对它们加强正确的管理和引导，有利于生产建设的发展和满足人民生活提出的不断增长的多种多样的需求。

3. 建立社会主义市场经济体制，发挥国家宏观调控的作用，引导市场健康发展。市场经济作为一种社会化分工协作的必然产物，是一种经济活动形式，它的充分发展是社会经济发展不可逾越的阶段，是实现生产社会化、现代化必不可少的基本条件。社会主义条件下的市场经济不同于资本主义市场经济的特点，是由社会主义制度本质特征决定的。这包括共产党领导的人民民主专政、公有制为主体、按劳分配是主要分配形式等。这些特征决定社会主义的市场经济更有可能自觉地运用宏观调控与市场的手段，使社会整体利益与局部利益相结合，更好地兼顾效率与公平，更快地发展社会主义经济。

4. 坚持改革开放，加快社会主义现代化建设的步伐。社会主义是在改革中前进的社会。在我国，由于长期形成的僵化的经济体制严重束缚着生产力的发展，在社会主义初级阶段，改革更成为迫切的历史要求。另外，当代国际经济关系越来越密切，任何国家都不可能在封闭状态下求得发展，在经济文化落后的基础上建设社会主义，尤其要发展对外经济技术的交流与合作，努力吸收世界文明成果。在社会主义初级阶段，只有一方面继续坚持独立自主、自力更生，另一方面坚持对外开放，才能逐步缩小同发达国家的差距，加快社会主义现代化建设。因此，宪法在序言中提出，要"坚持改革开放，不断完善社会主义的各项制度"，这就是要求在坚持社会主义基本经济制度、基本政治制度的前提下，有领导、有秩序地进行经济体制和政治体制的改革，改革那些生产关系和上层建筑中不适应生产力发展的部分，实现社会主义制度的自我完善。

5. 宪法规定的经济制度和经济原则是为集中力量进行社会主义现代化建设服务的。在社会主义初级阶段，为了摆脱贫穷和落后，尤其要把发展生产力作为全部工作的中心。只有大力发展生产力，逐步实现工业、农业、国防和科学技术的现代化，才能实现社会主义生产的目的，不断提高广大人民的物质文化生活水平，推进整个社会经济生活的现代化进程，使社会主义制度得到巩固和完善。

二、我国社会主义公有制的形式

《宪法》第6条规定："中华人民共和国的社会主义经济制度的基础是生产资料的社会主义公有制，即全民所有制和劳动群众集体所有制。"这一规定，从经济制度上划清了社会主义社会和历史上任何私有制社会的界限，指明了社会主义制度优越性的经济根源和社会主义社会全部上层建筑赖以建立的经济基础。

社会主义公有制根本不同于私有制。在私有制社会中，生产资料为私人所有。虽然那里也有名义上的"全社会所有"，但在这样的社会里，剥削阶级总是统治者，而劳动者是被统治者，他们不可能是这种"公有"的生产资料的所有者。我国社会主义公有制的实质，是由全体劳动者共同占有和支配生产资料，共同占有和享受劳动成果，这就从根本上消灭了人剥削人的制度赖以存在的经济基础。只有实行生产资料公有，才能有效地组织社会化的大生产，创造具有高度发达的生产力和比资本主义更高的劳动生产率。我国建国以来社会主义革命和建设的一条最基本的经验，就是坚持社会主义方向和道路，坚持生产资料的社会主义公有制。党的十一届三中全会以来的发展经济的方针也贯穿了这一基本思想，即必须坚持社会主义道路，维护社会主义公有制。宪法的上述规定，正是恰当地体现了社会主义建设的最基本的经验和经济体制改革的基本思想。

我国现阶段的生产资料的社会主义公有制，主要有两种基本的形式，即全民所有制和劳动群众集体所有制。

全民所有制是由社会主义国家代表全体人民占有生产资料和劳动产品属于全体人民所有的一种所有制，它是同高度社会化的生产力相联系的公有制形式。由于生产资料掌握在全体人民手中，并实行各尽所能，按劳分配的原则，从而消灭了人剥削人的制度，人们之间的关系是平等的、互助合作的关系。全民所有制经济的范围大体包括：①矿藏、水流、森林、山岭、草原、荒地、滩涂等自然资源，但是法律规定为集体所有的森林、山岭、草原、荒地、滩涂除外；②城市的土地、农村和城市郊区根据法律规定属于国家所有的土地；③银行、邮电、铁路、公路、航空、海运、国有工厂、国有农场、国有商业等国有企业和设施。

《宪法》第7条规定："国有经济，即社会主义全民所有制经济，是国民经济中的主导力量。国家保障国有经济的巩固和发展。"国有经济是国民经济中的主导力量，是指国有经济在整个国民经济发展中起着决定性的作用。这是由于：①国有经济在国民经济的整个比重中占统治地位，拥有雄厚的经济实力，掌握着国家的经济命脉；②国有经济由国家掌握，决定着我国国民经济的性质和发展水平，左右着国家的经济形势，成为经济增长的主要支柱、资金积累的主要源泉和技术进步的主要阵地；③国有经济以其在国民经济中的绝对优势，影响并制约其他经济的发展，它保障集体经济沿着社会主义方向前进，保障非公有制经济为社会主义服务，保障整个国民经济的发展符合人民整体的和长远的利益。因此，国有经济是国民经济中的主导力量，是我国人民民主专政政权的物质基础，也是实现社会主义现代化的物质基础。坚持国有经济的主导地位是社会主义国家对经济实行宏观控制的重要前提。为了保障国有经济的巩固和发展，国家要制定国民经济和社会发展计划，指导国有经济的不断发展；在投资比例上和技术装备上国有企业都处于优先发展的地位；同时，国家还要通过一系列立法，来保护国有经济的协调发展。这里需要指出的是：国有经济的发展决不应以限制和排斥其他经济形式和经营方式的发展为条件。

劳动群众集体所有制，是社会主义公有制的另一种形式。它主要是在对个体农业、个体手工业和个体商业进行社会主义改造的基础上建立并逐步发展起来的。党的十一届三中全会后，随着经济体制改革的发展，又涌现了一批乡镇企业。在这种公有制形式中生产资料和劳动产品属于各个不同集体经济单位的劳动者所共有，劳动者和生产资料的直接结合局限于本集体单位内部，是部分劳动群众共同占有生产资料的一种公有制，劳动群众集体所有制的经济组织在遵守有关法律的前提下独立核算，自负盈亏，自行支配属于自己的财产和人员。任何组织或个人都不得加以干涉或无偿动用或占有属于集体的财产和人员。在集体经济内部，由于消灭了人剥削人的制度，人们之间的关系也是平等、互助合作的关系。

按照目前我国生产力的发展水平，有组织的集体经济仍然是现在广大农村中的主要经济形式。1993年《宪法修正案》规定："农村中的家庭联产承包为主的责任制和生产、供销、信用、消费等各种形式的合作经济，是社会主义劳动群众集体所有制经济。"在卓有成效的农村经济体制改革过程中，出现的家庭联产承包责任制，即使农户有了生产经营自主权，又坚持了土地等基本生产资料的公有制和必要的统一管理。这种统分结合的双层经营形式，具有较强的适应性，它一方面使生产关系的变革不离开社会主义方向；另一方面又可容纳农村各地不同水平的生产力。这是农村集体经济的自我完善与发展。宪法修正案将家庭联产承包责任制作为农村集体所有制的主要经济形式规定下来，用它取代已被实践证明不适应农村经济发展的"人民公社"体制，是国家实现农村经济体制改革的重大举措，也是建立市场经济体制的重要组成部分。

此外，随着经济体制改革的深入发展，农村集体经济有的已经超出农业部门，出现了各种农工商联合经济组织，促进了农村经济开始向专业化、商品化、现代化转变。这种多层次、多形式的经济联合，把众多的分散的生产者联合起来，使它成为整个社会主义经济的有机组成部分。只有充分发挥各种经济组织的积极作用，才能适合和促进各层次生产力的发展。

《宪法》还规定："城镇中的手工业、工业、建筑业、运输业、商业、服务业等行业的各种形式的合作经济，都是社会主义劳动群众集体所有制经济。"集体所有制经济在城镇也同样有存在和发展的必要，在城市手工业和许多服务性行业中还有较大的优越性，事实上许多领域的生产建设事业都可以放手依靠集体来兴办。但是，1958年以后，在急于过渡的思想支配下，曾将手工业合作社强行升级过渡，把全国手工业合作社中占职工总数37%的部分升级为国营企业，其余的部分也被升级合并为合作工厂，将自负盈亏改为上级主管部门统负盈亏，职工领取固定工资，工厂盈利几乎全部上缴，许多合作商店也被并店撤点，结果使手工业产品的品种减少，日用工业品品种减少1/3，服务性行业的服务质量下降，给居民生活带来困难，许多待业青年也难于就业。1970年以后，在城市又发展了一大批街道企业。它们自负盈亏，劳动者的利益同企业利益密切结合，因而表现了强大的生命力。但是许多城市又把一些办得好的街道企业强行升为全民所有制。劳动者拿固定工资，盈利全部上缴，结果严重挫伤了街道办企业的积极性，阻碍了城镇集体所有制经济的发展。

正反两方面的经验表明，劳动群众集体所有制完全适合现阶段我国生产社会化程度较低的生产力水平，对于发展生产，繁荣经济，提供积累，扩大就业，满足人民生活需要等方面有积极作用，而且在长时期内是全民所有制经济无法取代的。正是从这一基本事实出发，《宪法》明确规定："国家保护城乡集体经济组织的合法的权利和利益，鼓励、指导和帮助集体经济的发展。"

任何一个社会的生产资料所有制形式都会有一个发展变化过程，社会主义的生产资料公有制形式也不例外，它会随着社会生产力的发展不断发生变化。把公有制形式看成固定不变的，不符合社会主义历史发展的进程。在我国，随着经济体制改革的深入发展，公有制经济本身也出现了多种形式。这不仅表现于集体所有制，也同样表现于全民所有制。

城市经济体制改革在利改税的基础上，使许多企业实行自主经营，独立核算，自负盈亏。虽然这些企业的生产资料仍然属于全民所有，但企业和国家的关系却发生了重大变化。企业从隶属于国家机关的附属单位，变为相对独立的纳税单位。这时的全民所有制，只表明土地、矿藏、资源和设备归全民所有，资金来源于国家，在这个前提下，企业可以自主地进行经营管理，变成具有经营自主权的经济实体。

经济体制改革不仅使企业和国家的关系发生了变化，在公有制内部还出现了全民所有制和集体所有制联合建立的公有制企业，以及各地区、各部门、各企业互相参股等形式的公有制企业。在一些小型国有企业中，有的由职工集体或个人承包、租赁，还有的吸收职工或个人投资入股，有的用自有资金进行扩大再生产或兴办新的企业，有的企业吸收社会闲散资金，等等；使全民所有制企业带有程度不等的集体所有制因素。这些不同的公有制形式为公有制经济的发展带来了活力。

现行宪法在确认生产资料公有制在我国国民经济中的地位和作用的同时，还第一次明确规定了土地所有权的归属问题。《宪法》第10条规定："城市的土地属于国家所有"，"农村和城市郊区的土地，除由法律规定属于国家所有的以外，属于集体所有；宅基地和自留地、自留山，也属于集体所有。"根据宪法规定，现阶段我国土地公有制也有两种形式，即国家所有和集体所有。土地公有制是我国生产资料公有制的重要组成部分。城市土地是指城市市区的土地所有制属于国家即全民所有。城市市区以外的郊区及农村的土地，除我国有关的法律明确规定归国家所有，例如，国有农场的土地，国有的山岭、荒地、草原等以外，一律归集体所有。至于镇的范围大小不一，有的镇属于农村的集镇，范围较小，人口也少，属于农村的行政单位，土地一般属于集体所有；有的镇属于市镇，范围较大，人口较多，也有一定的工业企业，其性质为城市的行政单位，土地一般属于国家所有。农村中的宅基地、自留地、自留山，均属集体所有。城市的宅基地则属于国家所有。

2004年《宪法修正案》第20条规定，"国家为了公共利益的需要，可以依照法律规定对土地实行征收和征用并给予补偿。"宪法不但区别了征收和征用两种不同性质的行为，而且明确国家要依法补偿。

1988年《宪法修正案》第10条第4款规定："任何组织或者个人不得侵占、买卖或者以其他形式非法转让土地。土地的使用权可以依照法律的规定转让。"土地使用权可以依法转让的规定，是宪法对我国土地管理制度所作重大改革的确认。

土地使用权转让，是指土地使用权有偿出让和有偿转让而进行的经济活动。土地使用权有偿转让的含义包括了两个层次的内容：①是土地使用权的出让，指政府将国有土地的使用权有偿、有限期地出让给用地者，当事人双方是所有者和使用者的关系；②是土地使用权的转让，指原受让者对所获得的土地进行开发后，通过有偿的转移或无偿的赠与、继承等法律行为，把土地使用权连同附着的建筑物转让给新的受让者，新的受让者必须承袭原受让者与当地政府建立的土地使用权让受双方的经济关系及相应的权利义务。但是，原受让者对所获得的土地在未进行开发、建筑前，是不得转让给他人的。国家通过土地使用权有偿转让的运行机制，可以提高土地使用效益，为国家筹集建设基金，建立包括房地产等生产要素市场在内的社会主义市场体系。这对于商品经济的发展，深化经济体制改革具有全局上的意义。

三、我国社会主义的分配制度

《宪法》第6条规定："社会主义公有制消灭人剥削人的制度，实行各尽所能，按劳分配的原则。"各尽所能，按劳分配作为社会主义个人消费品的分配原则，它的基本特点是：多劳多得、少劳少得，有劳动能力的人不劳动不得食。这种分配制度是社会主义生产关系不可缺少的方面，也是社会主义公有制在分配领域的实现。只有建立了生产资料公有制，劳动者成了生产资料的主人，才可在分配关系中消灭人对人的剥削，才能够按照人们向社会提供的劳动量来分配消费品。在这里，没有人能凭借占有生产资料去无偿占有别人的劳动，只有按照自己的能力进行劳动的平等义务和按照自己的劳动贡献取得消费品的平等权利，所以这种分配制度是与生产资料公有制紧密相联的，是劳动者共同占有生产资料的必然结果。

在社会主义初级阶段，由于社会产品还没有极大地丰富，人们的共产主义觉悟也没有极大地提高，所以还不能实行"按需分配"，只能实行按劳分配。按劳分配就是承认个人的物质利益原则，允许工作能力高低不同、劳动贡献大小不同的劳动者取得不同的劳动报酬。在现阶段，我们对于劳动者的贡献，除了精神鼓励以外，还必须实行物质鼓励。实行按劳分配，可以使劳动者更好地从物质利益上关心自己的劳动成果。只有把个人肩负的责任和劳绩密切联系起来，才有利于调动劳动者的积极性，实现个人利益同集体利益、国家利益的密切结合，促进生产力的发展。否则，干多干少一个样，干好干坏一拉平，"吃大锅饭"，势必挫伤劳动者的积极性，影响生产力的发展。

实行社会主义分配制度必须克服平均主义思想。长期以来，在消费资料的分配问题上存在一种误解，似乎社会主义就只能实行平均分配，如果社会成员之间劳动收入出现了较大的差距，就认为是"两极分化"，"背离社会主义"。其实这是违背马克思主义关于社会主义的科学理论的。社会主义要达到共同富裕的目的，但不能把共同富裕理解为完全平均和同步富裕。事实上，同步富裕是不可能的，硬性去做，只能破坏生产力，导致共同贫穷。只有允许和鼓励一些人先富起来，才能对大多数人产生强烈的吸引和鼓舞作用，使他们也跟着走上富裕之路。这只是先富后富、快富慢富的差别，而根本不是那种少数人变为剥削者，大多数人陷于贫穷的两极分化。在当前，实现按劳分配就是要扩大工资差距，拉开档次，以充分体现奖勤罚懒、奖优罚劣，多劳多得、少劳少得的原则；也要体现脑力劳动和体力劳动、复杂劳动和简单劳动、熟练劳动和非熟练劳动、繁重劳动和非繁重劳动之间的差别。凡是有条件的，都应当在严格质量管理和定额管理的前提下，积极推行计件工资制和定额工资制，以充分发挥各尽所能，按劳分配制度的优越性。

应当指出，在社会主义初级阶段，由于受生产力发展水平的限制，在分配制度方面所表现的特征是：①按劳分配原则的实施不仅表现在所有制性质不同的经济成分之间的差异，即使在公有制经济内部，在全民经济与集体经济之间，在全民、集体经济内部的不同企业之间，还不可能有一个统一的尺度。②随着经济体制改革的深化，现阶段我国除按劳分配的形式外，还存在着与多种所有制形式相对应的多种分配形式。经过修正的我国《宪法》第6条第2款规定："国家在社会主义初级阶段，坚持公有制为主体、多种所有制经济共同发展的基本经济制度，坚持按劳分配为主体、多种分配方式并存的分配制度。"宪法的这一规定表明，社会主义初级阶段的分配方式不可能是单一的。我们必须坚持的原则是，以按劳分配为主体，其他分配方式为补充。除了按劳分配这种主要方式和个体劳动所得以外，企业发行债券筹集资金，就会出现凭债权取得利息；随着股份经济的产生，就会出现股份分红；企业经营者的收入中，包含部分风险补偿；私营企业雇用一定数量劳动力，会给企业主带来部分非劳动收入。以上这些收入，只要是合法的，就应当允许。这些分配形式的存在是不以人的意志为转移的，它们是商品经济发展的必然产物。它们的存在对我国的经济发展是必要的。但这些分配形式在我国经济中不占主导地位，它们是作为按劳分配的补充形式而存在的，并且随着经济体制改革的深化，我国商品经济的进一步发展，这些分配形式将继续存在，预计其分配的收入额在国民收入分配总额中所占比重将会有所提高。我们的分配政策，既要有利于善于经营的企业和诚实劳动的个人先富起来，合理拉开收入差距；又要防止贫富悬殊，坚持共同富裕的方向，在促进效率提高的前提下体现社会公平。对过高的个人收入，要采取有效措施进行调节；对以非法手段牟取暴利的，要依法严厉制裁。总之，按劳分配原则的彻底实施，有待于通过生产力的发展，经济管理水平的提高而逐步实现。

第二节　我国非公有制经济形式

一、个体经济私营经济

经过修正的《宪法》第11条规定："在法律规定范围内的个体经济、私营经济等非公有制经济，是社会主义市场经济的重要组成部分。""国家保护个体经济、私营经济等非公有制经济的合法的权利和利益。国家鼓励、支持和引导非公有制经济的发展，并对非公有制经济依法实行监督和管理。"

个体经济是指个人或家庭占有一定的生产资料，并以个人及其家庭成员的劳动为基础，独立从事生产经营活动的一种经济形式，主要指分散在城乡的个体手工业者和小商、小贩所经营的小型手工业、零售商业、饮食业、服务业、修理业和运输业等。

个体经济是一种古老的经济形式，它能够在几千年漫长的时间里存在下来，不被淘汰，是因为它具有很强的适应性，能不断随着情况和需要的变化来改变其生产、经营方式，满足人们经济生活的需要。个体经济的小型、分散、灵活、多样、适应性强等优点，不仅为生产力低下的社会所需要，就是在生产力高度发展的国家，也仍有存在的价值。过去在"一大二公"的思想指导下，把个体经济当做资本主义尾巴对待，采取排挤、打击、取缔的政策，企图把全部经济都变成单一的全民所有制经济，因而生产、经营单位越并越大，商业、饮食、服务网点越并越少，结果使商品品种减少，市场供应紧张，服务质量下降，给人民生活带来许多不便。

在社会主义初级阶段，我国社会主义制度的发展和完善，要经历一个长期的过程。国家要集中力量进行现代化建设，人民群众生活方面的一切事情，不可能都由国家兴办，无论是国有经济还是集体经济都不可能满足城乡人民各方面的生活需要，所以还需要个体经济的存在和发展，充分发挥个体经济的积极作用，对于发展社会生产、活跃市场、方便人民生活、扩大劳动就业具有不可代替的作用，在国民经济体系中，个体经济还是一个值得重视的积极力量。因此，在我国发展个体经济是一个相当长时期的方针，而不是权宜之计。

在现阶段我国公有制经济占绝对优势的条件下，个体经济依赖于公有制经济并受其影响和制约。同时，个体经济也只有依赖于公有制经济才能存在和发展。因此，现阶段我国劳动者个体经济不仅不同于旧社会的个体经济，也不同于社会主义改造以前的个体经济。现阶段，只有多种经济形式的合理配置和发展，才能繁荣城乡经济，方便人民生活。

私营经济是指以雇佣劳动为基础，以追求利润为目的的私有制经济，它在本质上属于资本主义性质的经济成分。

经济体制改革的实践表明，社会主义初级阶段的所有制结构必须以公有制为主体。离开了这个基础就谈不上社会主义。但是，单一的公有制是不可能囊括社会经济的一切领域的。现阶段生产力的实际状况决定我们必须鼓励公有制以外的其他经济成分的发展，以至允许私营经济的存在和发展。当前，我国的私营经济与资本主义社会的私人企业既有某些相同之处，又有重要的区别。在社会主义条件下，它必然同占优势的公有制经济相联系，并受公有制经济的巨大影响。实践证明，私营经济一定程度的发展，对于促进生产，活跃市场，扩大就业，更好地满足人民多方面的生活需求，是有积极作用的。同时在公有制经济占绝对优势的情况下的私营经济，不会也不可能改变社会主义国家的性质。

根据国家有关部门的统计，截止到1998年末，我国个体、私营企业的户数已分别达3120.2万户和120.1万户；从业人员分别达6114.4万人和1709.08万人；注册资金分别为3120.31亿元和7198.06亿元；创产值分别为5960.35亿元和5853.25亿元；营业收入分别为1.75万亿元和5323.75亿元；社会消费品零售分别为9780.46亿元和3059.35亿元；出口创汇折合人民币分别为22.69亿元和187.61亿元。以上指标除注册资金和出口创汇外，个体经济在户数、从业人员、总产值、营业收入以及社会消费品零售额等方面所占的比重均大于私营经济。可见，在个体、私营经济的发展过程中，日益显示了它们的强盛活力。特别是随着我国国民经济的发展和个体经济在总量上的迅速增加，诱发出其中一些个体经济质的变化。由于不少个体工商户积累了资产资金，形成了规模经营，从业人员也突破了个体经济的人数限制，发展演变为具有新的经营方式即以雇工经营为主的私营企业。

另外，我国的私营经济也正经历着从初级的个体经济的单独经营和散落状态向较高级的规模经营和组织状态的转变。私营企业不同于个体工商户的本质差别在于，前者追求规模效益，有着较强烈的改善生产条件、优化生产要素组合、创新企业经营管理体制的要求。显然，私营企业的存在和发展，其积极意义是不容否定的。在一些经济不发达地区，私营企业起着脱贫致富，接受商品经济观念的先导作用和示范效应；在沿海地区，它参与着与国有企业、集体企业的竞争；在国际市场上，也有私营企业搏击的轨迹。

为了使私营企业更能适应国民经济发展的需要，国家提倡私营企业今后应向生产型、外向型、科技型发展，积极支持有条件的私营企业举办中外合资、中外合作企业和承揽"三来一补"业务。鼓励、引导私营企业向从事为国有大中型企业生产、加工配套产品以及为居民生活服务的行业发展，为农业产前、产中、产后服务的行业发展。

个体经济和私营经济的存在和发展，体现了我国社会主义经济结构的原则性和灵活性。它既是统一的，又是多样的。这有助于社会主义制度优越性的充分发挥。

个体经济和私营经济作为非公有制经济，受价值规律的支配，具有一定程度的自发性和投机性。因此，国家要通过引导、监督和管理（这主要包括：加强税收管理，杜绝偷税漏税；加强对经营活动的管理，取缔违法经营；根据实际情况和需要，限制行业范围、产品范围和经营规模；限制过度消费；认真维护雇佣工人的合法权益等），以限制其盲目性和消极的一面，发挥其一定范围内的积极作用。

九届全国人大二次会议对于宪法关于个体、私营经济规定的修正表明：个体、私营等非公有制经济同公有制经济是共同发展的关系，它们都有各自的特点和优势，而不是谁优谁劣、谁高谁低、互不相容、互相排斥的关系。在我国的现阶段，不能只强调公有制经济而不讲发展个体、私营等非公有制经济；也不能只强调后者不讲前者，否则就会脱离社会主义初级阶段的实际，不利于生产力的发展。十届全国人大二次会议通过的2004年《宪法修正案》第21条规定，"国家鼓励、支持和引导非公有制经济的发展，并对非公有制经济依法实行监督和管理。"这一规定更加强调非公有制经济地位的重要和国家对其政策的改变。

二、中外合资、合作经营企业和外商独资企业

对外开放是以社会化大生产为基础的商品经济发展的必然趋势，也是当代各国实现现代化的必要条件。从历史的经验看，任何国家的现代化过程，都是应用先进科学技术，通过技术创新，建立主导产业部门，带动整个经济起飞。在这一过程中，资金短缺是每个发展中国家都会碰到的一个具有共同性的问题。一般说来，现代化建设的资金主要来源有二：一是靠国内积累；二是利用外资。解决建设资金主要应当立足于国内。就我国的具体情况来看，由于底子薄，多年来高度集中的经济管理体制束缚了经济的活力，投入产出比相当低；再加上我国金融业不发达，社会的闲散资金不能有效地集中起来投入再生产，就使我国现代化建设面临资金的严重不足。倘若我们能积极利用外资，则可部分缓和资金短缺，加快我国的现代化建设。

利用外资主要有两种形式：

一种形式是向国际金融机构、外国政府和商业银行筹措贷款；另一种形式即是吸引外国资本的直接投资。实践证明，后一种利用外资的形式对我国更有利。世界银行的研究表明，向外国贷款所支付的利息占贷款总额的比重，大于外商直接投资汇出利润占资本投入总额的比重。况且，外国直接投资的不动产是在受资国的土地上，这对受资国显然是有利的。由此可见，吸引外商直接投资是我国引进外资的较好方式。鼓励外商直接投资，在我国兴办和经营中外合资企业，不仅有助于弥补我国现代化建设过程中所遇到的资金短缺问题，而且还有利于引进国际上的先进技术设备、管理经验，促进科技、经济信息交流和我国技术人才的成长。同时，通过这些外商投资企业往往可带动某些产品的出口，增加我国产品在国际市场上的竞争能力。党的十一届三中全会以来，我国执行了对外开放，对内搞活的方针。为了贯彻执行这一方针，我国《宪法》第18条规定："中华人民共和国允许外国的企业和其他经济组织或者个人依照中

华人民共和国法律的规定在中国投资，同中国的企业或者其他经济组织进行各种形式的经济合作。"当前，我国利用外资的主要形式有：

（一）中外合资经营企业

是指凡由一个或几个中国的公司、企业或经济组织和一个或几个国外的公司、企业或个人，依照我国合资法的规定组成共同投资、共同经营、共负盈亏的企业。

（二）中外合作经营企业

是一种新的比较灵活的国际经济合作的形式。它与股权式合营的合资经营不同，属契约式合营。中外合作经营企业（项目）是依照各方共同签订的合作经营合同所规定的合作条件和收益分配办法而成立的一种经济合作组织。合作各方的权利和义务由合同规定，合同经中国政府批准后生效，受中国法律的保护和管辖。

（三）外商独资企业

是指外国和港、澳地区的公司、企业和其他经济组织或个人，经我国政府批准，在我国境内设立机构独自经营的企业。它的特征就是外商独立投资、独立经营管理并承担全部风险。

鼓励中外合资、合作经营企业和外商独资企业的发展，也是我国社会主义经济必要的和有益的补充。今后要进一步健全涉外经济立法，落实优惠政策，改善投资环境，使外国企业家能够按照国际惯例在我国经营企业，以吸引更多的外来投资。

由于"三资"企业都含有资本主义因素，因此对它们同样必须给以管理和引导，要在项目选择上按照产业政策，防止来者不拒；在保护其合法权益的同时，它们必须遵守我国的法律和法规，做到双方共享其利。

综上所述，坚持以社会主义公有制为主体的多种经济并存的所有制结构，是在我国坚持社会主义道路的一项不可动摇的基本原则。坚持这种所有制结构，是为了更好地发挥社会主义经济的优越性，促进我国经济的更快发展，绝不是要削弱或取消公有制经济的主体地位。但在所有制结构体系中，各种经济成分到底应各占多大比重，这只能在实践的过程中，经过深入系统地调查研究，采取适当的措施，逐步使得各种经济成分在整个国民经济中所占的比例和发展范围趋于比较合理。

第三节 保护社会主义的公共财产和公民个人的合法财产

一、社会主义公共财产神圣不可侵犯

《宪法》第12条规定:"社会主义的公共财产神圣不可侵犯。国家保护社会主义的公共财产。禁止任何组织或者个人用任何手段侵占或者破坏国家的和集体的财产。"社会主义公共财产是我国社会主义现代化建设的物质条件,是我国人民民主政权日益巩固的经济基础,也是我国人民物质生活和文化生活得以不断提高,充分享有各项权利和自由的物质保障。因此,保护社会主义公共财产是关系到坚持社会主义制度、巩固人民民主专政、保障人民权益的重大问题。社会主义公共财产是指全民所有制财产和集体所有制财产,它既包括生产资料、消费资料,也包括自然资源、珍贵文物和名胜古迹。

我国宪法宣布社会主义公共财产神圣不可侵犯,体现了它的社会主义本质,同资本主义国家宪法宣布私有财产神圣不可侵犯形成了鲜明的对照。宪法关于保护公共财产的规定,为其他有关立法提供了依据。为了保护社会主义公共财产,根据宪法的原则规定,我国又制定了许多法律、法规,更加具体地规定了对公共财产的保护。

保卫社会主义公共财产,是同严重经济犯罪活动作斗争分不开的。我国人民只有坚持不懈地同经济领域内出现的贪污盗窃、行贿受贿、走私贩私、诈骗等一切损害公共财产的犯罪行为作斗争,才能巩固和发展社会主义公共财产,促进"四化"建设的不断发展。

此外,为了保卫社会主义公共财产,还必须同那些官僚主义严重,致使国家财产遭受严重损失的行为作斗争。

二、保护公民个人财产的所有权

2004年《宪法修正案》第22条规定:"公民的合法的私有财产不受侵犯。国家为了公共利益的需要,可以依照法律规定对公民的私有财产实行征收或者征用并给予补偿。"这一规定,更强调私有财产的地位和对国家公权力的对抗作用,强化了人权保障。

在我国,公民合法的个人财产所有权按其客体的不同可分为公民的生活资

料所有权和生产资料所有权，后者主要是指个体劳动者和私营经济的工商业主为其合法经营所必需的资金、加工对象、生产工具及劳动产品等。具体说，公民个人的合法财产主要包括：①公民的收入；②公民的房屋、储蓄和生活用品；③公民的林木、牲畜和家禽；④公民的文物、图书资料；⑤法律允许公民所有的生产资料；⑥公民的著作权、专利权中的财产权利；⑦公民的其他合法财产等。

现行《宪法》关于公民个人财产权的规定比 1975 年《宪法》和 1978 年《宪法》更为广泛和明确，它突破了过去仅限于保护公民生活资料所有权的界限，指明一切合法财产的所有权均受国家保护。

对我国公民的合法财产，任何单位或者个人都不得非法侵占。当公民个人财产受到侵犯和损害时，公民有权提出归还原物、赔偿损失或者其他合法请求。对于任何侵害公民合法财产的行为，国家都要依法处理。宪法关于保护公民个人财产权的规定，为国家其他有关保护公民个人合法财产权的立法提供了宪法依据。

三、保护公民私有财产的继承权

2004 年《宪法修正案》第 22 条规定，"国家依照法律规定保护公民的私有财产权和继承权。"继承就是依照法律规定的程序对死者生前财产权利和义务的承受，通过继承实现公民个人财产的转移。财产继承权是财产所有权的延伸，也是公民取得财产的一种方式。如果只保护公民个人财产所有权，而不规定继承权，这对于保护公民财产权则是不全面的。为此，现行《宪法》恢复了 1954 年《宪法》关于保护公民私有财产继承权的规定。为了保护公民私有财产的继承权，根据宪法的规定，1985 年 4 月第六届全国人民代表大会第三次会议通过了《中华人民共和国继承法》（以下简称《继承法》）。《继承法》是一部重要的民事法律。它总结我国处理遗产继承的实践经验，吸收民间好的做法，革除旧社会遗留下来的封建习俗的残余，对有关财产继承的种种问题，作出了切合我国实际情况、具有中国特色的具体规定。《继承法》的贯彻施行，有利于调动公民发展生产、增加积累、艰苦奋斗、勤俭持家的积极性，也有利于家庭和社会的安定繁荣。

第四节　发展国民经济的指导方针

一、社会主义生产的手段和目的

《宪法》第14条第1款规定："国家通过提高劳动者的积极性和技术水平，推广先进的科学技术，完善经济管理体制和企业经营管理制度，实行各种形式的社会主义责任制，改进劳动组织，以不断提高劳动生产率和经济效益，发展社会生产力。"

这一规定是根据人是生产力中主要的决定因素这一基本原理和经济活动的科学管理原则出发的。马克思主义认为，不论生产的社会形式如何，劳动者和生产资料始终是生产的因素。社会主义条件下劳动者已经成为生产资料的主人，通过提高他们的积极性，可以创造更多的物质财富。劳动者一旦掌握现代文化、科学、技术，就会更进一步提高他们的劳动技能。劳动生产率的提高既离不开劳动者技术水平的提高，也离不开劳动组织以及管理制度的完善。

过去一段时间，我国在"左"的思想指导下，长期走的是一条浪费大、消耗高、经济效益低的路子。新中国成立以来经济虽有发展，但是人民的生活却没有得到相应的改善，社会主义制度的优越性还没有得到应有的发挥，因此，必须根据宪法的规定，按照政企职责分开，简政放权的原则，对经济管理体制和企业经营管理制度进行改革。宪法规定实行各种形式的社会主义责任制，主要是指我国各种经济企业生产过程中的各种岗位责任制。这种责任制的基本原则是：责、权、利相结合，国家、集体、个人利益相统一。其目的是使每个职工都有明确的分工和职责，使这种岗位责任同对劳动者的奖惩及他们的劳动收入联系起来。这是提高广大职工的责任心和充分发挥他们的主动性、积极性和创造性，以不断提高劳动生产率和经济效益的必要条件。

《宪法》第14条第2、3款规定："国家厉行节约，反对浪费。国家合理安排积累和消费，兼顾国家、集体和个人的利益，在发展生产的基础上，逐步改善人民的物质生活和文化生活。"宪法的这一规定明确地揭示了我国社会主义生产的目的，以及实现这一目的的途径。

社会主义生产的目的不是按照什么人的兴趣或意志而任意确定的，它是从生产资料的社会主义公有制产生出来的客观必然性。在不同的社会制度下，生产资料掌握在不同的阶级或社会集团手里，他们总是按照自己的物质利益要求进行生产，因此，不同性质的社会制度也就决定了不同性质的社会生产目的。在资本主义制度下，生产资料掌握在资产阶级手里，资产阶级的物质利益要求是取得尽可能多的利润，这就是资本主义生产的目的。至于劳动者的物质文化生活需要，只有在保证劳动力的供应和剩余价值榨取的限度内，才会予以考虑。

在我国，劳动者与生产资料的直接结合，决定了我国社会主义生产的目的只能是为了逐步改善全体公民的物质生活和文化生活，也就是不断提高公民的物质待遇和精神生活的享受。经济生活的客观规律表明，生产是整个经济活动的起点和居于支配地位的要素，它决定消费。在社会主义发展过程的每个时期，对于人民的生活需要能满足到什么程度，对于人民的福利能保证到什么程度，这不仅决定于积累与消费分配的比例，还要受当时已经达到的社会生产力水平和已经生产出来的生活消费品数量的制约。在积累和消费的关系上，既不应超出生产的发展不适当地扩大消费；也不应片面强调积累，在生产发展的基础上不逐步提高人民的生活。只有兼顾国家、集体和个人的利益，才能扩大再生产，并增强劳动者建设社会主义的积极性。

厉行节约、反对浪费是增加积累、发展生产、不断满足整个社会日益增长的物质文化需要的基本条件，因此必须切实注重生产的经济效果。如果能厉行节约，杜绝浪费，那么，在一定时期内，同样数量的资金就可得到数量更多的国民收入，从而也就会有更多的劳动财富能用于人民的生活福利。我国现处于社会主义初级阶段，目前生产力水平还不高，经济上还比较落后，在进行社会主义建设中，发扬艰苦奋斗、勤俭建国的方针是十分重要的。要使我国全体社会成员都能有比较富裕的生活，没有几代人的努力是做不到的。我们的一切工作，包括经济工作在内，都必须尽一切可能节约开支。国家的建设资金来之不易，因此必须坚决杜绝各种浪费，任何挥霍浪费人民的劳动成果和资金的行为都是对人民的犯罪。

我国宪法规定的社会主义生产目的及实现这一目的的途径虽是一个经济问题，但它同时也是一个重大的政治问题。它实际上关系到我国人民为之流血牺牲奋斗终生的理想和目标的实现。多年来社会主义建设的实践告诉我们，在理论上和实践上不解决这一问题，社会主义建设就不可能顺利地向前发展，现代化的进程无从加快，社会主义制度的优越性也不可能充分地发挥出来。

二、确立社会主义市场经济体制

我国实行改革开放以来，不断地探索经济体制的目标模式，其核心问题是如何正确认识和处理计划与市场的关系。

建国以来，我国长期实行了高度集中的计划经济体制，集中大量人力、物力、财力进行大规模社会主义经济建设，曾取得很大成就，使我国初步建成以重工业为中心和以三线为重点的工业体系和国民经济体系。但我国在实行计划经济的过程中也曾出现过比例失调、大起大落的现象；物资匮乏、效率上不去，也曾成为我国经济生活中的难题。在建立起工业基础后，计划体制的弊端日益显露出来。之所以为此，原因是多方面的。就经济方面而论，主要是计划体制集中过多，统得过死，指令性计划比重过大，不善于运用经济调节手段，特别是忽视市场调节手段，而这一切又都与否定在社会主义条件下发展商品经济有关。

商品经济和市场经济本来是人类为适应一定发展阶段上的生产社会化的需要而创造出来的经济手段和经济形式。所谓商品经济，就是各种财富都可以买卖的经济。它是同自然经济相对立的一种经济形式。在我国现实条件下，它是特指与以自然经济为特征的产品经济相对立的一种经济形式。所谓市场经济，是一个高度社会化的商品经济概念。它要求各种社会经济资源能够在统一的国内市场中自由流动，得到有效的配置，并能伸向国际市场。市场经济是同"命令经济"或"统制经济"相对立的概念。在我国的现实条件下，它是与指令性计划经济相对立的概念。它们都是从社会资源配置方式的角度界定一种经济的：前者通过市场机制配置资源，后者通过行政命令配置资源。市场经济只是同指令性计划相对立，而并不是与经济的计划性相对立。市场经济可以是完全没有宏观管理的，因而是无计划的；也可以是有宏观管理的，因而是有计划的。可见，商品经济和市场经济是两个既互相联系又有区别的概念。无论从历史上还是从理论上说，商品经济都是比市场经济更为广泛的概念。市场经济必然是商品经济，但商品经济不一定就是市场经济。

在我国过去的一段较长时期，传统观念认为，以公有制为基础的社会主义经济，只能是计划经济，不能是商品经济，更不能是市场经济。并认为，商品经济只能以私有制为基础，市场经济属于资本主义的经济范畴。我国在经济体制改革以前，在实行计划经济的前提下，虽也允许某些商品和市场的存在，但商品只限于不同所有制之间的交换，对市场的范围和作用，总的看也是严格限制的。

党的十一届三中全会以来，随着改革的深入发展，在总结实践经验的基础上，我们逐步摆脱了传统观念的束缚，明确了社会主义经济仍然具有商品经济的性质，概括了适应社会主义的有计划商品经济运行机制的基本原则，即在坚持计划经济的同时，肯定了市场调节的作用。这一有关经济运行的重大改革，被纳入我国宪法的规定之中。《宪法》原第 15 条第 1 款的规定，即："国家在社会主义公有制基础上实行计划经济。国家通过经济计划的综合平衡和市场调节的辅助作用，保证国民经济按比例地协调发展"，就是这一认识的反映。后来，党的十三届四中全会后，又把它概括为"计划经济与市场调节相结合"。这都表现了人们对市场作用认识的深化，也是对传统观念的重大突破，它对我国以市场为取向的改革实践，起了积极的推动作用。特别是，邓小平同志针对过去长期把计划经济和市场经济归诸社会制度的范畴，为了使人们摆脱这种思想束缚，对计划与市场问题又作了深刻的阐述，他指出：计划多一点还是市场多一点，不是社会主义与资本主义的本质区别。计划经济不等于社会主义，资本主义也有计划；市场经济不等于资本主义，社会主义也有市场。计划和市场都是经济手段。这一科学论断，从根本上破除了把计划经济和市场经济看作是社会基本制度的传统观念，使人们在计划与市场关系问题上有了新的重大突破。

随着实践的发展和认识的深化，为了进一步解放和发展生产力，党的十四大明确提出："我国经济体制改革的目标是建立社会主义市场经济体制。"党的十四大关于建立市场经济体制的决定，是一种实施宪法过程中的理论发展和体制的调整。为了使宪法相关条文的规定更好地反映现实，1993 年第八届全国人大第一次会议通过的《宪法修正案》第 7 条对《宪法》第 15 条的规定修改为："国家实行社会主义市场经济。""国家加强经济立法，完善宏观调控。""国家依法禁止任何组织或者个人扰乱社会经济秩序。"1993 年《宪法修正案》的这一规定表明，我国的经济体制将全面走向市场经济，也就是要使市场在社会主义国家宏观调控下对资源配置起基础性作用，使经济活动遵循价值规律的要求，适应供求关系的变化；通过价格杠杆和竞争机制的功能，把资源配置到效益较好的环节中去，并给企业以压力和动力，实现优胜劣汰；运用市场对各种经济信号反应比较灵敏的优点，促进生产和需要的及时协调。当然，市场并不是万能的，它有其自身的弱点和消极方面，因此，社会主义市场经济要更好地发挥国家宏观调控的作用。国家要运用经济政策、经济法规、计划指导和必要的行政管理，引导市场健康发展。

宪法修正案把实行市场经济作为国家经济体制改革的目标模式确立下来，这就使我国 10 多年来改革开放的实践经验获得了国家根本法的肯定。这不仅有助于发挥宪法对改革的指导和规范作用，也为有中国特色社会主义事业的蓬勃发展，提供了国家根本法的保证。

三、国有企业和集体经济组织的自主权

经过修正的《宪法》第16条规定:"国有企业在法律规定的范围内有权自主经营。""国有企业依照法律规定,通过职工代表大会和其他形式,实行民主管理。"经过修正的宪法第17条规定:"集体经济组织在遵守有关法律的前提下,有独立进行经济活动的自主权。""集体经济组织实行民主管理,依照法律规定选举和罢免管理人员,决定经济管理的重大问题。"这些关于企业自主权的规定,是关系到建立充满生机的社会主义经济体制的重要问题。

建国初期,我国面临着实现全国财政经济统一、对资本主义工商业进行社会主义改造和开展有计划的大规模经济建设的繁重任务,逐步建立起全国集中统一的经济体制。那时,在经济建设的许多方面,还没有统得过死,而且在社会主义改造的方法和步骤上坚持了从中国实际出发,有很大的创造。但是,随着经济发展规模的扩大,原有的一些措施并没有根据已经变化了的情况作适当的调整,经济体制方面某些统得过多过死的弊端逐渐显露出来。特别是由于1957年以后党在指导思想上的"左"倾错误的影响,把搞活企业和发展社会主义商品经济的种种正确措施当成"资本主义",结果使经济体制上过度集中统一的问题不仅长期得不到解决,而且发展得越来越突出。此外,政企不分,把国家所有同各级政府部分直接经营企业混为一谈,也是造成国家对企业统得太多太死的一个重要原因。

我国长期以来实行的中央高度集权,由国家直接经营的管理体制的特点是:生产上统一安排,销售上统购包销,财政上统收统支。即企业的人财物、供产销的权力都集中在国家各级行政管理部门手中,企业没有经营管理的自主权。由于一切活动都必须按上级机关的指令办事,企业难于对自己的经营效果负责,而只能由国家统负盈亏,形成企业吃国家"大锅饭"、职工吃企业"大锅饭"的局面,加之这种体制难以避免官僚主义,从而严重压抑了企业和广大职工群众的积极性、主动性、创造性,使本来应该生机盎然的社会主义经济在很大程度上失去了活力。

具有中国特色的社会主义,首先应该是企业有充分活力的社会主义。企业的活力对于我国经济的全局和奋斗目标的实现,是一个关键问题。为了增强国有企业的活力,宪法着重从两个方面原则规定了正确的关系。

1. 确立了国家和国有企业之间的正确关系,扩大了企业自主权。《宪法》规定:"国有企业在法律规定的范围内有权自主经营。"这就是说,按照政企分开,简政放权的原则,企业有权选择灵活多样的经营方式,安排自己的产供销

活动,拥有和支配自留资金,依照规定自行任免、聘用和选举本企业的工作人员,自行决定用工办法和工资奖励方式,在国家允许的范围内确定本企业产品的价格,等等。党的十四大报告提出,要"通过理顺产权关系,实行政企分开,落实企业自主权,使企业真正成为自主经营、自负盈亏、自我发展、自我约束的法人实体和市场竞争的主体,并承担国有资产保值增值的责任。"凡是国家法令规定属于企业行使的职权,各级政府都不要干预。下放给企业的权力,中央政府部门和地方政府都不得截留。政府的职能,主要是统筹规划,掌握政策,信息引导,组织协调,提供服务和检查监督。这样既能保证整个国民经济的统一性,又能保证企业生产经营的多样性、灵活性和进取性。

2. 确立了职工和企业之间的正确关系,保证了劳动者在企业中的主人翁地位。劳动者的积极性、智慧和创造力是企业活力的源泉。当劳动者的主人翁地位在企业的各项制度中得到切实的保障,他们的劳动又与自身的物质利益紧密联系的时候,劳动者的积极性、智慧和创造力就能充分发挥出来。因此,"通过职工代表大会和其他形式,实行民主管理",使之充分发挥在审议企业重大决策、监督行政领导和维护职工合法权益等方面的权力和作用,这既是劳动者积极性得以正确、有效发挥的必要条件,也是社会主义直接民主的重要体现。

由于国有企业是属于全民所有,集体所有制企业是属于部分劳动群众所有,因此在自主权的程度上,国有企业比集体经济组织要小,国有企业只"有权自主经营",而集体经济组织则"有独立进行经济活动的自主权。"另外,根据宪法规定,二者享有自主权的前提也不同。国有企业享有自主权的前提是"在法律规定的范围内"。集体经济组织享有自主权的前提是"遵守有关法律"。第八届全国人大第一次会议通过的《宪法修正案》将原来规定的"国营企业"和"国营经济"改成为"国有企业"、"国有经济",这就从宪法上确认了全民所有制经济的所有权和经营权的分离,进一步保障了国有企业的自主权。此外,为了适应市场经济体制的确立,修正案还删去了第16条和第17条中原规定的国有企业须"服从国家的统一领导和全面完成国家的计划"、集体经济组织须"接受国家计划指导"等享有自主权的前提。这一修改将会进一步增强企业的活力,建立起具有中国特色的、生机盎然的社会主义经济体制。

◆ 思考题

1. 如何理解经济制度的概念?
2. 试述经济制度与宪法的关系。

3. 现阶段我国经济制度有哪些主要特点?
4. 现行宪法规定实行社会主义市场经济有什么意义?
5. 如何看待我国宪法修正案对经济制度的规定?
6. 试析《宪法修正案》第二条的意义。
7. 市场经济对我国宪法发展有哪些意义?

第七章 政治文明与精神文明建设

◆ **教学目的**

通过学习本章,较为全面地理解精神文明建设的内涵以及精神文明与物质文明的关系。本章的难点有二:一是宪法与精神文明的关系;二是精神文明与制度文明的联系。

第一节 精神文明概述

一、精神文明的概念

文明是一个很难界定的概念,人们一般在需要表明人类社会整体进步与发展的程度和状态的时候使用它。按照摩尔根的见解,人类社会的发展经过了蒙昧时代、野蛮时代和文明时代三个阶段。文明是相对蒙昧、野蛮而言的一种社会发展与进步的状态。它是以铁器的使用和文字的产生为标志的。就内容而言,文明包括物质文明和精神文明两个方面。这就是福泽谕吉所谓"文明有两个方面,即外在的事物和内在的精神。"

物质文明指的是人类社会改造客观世界所获得的物质成果,表现为物质生产的进步和物质生活的改善。精神文明是人类社会在改造客观世界的同时对自己主观世界改造所获得的精神成果,一般表现为教育、科学、文化知识的发达和人们的思想、政治、道德水平的提高。明确精神文明的含义,还必须了解精神文明与物质文明的密切关系。它们互为条件、互相保证、互相促进、相辅相成。精神文明是伴随着物质文明的生产而产生的,是生产实践中的精神产品。物质文明是精神文明的基础,没有一定的物质文明,不可能有精神文明。物质文明为精神文明提供物质条件和实践经验。反过来,精神文明不仅决定了物质文明的社会性质，还为物质文明提供精神动力、智力支持和思想保证。没有精神文明，物质文明也搞不好，也要受破坏。此外，还应了解精神文明的范围。精神文明的范围涉及面极广，大体上可以分类两个方面的内容：一是指教育、科学、文化、艺术等有关人类智能方面的因素；二是指理想、信念、道德等有关人类思想道德方面的因素。

我国社会主义精神文明是阶级社会最高类型的一种精神文明，是有中国特色社会主义的基本特征之一，是有中国特色社会主义理论和实践的重要组成部分。它是以马克思主义毛泽东思想和邓小平理论为指导，建立在社会主义公有制基础之上的，由人民大众创造为人民大众服务的精神文明。社会主义精神文明建设就是在物质文明的建设过程中，通过理想教育、道德教育、文化教育、纪律和法制教育以及其他有关的途径和形式，提高全民族思想道德素质和发展社会主义文化事业。

二、精神文明与宪法的关系

精神文明是随着社会生活方式的变更不断向前发展的，先后经历了奴隶制社会的精神文明，封建社会的精神文明后，迈进了近代的资本主义精神文明和现代的社会主义精神文明。作为国家根本法的宪法是近代的产物，精神文明同宪法的关系，从历史的角度看，是指近现代精神文明同宪法的关系；从性质上看，则包括资本主义精神文明同宪法的关系和社会主义精神文明同宪法的关系。精神文明的内容极其广泛，文化制度是精神文明的重要内容和构成部分，我们这里仅从文化制度的角度分析宪法与精神文明的关系。

(一) 宪法是精神文明的产物

近代意义宪法的产生，有深刻复杂的社会背景，民主的、大众的和科学的文化是宪法产生的重要条件。伴随着近代商品经济和资本主义民主政治而产生发展起来的近代资本主义文化，与传统文化相比有一定的先进性，它是民主的文化，与专制文化相对立，服务于民主政治；它是大众的文化，具有平民性的特点，是对贵族文化的否定，肯定了文化权利的平等性；它是科学的文化，是对各种神秘文化的否定，形成了较为合理和科学的自然科学和社会科学体系，极大地促进了社会政治经济的发展。近代民主的、大众的和科学的文化，对近代宪法的产生起了主要作用。①近代资产阶级的文化革命对近代宪法的产生起到了直接的促进作用。宗教改革是资产阶级文化革命的重要内容，它按照资产阶级的要求，以宗教改革的形式对封建制度的精神支柱进行批判，确立了反映资本主义精神的资产阶级新教伦理和个人的宗教信仰自由观念，为清除宪法产生的宗教障碍做出了贡献。启蒙思想家高举理性的大旗，动用自然法理论的武器，用科学批判神学，用人权反对专制，使自由、平等、博爱等思想观念得到了传播和普及，为宪法的产生创造了思想条件。②近代的资本主义文化为宪法产生提供了理论和技术条件。随着社会生产力的发展，社会分工越来越细，客观要求法律以部门法的形式对社会关系进行分门别类的调整，这必然导致旧的诸法合体的法律形式的解体；另一方面，社会又在分工的基础上走向了新的综合，因而需要有一种法律凌驾于其他法律之上，对社会关系进行统一调整，这种法律就是作为国家根本法的宪法。近代的社会科学特别是政治学、社会学和法律学为这一个过程的完成提供了理论和技术支持。可以说，没有资产阶级的文化革命，没有近代的社会科学，特别是法学和职业法学家的创造性劳动，就不会有近代意义的宪法。正是从这种意义上说，近代宪法是文化发展到一定阶段的产物。

（二）宪法是近现代精神文明的重要标志

列宁在《落后的欧洲和先进的亚洲》一文中，把资产阶级统治下的欧洲称为"技术十分发达、文化丰富、宪法完备的文明先进的欧洲。"[1] 从这里可以看出，列宁把完备的宪法、发达的技术和丰富的文化看成了资产阶级的文明先进的欧洲的标志。资本主义的精神文明集中表现为资本主义的民主，包括代议制和普选制等，是由资本主义宪法予以确认和保护的，因而宪法理所当然地成为了资本主义精神文明的标志。社会主义精神文明是比资本主义精神文明更高形态的一种精神文明，社会主义宪法是社会主义精神文明的重要标志。

（三）精神文明是宪法的重要内容[2]

我们仍从文化制度的角度进行论述。文化制度是宪法的重要内容，宪法是文化制度化的基本形式，宪法对文化制度的规定构成一个国家的基本文化制度。综观世界各国的宪法，无论是近代宪法，还是现代宪法，无论是资本主义国家的宪法，还是社会主义国家的宪法，都有文化制度方面的内容，文化制度是宪法不可缺少的一个重要组成部分。这是因为国家管理不可避免地要涉及到文化

---

[1]《列宁选集》第2卷，人民出版社1956年版，第449页。
[2] 本章第二节的有关内容是对这一命题的例证。此处仅就宪法规定精神文明有关内容的原因及历史演变过程进行分析和介绍。

活动，需要相应的法律制度作为依据。文化生活是公民社会生活的重要领域，法定的文化权利是文化生活正常进行的必要保障，文化自身的发展，对文化制度化提出了新的要求，以一般法律和政策对文化进行制度化，已不足以表明文化在近现代社会关系中的重要性。这一切都要求宪法对文化进行规定，以满足国家、公民以及文化自身发展的需要。

宪法对文化制度的规定，在宪法的不同发展时期有不同的内容，大体上展示了由简单到复杂，由个别文化权利的规定到系统规定文化制度的发展过程。早期的宪法对文化的规定限于教育和宗教方面的内容，且是通过规定公民权利予以体现的，因而较为简单，没有形成系统的文化制度。1919年的德国《魏玛宪法》对文化制度进行了较为全面的规定，是资产阶级宪法对文化制度化的经典之作，标志着资产阶级宪法对文化制度的规定进入了一个新的时期。第二次世界大战后的资产阶级宪法进一步发展和加强了文化制度方面的规定，其中尤以1947年的《意大利宪法》和1949年《德意志联邦共和国基本法》最为典型。社会主义国家宪法一经产生就表现出了对文化制度的高度重视，1919年的《苏俄宪法》、1924年的《苏联宪法》和1936年的《苏联宪法》对文化制度作了较为系统全面的规定。

应该指出的是，宪法的根本性特点和文化制度本身所具有的丰富多彩的内容决定了宪法对文化制度的规定，只能涉及文化生活和文化关系的一些基本方面，因此宪法对文化制度的规定，只能是一个国家基本的文化制度，而不可能取代文化制度化的其他形式。

（四）宪法对精神文明的发展起着巨大的作用

近现代宪法通过确认精神文明一些重要内容和形式，对精神文明发挥着保护和促进的作用。随着宪法的发展，宪法对精神文明的内容和形式规定得越来越多，越来越直接，它对精神文明所起的作用会越来越大。仅从我国的情况来看，1982年《宪法》首次完整明确地把建设社会主义精神文明写进国家根本法，在序言、总纲、公民的基本权利和义务、国家机构中以不同的形式对社会主义精神文明建设的各个方面进行了确认和规定，这些方面相互联结，相互贯通而成为一个整体，构成宪法必不可少的一个组成部分，实践证明这对社会主义精神文明建设起到了积极的促进作用。另外，这些规定又为有关精神文明建设方面的法律、法规等规范性文件提供立法原则和基础，促进有关法律制度、法律体系的建立、健全、完善和统一，从而保证把社会主义精神文明建设纳入法治的轨道。

第二节 我国的政治文明与精神文明建设

一、社会主义精神文明建设的战略地位、指导思想和奋斗目标

改革开放以后,党中央一直强调两个文明一起抓的战略方针,作出了一系列重大决定。1986年9月党的十二届六中全会专门作出了《关于社会主义精神文明建设指导方针的决议》,明确了精神文明建设的地位、根本任务和重大方针,但在贯彻中出现了"一手比较硬,一手比较软"的失误。针对这种情况,1996年10月党的十四届六中全会通过的《中共中央关于加强社会主义精神文明建设若干重要问题的决议》(以下简称《决议》)。上述两个文件对社会主义精神文明建设的战略地位、指导思想、奋斗目标、内容及具体措施作了明确具体的规定,从而成为新的条件下实施宪法关于精神文明建设的规定,进行社会主义精神文明建设的重要指导性文件。

(一) 社会主义精神文明建设的战略地位

社会主义精神文明建设在我国社会主义现代化建设事业中具有十分重要的战略地位,是社会主义现代化建设的重要目标和重要保证,是关系到社会主义兴衰成败的大事。因此,《决议》认为,"要巩固和发展十一届三中全会以来取得的伟大成就,促进经济体制和经济增长方式的根本性转变,推动经济发展和社会全面进步;要面对世界范围各种思想文化相互激荡和科学技术的迅猛发展,迎接综合国力剧烈竞争的挑战;要在前进的道路上战胜各种困难,坚持党的基本路线不动摇,这一切,不仅要求物质文明有一个大的发展,而且要求精神文明有一个大的发展","建设社会主义精神文明,关系跨世纪宏伟蓝图的全面实现,关系我国社会主义事业的兴旺发达","是中国共产党人和中国人民一项艰巨的历史使命"。

(二) 精神文明建设的指导思想

根据《决议》规定,我国社会主义精神文明建设的指导思想是:以马克思列宁主义、毛泽东思想和邓小平建设有中国特色的社会主义理论为指导,坚持党的基本路线和基本方针,加强思想道德建设,发展教育科学文化,以科学的理论武装人,以正确的舆论引导人,以高尚的精神塑造人,以优秀的作品鼓舞人，培养有理想、有道德、有文化、有纪律的社会主义公民。提高全民族的思想道德素质和科学文化素质，团结和动员各族人民把我国建设成为富强、民主、文明的社会主义现代化国家。这也是我国精神文明建设的总要求。应该指出的是，邓小平建设有中国特色社会主义理论是马克思列宁主义基本原理与当代中国实际和时代特征相结合的产物，是毛泽东思想的继承和发展，是当代的马克思主义，包含着极其丰富的关于精神文明建设的思想，它已作为社会主义建设的指导思想写入宪法。实践证明，深刻理解邓小平建设有中国特色社会主义理论，认真实践邓小平同志关于精神文明建设的思想，就一定能体现人民的意愿、时代的要求，把精神文明建设不断推向前进。

(三) 精神文明建设的主要目标

《决议》指出，今后十五年，我国社会主义精神文明建设的主要目标是：①在全民族牢固树立建设有中国特色社会主义的共同理想，牢固树立坚持党的基本路线不动摇的坚定信念；②实现以思想道德修养、科学教育水平、民主法制观念为主要内容的公民素质的显著提高，实现以积极健康、丰富多彩、服务人民为主要要求的文化生活质量的显著提高，实现以社会风气、公共秩序、生活环境为主要标志的城乡文明程度的显著提高；③在全国范围形成物质文明建设和精神文明建设协调发展良好局面。

二、社会主义精神文明建设的内容

(一) 文化建设

我国宪法十分重视文化建设，历部宪法都规定了文化制度，其中现行宪法的规定最为完备。现行宪法在序言中对文化制度方面的规定主要有：①明确指出了我国文化的民族性和历史性特点。《宪法》序言指出："中国是世界上历史最悠久的国家之一。中国各族人民共同创造了光辉灿烂的文化，具有光荣的革命传统。"②序言肯定了新中国成立以来文化建设的成就，指出"教育、科学、文化等事业有了很大的发展"。③强调了知识分子的作用，指出"社会主义的建设事业必须依靠工人、农民和知识分子，团结一切可以团结的力量"。④要求在和平共处五项原则的基础上发展同各国的文化交流。现行宪法在总纲中从第19条到第23条对我国的文化制度的基本内容作了规定。此外，宪法还在公民基本权利与义务中规定了公民的文化教育方面的基本权利与义务，在国家机构中规定了国家机关管理文化教育的职权。宪法对文化制度方面的上述规定，构成了我国基本的文化制度,是国家文化建设的根本法依据,也是国家进行文化建设的重要举措。

1. 教育制度。教育制度是文化制度的重要组成部分,《宪法》第19条从以下几个方面对我国的教育制度作了规定:①《宪法》规定:"国家发展社会主义教育事业,提高全国人民的科学文化水平。"社会主义教育事业关系到我国社会主义现代化建设的成败和中华民族的兴亡。发展教育事业是国家的一项基本教育政策,也是我国教育制度的目的。②《宪法》规定:"国家举办各种学校,普及初等义务教育,发展中等教育、职业教育和高等教育,并且发展学前教育。"这表明,我国的教育制度由学前教育、初等教育、中等教育和高等教育等层次的教育构成。学校是专门的教育机构,要举办从事不同层次教育的学校。初等教育是基础教育,实行义务教育,义务教育法规定义务教育为九年。职业教育是我国教育制度的重要组成部分。③《宪法》规定:"国家发展各种教育设施,扫除文盲,对工人、农民、国家工作人员和其他劳动者进行政治、文化、科学、技术、业务的教育,鼓励自学成才。"这表明我国教育制度十分重视对劳动者进行全方位的综合教育。④《宪法》规定:"国家鼓励集体经济组织、国家企业事业组织和其他社会力量依照法律规定举办各种教育事业。"⑤《宪法》规定:"国家推广全国通用的普通话。"我国教育制度的上述内容必将极大地推动科教兴国战略的实施。根据《国民经济和社会发展"九五"计划和2010年远景目标纲要》(以下简称《纲要》)的规定,发展教育事业重点是普及义务教育,积极发展职业教育和成人教育,适度发展高等教育,优化教育结构。到2000年,全国基本普及九年制义务教育,基本扫除青壮年文盲。学龄儿童入学率达到99%以上,初中入学率达到85%左右,青壮年文盲率降到5%左右。

2. 科技制度。《宪法》第20条规定:"国家发展自然科学和社会科学事业,普及科学和技术知识,奖励科学研究成果和技术发明创造。"这表明,发展自然科学和发展社会科学在我国科技制度中处于何等重要的位置,发展自然科学和社会科学事业是我国科技制度的基本要求。奖励科学研究成果和技术发明创造,普及科学和技术,是国家科技制度的重要内容,也是推动科学技术发展的重要途径。随着科教兴国战略和可持续发展战略的确立,科学技术作为第一生产力的作用越来越突出,进一步加强科技制度建设具有重要意义。科技体制改革是加强和完善科技制度的重要措施,国务院根据1995年《中共中央、国务院关于加速科学技术进步的决定》中"深化科技体制改革的精神",作出了《关于"九五"期间深化科技体制改革的决定》,规定了我国科技体制改革的主要目标、主要任务、主要措施,必将极大地促进我国科技制度的完善和科学技术的发展。

3. 医疗卫生制度和体育制度。《宪法》第 21 条第 1 款规定："国家发展医疗卫生事业，发展现代医药和我国传统医药，鼓励和支持农村集体组织、国家企业事业组织和街道组织举办各种医疗卫生设施，开展群众性的卫生活动，保护人民健康。"医疗卫生制度是我国文化制度的组成部分，主要由医疗制度、医药管理制度和卫生制度等内容构成，发展医疗卫生事业是医疗卫生制度的目的。重视发展中医中药及其与西医西药的结合，提倡开展群众性的卫生活动是我国医疗卫生制度的特色。根据《纲要》的规定，发展医疗卫生事业的目标是坚持以农村为重点、预防为主、中西医并重、依靠科技进步、为人民健康和经济建设服务的方针，积极发展卫生保健事业，实现人人享有初级卫生保健。

体育制度也是我国文化制度的组成部分。《宪法》第 21 条第 2 款规定："国家发展体育事业，开展群众性的体育活动，增强人民体质。"这是我国关于体育问题的基本国策，是体育制度的重要内容。根据《纲要》的规定，在"九五"期间和 2010 年以前，发展体育事业的目标和主要任务是实施全民健身计划，普及全民体育运动，普遍增强人民体质。加强学校体育，明显改善青少年身体素质。落实奥运争先计划，提高运动技术水平。促进体育科研、教育、宣传和对外交流的发展。适应发展体育事业的需要，我国的体育管理体制必须进一步加强改革的力度，逐步推行协会制和俱乐部制，形成国家和社会共同兴办体育事业的格局，走社会化、产业化的发展道路。

4. 宗教制度。宗教是一种属于意识形态领域的文化现象，是对客观世界的一种虚幻的、歪曲的反映。宗教制度是国家对待宗教的基本政策以及管理宗教事务的制度，内容一般涉及宗教信仰、宗教组织同政权的关系等方面。根据现行《宪法》第 36 条的规定，我国的宗教制度包括下列内容：①中华人民共和国公民有宗教信仰的自由；②国家保护正常的宗教活动；③宗教活动不得破坏社会秩序、损害公民身体健康、妨碍国家教育制度；④我国的宗教团体和宗教事务不受外国势力的支配。

5. 其他文化制度。文化教育建设是精神文明建设的重要组成部分。文化教育建设主要包括发展教育事业、科学事业和文化事业三个方面的内容。鉴于发展教育事业和科学事业在教育制度和科技制度中作了介绍，这里着重根据《决议》的精神就发展社会主义文化事业作一些说明。

（1）社会主义文化事业主要包括文学艺术、新闻出版、哲学、社会科学等文化事业。发展文化事业对于满足人民群众日益增长的精神文化需求，提高民族素质，促进经济发展和社会进步，具有重要作用。发展文化事业首先是要繁荣文学艺术，它要求：①多出优秀作品；②坚持文艺为人民大众服务的方向；③加强对文艺事业的领导和管理；④提倡健康的文艺批评。

（2）要发展新闻出版事业。新闻宣传必须坚持党性原则，坚持正面宣传为主。新闻媒体要发挥各自优势，改进方法，注重效果。广播电视要努力提高节目质量，增加国产优秀节目数量，制止格调低下、内容不健康的节目的播出。此外，加强对新闻出版业的宏观调控也是发展新闻出版事业的重要方面。

（3）进一步发展哲学、社会科学。发展哲学、社会科学对于精神文明建设具有重要意义。哲学社会科学要以马克思列宁主义、毛泽东思想和邓小平建设有中国特色社会主义理论为指导，坚持理论联系实际，积极探索有中国特色的社会主义经济、政治文化的发展规律。要加强重点学科建设，重视基础理论研究；要坚持百家争鸣的方针，鼓励不同学术观点的相互切磋；要做好哲学社会科学研究的规划工作，组织对重大问题的攻关。

（4）加强对文化市场的管理，深化文化体制改革。发展文化事业还要加强对文化市场的管理，改革文化体制。文化市场是社会主义精神文明建设的重要阵地，要抓紧制定和完善有关法规，规范文化市场行为。文化体制改革深化的目的在于增强文化事业的活力，调动文化工作者的积极性。

此外，还包括文学艺术方面的制度、新闻广播电视管理方面的制度、出版方面的制度以及图书馆、博物馆、文化馆和名胜古迹、珍贵文物等管理方面的制度。《宪法》第22条规定："国家发展为人民服务、为社会主义服务的文学艺术事业、新闻广播电视事业、出版发行事业、图书馆博物馆文化馆和其他文化事业，开展群众性的文化活动。"可见，"双为"方针是这些文化制度的宗旨。

（二）思想道德建设

我国现行宪法是世界上惟一一部比较全面系统规定精神文明方面的内容，并直接使用"精神文明建设"概念的宪法。对精神文明建设的规定是现行宪法具有中国特色社会主义宪法的重要标志之一。现行宪法对精神文明建设的规定主要表现在两个方面：①在序言中，宪法把精神文明建设作为国家根本任务进行了规定。《宪法》序言明确指出："今后国家的根本任务是集中力量进行社会主义现代化建设。中国各族人民将继续在中国共产党领导下，在马克思列宁主义、毛泽东思想指引下，坚持人民民主专政，坚持社会主义道路，不断完善社会主义的各项制度，发展社会主义民主，健全社会主义法制，自力更生、艰苦奋斗，逐步实现工业、农业、国防和科学技术的现代化，把我国建设为高度文明、高度民主的社会主义国家。"这里的"高度文明"包含高度的物质文明和高度的精神文明两个方面含义。1993年3月29日第八届人大第一次会议通过的《宪法修正案》第3条对这一段作了修正,指出"把我国建设成为富强、民主、文明的社会主义国家"是国家的根本任务。可见,精神文明建设仍是宪法序言规定的国家根本任务之一。②规定了上述完备的文化制度。③《宪法》第24条规定:"国家通过在城乡不同范围的群众中制定和执行各种守则、公约,加强社会主义精神文明的建设。""国家提倡爱祖国、爱人民、爱劳动、爱科学、爱社会主义的公德,在人民中进行爱国主义、集体主义和国际主义、共产主义的教育,进行辩证唯物主义和历史唯物主义的教育,反对资本主义的、封建主义的和其他的腐朽思想。"这为我国进行思想道德建设提供了重要依据。

社会主义思想道德集中体现着精神文明建设的性质。《决议》指出,在改革开放和现代化建设的整个过程中,思想道德建设的基本任务是:坚持国际主义、集体主义和社会主义教育,加强社会公德、职业道德、家庭美德建设,引导人们树立建设有中国特色社会主义的共同理想和正确的世界观、人生观、价值观。

思想建设首先是要坚持以马克思列宁主义、毛泽东思想为指导,特别是用邓小平建设有中国特色社会主义理论武装全党,教育干部和人民,进行共产主义理想教育,坚持辩证唯物主义和历史唯物主义教育。其次是爱国主义教育。爱国主义教育就是要帮助人们认清只有社会主义才能救中国,才能发展中国的真理,在全社会发扬自尊、自信、自强的民族精神和培养正确的国家观念。在新时期,要把现代化建设的伟大成就和宏伟目标,中国近代史、现代史、中共党史和基本国情,中华民族的优秀传统和革命传统,民族团结和祖国统一,国防和国家安全作为爱国主义教育的主要内容。再次,要进行艰苦创业精神教育。在全民族树立艰苦创业精神是实现社会主义现代化建设的重要思想保证。

道德建设要以为人民服务为核心,以集体主义为原则,以爱祖国、爱人民、爱劳动、爱科学、爱社会主义为基本要求。社会主义道德建设主要包括社会公德教育、职业道德教育和家庭美德教育三个内容。社会公德教育是要大力倡导文明礼貌、助人为乐、爱护公物、保护环境、遵纪守法的社会公德。职业道德教育就是在广大职工中倡导爱岗敬业、诚实守信、办事公道、服务群众、奉献社会的职业道德。家庭美德教育则要提倡尊老爱幼、男女平等、夫妻和睦、勤俭持家、邻里团结的家庭美德。

思想道德建设要加强青少年思想道德教育,通过各种形式和途径帮助青少年树立远大理想,培育优良品德。社会主义法制对精神文明建设具有促进作用,要进一步加强法制教育，增强人们的民主法制观念，以推动社会主义道德风尚的形成、巩固和发展。

三、推动"三个文明"协调发展

2004年3月14日，十届全国人大二次会议通过的《宪法修正案》规定，国家要"推动物质文明、政治文明和精神文明协调发展"。这是我国宪法第一次规定国家要推动政治文明的建设，实现"三个文明"的协调发展。

（一）物质文明、政治文明和精神文明的含义

在"三个文明"中，物质文明是指人类改造客观世界的物质成果。它表现为人们物质生产的进步和物质生活的改善，包括生产工具的改进和技术进步、物质财富的增长和人民生活水平的提高等。政治文明是人类社会政治生活的进步状态，主要包括政治法律思想、政治法律制度、政治法律设施和政治法律行为等内容，它是人类文明的一部分，是人类社会进步的重要标志。精神文明是指人类在改造客观世界的同时，对主观世界的改造、社会的精神生产和精神生活得到发展的成果，表现为教育、科学、文化知识等事业的发达和人们思想、政治、道德水平的提高。

在我国，1978年党的十一届三中全会决定将经济建设作为中心工作，并决定实行改革开放政策，表明了党对物质文明建设的高度重视。1982年党的十二大第一次提出了建设以共产主义思想为核心的高度精神文明。1986年9月，十二届六中全会通过了《中共中央关于社会主义精神文明建设指导方针的决议》，决议根据马克思主义基本原理同中国实际相结合的原则，阐明了精神文明建设的战略地位、根本任务和基本指导方针。决议指出，我国社会主义现代化建设的总体布局是：以经济建设为中心，坚定不移地加强精神文明建设。并且使这几个方面互相配合，互相促进。1992年10月，党的十四大提出我国经济体制改革的目标是建立社会主义市场经济体制。1996年10月，十四届六中全会通过了《中共中央关于加强社会主义精神文明建设若干重要问题的决议》。决议分析了社会主义精神文明面临的形势，总结了经验和教训，提出要将精神文明建设的主要方向放在思想道德和文化建设方面。

由上可知，在党的十五大之前，我国对文明的理解主要限于物质文明和精神文明两个领域，对于政治文明还未涉及。1997年后，政治文明开始出现在人们的视野中，并在理论上逐步成熟。

1997年党的十五大强调依法治国，建设社会主义法治国家是党领导人民治

理国家的基本方略。这标志着我国政治文明建设的起步。2001年1月,在全国宣传部长会议上,江泽民同志在讲话中指出:"我们在建设有中国特色社会主义、发展社会主义市场经济的过程中,要坚持不懈地加强社会主义法制建设,依法治国,同时要坚持不懈地加强社会主义道德建设,以德治国。对一个国家的治理来说,法治和德治,从来都是相辅相成、相互促进的。二者缺一不可,也不可偏废。法治属于政治建设、属于政治文明,德治属于思想建设、属于精神文明。二者范畴不同,但其地位和功能都是非常重要的。"由此,"政治文明"作为一个范畴开始进入人们的视野。2002年7月,江泽民同志进一步指出:"建设有中国特色社会主义,应是我国政治、经济、文化全面发展的进程,是我国物质文明、政治文明、精神文明全面建设的进程。"2002年11月,党的十六大报告把社会主义物质文明、政治文明、精神文明建设一起确立为社会主义现代化建设全面发展的三个基本目标,从而使中国特色社会主义理论和实践更加趋于成熟和完善。

(二) 推动"三个文明"协调发展

1. "三个文明"之间的相互关系。

(1) 物质文明为政治文明和精神文明提供物质基础。根据马克思主义学说,经济是基础,政治是经济的集中表现,文化是经济和政治的反映。因此,物质文明是社会存在和发展的起点和基础,对政治文明、精神文明的发展具有决定性的作用。物质文明的基础作用主要体现在三个方面:一是物质文明决定和制约着政治文明和精神文明的发展。政治文明和精神文明都离不开一定的物质基础。二是物质文明为政治文明、精神文明的发展提供动力。三是物质文明构成政治文明、精神文明的检验标准。

(2) 政治文明为物质文明、精神文明提供制度保障。政治文明因其与国家政权直接联系而在社会中占主导地位,并决定着物质文明的方向和精神文明的性质,在一定程度上也影响甚至决定物质文明、精神文明的发展进程。政治文明的作用主要体现在四个方面:一是政治文明具有统帅作用。政治属于上层建筑,它以经济为基础,又居于经济基础之上,具有统揽全局的作用。二是政治文明为物质文明、精神文明确定价值取向和发展方向。三是政治文明为物质文明、精神文明建设创造安定团结的政治环境。四是政治文明在一定的历史条件下影响甚至决定着物质文明、精神文明的发展进程。

(3) 精神文明为物质文明、政治文明提供精神动力和智力支持。物质文明决定并制约着政治文明、精神文明的发展,同时政治文明、精神文明又不是完全被动的，它们反过来可以对物质文明产生大的反作用，既可能推动、也可能阻碍甚至破坏物质文明的发展。

精神文明的作用主要体现在三个方面：①精神文明的高度发展为物质文明、政治文明提供强大的精神动力。②精神文明为物质文明、政治文明提供思想引导。精神文明建设的一个重要内容是思想道德建设，通过思想道德教育，使广大人民群众坚定理想信念，树立正确的世界观、人生观和价值观，从思想上引导人们自觉地投身于物质文明、政治文明建设。③精神文明为物质文明、政治文明提供智力支持。科学、教育、文化是精神文明建设的又一个重要内容，也是物质文明、政治文明发展的重要条件。

2. 推动"三个文明"的协调发展。物质文明、政治文明和精神文明是人类文明的三个有机组成部分，在推动人类社会发展时，只有"三个文明"协调发展，才可以避免出现大的波折，才不会走向歧途，从而给人民生活带来更多的繁荣和稳定。而要实现"三个文明"协调发展，就必须做到以下几点：

（1）树立全面、协调和可持续的发展观。①确立人在发展中的主体地位。人的全面发展是人类社会文明发展的最高目标，是"三个文明"建设的出发点和落脚点。人的发展是社会存在和发展的前提，也是社会发展的目的。因此，在社会发展的问题上，人具有双重作用，首先，人是社会发展的主体，离开了人，社会发展就失去了推动者；同时，人的发展又是社会发展的目标，离开了人的全面发展，社会发展就会失去意义。过去，我们更多地注重从意识形态、经济增长、道德素养等方面来评价社会的发展和进步，没有充分注意社会发展的本质是人的全面发展。按照宪法规定的"三个文明"协调发展的要求，建设有中国特色社会主义的根本目的，在于以人为本、实现人的全面发展。②注重经济、政治、文化的协调发展。衡量社会发展水平，不仅要看经济增长指标，还要看人文指标、资源指标、环境指标、社会指标等。在我国改革开放后的相当长时间内，由于片面追求经济快速增长，生态环境的破坏和自然资源的浪费所造成的严重后果日益显现。所以，应充分认识到，经济增长并不意味着社会的发展，社会发展应是经济、政治、文化协调发展。也就是说，只有"三个文明"同时建设，经济、政治、文化协调发展、全面发展，才是中国特色社会主义。③坚持可持续发展道路。可持续发展就是要统筹兼顾当前发展和未来发展的需要，不能以牺牲后代人的利益为代价来满足当代人的利益。其基本要求是：控制人口数量，提高人口素质，珍惜并合理利用自然资源，保护生态环境，实现经济、社会和人口、资源的协调发展，促进人与自然的协调与和谐。

（2）正确处理改革发展稳定的关系。促进"三个文明"协调发展，必须正确处理改革、发展和稳定之间的关系。发展是党执政兴国的第一要务，只有发展，才能全面提高人民的生活水平，给人民带来富裕安康的幸福生活。这里所说的发展，是全面的发展，就是要发展社会主义市场经济，建设物质文明；发展社会主义民主政治，建设政治文明；发展社会主义先进文化，建设精神文明。这就必然要求继续深化经济体制改革、政治体制改革和文化体制改革。为了发展和改革，必须保持社会稳定。要将改革的力度、发展的速度和社会可承受的程度统一起来，在社会稳定中推进改革、发展，通过改革、发展促进社会稳定，使"三个文明"协调一致地发展。

（3）推动"三个文明"建设。推动物质文明的建设，坚持以经济建设为中心，集中力量把经济搞上去。我国正处于并将长期处于社会主义初级阶段，建设惠及全国所有人的小康社会，到本世纪中叶基本实现现代化，必须走"三个文明"协调发展、全面推进之路。"三个文明"中，物质文明处于基础和中心地位。所以，必须始终抓住经济建设不放松，创造出更多更好的物质文明成果，不断提高人们的生活水平和质量，为政治文明、精神文明建设奠定物质基础。

建设社会主义精神文明，不仅是满足和提高人民群众精神文化生活水平的客观要求，也是一个国家综合国力的重要组成部分，可以提高人们的思想道德素质、科学文化素质，促进人的全面发展，为物质文明、政治文明提供动力和智力支持。

着力推进社会主义政治文明建设。政治文明是社会文明不可缺少的重要组成部分，在很大程度上决定着社会文明的方向。通过政治文明的建设，使社会主义民主更加完善、法制更加健全，依法治国基本方略得到全面落实，人民的政治、经济、文化权益得到切实尊重和保障，从制度上、法律上促进"三个文明"协调发展。

◆ 思考题

1. 论述精神文明对制度文明的推动作用。
2. 论述宪法与精神文明的关系。
3. 论述应如何推动"三个文明"的协调发展。

第八章 公民的基本权利和义务

◆ **教学目的**

通过本章的学习,掌握公民基本权利和义务的一般理论,把握我国宪法公民权利的结构,明确各项基本权利的概念和保障方式,并能结合具体案例和中国现实,用所学知识加以分析判断,形成并不断增强依法维权和自觉履行宪法义务的意识。

第一节 公民的基本权利和义务概述

一、公民

(一) 公民的概念

公民是指具有一个国家的国籍,根据该国宪法和法律享受权利、履行义务的自然人。该定义表明:①公民概念以国籍为形式要件。要成为某一国家的公民,首先要取得这个国家的国籍。一个人取得了某一国家的国籍,就成为该国家的公民。②一个人成为某国的公民,他与这个国家就形成了一定的法律关系,就可以根据该国宪法和法律的规定享受权利、履行义务。享受权利并履行义务是公民概念的实质与内容。③公民是自然人。所谓自然人是因出生而取得法律资格的人,是相对于法人的法律主体。

公民作为一个法律概念,在不同的历史时期有着不同的内容。在古希腊奴隶社会,曾经出现过"公民"一词,但当时的公民指在法律上享有特权的人,主要包括奴隶主和自由民,不包括奴隶和外来人。在整个中世纪,公民也指享受特权的少数人。公民普遍适用于国家每一个成员,是从资产阶级取得革命胜利，建立资产阶级国家开始的。在资产阶级革命时期，资产阶级思想家提出了"天赋人权"、"主权在民"等口号，要求彻底否定封建等级特权制度，以国籍确定公民的资格，将公民的范围扩展到一国所有的成员，并提出公民在法律面前一律平等的原则。这一新的公民观在1789年法国的《人和公民的权利宣言》（简称《人权宣言》）以及美国的《独立宣言》中得到确认，随后为资产阶级立法所接受，被规定在宪法和一系列其他法律之中。

我国古代的法律文件和法律方面的著作中，没有发现"公民"概念的记载。直到清朝末年，公民的观念才逐步被引入我国。1909年清朝政府制定了《大清国籍条例》，1914年袁世凯政府又颁布了《修正国籍法》。这些法律文件将公民和国籍联系了起来，公民概念在形式上被确认。新中国成立后，我国确立了以国籍作为公民资格标准的原则。我国《宪法》第33条规定："凡具有中华人民共和国国籍的人都是中华人民共和国公民。"

（二）国籍

近现代国家强调国籍是确认公民资格的惟一标准。由于各国国情的不同，对国籍的确认不尽相同。有的采用血统主义，有的采用出生地主义，有的采用血统主义和出生地主义相结合的原则。根据我国《国籍法》的规定，取得我国国籍有两种方式：出生国籍和继有国籍。出生国籍是指基于出生而获得国籍的方式。我国对于出生国籍采取血统主义和出生地主义相结合的原则予以确定：父母双方或一方为中国公民，本人出生在中国的，具有中国国籍；父母双方或一方为中国公民，本人出生在外国的，具有中国国籍，但如果父母双方或一方定居在外国的，本人出生时即具有外国国籍的，则不具备中国国籍；父母无国籍，或国籍不明，定居在中国，本人出生在中国，具有中国国籍。我国《国籍法》不承认双重国籍。继有国籍是指因加入而取得国籍的方式。我国《国籍法》规定，当事人申请加入国籍是以继有国籍方式获得我国国籍的惟一方法。凡是出于本人自愿并愿意遵守我国宪法和法律的外国人都可以加入中国国籍。申请人符合下列条件之一，便可申请取得中国国籍：①中国公民的近亲属；②定居在中国的；③有其他正当理由的。

不具有本国国籍的人称为外国人，包括外国公民和无国籍人。在我国境内的外国人不是中华人民共和国公民，他们的合法权利和利益不属于宪法规定的公民基本权利和义务的范围。但随着我国社会主义现代化建设事业的发展，改革、开放的不断深化，来我国投资、旅游、工作、学习的外国人不断增加，我国宪法对中国境内的外国人的法律地位作了专门规定。《宪法》第32条第1款规定:"中华人民共和国保护在中国境内的外国人的合法权利和利益,在中国境内的外国人必须遵守中华人民共和国的法律。"根据宪法这一规定,在中国境内的外国人的合法权利和利益均受我国法律保护,任何人不得非法侵犯。同时,他们必须遵守中国的法律。《宪法》第32条第2款规定:"中华人民共和国对于因为政治原因要求避难的外国人,可以给予受庇护的权利。"受庇护权也叫"政治避难权"、"居留权",是指一国公民因为政治原因请求另一国准予入境、居留,经该国政府批准,而享有受庇护的权利。受庇护的外国人在所在国的保护下不被引渡或驱逐。根据宪法这一规定,受庇护对象必须是基于政治原因而不能因为刑事犯罪。同时对于避难申请者,我国政府可以也可以不给予受庇护权。现行宪法的这一规定,既遵循了国际惯例,又维护了国家主权。

(三)公民与国民、人民

我国建国初期在《中国人民政治协商会议共同纲领》等法律中曾使用过国民一词。从1953年《中华人民共和国全国人民代表大会和地方各级人民代表大会选举法》起,我国宪法和法律不再使用"国民"。"国民"与公民只是语言符号不同,作为指称相同事物的概念,在内涵和外延上是相同的。

公民与人民是两个不同的概念,其区别主要有以下几个方面:①范畴不同。人民和敌人相对称,是一个政治概念,主要以政治标准进行划分,用以区别敌我。公民是个法律概念,它是依据国籍来确定,而国籍又是由国籍法专门规定的。②范围不同。人民的范围要小于公民,人民只是公民中的一部分。③公民的范围比较固定,而人民的范围在不同的历史时期有所不同。④人民是一个集合概念,是指具有共同的利益和相同政治立场的群体,而公民则是指具有本国国籍的个人。

二、公民的基本权利与义务

(一)权利和义务的概念

权利是指公民在宪法和法律规定的范围内,可作某种行为以及要求国家和其他公民作或不作某种行为的资格。换句话说,就是受到国家宪法和法律保障的公民以作为或不作为的方式实现某种愿望或获得某种利益的可能性。是否将此可能性转变为现实,公民有选择的自由,国家机关、社会组织及其他的公民,应尊重公民所作的选择。当公民的权利实现遭受到侵犯或阻挠时,国家有责任运用法律的强制手段保护或帮助公民实现其权利。权利具有合法性、不受侵犯性和选择性等特点，是一定利益的法律化。

义务是指宪法和法律规定的公民应当履行的责任，表现为国家通过法律要求公民必须为某种行为或禁止公民为某种行为。如果公民不加以履行或不依法履行，国家就要强制其履行甚至给予制裁。义务具有法定性、不能自由加以选择等特点。

（二）基本权利和基本义务

公民基本权利是指公民成其为公民所不可缺少的那些权利。基本权利有以下特点：①不可缺乏性。在民主政治国家里，基本权利是作为公民的基本保障规定于宪法之中的，没有这些权利，公民就难称其为公民。②不可取代性。被称为基本权利的权利，构成一国权利体系的核心，是其他权利的基础，具有不可取代的作用。从法律上看，基本权利是其他权利的基础，并衍生其他权利。③不可转让性。基本权利不像其他权利如债权那样可以出借，也不像物权那样可以易主。它与人终生相始终，具有不可转让性。④具有普遍性。公民基本权利是人权在政治国家的表现，国家制度不同，基本权利的范围也不相同，但基本权利在内容和形式上有许多相似之处，具有普遍性。

公民基本义务是与公民基本权利相对而言的，是指公民成其为公民必须履行的那些义务。公民在享有基本权利的同时必须履行基本义务，不允许任何人以任何借口不去履行。基本义务构成了其他法定义务的基础，其他法定义务是基本义务的延伸。基本义务的最终履行又有赖于其他义务的履行。

三、关于人权问题

（一）人权的概念

人权问题已是当今国际政治中的热门话题。所谓人权是作为一个人享有的权利。公民权与人权是有区别而又有联系的两个概念。人权是公民权的基础，人权的内容包括公民权；公民权是人权的法律化。国家根据政治、经济、文化发展的需要通过法律的形式将人权的一部分法律化为公民权。

（二）人权的保障

人权概念是资产阶级在反对封建专制和宗教特权的斗争中明确提出的。十七八世纪，以英国的洛克和法国的卢梭等人为代表的资产阶级启蒙思想家提出了"天赋人权"口号，强调人生而平等自由。资产阶级在革命过程中，以纲领性文件确认了人权。被马克思称为第一个人权宣言的1776年美国《独立宣言》就宣布："一切人生来都是平等的，他们享有不可侵犯的天赋人权，包括生存、自由和追求幸福的权利。"1789年法国制宪会议通过了《人权宣言》，宣布"在权利方面，人生来而且始终是自由平等的"，"任何政治联盟的目的，都是保护人的不可剥夺的自然权利。这些权利是自由、财产、安全和对压迫的抵抗"。1791年《法国宪法》将人权正式转化为宪法中的权利。从此人权与宪法结下了不解之缘。19世纪人权主要强调个体人权，侧重于政治方面的权利。20世纪初德国《魏玛宪法》的颁布，标志着人权由政治权利向经济权利深入，特别是第二次世界大战后，人权问题进入国际领域。《联合国宪章》宣布："决心要保全后世以免再遭我们这一代人类两度自历的惨不堪言的战况，重申对基本人权，人格尊严和价值以及男女平等权利和大小各国平等权利的信念。"1948年联合国大会通过了《世界人权宣言》，1960年又通过了《给予殖民地国家人民独立宣言》，1966年又通过了两个人权公约即《经济、社会和文化权利国际公约》和《公民权利和政治权利国际公约》。1977年通过了关于人权新概念的决议案。决议指出：人权不仅是个人的权利和基本自由，而且包括民族和人民的权利和基本自由。1979年联合国人权委员会又通过了有关人权的决议，强调国家主权、民族自决权、发展权为基本人权。人权的概念突破了个人的范围发展为集体人权，而且从政治权利领域发展到经济、文化权利的领域，从国内管辖发展到国际保护，成为国际法的基本原则之一。

(三) 我国对人权的基本立场

1949年新中国成立后，我国通过宪法和法律确认了公民权，为促进和保护人权作出了不懈的努力。1991年国务院新闻办公室发表了《中国的人权状况》白皮书，系统地阐述了我国在人权问题上的立场。

1. 我国承认人权、发展人权并保障人权。《中国的人权状况》白皮书在前言中指出："享有充分的人权，是长期以来人类追求的理想。从第一次提出人权这个伟大的名词后，多少世纪以来，各国人民为争取人权作出了不懈的努力，取得了重大成果。"可见，我国不仅承认人权，而且把实现充分的人权作为一项奋斗目标来完成。1997年10月和1998年10月我国政府分别签署了《经济、社会和文化权利国际公约》和《公民权利和政府权利国际公约》，积极加入到人权的国际保护行列。

2. 生存权是我国首要人权。人权的主体尽管包括个人和集体，但不论从哪一方面理解，生存权仍然是第一位的。新中国成立以来，特别是实行改革开放政策以来，我国经济建设取得了举世瞩目的成就，人民的温饱问题基本解决。但温饱问题并不是生存权的全部内容，我们还需作不懈的努力。

3. 我国重视发展权。生存权和发展权是紧密相联的，生存权是发展权的基础，发展权是生存权的一种保障。从主体的角度分类，发展权包含着个体的发展权和集体的发展权。集体的发展权又突出为民族的发展权。我国属发展中国家，国力不强，所以争取发展权将是整个中华民族的共同心愿。

4. 我国强调人权的社会性。人是社会的人，人不可能脱离社会而独立存在，当个人的人权和集体的人权相矛盾时，个人应服从社会和集体。如我国推行的计划生育政策就属于人权社会性的突出表现，是集体人权的必然要求。

5. 在人权与主权的关系上，我国强调人权的保护虽然具有普遍性和国际性，但主要是国家的内政，只有国家主权不被侵犯，人权才能得到有效保障。"人权高于主权"、"不干涉内政原则不适用于人权问题"等滥调，借人权问题干涉别国内政，推行自己的意识形态、价值观念、政治标准和发展模式，把自己的人权观点强加于他国人民，是霸权主义行径。我国一贯认为，人权问题主要是一国内部管辖的事务，丧失国家主权必然丧失人权，维护人权，必须捍卫国家主权。我国承认和一贯尊重联合国宪章，积极参与联合国人权领域的有益活动，对进步的人权斗争，始终予以积极支持，我国坚决反对借人权问题干涉别国内政。

2004年《宪法修正案》第24条规定，"国家尊重和保障人权"。这条规定表明，人权不仅是宪法规则，更是宪法原则，它对国家的立法权、行政权和司法权等国家权力有着直接的约束力，是国家价值的体现。

第二节 公民基本权利和义务的历史发展

一、公民基本权利和义务的历史发展概况

（一）资本主义国家公民基本权利和义务的历史发展

公民的基本权利和义务是资产阶级最先以宪法的形式加以确认的。17世纪英国的一些宪法性文件，如1679年的《人身保护法》、1689年的《权利法案》最早确认了公民的权利和自由。美国《独立宣言》颁布以前，弗吉尼亚州最早把公民的基本权利写入1776年6月制定的宪法，开创了将公民的基本权利列入

宪法的先例。1791年法国第一部宪法将《人权宣言》作为序言，同时规定公民有迁徙、集会、请愿、言论、宗教信仰等自由，以及根据财产状况享有选举权。美国通过的《宪法修正案》第一至十条规定了公民的权利和义务，一般称为《权利法案》。自此以后，各国宪法都规定了一些基本权利和义务。这一时期的基本权利体现了以个人为中心的早期资本主义自由主义思想。进入20世纪后，资本主义国家公民基本权利和义务又有了新的发展。1919年德国制定的《魏玛宪法》规定了有关社会经济方面的权利，反映了公民的基本权利由政治的权利向社会经济和文化方面的权利的发展。第二次世界大战后这一趋势更加鲜明，如1946年法国宪法除重申法国1789年《人权宣言》中的权利和自由外，还增加规定了男女平等、工作就业权、罢工权、工人参加企业管理、任何人尤其是儿童、母亲及年老的工人在享受健康、物质安全、休息及娱乐的保障权、生存权、受教育权等。

（二）社会主义国家公民基本权利和义务的历史发展

1917年俄国无产阶级建立了世界上第一个社会主义国家，使劳动人民成为国家的主人。1918年1月全俄苏维埃第三次代表大会批准的《被剥削劳动人民权利宣言》，确认了劳动者的各项民主权利以及这些权利的政治经济保障。1918年7月10日第五次全俄苏维埃代表大会通过了第一部社会主义宪法，即《苏俄宪法》。它以《被剥削劳动人民权利宣言》为序言，明确规定了劳动者有享有宗教信仰、出版、集会、结社、游行示威等自由，以及受教育权和民族平等权等，并详细列举了实现其中某些权利所必需的物质保障。1936年《宪法》取消了公民基本权利中的某些限制，将公民基本权利的范围扩大，在公民基本权利中增加了劳动权、休息权、物质保证权，同时还增加了各项权利的物质保障内容。第二次世界大战以后，随着社会主义国家的纷纷建立，呈现出公民的社会经济权利不断扩大，公民的政治权利显著增加，公民的文化教育权利日益充实，公民人身自由的法律保障进一步地加强等特点。

二、我国公民基本权利和义务的发展

（一）我国公民的基本权利是中国人民革命斗争的胜利成果

早在太平天国革命时期，农民革命政权颁布了《天朝田亩制度》，主张均天下田给天下农民耕种，反映了广大农民的平均主义的革命思想和争取生存权利以及政治经济权利的强烈愿望。1911年辛亥革命结束了封建统治，产生了中

国历史上第一个具有资产阶级宪法性质的宪法文件——《中华民国临时约法》。它规定了中华民国人民一律平等，人人享有人身、财产、居住、迁徙、言论、出版、集会、结社、信仰等自由以及选举、考试权。后来《中华民国临时约法》被袁世凯撕毁，自此以后，我国进入北洋军阀混战时期。北洋军阀政府和国民党政府虽然制定了宪法，确认了公民拥有一定的权利和自由，但都没有得到有效实施。

1921年中国共产党诞生以后，领导中国人民进行了艰苦卓绝的斗争。1931年11月，在江西中央苏区召开的第一次全国苏维埃代表大会通过了《中国苏维埃共和国宪法大纲》，规定工农劳动群众享有各项民主权利。1941年11月陕甘宁边区第二届参政会通过的《陕甘宁边区施政纲领》，是陕甘宁边区带有根本法性质的文件，它明确规定"保证一切抗日人民的人权、政权、财权及言论、出版、集会、结社、信仰、居住、迁徙的自由权"。1946年陕甘宁边区第三届参政会通过了《陕甘宁边区宪法原则》，该宪法原则从政治、经济、文化等方面规定了人民的基本权利。1949年9月中国人民政治协商会议第一次会议通过了《中国人民政治协商会议共同纲领》。《共同纲领》规定了人民享有选举权和被选举权；有言论、思想、出版、集会、结社、通信、人身、居住、迁徙、宗教信仰及示威游行的自由权；男女平等和婚姻自由；各民族一律平等，都有发展其语言文字保持或改革其风俗习惯及宗教信仰的自由等。《共同纲领》还规定："中华人民共和国国民均有保卫祖国、遵守法律、遵守劳动纪律、爱护公共财产、应征服兵役和缴纳赋税的义务。"《共同纲领》规定公民的基本权利和自由的物质保障还不够充分，但它却为制定中华人民共和国宪法奠定了基础。

(二) 我国历部宪法规定的公民基本权利和义务的发展变化

新中国成立后，我国一共制定了四部宪法，这四部宪法都专门规定了公民的基本权利和义务。1954年《宪法》关于公民基本权利和义务的条文共19条，除了肯定《共同纲领》中有关规定外，还增加了公民享有劳动权、休息权、物质帮助权，并对公民权利和自由的行使规定了物质保证。1975年《宪法》是我国社会处于不正常时期的一部宪法，它只用了4个条文规定了公民的基本权利和义务。1978年《宪法》对公民基本权利和义务的规定共16条，内容较之1975年《宪法》充实，但由于受"左"的思想影响，它还不能完全满足我国公民的权利要求。

1982年《宪法》在总结历史经验的基础上，根据我国的实际情况，以1954年《宪法》规定的公民基本权利和义务为基础规定了公民的基本权利和义务，同时在许多方面有了重大发展，表现在如下几个方面：

1. 形式结构的发展变化。我国前三部宪法将《公民的基本权利和义务》作为第三章置于《国家机构》之后，1982年《宪法》则将该部分作为第二章置于《国家机构》之前。这表明了我国对公民基本权利和义务的高度重视。

2. 内容更充实、具体，符合实际。1982年《宪法》将公民基本权利和义务的条文发展为24条。它在前三部宪法的基础上新增加了一些公民的基本权利和义务，如公民的人权尊严不受侵犯（第38条）；对国家机关和国家工作人员的批评、建议权，对失职的国家工作人员的检举权（第41条）；公民有劳动的权利和义务（第42条）；有受教育的权利和义务（第46条）等。1982年《宪法》对公民基本权利和自由的规定建立在实际的基础上，避免了权利的虚设。

3. 强调了权利和义务的一致性。1982年《宪法》第33条第3款就规定："任何公民享有宪法和法律规定的权利，同时必须履行宪法和法律规定的义务。"第51条规定："中华人民共和国公民在行使自由和权利的时候，不得损害国家的、社会的、集体的利益和其他公民的合法的自由和权利。"这两条规定体现了权利和义务的一致性原则，这些规定是前几部宪法所没有的，它是1982年《宪法》对公民基本权利和义务规定的发展。

第三节 我国公民的基本权利和义务

一、我国公民的基本权利

我国现行宪法确认了公民享有广泛的权利和自由，归纳起来有如下几类：

（一）平等权

1. 平等权的概念。平等权是指公民在政治、经济和社会一切领域内依法享有同其他公民同等的权利，不因任何外在差别而予以区别对待的一种权利。《宪法》第33条规定："中华人民共和国公民在法律面前一律平等。"宪法这一规定既确立了一项重要的法制原则，也确认了公民的平等权。

"法律面前人人平等"的口号，最初是在资产阶级革命时期提出的。1776年美国《独立宣言》第一次将它变为法律的原则。1789年法国《人权宣言》第1条宣布："在权利方面，人们生来是而且始终是自由平等的。"1793年法国宪法进一步明确规定："公民平等权是各种人权中的一种。"于是，公民在法律面前人人平等及其所表现的平等权演变成为一项普遍的宪法原则。但在资本主义社会内，由于私有制和财产多寡的限制，平等权只是一种形式上的平等，并没有得到很好的实现。社会主义国家宪法，最早确定这一原则的是1918年的《苏俄宪法》。我国现行宪法规定的公民平等权，有重要的意义。从理论上讲，平等权是其他权利的基础，离开了平等权，其他任何权利都是没有基础的；从实践上讲，宪法对平等权的规定有利于社会主义民主和法制建设，也有利于公民正确行使自由的权利。

2. 平等权的要求。公民的平等权的要求包括以下几个方面：①公民平等地享有宪法和法律规定的权利。凡是宪法和法律规定公民应享有的权利，每个公民都平等地享有，并在行使权利时受到同样待遇。②所有公民都平等地履行宪法和法律规定的义务。③国家机关在适用法律时，对于所有的公民的保护或惩罚一视同仁，不得因人而异。④任何组织或者个人都不得有超越宪法和法律的特权。

3. 妇女、儿童、老人、华侨、归侨、侨眷和残疾人的平等权。《宪法》第48条规定："中华人民共和国妇女在政治的、经济的、文化的、社会的和家庭的生活等各方面享有同男子平等的权利。国家保护妇女的权利和利益，实行男女同工同酬，培养和选拔妇女干部。"现行宪法在新中国制宪史上首次把保护妇女的权利单列为一条规定，体现了国家对妇女权益的特别保护。我国不仅以根本大法的形式确认了妇女享有同男子平等的权利，而且还通过《婚姻法》、《选举法》、《继承法》、《妇女权益保护法》等一系列法律，更具体地规定了对妇女权利保护。

我国宪法和法律还致力于保护老人、儿童的合法权益。《宪法》第49条规定："婚姻、家庭、母亲和儿童受国家的保护。""禁止虐待老人、妇女和儿童。"除此外，国家还通过一系列法律如《未成年人保护法》、《义务教育法》、《收养法》、《民法通则》、《婚姻法》、《刑法》等对老人和儿童进行特别保护。对老人的保护主要表现在：①实行退休制度，保证老年人生活保障权的实现；②规定子女有赡养父母的义务；③老人有获得物质帮助的权利；④严禁虐待老人，构成犯罪的依法追究刑事责任。对儿童的保护主要表现在：①规定父母抚养教育子女的义务；②奸淫不满14周岁幼女的犯罪分子，从重处罚；③少年儿童有受义务教育的权利等。

我国宪法也专门对华侨、归侨和侨眷的合法权益的保护作了规定。《宪法》第50条规定："中华人民共和国保护华侨的正当的权利和利益，保护归侨和侨眷的合法的权利和利益。"所谓华侨是指定居在国外的中国公民；归侨是指回国定居的华侨；侨眷是指华侨、归侨在国内的眷属，包括华侨、归侨的配偶、父母、子女及其配偶、兄弟姐妹、祖父母、外祖父母、孙子女、外孙子女以及同华侨、归侨有扶养关系的其他亲属。根据我国归侨侨眷权益保护法，华侨、归侨和侨眷享有广泛的权利，包括：①有权组织社会团体；②接受境外亲友捐赠的物质，用于公益事业的，依法享受减征、免征关税的优惠待遇；③归侨学生、归侨子女升学、就业，按照规定予以照顾；④国家保护归侨出境定居的权利等。

我国历来重视对残疾人权益的保护，关心发展残疾人事业。《宪法》第45条第3款规定："国家和社会帮助安排盲、聋、哑和其他有残疾的公民的劳动、生活和教育。"在我国，残疾人是指在心理、生理、人体结构上，某种组织、功能丧失或者不正常、全部或部分丧失，不能以正常方式从事某种活动的人，包括：视力残疾、听力残疾、言语残疾、肢体残疾、智力残疾、精神残疾、多重残疾的人。由于残疾人不能同健康的公民一样，通过自己的活动同等地享受宪法和法律赋予的权利，国家必须给予残疾人在康复、教育、劳动就业、文化生活等方面提供特别扶助和保护。《残疾人权益保障法》依据宪法的规定，对残疾人的权益作了专门的规定，体现了宪法保护残疾人权益的精神。

（二）政治权利和自由

政治权利和自由是公民参加国家政治生活所享有的权利和自由。根据我国宪法的规定，公民的政治权利和自由主要包括选举权和被选举权以及政治自由。

1. 选举权和被选举权。

（1）选举权和被选举权的概念。《宪法》第34条规定："中华人民共和国年满18周岁的公民，不分民族、种族、性别、职业、家庭出身、宗教信仰、教育程度、财产状况、居住期限，都有选举权和被选举权；但是依照法律被剥夺政治权利的人除外。"所谓选举权是指按照法律规定，公民享有参加选举国家权力机关代表或者某些国家公职人员的权利。被选举权则是指公民享有被选举为代表机关代表和某些国家公职人员的权利。选举权是保证人民当家做主，管理国家事务的基本政治权利。我国是人民民主专政的社会主义国家，公民依法享有的选举权具有普遍性和平等性特点。据有关方面统计，在全国县乡直接选举中，享有选举权的人占18周岁以上公民总数的99.97%，并且参选率达96.56%，这说明我国公民实际享有选举权的普遍性。

（2）选举权和被选举权的内容。公民的选举权和被选举权包括三个方面内容：①公民有依照法律规定，按自己的意愿选举他人为国家权力机关代表或公职人员的权利；②公民有被选举为国家权力机关代表或公职人员的权利；③公民有罢免权,即享有选举权的公民根据法律规定的条件和程序,可以罢免不称职或违法乱纪的代表的权利。为了保证选举的行使和实现,我国宪法和选举法对公民的选举权作了必要的限制:①凡是依法被剥夺政治权利的人,如危害国家安全的犯罪、判处死刑和无期徒刑的公民等都没有选举权和被选举权;因犯罪嫌疑而被羁押的人经人民法院或人民检察院决定暂停其行使选举权;②未满18周岁的公民没有选举权和被选举权。此外,按照选举法规定,对精神病患者在选民登记时不列入选民名单。

为了保证选举权的实现,我国宪法和选举法还规定了保护公民依法行使选举权的措施,如公民在选举时所需的经费由国库开支等。

2. 公民的政治自由。《宪法》第35条规定:"中华人民共和国公民有言论、出版、集会、结社、游行、示威的自由。"政治自由是指公民自由发表意见,进行正当社会活动和政治活动以及参与国家管理的必不可少的一种政治权利。

(1) 言论、出版自由。言论自由是指公民有权通过各种语言形式宣传自己的思想和观点的自由。言论自由有广义和狭义之分,我国宪法所指的言论自由是使用的狭义的言论自由概念。从广义上讲,言论自由应包括出版自由,出版自由是言论自由的一种形式。出版自由是指公民有权通过出版物表达和宣传自己的各种观点和思想的自由。它和其他的言论自由的区别主要在于表现形式的不同。

我国公民享有的言论自由是广泛的。公民有权用言论的形式自由地交谈,自由地讨论国内外的各种问题,向国家机关提出批评、意见和建议;公民也可以自由地发表各自的学术见解,进行各种学术争鸣和科学探讨;自由地传播社会新闻;公民也可以通过报纸、杂志和图书等出版物表达自己的思想见解等。国家保障公民的言论自由,为公民实现言论自由提供必要的条件。

言论自由并不意味着公民可以不分场合、对象,想说什么就说什么。言论自由必须在法律许可的范围内行使。那些有害于国家和社会的言论、反对四项基本原则的言论以及侮辱他人的言论都是对言论自由的滥用,是非法的。出版自由也不得滥用,它必须以不危害国家、社会和他人的合法权益为前提,并且要遵守有关出版印刷的法律规定。

(2) 结社自由。结社自由是公民依法为一定宗旨组成某种社会组织并进行团体活动的自由。1989年国务院通过的《社会团体登记管理条例》(以下简称《条例》)是公民行使结社自由的具体依据。根据《条例》的规定,结社的范围主要有协会、学会、联合会、研究会、基金会、联谊会、促进会、商会等社会团体。此外，还有民主党派等政治性结社、各种人民团体。根据宪法的规定，我国公民可以自由地组织各种社会公益团体、文艺工作团体、学术研究团体、宗教团体以及其他各种人民群众团体。依法成立的社团，受国家法律的保护。《条例》规定，国家保护社会团体依照其登记的章程进行活动，其他任何组织个人不得非法干涉。

公民在行使结社自由这一民主权利时，必须遵守国家法律的规定，不得损害国家的、社会的、集体的利益和其他公民的合法的自由和权利，并且不得从事以营利为目的的经营性活动。在具体行使这一自由权时，应当经过有关业务主管部门审查同意后，向民政部门申请登记，并提供相关材料。未经核准登记而擅自以社团名义进行活动不听劝阻的，由民政部门命令解散。

(3) 集会、游行、示威自由。集会、游行、示威自由是指公民按照法律规定，享有通过集会、游行、示威等活动，发表意见、表达某种共同意愿的政治自由。根据《集会游行示威法》的规定，集会是指聚集于露天公共场所、发表意见，表达意愿的活动；游行是指在公共道路、露天场所列队行进，表达共同意愿的活动；示威是指在露天公共场所或者公共道路上以集会、游行、静坐等方式，表达要求、抗议或者支持、声援等表达共同意愿的活动。

国家十分重视保障公民的集会、游行、示威自由，主要表现在：①在审批时限上予以保障。规定主管机关接到集会、游行、示威申请书后，应当在申请举行日期的 2 日前，将许可或者不许可的决定书面通知其负责人。不许可，应当说明理由。逾期不通知的，视为许可。②在具体措施上予以保障。对于依法举行的集会、游行、示威，主管机关应当派出人民警察维持交通秩序和社会秩序，保障集会、游行、示威的顺利进行。③通过行政复议和行政诉讼制度予以保障。集会、游行、示威的负责人对主管机关不许可的决定不服的，可在法定期限内向同级人民政府申请复议，人民政府应当在接到申请复议书之日起 3 日内作出决定。法律还规定，当事人不服主管机关处罚的，可以向上一级主管机关提出申请，对上一级主管机关裁决仍然不服的，可以向法院提起行政诉讼。

公民在行使集会、游行、示威自由的同时也应当依法进行，不得损害国家的、社会的、集体的利益和其他公民的合法的自由权利，不得进行非法活动或煽动犯罪。否则，应依法追究法律责任。

(三) 人身权利与自由

人身权利与自由是公民最基本的权利，也是行使其他权利和自由的前提条件，它的内容主要包括：人身不受伤害、人身自由不受侵犯、公民的住宅不受侵犯、公民的人格尊严不受侵犯以及与人身自由相联系的通信自由和通信秘密受法律保护五个方面的内容。

1. 人身不受伤害。人身不受伤害主要是指人的身体本身不受伤害,它是最基本的一种权利,是享受其他一切权利的基础,这一权利主要包括两个方面:生命权和健康权。

生命权是指公民依法保全自己的生命,排除他人侵害的权利。生命权的基本内容有:①任何组织和个人都不能非法剥夺他人的生命,违反法律规定故意或过失剥夺他人生命的都要承担相应的法律责任。②公民在自己的生命受到非法侵害时,有权进行正当防卫、紧急避险和依法控告。

健康权是公民依法保护其身体组织完整、维护正常生理机能的权利。健康权的基本内容有:①任何组织和个人都无权损害他人的身体健康。在我国,公民的健康权不受侵犯是绝对的,只要是损害他人身体健康的行为,一定是违法的。②公民在自己的身体健康受到非法侵害时,有权进行正当防卫、紧急避险和控告。

2. 人身自由不受侵犯。人身自由是指公民依法享有的人身活动自由,不受非法逮捕、拘禁和搜查的权利。人身自由权的基本内容有:①公民的人身自由不受侵犯。任何公民非经人民检察院批准或决定,或者人民法院决定并由公安机关执行,不受逮捕;禁止以非法拘禁和以其他方法非法剥夺或限制公民的人身自由;禁止非法搜查公民的身体。②公民在自己的人身自由受到非法侵犯时,有权进行正当防卫、紧急避险和控告。

应当指出,公民的人身自由是指公民在法律允许范围内的人身活动自由,并不是指公民人身活动不受任何限制,任何公民都必须严格遵守国家的法律。侵犯人身自由应当承担相应的法律责任。如《刑法》第238条规定:"非法拘禁他人或者以其他方法非法剥夺他人人身自由的,处3年以下有期徒刑、拘役、管制或者剥夺政治权利。"

3. 住宅不受侵犯。住宅是公民居住和生活的场所,它与公民的人身自由有紧密联系。《宪法》第39条规定:"中华人民共和国的住宅不受侵犯。禁止非法搜查或者非法侵入公民的住宅。"住宅不受侵犯包括下列基本内容:①任何人都不得非法侵入他人住宅。非法侵入一般是指在违背住宅主人意愿的情况下强行进入或者秘密进入,并进行违法犯罪活动。如入室抢劫、盗窃等。②任何组织和个人都不得非法搜查他人住宅。在我国,只有公安机关、安全机关、检察机关才可以依法对特定对象的住处和有关处所进行搜查,搜查时要出示搜查证。③任何组织和个人都不得强占他人住宅。

我国法律不仅规定了公民的住宅权,而且还规定了侵犯住宅权应当承担的法律责任。如《刑法》第245条规定:"非法搜查他人身体、住宅,或者非法侵入他人住宅的,处3年以下有期徒刑或者拘役。"

4. 人格尊严不受侵犯。《宪法》第38条规定:"中华人民共和国公民的人格尊严不受侵犯。禁止用任何方法对公民进行侮辱、诽谤和诬告陷害。"公民的人格是公民作为人必须具有的资格,它与公民的人身密不可分。公民的人格权是公民参加各种法律关系享有权利和承担义务的主体资格,主要包括:名誉权、荣誉权、姓名权和肖像权等。

(1) 公民的名誉权。名誉是社会对公民在品德、声望、信誉等方面的评价。作为一个正常的人都要顾全自己的名誉,因为名誉关系到社会对公民的尊重和看法。名誉权的基本内容有:①公民有权享有适当的名誉。人不是孤立的,每个人都参加社会生活,都是社会的成员。共同的社会生活有共同的生活准则,也就是说社会对每个人的社会活动和人身价值都有一个评价标准,在此评价标准之下人们有权获得自己的一定的名声。因此,在我国人人都有权享有适当的名声,其他任何组织和个人都不得无根据地施加干涉。②公民有权维护其名誉不受侵犯。对于公民享有的名誉任何组织和个人都不得侵犯。我国法律禁止捏造事实对他人进行诽谤、诬告陷害和使用暴力或其他手段进行侮辱,否则追究相关的法律责任。

(2) 公民的荣誉权。荣誉是国家、社会、集体给予公民的一种称号。它和名誉的区别在于名誉是社会对公民的一般评价,而荣誉却是一种特别的、肯定的评价,如"劳动模范"、"战斗英雄"、"三八红旗手"、"优秀工作者"等。荣誉权是指公民享有和维护自己光荣名誉的权利。荣誉权的基本内容是:①公民的荣誉不受非法剥夺。只有当获得荣誉的人犯有较为严重的过错,有关组织才能依规定的要求和程序予以剥夺,任何单位和个人都无权任意剥夺他人的荣誉。②公民的荣誉不受非法侵占。将别人的荣誉据为己有,就是严重的侵犯他人荣誉权的行为,为法律和社会主义道德所不容许。③公民的荣誉不受各种形式的非法影响和损害。每个公民都有维护他人荣誉的义务,禁止以任何形式抹杀或贬低他人的荣誉,否则要承担相应的法律责任。

(3) 公民的姓名权。姓名是一个人的姓氏名称称号。公民的姓名权是指公民有权决定、使用和依法改变自己的姓氏名称,其他任何人不得干涉、滥用和假冒公民的姓名。姓名权的基本内容有:①公民有权使用和变更自己的姓名。姓名权是专有的,每个公民都有权使用自己的姓名,有必要时可依一定程序改变姓氏,变更自己的名字。②任何人都无权非法使用或变更他人的姓名。③在姓名权遭受侵害时，公民有权要求对方停止侵害，有权向法院起诉追究对方的法律责任。

(4) 公民的肖像权。肖像是描绘具体人物形象的图画、照片。肖像权是指公民保护自己的相貌的完整和独占自己肖像的权利。肖像权的基本内容是：①公民有权根据自己的意愿制作肖像。②公民有权独占和使用自己的肖像，未经本人同意，其他任何人都不得占有和使用其肖像。③在肖像权受到侵犯时，公民有权要求侵害人停止侵害并向法院起诉要求追究其法律责任。

5. 通信自由和通信秘密受法律保护。《宪法》第40条规定："中华人民共和国公民的通信自由和通信秘密受法律的保护。除因国家安全或者追查刑事犯罪的需要，由公安机关或者检察机关依照法律规定的程序对通信进行检查外，任何组织或者个人不得以任何理由侵犯公民的通信自由和通信秘密。"通信自由和通信秘密不受侵犯权是指公民的邮件、电报等不受非法搜查、扣押、隐匿、毁弃和开拆的权利。我国公民的通信自由和通信秘密权的基本内容是：①公民的通信自由不受非法妨害。"通信"不单指公民的书信往来，还包括邮寄其他邮件如电报、报刊、汇款通知等。通信自由是指公民的通信不受非法检查、扣押、隐匿、毁弃和开拆以及其他任何形式的妨害。②通信秘密不受非法侵害。通信秘密权是指公民的书信的内容他人不得以非法检查、开拆或丢弃等方式加以了解、传播或泄露。

根据宪法和法律的规定，因国家安全或追查刑事犯罪的需要，经公安机关或人民检察院的批准，侦查人员可以通知邮电机关将有关的邮件、电报予以扣押和检查。因此，法定机关依法扣押、检查有关邮件、电报，不能认为是侵犯公民的通信自由和通信秘密权。

(四) 批评、建议、申诉、控告、检举权和取得赔偿权

《宪法》第41条规定："中华人民共和国公民对于任何国家机关和国家工作人员，有提出批评和建议的权利；对于任何国家机关和国家工作人员的违法失职行为，有向有关国家机关提出申诉、控告或者检举的权利。""由于国家机关和国家工作人员侵犯公民权利而受到损失的人，有依照法律规定取得赔偿的权利。"这一规定为我国公民行使批评权、建议权、申诉权、控告权、检举权和取得赔偿权提供了宪法依据。

公民的批评建议权是指公民有对国家机关及其工作人员的不当行为进行批评，并提出要求改善的建设性意见的权利。

公民的申诉权是指公民本人或其近亲属遭到国家机关的不适当处分或处理

时,或者受到不公正的待遇时,有权向有关国家机关申诉理由,要求减轻处分或处罚;或要求重新处理或予以平反;或要求纠正对他的不公正待遇的权利。

公民的控告权是指当国家机关及其工作人员的违法失职行为或其工作中的疏忽或其他不当行为损害了公民的权利和利益,公民有权向有关机关告发,要求制裁有关国家机关及其工作人员,保护自己或亲属正当权益的权利。

公民的检举权是指公民对国家机关及其工作人员的违法失职行为有检举揭发的权利。

取得赔偿权是指公民因国家机关和国家工作人员的违法失职行为侵犯了其权利而受到损失时,有依照法律规定取得国家赔偿的权利。

根据宪法和法律规定,公民在行使批评、建议、申诉、检举、控告权时,不得捏造事实、歪曲事实进行诬告陷害,也不得言过其实,夸大事实。否则,要依情节轻重追究法律责任。同样,对于国家工作人员滥用职权,假公济私,对批评人、申诉人、检举人或控告人实行打击报复陷害的,也应当依法追究法律责任。

(五)社会经济权利

除本教材第六章第三节之二所述国家保护公民财产所有权的内容外,社会经济权利还包括:

1. 劳动权。《宪法》第42条规定:"中华人民共和国公民有劳动的权利和义务。"劳动权是指有劳动能力的公民都有获得劳动的机会和取得适当劳动报酬的权利。劳动权是我国公民的基本权利,主要包括两个方面的内容:①凡具有劳动能力的公民都应有就业的机会;②劳动者有按其劳动的数量和质量获得相应劳动报酬的权利。公民的劳动权是公民的一项最基本的社会经济权利,我国历部宪法都对公民的劳动权进行了确认。1995年1月1日起施行的《劳动法》对劳动者所应享有的权利作了详细规定。这些权利包括:①平等就业和选择职业的权利。②获得劳动报酬的权利。③休息休假的权利。④获得劳动安全卫生保护的权利。⑤接受职业技术培训的权利。⑥享受社会保险和福利的权利。⑦合法权益受侵犯时提请劳动争议处理的权利。

劳动既是我国公民的权利,同时又是公民义务。每个有劳动能力的公民都要履行劳动的义务。因为只有通过每个公民创造性劳动,国家才能繁荣富强,公民的劳动权才能够实现,所以《宪法》第42条规定:"劳动是一切有劳动能力的公民的光荣职责。"

2. 退休人员的生活保障权。《宪法》第44条规定:"国家依照法律规定实行企业事业组织的职工和国家机关工作人员的退休制度。退休人员的生活受到国家和社会的保障。"退休人员的生活保障权是指退休后的企业事业组织的职工和国家机关工作人员依法享有的生活受国家和社会保障的权利。这是我国公民的一项重要的社会经济权利，它表明凡是依照法律的规定退休、离休人员，生活应有保障，国家和社会对此负有责任。根据宪法和有关法律的规定，国家和社会对退休人员的生活保障主要是通过退休制度来实现的。1958年国务院颁发了《关于工人、职工退休处理的暂行规定》、1978年国务院《关于工人退休、退职的暂行规定》、1980年《国务院关于老干部离职休养的暂行规定》等规范性文件。这些规范性文件对退休的条件、退休后的工资和生活待遇作了一系列规定，构成了我国的退休制度，是我国退休人员生活保障权的制度保证和法律依据。

3. 物质帮助权。《宪法》第45条规定："中华人民共和国公民在年老、疾病或者丧失劳动能力的情况下，有从国家和社会获得物质帮助的权利。"物质帮助权主要是指公民在特定的情况下，不能以自己的劳动获得物质生活资料，有从国家和社会获得生活保障，享受集体福利的一种权利。公民的物质帮助权主要表现在如下方面：①老年人的物质帮助权，如农村的孤寡老人可以从集体获得"五保"。②疾病公民的物质帮助权。我国公民在患病时有从国家和社会获得物质帮助的权利。如医疗帮助、经济帮助。③其他丧失劳动能力的公民的物质帮助权。主要表现为残疾人的物质帮助权。如因公致残的，公民有从原单位获得终身的物质救济。

《宪法修正案》第23条规定："国家建立健全同经济发展水平相适应的社会保障制度。"这一规范，更加强调社会法治国的目标，强调国家对市民社会的积极作为。

(六) 文化教育权利

1. 受教育权。《宪法》第46条规定："中华人民共和国公民有受教育的权利和义务"。公民的受教育权是指公民达到一定年龄并具备可以接受教育的智力时，有进各种学校或通过其他教育设施和途径学习科学文化知识的权利。受教育权是我国宪法赋予公民的一项最基本的文化教育权利，是公民享受其他文化教育权的前提和基础。按照宪法和有关法律的规定，公民的受教育权主要包括：①学龄前儿童有接受学前教育的机会；②适龄儿童有接受初等教育的权利，完成初等教育后，符合一定条件的公民有接受中等教育、高等教育的机会；③成年人有继续接受教育的权利，在职职工有接受轮训和专业教育的机会；④公民可从社会力量以及私人举办的教育机构接受教育；⑤公民还可以从其他各种合法途径接受思想教育、道德教育、文化教育、纪律教育和法制教育等。

受教育不仅直接关系到公民个人的健康成长和自我的完善与发展，而且还与国家和社会的发展密切相关，科教兴国已成为我国的一项战略方针。因此对国家和社会来说，受教育又是每一个公民应尽的义务。按照我国宪法规定，受教育既是公民的权利，又是公民的义务，是权利与义务相一致的具体表现。我国公民在享受教育权的同时，又要履行受教育的义务，只有这样，公民才能正确行使受教育权。

2. 进行科学研究、文艺创作和其他文化活动的自由。《宪法》第47条规定："中华人民共和国公民有进行科学研究、文学艺术创作和其他文化活动的自由。国家对于从事教育、科学、技术、文学、艺术和其他文化事业的公民的有益于人民的创造性工作，给以鼓励和帮助。"根据宪法这一规定，我国公民享有进行科学研究的自由，从事文化艺术创作的自由和从事其他文化活动的自由。

公民有进行科学研究的自由，是指公民依照法律规定，有权对任何一个感兴趣的科学问题进行研究，根据自己的研究，提出和坚持自己的学术见解，对学术问题进行自由讨论。

公民有从事文学艺术创作的自由，是指按照法律的规定，公民可以自由充分地发挥自己的文学艺术创作才能，根据自己的兴趣，创作各种形式的文学艺术作品，如诗歌、小说、散文、电影、电视等。

公民有从事其他文化活动的自由，是指公民有依法从事文学艺术创作以外的其他文化活动的自由，包括体育活动和其他各种文化娱乐活动等。

国家对公民从事科学研究、文学创作和其他文化活动的权利予以法律保护。①对科学研究、文学创作和其他文化活动进行鼓励。国家先后制定了《中华人民共和国自然科学奖励条例》、《中华人民共和国科学技术进步奖励条例》、《中华人民共和国发明奖励条例》以及《著作权法》、《关于书籍稿酬的规定》等，对上述文化教育权予以保护。②国家积极发展科学、教育、文化事业，建立各种机构和设施，从物质上予以保障。

任何自由都不是绝对的。公民进行科学研究、文艺创作和其他文化活动必须在宪法和法律允许的范围内，坚持四项基本原则，坚持为人民服务，坚持社会主义的方向，有益于广大人民群众的身心健康。

（七）公民的宗教信仰自由

所谓宗教是一种相信并崇拜超自然神灵的社会意识形态，是自然力量和社会力量在人们意识中一种虚幻的歪曲的反映,是不科学的。宗教作为一种社会历史现象,有它自己的产生、发展和消亡的过程和规律。当社会还没有发展到使宗教赖以存在的条件完全消灭的时候,宗教就会存在。我国宪法关于公民有宗教信仰自由的规定,是尊重客观事实,从实际情况出发的。《宪法》第36条规定:"中华人民共和国公民有宗教信仰自由。任何国家机关、社会团体和个人不得强制公民信仰宗教或者不信仰宗教,不得歧视信仰宗教的公民和或不信仰宗教的公民。"

宗教信仰自由,是指公民依法享有的信仰或不信仰宗教的自由。宗教信仰自由作为一项基本权利,主要包括以下内容:①公民有信仰宗教的自由,也有不信仰宗教的自由;②有信仰此种宗教的自由,也有信仰彼种宗教的自由;③有信仰同一宗教不同教派的自由;④有过去不信仰宗教而现在信仰宗教的自由,也有过去信仰宗教而现在不信仰宗教的自由。宗教信仰自由意味着任何国家机关、社会团体和个人,不得强制公民信仰宗教或者不信仰宗教。

公民在行使宗教信仰自由的权利时,不得利用宗教进行破坏社会秩序、损害公民身体健康、妨碍国家教育制度的活动,不得进行封建迷信活动,否则将追究相应的法律责任。在我国,宗教团体和宗教事务不受外国势力支配,这是我国宗教自治的基本原则,也是每一个信仰宗教的公民必须遵守的义务。

(八) 婚姻自由

《宪法》第49条规定:"婚姻受国家的保护,禁止破坏婚姻自由。"婚姻是家庭的基础,家庭是社会的细胞。保护婚姻是社会的需要,是保障正常社会秩序和社会关系的有效手段。婚姻自由作为一项公民的基本权利,是指公民依照法律的规定有结婚的自由和离婚的自由。除宪法的规定外,国家还通过婚姻法等有关法律,对婚姻进行保护,基本内容包括:①确认婚姻自由是我国公民的一项重要权利,提倡、保护婚姻自由;②坚持一夫一妻的原则,稳定婚姻、家庭关系;③保护家庭财产及公民私人财产的继承权,从经济上维系婚姻家庭关系。

二、我国公民的基本义务

我国宪法在规定公民的基本权利和自由时,也规定了公民必须承担的相应义务,体现了权利和义务一致的原则。我国宪法规定公民的基本义务主要表现在如下几方面:

(一) 维护国家的统一和民族的团结

《宪法》第52条规定:"中华人民共和国公民有维护国家统一和全国各民族团结的义务。"我国是统一的多民族国家,维护祖国统一和民族团结,是我国革命和建设事业取得胜利的基本保证,是全国各族人民的根本利益所在。因此,每一个公民都必须自觉履行维护国家的统一和民族团结的义务。

维护祖国的统一,主要是指:①维护国家领土的完整、任何公民都不得破坏、变更和以其他各种形式肢解国家领土;要同一切分裂国家领土,破坏领土完整的行为作斗争。②维护国家主权的统一。中华人民共和国中央人民政府是我国惟一的合法的政府,不允许任何公民分裂国家主权,搞地方独立。③维护国家主权不被分割。不允许任何人以任何方式把国家主权割让给外国,同时反对任何外国势力干涉我国内政。

维护全国各民族的团结,是指公民有责任维护各民族之间的和睦、平等、合作和融洽的民族关系。具体要做到:①要实现民族平等,保证各民族在政治、经济、文化、社会生活等方面享有平等的权利;禁止对任何民族的歧视和压迫,禁止破坏民族团结和制造民族分裂的行为;要反对大民族主义,主要是大汉族主义,也要反对地方民族主义。②要认真落实党和国家的民族政策和贯彻执行民族区域自治制度,帮助少数民族加速发展经济文化建设事业,促进各民族的共同繁荣,为民族平等和民族团结奠立坚实的基础。

(二) 遵守宪法和法律、保守国家秘密、爱护公共财产、遵守劳动纪律、遵守公共秩序、尊重社会公德

1. 公民有遵守宪法和法律的义务。宪法和法律是我国广大人民意志和利益的体现。公民必须遵守宪法和法律,是我国宪法规定的公民必须履行的一项基本义务。公民必须遵守宪法和法律,意味着一切公民都必须以宪法和法律作为自己的活动准则,平等地享有宪法和法律赋予的权利,平等地承担宪法和法律规定的义务,任何人都不得有超越宪法和法律的特权,一切违反宪法和法律的行为,都必须依法予以追究。

2. 公民有保守国家秘密的义务。所谓国家秘密是指关系到国家的安全和利益,依照法定程序确定,在一定时间内只限于一定范围的人员知悉的事项。根据保密法的规定,保密的范围一般有:国家事务的重大决策中的秘密事项、国防建设和武装力量活动中的秘密事项、外交和外事活动中的秘密事项以及对外承担保密义务的事项、科学技术中的秘密事项、维护国家安全活动和追查刑事

犯罪中的秘密事项以及其他应当保密的事项。保护国家秘密，是关系到维护国家的安全和利益、关系到改革开放和国家建设事业的顺利进行的大事，一切公民都有保守国家秘密的义务。

3. 爱护公共财产。公共财产是指社会主义全民所有的财产和劳动群众集体所有的财产。公共财产是进行社会主义现代化建设和提高人民物质文化生活水平的物质基础，是公民享受权利自由的物质保证。《宪法》第12条规定："社会主义的公共财产神圣不可侵犯。国家保护社会主义的公共财产。禁止任何组织或者个人用任何手段侵占或破坏国家的和集体的财产。"这表明了国家对公共财产的特别保护。公民爱护公共财产主要包括这样一些内容：①自己不损害公共财产；②自己不浪费公共财产；③当公共财产遭受人为的或者自然的破坏或侵害时，任何公民都有维护公共财产的责任，同损害和浪费公共财产的行为作斗争。

4. 遵守劳动纪律。所谓劳动纪律不仅包括生产过程中的纪律，而且还包括一切机关、团体所应遵守的各种工作纪律。劳动纪律是维护正常生产秩序的主要行为规范，是人们进行共同生产劳动和工作的必要条件之一，劳动纪律既保证劳动义务的履行，又保证劳动权利的实现。所以遵守劳动纪律是公民的一项重要义务。

5. 必须遵守公共秩序。公共秩序是指统治阶级按照自己的意志和利益建立起来的，要求人们在社会生活中为维护公共事业和集体利益所必须遵守的行为规范。包括：社会秩序、生产秩序、工作秩序、教学科研秩序以及人民群众生活秩序。公共秩序是公民进行正常的社会生活的必要条件。公民遵守公共秩序对维护社会的安定，保证社会生活的正常进行有重要作用。我国法律禁止扰乱和破坏公共秩序的行为，对于那些严重破坏公共秩序的行为，将给予相应的法律制裁。

6. 必须尊重社会公德。社会公德也称公共生活准则，是指一个社会里全体居民为了维护正常生活秩序所必须共同遵守的最起码的道德准则。社会公德包括两大方面的内容：①人们在一些事关重大的社会关系、社会生活和社会交往中，应当遵守并往往由国家提倡认可的道德规范；②在公共生活中所形成的起码的公共生活准则，如尊重他人、诚实守信等。我国提倡的社会公德集中体现为《宪法》第24条规定的"五爱"即爱祖国、爱人民、爱劳动、爱科学、爱社会主义。社会公德是在人类公共生活的实践中产生的，反映了人类共同生活的要求，对公共生活协调起着极为重要的作用。尊重社会公德是我国公民的一项重要义务。

(三) 维护国家的安全、荣誉和利益

《宪法》第 54 条规定："中华人民共和国公民有维护祖国的安全、荣誉和利益的义务，不得有危害祖国的安全、荣誉和利益的行为。"国家的安全包括国家的领土、主权不受侵犯；国家的各项秘密得以保守，社会秩序不被破坏。国家的荣誉包括国家的尊严不被侵犯，国家的信誉不受损害，国家的荣誉不受玷污，国家的名誉不受侮辱。国家的利益包括国家的政治、经济、外交、军事等多方面内容，它是全国人民共同利益的体现。维护祖国的安全就是要保卫祖国免受外国的侵略和威胁。维护祖国的荣誉就是要在国际交往中维护国家的尊严，不得有损害国家荣誉的言行，并敢于同各种损害祖国荣誉的言行作斗争。维护国家的利益就是要把国家的利益摆在首位，正确处理国家、集体和个人三者之间的利益关系。

(四) 保卫祖国、依法服兵役和参加民兵组织

《宪法》第 55 条规定："保卫祖国、抵抗侵略是中华人民共和国每一个公民的神圣职责。依照法律服兵役和参加民兵组织是中华人民共和国公民的光荣义务。"我国《兵役法》也规定，我国公民不分民族、职业、家庭出身、宗教信仰和教育程度，都有依照法律规定服兵役的义务。公民依法服兵役和参加民兵组织，是公民履行保卫祖国、抵抗侵略的神圣职责的重要途径，是建立一支保卫祖国主权独立、领土完整和维护和平的强大的人民武装力量的需要。

我国现行的兵役制度是以义务兵役制为主体的义务兵与志愿兵相结合，民兵与预备役相结合的兵役制度。我国公民依法服兵役和参加民兵组织的义务可分为服现役的义务和服预备役义务两大类。具体表现为：符合条件的公民必须依法应征；现役士兵和军官必须忠实履行自己的职责；现役士兵和军官服役期满后，符合条件的，应转预备役；符合条件的公民必须参加民兵组织或进行预备役登记；服预备役的人员必须进行军事训练；高等学校和初级中学的学生就学期间必须接受基本的军事训练；符合条件的公民必须响应和遵守国家的战时兵员动员等。

(五) 依法纳税

《宪法》第 56 条规定："中华人民共和国公民有依照法律纳税的义务。"税收是国家为了满足社会的共同需要，凭借国家权力，按照国家法律规定的标准，强制地、无偿地取得财政收入的一种分配关系。税收具有强制性、无偿性、固

定性特征。新中国成立以来，税收一直是国家财政收入的重要来源之一，现在税收占国家财政收入的 90% 左右，对实现国家财政收支平衡后于举足轻重的地位。同时，税收又是我国用来调节生产、流通、分配和消费的重要经济杠杆。我国税收取之于民，用之于民，其最终目的是不断改善和提高人民的物质和文化生活。因此，我国公民应自觉地履行依法纳税的义务。

新中国成立以来，我国先后颁布了一系列有关税收的法律、法规。1980 年 9 月 10 日第五届全国人大第三次会议通过并发布了《个人所得税法》。同年 12 月 24 日财政部经国务院批准发布了《个人所得税施行细则》。1986 年 9 月 25 日公布了《个人收入调节税暂行条例》，1987 年 1 月 1 日起，对中国公民的个人所得征税适用《个人收入调节税暂行条例》。1986 年国务院公布了《城乡个体工商业户所得税暂行条例》，该条例适用于对工商个体户个人所得、个人承包、承租所得征税。为了适应形势发展需要，1993 年第八届全国人大常务委员会第四次会议通过决议修订了《个人所得税法》。修订后的《个人所得税法》统一适用于中国公民、从中国境内取得所得的外籍人员、城乡个体工商户。《城乡个体工商业户所得税暂行条例》和《个人收入调节税暂行条例》停止执行。1992 年全国人大常委会还通过了《中华人民共和国税收征收管理法》，1995 年又进行了修改。从此我国税收征收工作走向了规范化、法制化的轨道。我国每个公民都应依照税法的规定，自觉履行纳税的义务。

（六）其他方面的义务

我国宪法规定的公民的基本义务除上列举的外，还包括：夫妻双方有实行计划生育的义务；父母有抚养教育未成年子女的义务，成年子女有赡养扶助父母的义务。这些义务一般表现在家庭生活方面，但也是公民对整个国家和整个社会所承担的义务。

实行计划生育，控制人口增长是我国的一项基本国策，关系到我国经济发展、社会稳定。因此人口的增长必须同经济和社会的发展相适应。因此，夫妻双方都有责任按宪法和法律的规定，自觉地遵守计划生育的义务。

子女赡养、扶助父母和父母抚养、教育子女不仅是公民的一项法律义务，而且还是一种伦理道德中的义务。父母对子女的抚养指父母对子女的生活和学习应当提供一定的物质条件，承担必要的法律责任。子女对父母的赡养和扶助主要指子女对没有劳动能力、没有经济来源的父母给予物质上的帮助，当父母在生活不能自理的情况下，有妥善照顾的责任。我国法律严禁父母虐待和遗弃未成年子女或成年子女虐待和遗弃父母的行为。实施上述法律禁止行为，要受到法律制裁。

三、我国公民基本权利和义务的特点

我国公民的基本权利和义务建立在社会主义经济制度的基础上，体现了我国社会主义制度的本质，它同资本主义国家的公民的基本权利和义务相比有如下特点：

（一）公民权利和自由的广泛性

我国公民权利和自由的广泛性主要体现在以下两个方面：

1. 享受权利和自由主体的广泛性。我国的一切公民都是权利主体，虽然公民中（基于特殊情况）在享受权利和承担义务这方面具有一定的差别，但从主体角度讲，都属于权利主体，都享有一定范围的权利和自由。那种认为敌对分子不是权利主体的观念是错误的。在我国只有依法被剥夺政治权利的人，才不能享有我国宪法中所规定的政治权利和自由，但他们仍然享有其他方面的权利和自由。

2. 享受权利和自由内容的广泛性。我国公民享受权利自由的内容十分广泛，包括政治、经济、文化、宗教、社会、家庭生活等各方面。随着我国改革开放的顺利进行，各种权利和自由将随着物质条件的逐渐丰富而将进一步扩大。

（二）公民权利和自由的现实性

公民权利和自由的现实性主要是指公民的各种权利和自由是建立在现实的基础上，具有实现的条件，能够变为现实的。公民权利和义务的现实性主要表现为：

1. 我国公民的权利和自由建立在现实的基础上。我国宪法在确立公民权利和自由时，充分考虑到我国生产力的发展水平、物质生活条件以及社会状况，是实事求是的。对非规定不可的，就坚决规定。如公民在法律面前人人平等的原则，1954年《宪法》中规定过，1975年《宪法》又加以取消。我国现行宪法又将这项重要原则确立了下来，从此原则中还引申出公民的平等权。对能做到的就规定，不能做到的就不规定，能做到什么程度就规定到什么程度。如1954年《宪法》曾规定公民有迁徙自由，由于我国现实条件难以做到迁徙自由，因此，现行宪法就没有作出规定。对不宜规定的，就不规定。如罢工自由，由于罢工不符合人民的根本利益，不利于问题的解决，影响社会的稳定，因此我国现行宪法就没有规定罢工自由。

2. 我国公民的权利和自由是能够变为现实的。我国宪法规定了公民享有广泛的权利和自由，这些权利和自由是有法律保障和物质保障的。如为了保证公民充分行使选举权，法律规定选举经费由国库支付，并组织力量以保证选举活动的正常进行。国家还逐步建立和发展社会保险、社会救济以及医疗卫生事业，保障公民各种权利和自由的实现。除了物质保障外，我国公民的权利和自由还有法律保障。我国法律通过制裁侵犯公民权利和自由的行为、强制义务人履行义务来保证公民各种权利和自由的实现。

（三）公民权利和义务的平等性

我国《宪法》规定了"中华人民共和国公民在法律面前一律平等"和"任何公民享有宪法和法律规定的权利，同时必须履行宪法和法律规定的义务"。宪法的这一规定体现了权利和义务的平等性。

1. 公民在享有权利上一律平等。我国公民不分民族、种族、性别、职业、家庭出身、宗教信仰、教育程度、财产状况和居住期限都一律地享有宪法和法律规定的权利，不允许有任何超越宪法和法律之上的特权。

2. 公民在承担义务上一律平等。公民平等地享有宪法和法律规定的各项权利和自由，平等地承担宪法和法律规定的各项义务，任何公民享受了权利，必须承担相应的义务。

3. 国家机关在适用法律上一律平等。我国国家机关在适用法律时，对所有公民的立法权利和利益都给予保护，对于任何公民的违法行为都依法追究，并按法律规定的条件同样地处理。

（四）公民权利和义务的一致性

公民权利和义务的一致性主要表现为：

1. 公民在享受权利和承担义务方面是统一的。我国是人民民主专政的社会主义国家，社会主义的性质决定了我国公民的权利和义务在形式和内容上是高度统一的。我国宪法要求公民在享受权利时，必须承担一定的义务，反对那种只享受权利而不承担任何义务的不合理现象。我国宪法和法律为了保证公民真正地享受各种权利和自由，也作了一些特别规定，如民族自治地方的自治权等，使公民的权利和义务不仅在形式上是统一的，而且在事实上也具有一致性。

2. 公民权利和义务的本身是相互依存的。在一般的权利和义务关系中，权利的实现是以对方义务的履行为前提，反之义务的履行也就使他人的权利得以实现，两者是相互依存、相互统一的。如宪法规定父母有抚养教育未成年子女的义务，对父母来说是应尽的义务，对子女来说则是应有的权利；又规定成年子女有赡养扶助父母的义务，这对子女是一项义务，而对父母则是一种权利。我国宪法和法律规定的其他权利义务也存在着相互依存的特点。

3. 某些权利和义务的相互结合。如宪法规定，公民有受教育的权利和义务，公民有劳动的权利和义务。受教育和劳动既是公民的权利，又是公民的义务，二者相互统一，密不可分。

4. 权利和义务的相互促进。我国公民的权利和义务是国家、集体、个人三者利益的一种反映。国家、集体如果很好地尽到了自己的职责，公民的各种权利和自由就有一个强有力的保障。公民如果很好地履行自己的义务，国家、集体、他人的各种利益就会变为现实。公民个人履行自己的义务是为了更好地、更充分地享受权利，相反，如果公民充分地享受权利，就能使自己更好地履行义务。这种权利和义务相互促进的关系就充分地体现了公民权利和义务的一致性。

当然我国公民权利和义务的一致性主要体现在本质上，现实中也会出现一些不一致地方，需要全社会共同努力，不断创造物质财富，满足人民日益增长的物质文化生活的需要。

◆ 思考题

1. 我国公民基本权利和义务的特点有哪些？
2. 国家尊重和保障人权有何意义？
3. 如何理解公民平等权的宪法保护？
4. 如何理解公民人身权的宪法保护？
5. 如何理解公民私有财产权的宪法保护？

第九章 国家机构

◆ **教学目的**

本章的主要内容在于介绍国家机构的组织与职能，要求学生系统掌握我国国家机构设置的原则、中央和地方国家机构的职权。本章的难点问题有两个：一是国家和政府的区别是什么，如何理解国家、政府与人民之间关系；二是如何处理中央国家机关与地方国家机关之间的关系。

第一节 国家机构概述

一、国家机构的概念

国家机构是用以指一定社会的统治阶级按照行使职权的性质和范围建立起来的进行国家管理和执行统治职能的国家机关体系的概念。通常解释为一定时期内在分工、合作的基础上形成内在有机联系的国家机关的总和。国家机构具有以下几个主要特点：①阶级性。国家是阶级矛盾不可调和的产物，是统治阶级实现专政的暴力机器，因此作为国家组成要素及其存在形式的国家机构，具有鲜明的阶级性。它一般由统治阶级的分子担任各种职务，并按统治阶级的意志和利益要求去组织和开展活动。因此，国家机构的性质决定于国家的阶级本质，按照国家的阶级本质的不同，可将国家机构分为四种类型，即奴隶主阶级的国家机构、封建主阶级的国家机构、资产阶级的国家机构和无产阶级的国家机构。②历史性。国家是一种社会历史现象，有一个产生发展消亡的历史过程，国家机构在不同历史时期的国家其组织、活动、职能是不一样的，并随着国家的发展变迁而变化。③强制性。国家机构的目的和任务是实行国家管理和执行统治职能，因而具有不以人的意志为转移的强制性，有些国家机关本身就具有强制性。④组织性。国家机构是以按照一定原则和程序组织并开展活动的国家机关体系。国家机构的组织性表现在国家机构的建立、活动以及国家机关间的相互关系等方面。

二、我国国家机构的种类

按照不同的标准可以对国家机构进行不同的分类。例如，按照国家机构的性质可将国家机构分为剥削阶级国家的国家机构和无产阶级国家的国家机构。按照国家机构行使权力的属性不同，可将国家机构分为立法机关、行政机关和司法机关等。

根据我国宪法的规定，我国国家机构从行使权力的属性来看，可分为国家权力机关、国家元首、国家行政机关、国家军事机关、国家审判机关和检察机关。从行使权力的范围来看，可分为中央国家机关和地方国家机关。中央国家机关行使权力的效力范围及于全国，地方国家机关行使权力的效力范围限于某一特定的行政区域。中央国家机构包括：全国人民代表大会、国家主席、国务院、中央军事委员会、最高人民法院和最高人民检察院。地方国家机构包括：地方各级人民代表大会、地方各级人民政府、地方各级人民法院和地方各级人民检察院，以及特别行政区的各种地方国家机关。

三、我国国家机构设置的历史沿革

我国国家机构的设置经历了一个不断调整完善和发展的过程，大致经历了四个阶段。

（一）从1949年中华人民共和国成立至1954年《宪法》的颁布

1949年10月1日中华人民共和国宣告成立。根据《中国人民政治协商会议共同纲领》（简称《共同纲领》）和《中央人民政府组织法》的规定，建国初期国家机构设置情况如下：

1. 中国人民政治协商会议。中国人民政治协商会议是人民民主统一战线的组织，在普选的全国人民代表大会召开前，它代行全国人民代表大会的职权，选举产生中华人民共和国中央人民政府委员会，行使国家立法权、人事任免权、组织领导权等职权。

2. 中央人民政府委员会。中央人民政府委员会由政协全体会议选举主席1人，副主席6人，委员56人和由委员互选产生的秘书长1人所组成，它对外代表中华人民共和国，对内领导国家政权，规定国家的大政方针；批准或修改国家预算和决算；批准和决定同外国订立的条约或协定；处理战争与和平问题；组织其他国家机关并监督其工作等。

3. 政务院。政务院由中央人民政府委员会任命总理 1 人，副总理若干人，委员若干人和秘书长 1 人组成，是国家政务的最高执行机关，其职权有：发布决议和命令，并审查其执行；向中央人民政府委员会提出议案；领导和监督其下属各部门以及全国地方各级人民政府的工作等。

4. 人民革命军事委员会。人民革命军事委员会由中央人民政府委员会任命主席 1 人，副主席和委员若干人组成，是国家的最高军事统辖机关，统一管辖并指挥全国的武装力量。

5. 最高人民法院和最高人民检察署。最高人民法院由中央人民政府委员会任命院长 1 人，副院长 2 至 4 人，委员 13 至 21 人，秘书长 1 人组成，是国家的最高审判机关并负责领导和监督全国各级审判机关的工作。

最高人民检察署由中央人民政府委员会任命检察长 1 人，副检察长 2 至 3 人，委员 11 至 17 人所组成，是国家的最高检察机关，有权领导下级检察署，并对政府机关、公务人员和公民是否严格遵守法律负最高的检察责任。

6. 大行政区行政委员会。建国初期，全国分为东北、华北、中南、华东、西南、西北 6 个大行政区。其中东北地区已召开人民代表大会产生了东北人民政府委员会，其他大区则设立了军政委员会，它们既是比省高一级的地方政权机关，同时又是中央的派出机构。1952 年 11 月 15 日中央人民政府委员会第十九次会议决定把大行政区人民政府委员会或军政委员会一律改成大行政区行政委员会，作为中央在地方的派出机关，而不具有地方政权的性质。1954 年 6 月 19 日，中央人民政府委员会第三十二次会议又作出决定，撤销各大区的行政委员会，各省和直辖市改由中央直接领导，这样就减少了组织层次，有利于提高工作效率和克服官僚主义。

(二) 从 1954 年《中华人民共和国宪法》的颁布至 1966 年"文化大革命"开始

1954 年 6 月 20 日，第一届全国人民代表大会第一次全体会议通过了《中华人民共和国宪法》，根据宪法和有关法律的规定，我国的国家机关是：

1. 全国人民代表大会及其常务委员会。全国人民代表大会是最高国家权力机关，是行使国家立法权的惟一机关。国家的行政机关、审判机关、检察机关由它选举产生并向它负责。它有权修改宪法、制定法律、监督宪法的实施；有权选举、决定和罢免其他中央国家机关的组成人员。全国人民代表大会常务委员会为全国人民代表大会的常设机关,由全国人大在代表中选出委员长1人、副委员长和委员若干人组成,有解释法律,监督其他国家机关的工作,在全国人大闭会期间决定国家行政机关、审判机关和检察机关的部分组成人员的任免等广泛的职权。

2. 中华人民共和国主席。中华人民共和国主席由全国人民代表大会选举产生,任期4年。对外代表中华人民共和国,根据全国人大及常务委员会的决定,公布法律、发布命令、任免国务院组成人员、接受外国使节、派遣和召回驻外全权代表;国家主席还是全国武装力量的最高统帅,担任国防委员会主席;国家主席在必要时可以召开最高国务会议,讨论国家生活中的重大问题。

3. 国务院。国务院即中央人民政府,是最高权力机关的执行机关,对全国人民代表大会及常务委员会负责并报告工作。国务院由总理1人、副总理若干人、各部部长、各委员会主任和秘书长组成,在国务院总理的领导下统一管理全国的行政工作。

4. 最高人民法院和最高人民检察院。最高人民法院由院长1人、副院长若干人、审判员若干人组成,院长由全国人民代表大会选举产生,任期4年。最高人民法院是国家的最高审判机关,并且监督地方各级人民法院和专门人民法院的审判工作。

最高人民检察院由检察长1人、副检察长和检察员若干人组成,检察长由全国人民代表大会选举产生,任期4年。最高人民检察院对国务院所属各部门、地方各级国家机关、国家机关工作人员和公民行使检察权,并统一领导地方各级人民检察院和专门人民检察院的工作。

总之,1954年《宪法》设置的国家机关,吸取了建国初期国家机关的建设经验,同时又有了新的发展,各机关分工明确,相互配合,相互协作,形成了较为完备的国家机构体系,较好地发挥了国家的职能。

(三) 从1966年"文化大革命"开始至现行宪法颁布

这一阶段,国家机构由于受到"文化大革命"的冲击而陷入全面混乱,表现在:

1. 1954年《宪法》所规定的国家机构体系被打乱。①全国人民代表大会长期不举行会议,第三届全国人大于1965年1月4日结束第一次全体会议之后连续10年未召开会议,全国人大常委会自1966年7月7日至1975年1月20日之间也没有举行过会议。②中华人民共和国主席实际上空缺,国家主席的去职和主席缺位的继任均未按照宪法的规定来进行。③国家机关被大量的裁并和撤销，国务院从原来领导 79 个部门削减到实际上只领导 19 个部门，国务院领导全国的行政工作的职能严重削弱。④人民检察院被撤销。

2. 1975 年《宪法》确认了"文化大革命"期间国家机构的混乱状态，规定"全国人民代表大会是在中国共产党领导下的最高国家权力机关"，取消了 1954 年《宪法》规定的中华人民共和国主席、国防委员会和最高人民检察院的设置。

3. 1978 年《宪法》虽然恢复了人民检察院的建制，适当调整了国家机关的部分职权，但并未从根本上改变我国国家机关的非正常状态。1979 年 6 月，五届人大二次会议对宪法进行了局部修改，把地方各级革命委员会改为地方各级人民政府，县级以上地方各级人民代表大会设立常务委员会，这次会议还修订、通过了《全国人民代表大会和地方各级人民代表大会选举法》，《地方各级人民代表大会和地方各级人民政府组织法》，《人民法院组织法》和《人民检察院组织法》等重要宪法性法律，使我国国家机构的调整开始走上了健康发展的道路。

（四）从 1982 年《宪法》的颁布至现在

1982 年《宪法》总结了我国政权建设的经验和教训，对国家机构作了许多重要的规定：加强和完善了人民代表大会制度；恢复了国家主席的建制；设立了中央军事委员会领导全国武装力量；规定行政机关实行首长负责制；扩大了民族自治机关的自治权；改变政社合一体制，建立乡镇政权，等等。这些规定既是对 1954 年《宪法》的继承和发展，同时又反映了我国政治体制改革的成果和方向，有利于国家机关在相互分工、相互配合的基础上更好地行使国家权力。

四、我国国家机构的组织与活动原则

（一）民主集中制原则

《宪法》第 3 条规定："中华人民共和国的国家机构实行民主集中制的原则。"民主集中制是指在民主基础上的集中，在集中指导下民主的一个国家机构组织和活动的原则，体现了民主与集中的辩证统一。民主集中制原则在国家机构的组织和活动中主要体现在以下几个方面：①在国家机构与人民的关系方面，体现了国家权力来自人民，由人民组织国家机构。我国《宪法》第 2 条规定："中华人民共和国的一切权力属于人民。人民行使国家权力的机关是全国人民代表大会和地方各级人民代表大会。"第 3 条第 2 款规定："全国人民代表大会和地方各级人民代表大会都由民主选举产生，对人民负责，受人民监督。"选民或原选举单位有权依法罢免不称职的人民代表。在法律和重大问题的决策上，由权力机关充分讨论，民主决定，实行集中负责制，以求真正代表和集中人民的意志和利益。②在国家机构中，国家权力机关居于核心地位。《宪法》第3条第3款规定："国家行政机关、审判机关、检察机关都由人民代表大会产生，对它负责，受它监督。"即由各级国家权力机关产生同级其他国家机关，并监督这些国家机关的工作，使这些国家机关的组织和活动奠定在民主基础上；同时，国家行政机关、审判机关和检察机关在宪法和法律赋予的职权范围内活动，审判机关、检察机关独立行使审判权和检察权，不受行政机关、社会团体和个人的干涉。③在中央和地方机构的关系方面，实行"中央和地方的国家机构职权的划分，遵循在中央的统一领导下，充分发挥地方的主动性、积极性的原则"。中央和地方国家机构间的关系是国家机构组织和活动的重要领域和方面。中央统一领导和发挥地方的主动性和积极性体现了民主集中制原则的下级服从上级、地方服从中央的要求。

（二）联系群众，为人民服务原则

《宪法》第27条规定："一切国家机关和国家工作人员必须依靠人民的支持，经常保持同人民的密切联系，倾听人民的意见和建议，接受人民的监督，努力为人民服务。"这是国家机构密切联系群众，为人民服务的组织活动原则的宪法依据。它要求一切国家机关的组织与活动必须在制度上和实践中有与人民进行联系的渠道和途径，并置于人民的监督之下，其出发点和目的是为人民服务。首先，必须在思想上树立密切联系群众，一切为人民服务的思想，认识到自己手中的权力来自人民的赋予。其次，国家机关及工作人员要坚持"从群众中来，到群众中去"的工作方法。根据人民的意愿和利益，在经过从群众中来到群众去的反复多次的基础上，制定切实可行的法律、法规、政策以及各种措施。再次，广泛吸收人民群众参加管理国家并接受人民监督。例如，组织人民群众参加宪法以及其他重要法律草案的讨论；接受人民来信来访；建立人民代表联系群众的制度等。人民有权利对国家机构及其工作人员监督，我国《宪法》第41条对此作了专门规定。

（三）社会主义法治原则

有法可依、有法必依、执法必严、违法必究是社会主义法治原则的基本要求。作为国家机构组织与活动原则的社会主义法治原则就是要在国家机构的组织与活动中严格遵守有法可依、有法必依、执法必严、违法必究的原则，做到：①依法组织和建立国家机关及其职能部门，做到一切行使国家权力的机关都有宪法和法律依据，防止任意因人因事设立机构。②国家立法机关要在市场经济条件下进一步加强立法工作，完善立法制度，不断完善社会主义法律体系，使国家机关的组织和活动都能有明确的法律依据。③所有国家机关的职权都应有法律依据，国家机关只能行使宪法和法律赋予的属于本机关的职权，不得有任何超越宪法和法律的特权。④各级各类国家机关必须依法定程序行使宪法和法律赋予的职权，严格依法办事。⑤国家权力机关要加强法律监督，保证同级其他国家机关在宪法和法律的范围内活动。

（四）责任制原则

责任制原则是指国家机关依法对其行使职权、履行职务的后果承担责任的原则。现行宪法规定，一切国家机关都必须实行工作责任制。由于各种国家机关行使的国家权力的性质不同，我国宪法规定了两种责任制，即集体负责制和个人负责制。集体负责制是合议制机关在决定问题时，由全体组成人员集体讨论，按照少数服从多数的原则作出决定。集体组织每个成员的地位和权利平等，任何人都没有特殊的权利，由集体承担责任。全国人民代表大会及其常委会，地方各级人大及其常委会在行使职权时，就是实行的集体领导和集体负责制。个人负责制亦称首长负责制。它是指国家特定机关在行使职权时，由首长个人决定并承担责任的一种领导体制。首长负责制分工明确，在执行决定时可以避免出现无人负责或推卸责任现象，能够充分发挥首长个人智慧和才能，提高工作效率。根据宪法规定，国务院和其所属各部、各委员会以及中央军事委员会和地方各级人民政府都实行个人负责制。

（五）精简和效率原则

《宪法》第27条规定："一切国家机关实行精简的原则，实行工作责任制，实行工作人员的培训和考核制度，不断提高工作质量和工作效率，反对官僚主义。"国家机构是否精简，直接影响着工作效率。因此，搞好机构改革，克服官僚主义，做到廉政、勤政，提高工作质量和效率是精简和效率原则的基本要求。精简机构，实行机构改革必须做到：①按照经济体制改革和政企分开的原则，合并裁减专业管理部门和综合部门内部的专门机构，使政府对企业由直接管理为主转变为间接管理。②必须切实实行精简原则，依法设置机构，定岗定员，改变国家机关臃肿、层次重叠、人浮于事、职责不清、互相推诿、办事效率低、官僚主义严重的情况。③实行工作责任制,使每一个国家机关及其工作人员都完成的职能和任务,明确每个国家机关及其工作人员的职责和权限,做到有章可循,各司其职,责任分明。④改革干部人事制度,完善和推广国家公务员制度。

第二节　国家权力机关

一、全国人民代表大会

（一）全国人民代表大会的性质、地位

现行《宪法》规定:"中华人民共和国全国人民代表大会是最高国家权力机关";"全国人民代表大会和全国人民代表大会常务委员会行使国家立法权"。这表明全国人民代表大会的性质及其在整个国家机构中的地位,即全国人民代表大会是最高国家权力机关,具体表现在以下几个方面:①全国人民代表大会是全国人民的代表机关,统一行使国家权力。全国人民按照《选举法》规定,在普选的基础上产生代表组成全国人民代表大会,通过它把人民的意志变成国家法律,在根本上实现人民的国家权力。②全国人民代表大会行使的职权是最高国家权力,主要表现为只有全国人民代表大会和它的常委会才能行使国家立法权。③全国人民代表大会行使最高决定权,其效力及于全国。④同级其他国家机关所行使的权力,都是全国人大依法赋予的。这些国家机关要接受全国人大的监督。

（二）全国人民代表大会的组成、任期

依据《宪法》第59条的规定,全国人民代表大会由省、自治区、直辖市、特别行政区和军队选出的代表组成。各少数民族在全国人民代表大会中都应当有适当名额的代表。全国人大代表名额和代表的产生办法由选举法规定,代表名额的分配按照一定的人口比例为基础,同时又适当地照顾民族之间、城乡之间及某些地区人口比例的差别。现行宪法规定,全国人民代表大会任期届满两个月以前,全国人大常委会必须完成下届全国人大代表的选举。如果遇到了不能进行选举的非常情况,由全国人民代表大会常务委员会以全体组成人员的2/3以上的多数通过,可以推迟选举,延长本届全国人民代表大会的任期。在非常情况结束后的一年内，必须完成下届全国人民代表大会的选举。

（三）全国人民代表大会的职权

全国人民代表大会的职权，既是全国人民代表大会作为最高国家权力机关所特有的权力，同时也是它必须承担和完成的工作职责。依据宪法有关规定，全国人民代表大会的职权大致可归纳为以下几个方面：

1. 修改宪法，监督宪法实施。《宪法》第64条规定，宪法的修改由全国人大常委会或者1/5以上的全国人大代表提议，并由全国人大以全体代表的2/3以上的多数通过。

2. 制定和修改基本法律。宪法规定全国人民代表大会有权制定和修改刑事、民事、国家机构的和其他的基本法律。基本法律在我国法律体系占有重要地位，涉及国家和社会生活的各个领域，由全国人大制定基本法律既体现了这部分法律的权威性，同时也有利于保持社会主义法制的统一性、稳定性、严肃性和有效性。

3. 最高国家机关领导人的任免权。全国人民代表大会作为最高国家权力机关，享有广泛的人事任免权。根据宪法规定，全国人民代表大会有权选举全国人民代表大会常务委员会的组成人员；选举中华人民共和国主席、副主席；根据国家主席的提名，决定国务院总理的人选；根据国务院总理的提名，决定国务院其他组成人员的人选；选举中央军事委员会主席；根据中央军事委员会主席的提名，决定中央军事委员会其他组成人员的人选；选举最高人民法院院长和最高人民检察院检察长。对以上人员，全国人大有权依法定程序予以罢免。

4. 国家重大问题的决定权。全国人民代表大会作为最高国家权力机关，享有就国家的重大事情作出决定的权力。全国人大享有下列方面的决定权：审查和批准国家的预算及其执行情况的报告。有权批准省、自治区和直辖市的建置；决定特别行政区的设立及其制度。全国人民代表大会还有权决定战争和和平的问题。

5. 最高监督权。全国人民代表大会对国家生活行使最高监督权。依据现行宪法和法律的规定，全国人大对全国人大常委会、国务院、中央军事委员会、最高人民法院、最高人民检察院实行监督。全国人民代表大会常务委员会、国务院、最高人民法院和最高人民检察院必须对全国人民代表大会负责并报告工作，中央军事委员会须对全国人民代表大会负责。全国人民代表大会有权改变或者撤销全国人民代表大会常务委员会不适应的决定。必要时可以组织特定问题调查委员会，以便对国家生活中的重大问题进行监督。

6. 应当行使的其他职权。依据宪法规定,全国人民代表大会还有权行使宪法和法律未明确规定,但在性质上应当由最高国家权力机关行使的职权,这种规定能为人大处理一些新问题提供宪法依据,也表明了全国人大至高无上的地位。

(四) 全国人民代表大会的会议制度和工作程序

1. 会议制度。全国人大开展工作的方式主要是举行会议。根据宪法规定,全国人民代表大会会议每年举行一次。如果全国人大常委会认为必要,或者有1/5以上的全国人大代表提议,可以临时召集全国人民代表大会会议。全国人大会议均由全国人大常委会召集,每届全国人大第一次会议在本届全国人大代表选举完成的两个月内,由上届全国人大常委会召集,以后的历次会议均由本届常务委员会负责召集。

根据《全国人民代表大会组织法》的规定,全国人大代表按照各自所属的选举单位组成代表团,并分别推选团长和副团长。代表团在每次人大开会前讨论全国人大常委会提交的有关会议的准备事项;在会议期间审议各项议案;代表团团长或代表推举的代表在主席团会议或者大会全体会议上代表本团对审议的议案发表意见。

全国人大的会议形式主要有预备会议、全体会议和小组会议等。全国人大每次会议之前,根据《全国人民代表大会组织法》的规定,经由全国人大常委会主持召集预备会议,选举本次大会主席团和秘书长,讨论本次会议的议程以及决定其他准备事项。预备会议后,全国人民代表大会便正式举行全体会议,在全体会议期间,根据需要举行小组会议,审议和讨论有关事项。

全国人大每次会议由主席团主持。主席团是临时性机构,由每次会议在预备会议上选举,主席团推选常务主席若干人召集和主持主席团会议,主席团推选大会执行主席主持和掌握大会的进程,主席团设立秘书长,在会议秘书长的领导下处理会务。

全国人民代表大会会议期间,国务院的组成人员,中央军委的组成人员,最高人民法院院长和最高人民检察院检察长列席会议。其他国家机关、团体的负责人,经主席团决定也可以列席会议。

全国人民代表大会全体会议公开举行,在必要时经主席团和各代表团团长会议决定,可以举行秘密会议。

2. 议案通过程序。全国人民代表大会的工作以讨论、审议并通过议案为主。其法定程序是:

(1) 议案的提出。全国人大会议主席团、全国人大常委会、全国人大各专门委员会、国务院、中央军事委员会、最高人民法院和最高人民检察院、全国人大的一个代表团或者 30 名以上代表都可以向全国人大提出属于全国人大职权范围内的议案。

(2) 议案的审议。对国家机关提出的议案，由主席团决定交各代表团审议，或交有关的专门委员会审议，提出报告，然后由主席团审议决定提交大会表决对代表团或 30 名以上代表提出的议案，由主席团决定是否列入大会议程，或者先交有关的专门委员会审议，提出是否列入大会议程的意见，再决定是否列入大会议程。

(3) 议案的表决。议案审议后，主席团决定采用投票、举手或者其他方式对议案进行表决，宪法修正案用投票方式表决并由全体代表的 2/3 以上的多数通过，其他议案由全体代表的过半数通过。

(4) 议案的公布。法律由国家主席发布命令公布；选举结果及重要决议案由全国人大会议主席团发布公告予以公布，或由国家主席发布命令予以公布。

(五) 全国人民代表大会常务委员会

1. 全国人大常委会的性质、地位、组成和任期。全国人民代表大会常务委员会是全国人民代表大会常设机关，是经常性的最高国家权力机关。全国人大闭会期间，国务院、中央军事委员会、最高人民法院和最高人民检察院都要向全国人大常委会负责，接受其监督。全国人大常委会通过的决议，制定的法律，其他国家机关和全国人民都必须遵守执行。全国人大常委会隶属于全国人大，受全国人大的领导和监督，向全国人大负责并报告工作，全国人大有权改变或者撤销它的不适当的决定和罢免其组成人员。

按照宪法规定，全国人大常务委员会由全国人大选举委员长一人，副委员长若干人，秘书长一人和委员会若干人组成。在组成人员中，还应当有适当名额的少数民族代表。全国人大常委会的组成人员在每届全国人大第一次会议时从代表中选举产生。全国人大常委会的组成人员不得担任国家行政机关、审判机关和检察机关的职务。全国人民代表大会常务委员会每届的任期和全国人民代表大会每届的任期相同。委员长、副委员长连续任职不得超过两届。

2. 全国人大常委会的职权。根据宪法，全国人大常委会主要行使以下几方面的职权：

(1) 解释宪法和法律，监督宪法的实施。依据宪法规定，全国人大常委会有权对宪法和法律作出具有法律效力的解释和全国人大一起监督宪法的实施。

（2）立法权。全国人大常委会立法权包括：制定和修改除应当由全国人民代表大会制定的基本法律以外的其他法律；在全国人民代表大会闭会期间，对全国人民代表大会制定的法律进行部分补充和修改，但是不得同该法律的基本原则相抵触。

（3）国家某些重大事项的决定和规定权。在全国人民代表大会闭会期间，审查和批准国民经济和社会发展计划、国家预算在执行过程中所必须作的部分修改方案；决定同外国缔结的条约和重要协定的批准和废除；规定军人和外交人员的衔级制度和其他专门衔级制度；规定和决定授予国家的勋章和荣誉称号；决定特赦；在全国人民代表大会闭会期间，如果遇到国家遭受武装侵犯或者必须履行国际间共同防止侵略的条约的情况，决定战争状态的宣布；决定全国总动员或局部动员，决定全国或个别省、自治区、直辖市的戒严等。2004年《宪法修正案》第26条规定，全国人大常委会有权"决定全国或者个别省、自治区、直辖市进入紧急状态。"把戒严改紧急状况，扩大了适用范围，为国家的紧急状态立法提供了宪法依据。

（4）人事任免权。在全国人民代表大会闭会期间，根据国务院总理的提名，决定部长、委员会主任、审计长、秘书长的人选，根据中央军事委员会主席的提名，决定中央军事委员会其他组成人员的人选；根据最高人民法院院长的提请，任免最高人民法院副院长、审判长、审判委员会委员和军事法院院长；根据最高人民检察院院长的提请，任免最高人民检察院副检察长、检察员、检察委员会委员和军事检察院检察长，并且批准省、自治区、直辖市的人民检察院检察长的任免；决定驻外全权代表的任免等。

（5）监督权。监督国务院、中央军事委员会、最高人民法院和最高人民检察院的工作；撤销国务院制定的同宪法、法律相抵触的行政法规、决定和命令；撤销省、自治区、直辖市国家权力机关制定的同宪法、法律和行政法规相抵触的地方性法规和决议；审查自治区人民代表大会制定的自治条例和单行条例是否合宪。还可以组织关于特定问题的调查委员会，对国家生活中的重大问题进行监督。

（6）全国人民代表大会授予的其他职权。

3. 全国人大常委会的会议制度与工作程序。

（1）会议制度。全国人大常委会是合议制机关，举行会议并通过决议是其行使职权的主要方式。全国人大常委会的会议有两种形式，一是常委会全体会议，一般每两个月举行一次，必要时可临时召集。会议由委员长召集和主持，常委会全体组成人员参加，国务院、中央军委、最高人民法院和最高人民检察院的负责人,全国人大各专门委员会的主任委员或副主任委员,各省、自治区、直辖市人大常委会主任或副主任 1 人可以列席会议。全体组成人员过半数才能开会,参加者过半数赞成方能通过决议。二是委员长会议。由委员长、副委员长和秘书长参加,其任务是处理常委会的重要日常工作。

(2) 工作程序。全国人大常委会举行会议期间,全国人大各专门委员会、国务院、中央军委、最高人民法院和最高人民检察院、常委会组成人员 10 人以上联名可以向全国人大常委会提出属于其职权范围内的议案。

向全国人大常委会提出的议案由委员长会议决定提请常务委员会会议审议,或者先交有关的专门委员会审议,提出报告后再提请常委会会议审议。

议案经过审议后,由常委会全体会议进行表决,获得全体组成人员的半数以上方能通过。

法律通过后由国家主席公布,其他决议由全国人大常委会自行公布。

(六) 全国人民代表大会的专门委员会

1. 全国人大专门委员会的性质、类型组成和任期。

全国人民代表大会的专门委员会是最高国家权力机关常设的工作机关,是全国人民代表大会的组成部分,同时也是全国人大常委会的工作机构。各专门委员会受全国人大领导,在全国人大闭会期间,根据全国人大常委会的要求进行经常性的工作,它不是独立行使职权的国家机关,不能对外发号施令。专门委员会的组成人员从全国人民代表中选举产生,并且按照专业分工开展工作。

根据《宪法》第 70 条的规定,全国人民代表大会设立民族、法律、财政经济、教育科学文化卫生、外事、华侨、环境保护、内务等专门委员会。1988 年 3 月,第七届全国人民代表大会第一次会议通过决议增设内务司法委员会,1993 年 3 月,第八届全国人大第一次会议又增设环境保护委员会。根据第九届全国人大第一次会议的决定,全国人大现共设九个专门委员会,它们是:民族、法律、内务司法、财政经济、教科文卫、外事、华侨、环境与资源保护、农业与农村等委员会。依据法律规定,全国人民代表大会还可以设立它认为需要设立的其他专门委员会。此外,全国人民代表大会和它的常务委员会如果认为必要,还可以组织对于特定问题的调查委员会。调查委员会是一种临时委员会,任务完成后随即撤销。

各专门委员会由主任委员,副主任委员若干人和委员若干人组成,其组成人员的人选由人大主席团在代表中提名,大会通过。全国人大闭会期间,人大常委会可以补充任命专门委员会的个别副主任委员和部分委员，由委员长会议提名，常务委员会会议通过。专门委员会根据工作需要，可由全国人大常委会任命若干专家为顾问，列席专门委员会会议。

专门委员会的任期和全国人民代表大会每届的任期相同。

2. 全国人大专门委员会的工作任务。根据法律规定，各专门委员会共同的任务有下列几项：审议全国人民代表大会主席团或者全国人民代表大会常务委员交付的议案；向全国人民代表大会主席团或者全国人民代表大会常务委员会提出属于全国人大或者全国人大常委会职权范围内同本委员会有关的议案；审议全国人民代表大会常务委员会交付的被视为同宪法、法律相抵触的国务院的行政法规、决定和命令，国务院各部、各委员会的命令、指示和规章，省、自治区、直辖市的人民代表大会和它的常务委员会的地方性法规和决议，以及省、自治区、直辖市的人民代表大会常务委员会交付的质询案，听取受质询机关对质询案的答复，必要时向全国人民代表大会主席团或全国人民代表大会常务委员会提出报告；对属于全国人民代表大会或全国人民代表大会常务委员会职权范围内同本委员会有关的问题，进行调查研究，提出建议。此外，民族委员会还可以对加强民族团结问题进行调查研究，提出建议；可以审议自治区有全国人民代表大会常务委员会批准的自治条例和单行条例，向全国人民代表大会常务委员会提出报告。法律委员会统一审议向全国人民代表大会或者它的常务委员会提出的法律草案。

（七）全国人民代表大会代表

全国人民代表大会代表是最高国家权力机关的组成人员，按照法定程序选举产生，代表全国各族人民行使国家权力、管理国家事务。

1. 全国人大代表的权利。按照宪法和有关法律的规定全国人大代表的权利主要有以下几种：

（1）出席全国人民代表大会的会议，参与讨论和决定国家重大问题的权利。为便于全国人大代表行使该项权利，我国法律规定在全国人民代表大会每次会议召开前1个月，常务委员会必须把开会日期和建议大会讨论的主要事项通知给每个代表。

（2）提出议案、质询案以及询问和提出建议、批评和意见的权利。全国人大代表有权在全国人大职权范围内，按法定程序提出议案。在全国人大会议期间，一个代表团或30名以上的代表，可以出面提出对国务院及其部委、最高人民法院和最高人民检察院的质询等，由主席团决定交受质询机关，受质询机关在会议期间答复。询问是全国人大代表就有关国家机关及其工作情况基于了解的需要而进行的提问。作为全国人大代表的权利,它不要求特定的联名人数,受询问的机关只在代表小组或代表团会议上进行说明。全国人大代表还可以就国家和社会生活的各个方面提出建议、批评和意见。提出建议、批评和意见也不要求法定人数的联名,而且也不限定在议案提出的时间范围。

(3) 人身受特别保护权。全国人大代表的人身受特别保护的权利,主要包括两个主要的内容:①全国人大代表非经全国人民代表大会主席团许可,在全国人大闭会期间非经全国人大常委会许可,不受逮捕和刑事审判。如果是现行犯拘留,执行拘留的机关应当立即向全国人大主席团或全国人大常委会报告。②如果依法对全国人大代表采取除逮捕和刑事审判等法律规定以外的限制人身自由的措施,如行政拘留、监视居住等,应当经全国人大主席团或者全国人大常委会许可。

(4) 言论免责权。言论免责权是指全国人大代表在全国人大各种会议上的发言和表决享有不受法律追究的权利。全国人大的会议包括大会全体会议、小组会议、代表团会议、专门委员会会议、主席团会议、常委会全体会议和分组会议。

(5) 物质便利权。全国人大代表在出席全国人大会议和履行其他属于代表职责范围内的责任时,国家应依法给予适当的补贴和物质条件上的便利。

2. 全国人大代表的义务。本着权利与义务相一致的原则,全国人大代表在履行代表职责期间,依法承担下列义务:

(1) 出席会议,参与对国家事务的讨论和决定,积极参加代表视察等活动的义务。

(2) 遵守宪法和法律,宣传法制,协助宪法和法律的实施的义务。

(3) 保守国家秘密的义务。

(4) 接受原选举单位和群众的监督。

(5) 密切联系群众和原选举单位,倾听意见,尽可能多地列席原选举单位的人民代表大会会议。

二、地方各级人民代表大会

(一) 地方各级人民代表大会的性质、地位、组成和任期

地方各级人民代表大会包括省、自治区、直辖市、自治州、县、市、市辖区、乡、民族乡、镇的人民代表大会。它们是本地方人民行使国家权力的机关,

并在本地方保证宪法、法律、行政法规的执行，依照法律规定的权限决定本行政区域内的重大事项。同级人民政府、人民法院和人民检察院均由它产生，对它负责，受它监督。地方各级人民代表大会统一行使本地方的国家权力，在同级国家机关中处于支配和核心地位。地方各级人民代表大会和全国人民代表大会一起构成了我国的国家权力机关体系。

地方各级人民代表大会由人民选举产生的代表组成。省、自治区、直辖市、自治州、设区的市人民代表大会由下级人民代表大会选出的代表组成，每届任期5年。县、不设区的市、市辖区、乡、民族乡、镇的人民代表大会由选民直接选举的代表组成，县、不设区的市、直辖区的人民代表大会每届任期5年，乡、民族乡、镇的人民代表大会的代表每届任期3年。2004年《宪法修正案》第30条规定，"地方各级人民代表大会每届任期5年"。从此，乡级人大的任期也延长到5年，这样有利于基层的权力的稳定和选举工作的开展。地方各级人民代表大会代表的名额，由省、自治区、直辖市的人民代表大会常务委员会按照便于召开会议、讨论问题和解决问题，并使各民族、各地区、各方面都有适当数量代表的原则另行规定，并报全国人民代表大会常务委员备案。

（二）地方各级人民代表大会的职权

根据宪法和有关法律的规定，地方各级人民代表大会的职权，可概括以下几个方面：

1. 地方性法规制定权。地方性法规是指有地方立法权的地方国家权力机关依法定职权和程序制定并颁布的规定、实施细则、办法等规范性文件的总称。地方性法规只在本行政区域内产生法律效力，并不得与宪法、法律和行政法规相抵触。根据《宪法》第100条和《地方各级人民代表大会和地方各级人民政府组织法》的规定，省、自治区、直辖市的人民代表大会及其常务委员会，在不同宪法、法律、行政法规相抵触的前提下，可以制定地方性法规，报全国人民代表大会常务委员会和国务院备案。省、自治区的人民政府所在地的市和经国务院批准的较大的市的人民代表大会根据本市的实际情况和实际需要，在不同宪法、法律、行政法规和本省、自治区的地方性法规相抵触的前提下，可以制定地方性法规，报省、自治区的人大常委会批准后施行，并由省、自治区人大常委会报全国人大常委会和国务院备案。

2. 地方重大事务决定权。根据宪法的规定，地方各级人大有权讨论和决定本行政区域内的政治、经济、教育、文化、科学、卫生、民政、民族工作的重大事项；县级以上地方各级人大有权审查批准本行政区域内的国民经济和社会发展计划、预算以及它们的执行情况的报告；有权依照法律规定的权限通过和发布决议；审查和决定地方经济建设、文化建设和公共建设的计划。

3. 监督权。地方各级人民代表大会是地方国家权力机关，根据宪法的规定，它在本行政区域内保证宪法、法律、行政法规的遵守和执行。为履行这一职责，宪法和法律赋予它以广泛的监督权。①地方各级人大有权撤销本级人民政府不适当的决定和命令；②县级以上地方各级人大有权审查本级人民代表大会常务委员会、本级人民政府、人民法院和人民检察院的工作报告；③县级以上的地方各级人民代表大会举行会议的时候，主席团、常务委员会或者 1/10 以上代表联名，可以提出对本级人大常委会组成人员、人民政府组成人员、人民法院院长、人民检察院院长的罢免权，代表 10 人以上联名可以书面提出对本级人民政府和它所属的各工作部门以及人民法院、人民检察院的质询案，由主席团决定交由受质询机关在主席团会议、大会全体会议或有关专门委员会会议上口头答复，或者由受质询机关书面答复。

4. 人事任免权。地方各级人大有权选举和罢免省长、副省长、自治区主席、副主席；市长、副市长；州长、副州长；县长、副县长；区长、副区长；乡长、副乡长；镇长、副镇长。县以上地方各级人大有权选举和罢免本级人民代表大会常务委员会的组成人员、本级人民法院院长或者人民检察院检察长，但选出和罢免人民检察院院长须报经上一级人民检察院检察长提请该级人民代表大会常务委员会批准。

5. 其他职权。地方各级人民代表大会有权保护全民所有的和劳动群众集体所有的财产，保护公民私人所有的合法财产；维护社会秩序，保障公民的人身权利、民主权利和其他权利；有权保护各种经济组织的合法权益；保障少数民族的权利，保障妇女的男女平等，同工同酬和婚姻自由等权利。

（三）地方各级人民代表大会的工作程序

地方各级人民代表大会工作的方式主要是举行会议。根据法律规定，地方各级人民代表大会每年至少召开一次，经 1/5 以上的代表提议，还可由本级人大常委会临时召集会议。地方各级人民代表大会举行会议时举行预备会议。预备会议的目的是选举本次会议的主席和秘书长，通过本次会议的议程和其他准备事项的决定。县级以上地方各级人民政府组成人员和人民法院院长、人民检察院检察长、乡级人民政府组成人员，列席本级人民代表大会会议。县级以上的其他有关机关、团体负责人经本级人民代表大会常务委员会决定，可以列席本级人民代表大会会议。按照法律规定地方各级人民代表大会通过决议和选举、罢免国家机关负责人的具体程序如下：

1. 议案通过的程序。地方各级人民代表大会在举行会议时，会议主席团、本级人大常委会、各专门委员会和本级人民政府，可提出属于本级人民代表大会职权范围内的议案，由主席团决定是否提交人大表决。县级以上的地方各级人民代表大会代表10人以上联名，乡、民族乡、镇的人民代表大会5人以上联名，也可以向本级人民代表大会提出属于本级人民代表大会职权范围内的议案，由主席团决定是否列入大会议程，或者先交有关的专门委员审议，提出是否列入大会议程的意见，再由主席团决定是否列入大会议程。任何议案在交付大会表决前，提案人如果要求撤回，则对该议案的审议即行终止。议案的通过必须经过全体代表的过半数通过。

2. 选举国家机关负责人的具体程序。县以上地方各级人大常委会的组成人员、乡、民族乡、镇的人民代表大会主席、副主席，省长、副省长、自治区主席、副主席，乡长、副乡长，镇长、副镇长，人民法院院长，人民检察院院长的人选，由本级人大主席团或者代表联合提名。省、自治区、直辖市的人民代表大会代表30人以上书面联名，设区的市和自治州的人民代表大会代表20人以上书面联名，县人民代表大会代表10人以上书面联名，可以提出本级人民代表大会常务委员会组成人员、人民政府领导人员、人民法院院长、人民检察院检察长的候选人。乡、民族乡、镇的人民代表大会代表10人以上书面联名，可以提出本级人民代表大会主席、副主席、人民政府领导人员的候选人。不同选区或选举单位选出的代表可以酝酿联合提出候选人。其中，人民代表大会常务委员会主席、秘书长、乡、民族乡、镇的人民代表大会主席，人民政府首长，人民法院院长，人民检察院检察长的候选人数可以多提名1名，进行差额选举，如果提不出另一名候选人，也可以等额选举。

3. 罢免程序。县级以上地方各级人民代表大会举行会议时，大会主席团、常务委员会或者1/10以上代表联名，可以提出对本级人大常委会人员、人民政府组成人员、人民法院院长、人民检察院检察长的罢免案，由主席团提请大会审议。乡、民族乡、镇的人民代表大会举行会议的时候，主席或1/5以上代表联名，可以提出对乡长、副乡长、镇长、副镇长的罢免案，由主席团提请大会审议。各级人民代表大会的罢免案经全体代表的过半数通过。

（四）县级以上地方各级人民代表大会常务委员会

1. 县级以上地方各级人民代表大会常务委员会的性质、地位、组成和任期。县级以上地方各级人民代表大会常务委员会是本级人民代表大会闭会期间经常行使地方国家权力的机关，是本级国家权力机关的组成部分，对本级人民代表大会负责和报告工作。

县级以上地方各级人民代表大会常务委员会由主任、副主任若干人和委员组成，其组成人员均由本级人民代表大会每届第一次会议从代表中选举产生。省、自治区、直辖市人民代表大会常务委员会组成人员的名额为35~65人，人口超过八千万的省不超过85人；自治州、市为19~41人，人口超过八百万的市不超过51人；县、不设区的市、自治县、市辖区为15~27人，人口超过一百万的县、市辖区不超过35人。常务委员会的组成人员不得担任同级国家行政机关、审判机关和检察机关的职务。地方各级人民代表大会常务委员会会议，由委员会主任召集，每两月至少举行一次，常务委员会决议以全体组成人员的过半数通过。常务委员会主任、副主任组成主任会议，处理常务委员会日常工作。常务委员会根据工作需要，可以设立办事机构。常务委员的任期和本级人民代表大会每届的任期相同。

2. 县级以上地方各级人民代表大会常务委员会的职权。

（1）重大事项决定权。讨论、决定本行政区域的政治、经济、文化、教育、卫生、民政、民族工作的重大事项，决定本行政区域国民经济计划和预算的部分变更，决定授予地方的荣誉称号。

（2）人事任免权。在本级人民代表大会闭会期间，决定副省长、自治区副主席、副市长、副州长、副区长的个别任免；在省长、自治区主席、市长、州长、县长、区长和人民法院院长、人民检察院检察长因故不能担任职务的时候，从本级人民政府、人民法院、人民检察院副职领导人中决定代理的人选；决定代理检察长，须报上一级人民检察院和人大常委会备案。根据省长、自治区主席、市长、州长、县长的提名，决定本级人民政府秘书长、厅长、局长、主任、科长的任免，报上一级人民政府备案；按照《人民法院组织法》和《人民检察院组织法》的规定，任免人民法院副院长、庭长、副庭长、审判委员会委员、审判员，任免人民检察院副检察长、检察委员会委员、检察员。批准任免下一级人民检察院检察长。

（3）监督权。监督本级人民政府、人民法院和人民检察院的工作；撤销本级政府不适当的决定和命令，改变或者撤销下一级人民代表大会的不适当的决定；受理人民群众对本级人民政府、人民法院、人民检察院和国家工作人员的申诉意见。

（4）制定地方性法规的权限。省级人民代表大会常务委员会和省、自治区的人民政府所在地的市和经国务院批准的较大的市的人大常委会在不违反宪法、法律和行政法规的前提下，有权制定地方性法规。

（5）组织工作方面的权限。领导或主持本级人民代表大会代表选举；联系本级人民代表大会代表，组织他们进行视察。

3. 县级以上地方各级人民代表大会常务委员会的会议制度。县级以上地方各级人民代表大会常务委员会是合议制机关，其工作方式主要是举行会议。常务委员会会议由主任召集，每两个月至少举行一次。本级人大常委会主任会议可以向常委会提出议案，由常委会会议审议。本级人民政府、各专门委员会可以向常务委员会提出议案，由主任会议决定提请常务委员会会议审议，或者先交有关专门委员会审议，提出报告，再提请常务委员会会议审议。县级人大常委会组成人员3人以上联名，省、自治区、直辖市、自治州、设区的市的人大常委会组成人员5人以上联名可以向本级人大常委会提出议案，由主任会议决定是否提请常委会会议审议，或先交有关的专门委员会审议，提出报告，再决定是否提请常务委员会会议审议。常务委员会的决议以全体组成人员的过半数通过。

省、自治区、直辖市、自治州、设区的市的人民代表大会常务委员会由主任、副主任和秘书长组成主任会议；县、自治县、不设区的市、市辖区由主任、副主任组成主任会议。主任会议的任务是处理常务委员会的日常工作。

（五）县级以上地方各级人民代表大会的专门委员会和调查委员会

1. 专门委员会。根据宪法和法律的规定，县级以上地方各级人民代表大会可以根据工作需要设立法制委员会、财政经济委员会、教育科学文化卫生委员会等专门委员会。各专门委员会的主任委员、副主任委员和委员由人民代表大会主席团在代表中提名，大会通过。在人民代表大会闭会期间，本级常务委员会可以补充任命专门委员会的个别副主任委员和部分委员，由主任会议提名，常务委员会会议通过。各专门委员会受本级人民代表大会领导，在大会闭会期间受本级人民代表大会常务委员会领导，它们的任务是研究、审议和拟订有关议案，对同本委员会有关的问题进行调查研究，提出建议和议案。乡、民族乡、镇的人大设立代表资格审查委员会，行使职权到本级人大任期届满为止。

2. 调查委员会。县级以上的地方各级人民代表大会可以组织关于特定问题的调查委员会。主席团或者1/10以上的代表书面联名，可以向本级人民代表大会提议组织关于特定问题的调查委员会，由主席团提请全体会议决定。调查委员会的主任委员、副主任委员和委员由主席团在代表中提名，提请全体会议通过。人民代表大会根据调查委员会的报告可以作出相应的决议。

(六) 乡镇人民代表大会主席的性质、产生、任期和职责

1986 年 12 月第六届全国人大常委会第十八次会议通过修改的地方组织法对乡镇代表大会主席团的产生、职责作了规定，加强了主席团的职能，初步完善了乡镇人民代表大会制度，但对主席团的性质并没有作出明确的规定。乡镇人大由于没有自己的常设机构而使其工作在闭会期间基本处于停滞状态，从而成为人大工作中的薄弱环节。针对这一情况，1995 年 2 月第八届全国人大常委会第十二次会议通过的第三次修改的《中华人民共和国地方各级人民代表大会和地方各级人民政府组织法》第一次对乡镇人民代表大会主席的性质、产生、任期和职责作了较为明确的规定。

1995 年修改通过的《地方各级人民代表大会和地方各级人民政府组织法》第 14 条规定："乡、民族乡、镇的人民代表大会设主席，并可以设副主席 1 人至 2 人。"结合该法关于主席、副主席职权的规定，我们可以把主席、副主席视作乡镇人大闭会期间开展经常性工作的常设机构，负责处理乡镇人大闭会期间的日常性工作。

地方组织法规定，主席、副主席由本级人民代表大会从代表中选出，任期同本级人大任期相同。为了使主席、副主席更好地行使职权、履行职责，地方组织法还明确规定："乡、民族乡、镇人民代表大会主席、副主席不得担任国家行政机关的职务；如果担任国家行政机关的职务，必须向本级人民代表大会辞去主席、副主席的职务。"

依据地方组织法的规定，主席、副主席在乡镇人大闭会期间行使的职权主要有：

1. 联系本级人大代表、组织代表开展活动。
2. 反映代表和群众对本级人民政府工作的建设、批评和意见。

由上可见，地方组织法对乡镇人大主席、副主席的规定是对各地乡镇人大工作经验的总结和改革成果的肯定，是对人大制度的进一步完善，它加强了乡镇人大的职能，为发挥乡镇国家权力机关的作用，扩大基层民主、推动政府工作、促进乡镇经济发展提供了组织保证。

（七）地方各级人民代表大会代表

我国地方各级人民代表大会代表，依法由间接或直接选举产生。省、自治区、直辖市、设区的市、自治州的人大代表由下一级人大选举产生，每届任期 5 年；县、自治县、不设区的市、市辖区的人民代表大会代表由直接选举产生，

每届任期5年；乡、民族乡、镇的人民代表大会代表由直接选举产生，每届任期5年。

1. 地方各级人民代表大会人民代表的权利。地方各级人民代表大会的代表依法享有下列权利：

(1) 有权提出议案。在人民代表大会会议期间，县级以上的地方各级人民代表大会代表10人以上联名，有权向本级人民代表大会提出属于本级人民代表大会职权范围内的议案。乡级人民代表大会代表5人以上联名，有权向本级人民代表大会提出属于本级人民代表大会职权范围内的议案。

(2) 有权提出建议、批评和意见。县级以上的地方各级人民代表大会代表，有权向本级人民代表大会及其常委会提出对各方面工作的建议、批评和意见。代表提出的建议、批评和意见，由本级人民代表大会常务委员会的办事机构交有关机关和组织研究处理并负责答复。乡、民族乡、镇的人民代表大会代表有权向本级人民代表大会提出对各方面工作的建议、批评和意见，并由本级人民代表大会主席团交有关机关和组织研究处理并负责答复。

(3) 有权提名推荐本级人大常委会组成人员和一府两院的主要领导人。我国地方组织法规定，10人以上代表联合提名，推荐县级以上的地方各级人民代表大会常务委员会的组成人员，省长、副省长，自治区主席、副主席，市长、副市长，州长、副州长，县长、副县长，区长、副区长，乡长、副乡长，镇长、副镇长，人民法院院长，人民检察院检察长的人选。

(4) 有权提出罢免案。县级以上的地方各级人民代表大会举行会议的时候，1/10以上代表联名，可以提出对本级人民代表大会常务委员会组成人员、人民政府组成人员、人民法院院长、人民检察院院长的罢免案。乡、民族乡、镇的人民代表大会举行会议的时候，1/5以上代表联名，可以提出对乡人大主席、副主席，乡长、副乡长，镇长、副镇长的罢免案。

(5) 质询权。地方各级人民代表大会举行会议的时候，代表10人以上联名可以书面提出对本级人民政府和它所属各工作部门以及人民法院、人民检察院的质询案。

(6) 人身受特别保护权。人大代表非经人大主席团许可，在大会闭会期间非经本级人民代表大会常务委员会许可，不受逮捕或刑事审判。如果因为是现行犯被拘留，执行拘留的公安机关应立即向该级人大主席团或常委会报告。

(7) 发言和表决的免责权。地方人大代表和常委会组成人员，在人大各种会议上的发言不受法律追究。

2. 地方各级人民代表大会代表的义务。地方各级人民代表大会代表应当和原选举单位或者选民保持密切联系，宣传法律和政策，并向人民代表大会及其常委会、人民政府反映群众的意见和要求。省、自治区、直辖市、自治州、设区的市的人民代表大会代表可列席原选举单位的人民代表大会会议。县、自治县、设区的市、市辖区、乡、民族乡、镇的人民代表大会代表分工联系选民，有代表3人以上的居民地区或者生产单位可以组织代表小组，协助本级人民政府推行工作。代表应当接受原选举单位和选民的监督，原选举单位和选民有权依照法律规定的程序随时撤换所选出的代表。

第三节　国家主席

一、国家元首概述

（一）国家元首的含义

世界各国都有国家元首的设置。国家元首是国家的首脑，是国家机构的组成部分，是国家对外对内的最高代表。根据不同的标准，国家元首可以有多种分类。以政体为划分标准，国家元首可分为君主制国家元首和共和制国家元首。君主制国家元首的产生方式为世袭制并终身任职，如英国、日本等国。共和制国家元首由民选方式产生，绝大多数有一定的任期限制，如美国总统由选民选举产生的总统选举人投票选举产生，任期4年，连任不超过两届；法国总统由公民直接投票选举产生，任期7年；还有些国家规定总统由代表机关选举产生，如马耳他、新加坡等。按照国家元首在国家政治生活中的地位和作用为划分标准，国家元首可分为实权元首和虚位元首。所谓实权元首是指国家元首既是对内对外的最高代表，又是政府首脑，拥有广泛的职权，一般总统制国家的总统（如美国、法国）以及二元君主制国家的国王（如科威特、沙特阿拉伯）是实权元首。所谓虚位元首是指国家元首虽是对内对外的最高代表，但却只能根据内阁和议会的决定来行使权力，他本身没有实际的权力，一元君主立宪制国家的国王以及议会内阁制国家中的总统均属于虚位元首。

（二）我国元首制度的历史发展

根据我国宪法的有关规定，我国元首制度经过了以下几个发展时期：
1.《共同纲领》时期，即从1949年中华人民共和国成立到1954年《宪法》通过前。这一时期，按照《中华人民共和国中央人民政府组织法》的规定，中央人民政府委员会对外代表中华人民共和国，对内领导国家政权。中央人民政府委员会由中央人民政府主席 1 人，副主席若干人，委员会 56 人和秘书长 1 人组成，享有国家元首的职权。可见，这一时期实行的是集体元首制度。

2. 1954 年《宪法》时期，即 1954 年《宪法》实施到 1975 年《宪法》公布。根据 1954 年《宪法》的规定，设立中华人民共和国主席，作为一个独立的国家机关，国家主席同全国人大常委会联合行使国家元首的职权。虽然国家主席同上一个时期的中央人民政府主席有许多不同特点，但我国的元首制度仍被认为是集体元首。

3. 从 1975 年《宪法》到 1982 年《宪法》实施。这个时期，宪法没有国家主席的设置，由全国人民代表大会常务委员会行使国家主席职权。

4. 从 1982 年制定的现行《宪法》到现在。现行宪法恢复了国家主席的设置，在我国民主宪政建设方面具有重要意义：①有利于国家机关的合理分工；②有利于国际交往；③符合我国的历史传统和人民的习惯。但国家主席不再统帅全国武装力量，不再具有召开最高国务会议的职权，国家主席所行使的职权只是履行特定的法律手续。国家主席不参与国家行政工作，不对全国人大负行政责任，不是行政首脑，是独立的国家机关，处于国家代表的最高地位，从属于全国人民代表大会。

二、中华人民共和国主席

（一）国家主席的性质和地位

中华人民共和国主席是我国国家机构的重要组成部分，是一个独立的国家机关，对内对外代表国家。国家主席是我国的国家元首，依法行使宪法规定的国家主席职权。

（二）国家主席的产生和任期

现行《宪法》第 79 条的规定，有选举权和被选举权的年满 45 周岁的中华人民共和国公民可以被选为国家主席、副主席。这一规定表明当选国家主席、副主席必须具备三个条件，即具有公民资格、有选举权和被选举权和年满 45 周岁。国家主席、副主席由全国人民代表大会选举产生。在每届全国人大第一次会议上，由会议主席团提名并根据多数代表的意见确定主席、副主席的正式候选人，由大会全体代表中过半数以上的代表选举通过。国家主席、副主席的每届任期同全国人民代表大会每届任期相同。国家主席、副主席连续任职不得超过两届。

（三）国家主席的职权

按照宪法的规定，国家主席有下列职权：

1. 公布法律、发布命令。国家主席根据全国人民代表大会及其常务委员会的决定，公布法律。根据全国人民代表大会和它的常务委员会的决定发布特赦令，戒严令，宣布战争状态，发布动员令。

2. 任免国务院组成人员。国家主席根据全国人民代表大会及其常务委员会的决定，任免国务院总理、副总理、国务委员、各部部长、各委员会主任、审计长、秘书长。

3. 外交权。国家主席对外代表中华人民共和国，代表国家接受外国使节。根据全国人民代表大会常务委员会的决定，派遣和召回驻外全权代表，批准和废除同外国缔结的条约和重要协定。2004年《宪法修正案》第29条规定，"中华人民共和国主席代表中华人民共和国，进行国事活动。"这一规定增加了国家主席在外交上的权力，强化了元首外交。

4. 荣典权。国家主席根据全国人民代表大会及其常务委员会的决定，授予国家的勋章和荣誉称号。

宪法没有规定国家副主席独立享有的职权，其职责是协助国家主席工作，即受主席的委托，代行主席的部分职权。国家主席缺位将由副主席继任。副主席缺位时，由全国人民代表大会补选。补选之前的国家主席职位由全国人大常委会委员长暂时代行。

第四节　国家行政机关

一、国务院

（一）国务院的性质、地位、组成和任期

现行《宪法》第85条规定，中华人民共和国国务院即中央人民政府，是最高国家权力机关的执行机关，是最高国家行政机关。这一规定表明了国务院的性质和地位。首先，国务院是我国的中央人民政府，对外以国家政府的名义活动，对内统一领导地方各级人民政府。其次，国务院是最高国家权力机关的执行机关，表明它从属于最高国家权力机关，由最高国家权力机关产生并对它负责和报告工作。再次，国务院是最高国家行政机关，表明了国务院在国家行政机关系统中处于最高的领导地位。它统一领导各部、各委员会以及地方各级行政机关的工作。

按照宪法和有关法律的规定，国务院由国务院总理，副总理若干人，国务委员若干人，各部部长，各委员会主任，审计长和秘书长组成。在每届新选出的全国人大第一次会议上由中华人民共和国主席提名总理的人选，然后由全国人民代表大会全体会议讨论、表决通过，再由国家主席根据全国人大的决定，发布任命令。国务院其他组成人员的人选，由国务院总理提名，全国人大全体会议表决通过后，由国家主席发布任命令。在全国人大闭会期间，根据实际需要，经总理提名，全国人大常委会有权变更除副总理、国务委员以外的其他组成人员。

国务院每届任期5年。国务院组成人员中，总理、副总理和国务委员连续任职不得超过两届。

（二）国务院的职权

根据《宪法》第89条的规定，国务院拥有广泛的职权，概括起来主要有以下几个方面：

1. 行政立法权。根据宪法的规定，国务院有权"规定行政措施，制定行政法规，发布决定和命令"。但是，国务院的行政立法权活动不是行使国家立法权，而是行使行政立法权。因为国务院制定的行政法规和规章虽然具有法的一般特征，但它的调整对象通常是行政管理事务，行政立法的主要目的是执行和实施权力机关制定的法律，这些都是为实现行政管理职能服务的，故行政法学界把行政机关制定具有普遍约束力的法规、规章以及发布具有普遍约束力的决定和命令的活动称为抽象行政行为；将行政机关针对特定的对象并对其权利义务产生影响的行为称为具体行政行为。而国家立法权根据宪法的规定由国家权力机关行使，国家权力机关制定的法律所调整的对象通常是有关国家政治、经济和文化生活中的重大问题，其立法程序相当严格，因此，国家权力机关制定法律的活动才是行使国家立法权的表现。

国务院制定的行政法规和规章的法律效力低于宪法和法律，其内容不能与宪法和法律相抵触，否则无效。

国务院的行政立法除依职权进行立法活动外还包括依授权立法在内，如上所述，国务院制定行政法规和规章的权力来自宪法的规定，它只能在自己的职权范围内行使。此外，国务院根据国家权力机关的特别授权可以就应由权力机关管辖的事务制定行政法规，如，1985年第六届全国人大第三次会议决定，授权国务院在必要的时候对于有关经济体制和对外开放方面的问题，可以制定暂行的规定或者条例，颁布实施，并报全国人大常委会备案。这些问题本属于国家权力机关的立法事项，需要国家权力机关制定法律，但是国家权力机关制定法律的条件尚不成熟，而实际工作中的问题又迫切需要得到及时和妥善的解决，以保证各项工作的顺利进行，因此，授权国务院制定暂行的规定或者条例是十分必要的。

2. 行政管理权。国务院是国家的最高行政机关，行政管理权是它的主要职权。根据宪法的规定，国务院有权规定各部和各委员会的任务和职责，统一领导各部、各委员会的工作；国务院还统一领导全国地方各级国家行政机关的工作，规定中央和省、自治区、直辖市的国家行政机关的职权的具体划分。

国务院有权管理全国性的行政工作，包括编制和执行国民经济和社会发展计划以及国家预算；领导和管理经济工作和城乡建设；领导和管理教育、科学、文化、卫生、体育和计划生育工作；领导和管理民政、公安、司法行政和监察等工作；管理对外事务，同外国缔结条约和协定；领导和管理国防建设事业；领导和管理民族事务；保护归侨和侨眷的合法的权利和利益；批准省、自治区、直辖市的区域划分，批准自治州、县、自治县、市的建置和区域划分；决定省、自治区、直辖市的范围内部分地区的紧急状态。

3. 监督权。为了有效地行使行政管理权，宪法赋予国务院以广泛的监督权。国务院的监督权同全国人大和全国人大常委会的监督权不同，属于行政监督的范围，其监督的对象是国务院各部委及地方各级行政机关，即对它们是否履行法定职责、它们的工作是否符合法律和法规进行监督。而全国人大及常委会的监督主要是法律监督，其监督的对象包括国务院、最高人民法院和最高人民检察院，即对它们遵守宪法、执行法律的情况进行监督。

根据宪法的规定，国务院的监督权主要有：①对各部委、地方各级行政机关及其工作人员是否履行法定职责进行监督；对各级行政机关及其工作人员的违法失职行为进行处理；依照法律规定任免、培训、考核和奖惩行政人员。根据1997年5月9日公布实施的《中华人民共和国行政监察法》，国务院设立专门的监察机关（即监察部），对国务院各部门及国家公务员、国务院及国务院各部门任命的其他人员，省、自治区、直辖市人民政府及其领导人等进行监察，并统一领导全国的监察工作。监察机关有权核查各级行政机关遵守和执行法律、法规、决定和命令的情况;有权受理公民对行政机关及其工作人员的控告和检举;有权查处行政机关及其工作人员的违法违纪案件。监察机关根据检查、调查的结果对行政机关及其工作人员的违法失职行为有权按照国家有关人事管理权限和处理程序作出监察决定或者提出监察建议。②国务院设立审计机关——审计署,对国务院各部门和地方各级政府的财政收支,对国家财政金融机构和企事业组织的财务收支进行审计监督。为保障审计监督的顺利开展,宪法规定审计机关受国务院总理领导,依照法律独立行使审计监督权,并领导和监督地方各级审计机关的工作。审计机关根据其审计的情况有权作出审计结论,对违反国家财政法规和财政纪律的机关和个人作出处理决定。③国务院有权对其各部委及地方各级行政机关的抽象行政行为进行监督,根据宪法的规定,国务院有权改变或者撤销各部、委员会发布的不适当的命令、指示和规章;有权改变或者撤销地方各级国家行政机关的不适当的决定和命令。

4. 提出议案权。根据宪法的规定,国务院有权向全国人大和全国人大常委会提出议案。其范围包括:①国民经济计划及其执行情况;②国家预算和决算;③由全国人大常委会批准的同外国缔结的条约和重要协定;④必须由全国人大或全国人大常委会决定的任免;⑤其他必须由全国人大或全国人大常委会以法律或者法令规定的事项。

5. 全国人大及其常委会授予的其他职权。全国人大及其常委会授予的其他职权系指宪法和有关法律没有明确授权,但在行政管理中,让该由国务院行使而由全国人大及其常委会以决议、决定等形式专门授予国务院的职权。如上述的第六届全国人大第三次会议作出的《关于授权国务院在经济体制改革和对外开放方面可以制定暂行的规定或条例的规定》,就属于这种情况。

(三) 国务院的机构设置和机构改革

1. 国务院的机构设置。按照现行宪法和国务院组织法的规定,国务院设有部、委员会和直属机构以及办事机构。部、委员会是分管某一方面的行政事务的职能部门。各部设部长一人,副部长2~4人,各委员会设主任1人,副主任2~4人,委员5~10人。各部和各委员会有权根据法律和国务院的行政法规、决定、命令,在本部门的权限内,发布命令、指示和规章。各部、各委员会工作中的方针、政策、计划和重大行政措施,应向国务院请求报告,由国务院决定。国务院直属机构是国务院设立的主办各项专门业务的机关,如国务院机关事务管理局、国家统计局、海关总署、国家土地管理局等,它们都是在国务院统一领导下工作。国务院还设有办公厅和若干办事机构,主要职能是协助总理办理专门事项。办公厅由秘书长领导,并设副秘书长若干人,协助秘书长工作。国务院的办事机构如国务院侨务办公室、国务院港澳办公室等,每个机构可设负责人2至5人。

此外,国务院还设有审计机关。根据宪法规定,国务院的审计机关是在国务院领导下的职能部门,审计长是国务院的组成人员。国务院审计机关的职权是对国务院各部门和地方各级人民政府的财政收支,对国家的财政金融机构和企事业组织的财务收支,进行审计监督。我国国家审计机关称审计署。审计机关依照法律规定独立行使审计监督权,不受其他行政机关、社会团体和个人的干涉。

2. 国务院的机构改革。1998年3月10日,第七届全国人大第一次会议通过了《关于国务院机构改革方案的决定》。根据国务院机构改革方案的规定,国务院机构改革的目标是"建立办事高效、运转协调、行为规范的行政管理体系,完善国家公务员制度,建设高素质的专业化行政管理干部队伍,逐步建立适应社会主义市场经济体制的有中国特色的行政管理体制。"这次国务院机构改革,撤销了电力工业部等15个部委,新组建了4个部委,有3个部委更换了名称,保留了22个部、委、行、署,改革后除国务院办公厅外,列入国务院组成部门的共有29个部、委、行、署。

(四) 国务院的领导体制

国务院的领导体制经历了一个长期的历史发展过程。我国最高行政机关的领导体制在建国初期实行集体领导制度,政务院每周举行一次政务会议,重大问题由集体讨论并由集体决定。1954年以后,国务院虽然在组织形式上与政务院不同,但在领导体制上仍实行集体领导,国务院全体会议或者常务会议决定重大问题,国务院发布的决议和命令亦须经全体会议或者常务会议通过。我国现行宪法在总结历史经验的基础上规定国务院实现首长负责制,《宪法》第86条规定:"国务院实行总理负责制,各部、各委员会实行部长、主任负责制"。

国务院实行首长负责制表现在:①国务院总理由国家主席提名,经全国人大决定后由国家主席任命,因此,总理担负起管理全国行政事务的职责,他须向全国人大及其常委会承担行政责任。②国务院其他组成人员的人选由总理提名,由全国人大或全国人大常委会决定,在必要的时候,总理有权向全国人大或全国人大常委会提出免除他们职务的请求。③国务院总理领导国务院的工作,副总理、国务委员协助总理工作,各部部长、各委员会主任负责某一方面的专门工作,他们均须向国务院总理负责。④总理主持和召集国务院常务会议和国务院全体会议，会议议题由总理确定，重大问题必须经全体会议或常务会议讨论，总理在集体讨论的基础上形成国务院的决定。⑤国务院发布的决定、命令，国务院制定的行政法规，国务院向全国人大或者向全国人大常委会提出的议案，国务院任免的政府机关工作人员，均须由总理签署才有法律效力。

国务院所属各部委亦实行首长负责制。各部部长、各委员会主任领导本部、委的工作并向国务院总理负行政责任，部长和主任召集和主持部务会议或委员会会议并就重大问题作出决定，副部长、副主任协助部长、主任进行工作并向部长或主任负行政责任。

国务院实行首长负责制有利于提高行政工作效率，避免职责不清，权限不明等弊端。国务院作为国家最高行政机关，每天都要处理大量行政事务，因此，必须办事果断，指挥灵敏，首长负责制强调总理的权力与责任的统一，便于总理发挥行政才干，及时解决各种重要问题，因此符合国务院的性质和我国社会主义现代化建设的需要。

（五）国务院的会议制度

1. 国务院常务会议。国务院常务会议由总理、副总理、国务委员和秘书长组成，一般每星期召开一次，由总理召集或由总理委托副总理召集，议题由总理确定，主要讨论决定国务院工作中的重大问题，如讨论向全国人大或全国人大常委会提出的议案；讨论由国务院发布的行政法规；讨论国务院各部门、各地区向国务院请示的重要事项。

2. 国务院全体会议。国务院全体会议由总理、副总理、国务委员、各部部长、各委员会主任、审计长和秘书长组成，一般每两个月召开一次，由总理召集或由总理委托副总理召集。会议议题由总理确定，主要讨论和部署国务院的重要工作，或者通报国内外形势和协调各部门的工作。

二、地方各级人民政府

（一）地方各级人民政府的性质、地位、组成和任期

我国的地方各级人民政府是指省、自治区、直辖市、市辖区、市、自治州、县、乡、民族乡、镇的人民政府。关于地方各级人民政府的性质和地位，宪法作了专门规定，即"地方各级人民政府是地方各级国家权力机关的执行机关，是地方各级国家行政机关。"地方各级人民政府是地方各级权力机关的执行机关表明，地方各级人民政府从属于同级国家权力机关，必须执行同级人大及其常

委会的决定和决议,接受人大及其常委会的监督,对它负责并报告工作。地方各级人民政府是地方各级行政机关表明了地方各级人民政府的地位,即地方各级政府是本地方的行政管理机关,是国家行政机关的重要组成部分,在中央人民政府统一领导下,进行国家行政管理。因此,地方各级人民政府实行双重负责制,既要对同级人大及其常委会负责,又要对上级人民政府负责,并受国务院统一领导。

地方各级人民政府的组成和任期,宪法和地方组织法有不同的规定。省、自治区、直辖市、自治州、设区的市的人民政府分别由省长、副省长,自治区主席、副主席,市长、副市长,州长、副州长和秘书长、厅长、局长、委员会主任等组成。根据2004年修改的《地方各级人民代表大会和地方各级人民政府组织法》规定:"地方各级人民政府每届任期五年。"

(二) 地方各级人民政府的职权

根据《宪法》和《地方各级人民代表大会和地方各级人民政府组织法》的规定,地方各级人民政府有下列职权:

1. 规章制定权。省、自治区、直辖市的人民政府可以根据法律、行政法规和本省、自治区、直辖市的地方性法规,制定规章,报国务院和本级人大常委会备案。省、自治区的人民政府所在地的市和经国务院批准的较大的市的人民政府,可以根据法律、行政法规和本省、自治区的地方性法规,制定规章,报国务院和省、自治区的人民代表大会常务委员会、人民政府以及本级人大常委会备案。

2. 执行决议和发布命令。执行本级人民代表大会或常委会的决议。执行上级国家行政机关的决定和命令,执行国民经济和社会发展计划、预算,规定行政措施,发布决定和命令。

3. 管理各项行政工作。管理本行政区域内的经济、教育、科学、文化、卫生、体育事业、环境和资源保护、城乡建设事业和财政、民政、公安、民族事务、司法行政、监察、计划生育等行政工作。依照法律规定任免、培训、考核和奖惩国家行政机关工作人员。领导所属各工作部门和下级人民政府的工作,办理上级国家行政机关交办的其他事项。

4. 监督权。县以上地方各级人民政府有权改变或者撤销所属各工作部门的不适当的命令、指示和下级人民政府的不适当的决定、命令;依照法律的规定设立审计机关,审计机关依法独立行使审计监督权;依照法律的规定设立监察机关,对本级人民政府部门及国家公务员、本级人民政府及本级人民政府各部门任命的其他人员、下级人民政府及其领导人实施行政监察。

5. 依法保护和保障公民的权利。在本行政区内，保护社会主义全民所有的财产和劳动群众集体所有的财产，保护公民私人所有的合法财产，维护社会秩序，保障公民的人身权利、民主权利和其他权利；保护各种经济组织的合法权益；保障少数民族的权利和尊重少数民族的风俗习惯，帮助本行政区域内各少数民族聚居的地方依照宪法和法律实行区域自治，帮助境内各少数民族发展政治、经济和文化的建设事业；保障宪法和法律赋予妇女的男女平等、同工同酬和婚姻自由等各项权利。

（三）地方各级人民政府的领导体制

地方各级人民政府分别实行省长、自治区主席、市长、州长、县长、区长、乡长、镇长负责制，即实行行政首长负责制，他们分别主持地方各级人民政府的工作。实行行政首长负责制是由行政工作的性质决定的，也是行政管理的客观需要和经过实践对行政管理工作规律的总结。

（四）地方各级人民政府的工作部门

地方各级人民政府按照精简、效率的原则设立组织、领导和管理本行政区域行政工作的工作部门。省、自治区、直辖市的人民政府设厅、局、委员会等工作部门，其增加、减少，合并由本级政府报国务院批准。自治州、县、自治县、市、市辖区的人民政府设局、科等工作部门，其增减合并，由本级人民政府报请上一级人民政府批准。县级以上地方人民政府设审计机关，依法独立行使审计权，对本级人民政府和上一级审计机关负责。

（五）地方各级人民政府的派出机构

《地方各级人民代表大会和地方各级人民政府组织法》规定，省、县、市辖区和不设区的市的人民政府，在必要时经上一级人民政府批准，可分别设若干派出机关。行政公署简称行署，是省、自治区人民政府的派出机关，区公所是县人民政府的派出机关，街道办事处是市辖区和不设区的市的派出机关。

第五节　国家军事机关

一、中央军事委员会的性质、地位

军队是国家机器的重要组成部分，国家军事机关是领导和统帅国家武装力量的国家机关。现行《宪法》规定："中华人民共和国中央军事委员会领导全国武装力量。"这一规定表明，中央军事委员会是我国武装力量的领导机关，是我国国家机构的重要组成部分。中央军事委员会是从属于全国人民代表大会的专门从事武装力量组织和管理的国家机关。中央军事委员会对全国人大及其常委会负责。中央军事委员会的职责是领导全国的武装力量，享有对国家武装力量的决策权和指挥权。

二、中央军事委员会的组成、任期和领导体制

中央军事委员会由主席、副主席和委员组成。主席由全国人大选举产生，副主席、委员由全国人大根据军委主席的提名决定。在全国人大闭会期间，全国人大常委会根据中央军事委员会的提名，决定中央军事委员会其他组成人员的人选。全国人大有权罢免中央军事委员会主席和中央军事委员会其他组成人员。

三、设立中央军事委员会的意义

根据《共同纲领》和1954年《宪法》的规定，在建国初期以及以后相当长的一段时期，国家武装力量的最高领导机关一直是国家机构的重要组成部分。1975年《宪法》规定，中国人民解放军是中国共产党领导的人民子弟兵，中国共产党中央委员会主席统帅全国武装力量，没有有关国家军事机关的规定。这一方面造成了党政不分的不良现象，另一方面也使国家机关设置很不合理。现行《宪法》设立中央军事委员会作为国家武装力量的领导机关，有助于国家机构的健全和实现必要的党政分开。

第六节 国家审判机关和检察机关

一、司法机关概述

所谓司法权是指国家行使审判和监督法律实施的权力。因此，司法权包括审判权和检察权两个方面。在封建社会，封建君主集国家权力于一身，司法权力为君主权力的一部分。资产阶级革命时期，资产阶级启蒙学者提出三权分立学说，将国家权力分为立法权、行政权和司法权三种，三权互相分立，由三个不同的机关执掌，彼此既互相分立又互相制衡。英国在 1679 年《人身保护法》和 1701 年《王位继承法》中确立了司法独立原则，司法权由法院独立行使。美国 1787 年《宪法》依据典型的三权分立原则也确认司法权属于法院。可见，近代意义上的司法权是独立于立法权、行政权之外的一种国家权力。

司法权的范围在各国表现不尽一致，在普通法系国家，司法权仅指审判权，检察权属于行政权的范围。而在大陆法系国家，司法权包括审判权和检察权两个方面。但是不论是普通法系国家还是大陆法系国家，审判权是司法权的核心。我国是社会主义国家，不实行三权分立，但国家机关实行分工与合作的原则，因此，一般将人民法院和人民检察院行使的审判权与检察权统称作司法权，以区别于全国人民代表大会的立法权和国务院的行政权。

在我国，哪些机关属于司法机关的范围，有两种不同的观点：一种认为我国的司法权由各级人民法院、各级人民检察院、各级公安机关及司法行政机关依法行使，这些机关都是司法机关；另一种认为我国的司法机关只包括审判机关与检察机关。我们赞同第二种观点，根据现行宪法的规定，我国的司法机关应该是指人民法院和人民检察院，公安机关和司法行政机关虽与人民法院和人民检察院有工作上的密切联系和合作，但是他们仍属于行政机关的范围，他们行使的职权是行政权的一部分。

二、国家审判机关

(一) 人民法院的性质、任务、组成和任期

1. 人民法院的性质和任务。按照宪法和有关法律的规定，人民法院是行使国家审判权的机关。国家审判权是国家权力的重要组成部分，人民法院代表国家通过行使审判权，即通过审理和判决刑事、民事、经济、行政和其他案件，

来具体实现国家权力和国家职能。我国的审判权只能由人民法院统一行使，其他任何机关、团体和个人都无权进行审判活动。

根据宪法和有关法律的规定，人民法院的任务是：审判刑事案件、民事案件、经济案件和行政案件，并且通过审判活动，惩办犯罪分子，解决民事纠纷、经济纠纷和行政纠纷，维护社会主义法制和社会秩序，保护社会主义公共财产，保护人民民主专政制度，保护公民的合法权益，保障国家的社会主义现代化建设。此外，人民法院还要以它的全部活动教育公民忠于社会主义国家，自觉地遵守社会主义法律，以预防和减少犯罪和纠纷的发生，这也是人民法院的一项重要任务。

2. 人民法院的组成、任期。依照宪法和有关法律的规定，最高人民法院院长由全国人民代表大会选举或者罢免。最高人民法院的工作受全国人民代表大会及其常务委员会的监督。最高人民法院副院长、审判员、审判委员会委员和军事法院院长由全国人大常委会根据最高人民法院院长的提请任免。县级以上地方人民法院院长由县级以上的地方各级人民代表大会选举并罢免。县级以上的地方各级人民代表大会及其常务委员会监督本级人民法院的工作，县级以上地方各级人大常委会按照《人民法院组织法》的规定，任免人民法院副院长、庭长、副庭长、审判委员会委员、审判员；在人民法院院长因故不能担任职务的时候，从本级人民法院副院长中决定代理的人选。省、自治区、直辖市人民代表大会常务委员会决定在省、自治区内按地区设立的和在直辖市设立的中级人民法院院长的任免。

人民法院院长的任期与同级人民代表大会相同，即最高人民法院院长、高级人民法院院长、中级人民法院院长、基层人民法院院长、军事法院院长等每届任期 5 年。此外，宪法还规定，最高人民法院院长连续任职不得超过两届。

（二）人民法院的组织系统和审级制度

根据《宪法》和《人民法院组织法》的规定，人民法院的组织系统由最高人民法院、地方各级人民法院和专门法院构成。地方各级人民法院分为基层人民法院、中级人民法院、高级人民法院，专门法院包括军事法院、海事法院、铁道法院等。

最高人民法院是我国最高审判机关和最高审判监督机关。它由院长一人、副院长、庭长、副庭长和审判员若干人组成，最高人民法院审理的案件包括：法律规定由它管辖的和它认为应当由自己审判的第一审案件；对高级人民法院、专门人民法院判决和裁定的上诉案件和抗诉案件；最高人民检察院按照审判监督程序提出的抗诉案件。

省、自治区、直辖市设高级人民法院。高级人民法院由院长一人、副院长、庭长、副庭长和审判员若干人组成。它所审理的案件包括：法律规定由它管辖的第一审案件；下级人民法院移送审判的第一审案件；对下级人民法院判决和裁定的上诉案件和抗诉案件；人民检察院按照审判监督程序提出的抗诉案件。

省、自治区按地区（盟）设立中级人民法院，直辖市设立中级人民法院；省辖市、自治区辖市和自治州设立中级人民法院。中级人民法院由院长一人、副院长、庭长、副庭长和审判员若干人组成，它所审理的案件包括：法律规定由它管辖的第一审案件；基层人民法院移送审判的第一审案件；对基层人民法院判决和裁定的上诉案件和抗诉案件；人民检察院按照审判监督程序提出的抗诉案件。

基层人民法院是指县、自治县、不设区的市、市辖区的人民法院。基层人民法院由院长一人、副院长和审判员若干人组成，它可以设刑事审判庭、民事审判庭和经济审判庭等。法庭设庭长、副庭长。它审理刑事和民事的第一审案件，但是法律另有规定的案件除外。

我国实行的审级制度是两审终审制，即凡案件经过两级人民法院审判即告终结的一种制度。对于地方各级人民法院审判的第一审案件所作出的判决和裁定，如果当事人或者他们的代理人不服，可以按照法定程序向上一级人民法院上诉；如果人民检察院认为确有错误，应当向上一级人民法院抗诉；上一级人民法院对上诉和抗诉案件所作出的判决和裁定，为终审的判决和裁定，不得上诉。最高人民法院作为第一审法院审判的一切案件，都是终审审判。因此，它所作出的判决和裁定，也是终审的判决和裁定，不能上诉。但任何一级人民法院的终审判决和裁定，在发生法律效力之后，还可以依照法律规定的审判监督程序，对发生的错误进行纠正。

（三）人民法院的审判原则

人民法院在行使审判权的过程中，应遵循下列审判原则：

1. 依法独立审判原则。宪法规定人民法院依法独立行使审判权，是指人民法院在审理具体案件时，要坚持以事实为依据，以法律为准绳，严格依照法律程序办事，行政机关、社会团体和个人不得非法干涉人民法院的审判活动。这一原则对人民法院正确、合理地行使审判权，保障审判活动的严肃性和公正性具有重大意义。依法独立审判并不意味人民法院可以不接受合法的监督，依据宪法和人民法院组织法的规定，人民法院必须对本级国家权力机关负责并报告工作，自觉接受国家权力机关的监督，同时，人民法院的审判活动还要受到上级人民法院和人民检察院依法进行的监督。

2. 公民在适用法律上一律平等原则。公民在法律面前一律平等，既是我国公民的一项基本权利，又是我国社会主义法制的一项重要原则。它要求人民法院审判案件，对于一切公民，不分民族、种族、性别、职业、社会出身、宗教信仰、教育程度、财产状况、居住期限，在适用法律上一律平等，不允许有任何特权，做到法律适用上的一律平等。

3. 公开审判原则。人民法院在审判案件中，除了涉及国家机密、个人隐私和未成年人犯罪案件外，一律公开进行，允许旁听、采访和报道。公开审判可以把人民法院的审判活动置于人民群众的监督之下，促使人民法院严格依法审判，也能使被告有机会在公开场合为自己辩护，有助于保护当事人的诉讼权利和合法权益。

4. 被告有权获得辩护的原则。依据《人民法院组织法》的规定，被告人除自己进行辩护外，有权委托律师为他辩护，也可以由人民团体或者被告人所在单位推荐的或者经人民法院许可的公民为他辩护，也可以由被告人的近亲属、监护人为他辩护。人民法院认为必要时，可以指定辩护人为他辩护。这项原则有助于人民法院全面地认定事实，客观地定罪量刑，公正地作出判决。

5. 合议制原则。《人民法院组织法》规定，人民法院审判案件实行合议制。人民法院审判第一审案件时，除简单的民事案件、轻微的刑事案件和法律另有规定的案件可以由审判员一人独任审判外，须由审判员组成合议庭或者由审判员和人民陪审员组成合议庭进行审判。人民法院审判上诉和抗诉的案件，也要由审判员组成合议庭进行。合议制还体现在各级人民法院都设立审判委员会，总结审判经验，讨论重大或疑难案件和其他有关审判工作的问题。

6. 回避原则。回避原则是指当事人如果认为审判人员对本案有利害关系或其他关系不能公正审理，有权请求审判人员回避的一个原则。审判人员是否应当回避，由本院院长决定。审判人员如果认为自己对本案有利害关系或者其他关系，需要回避时，应当报告本院院长决定。

7. 民族语言文字原则。宪法规定各民族公民都有用本民族语言文字进行诉讼的权利。人民法院对于不通晓当地通用的语言文字的当事人，应当为他们提供翻译。在少数民族聚居或者多民族杂居的地区，人民法院应当用当地通用的语言进行审理，用当地通用的文字发布起诉书、判决书、布告和其他文书。这些规定有助于在审判实践中贯彻民族平等原则。

三、人民检察院

(一) 人民检察院的性质、任务、组成和任期

1. 人民检察院的性质和任务。人民检察院是国家的法律监督机关，依法独立行使检察权。在我国，人民检察院是专门执行法律监督的国家机关，它通过行使检察权对各级国家机关、国家机关工作人员和公民是否遵守宪法和法律实行监督，以保障宪法和法律的统一实施。

人民检察院的任务是通过行使检察权，镇压一切叛国的、分裂国家的犯罪分子和其他犯罪分子，维护国家的统一，维护人民民主专政制度；维护社会主义法制和社会秩序、生产秩序、工作秩序、教学科研秩序和人民群众的生活秩序；保护社会主义全民所有财产和劳动群众集体所有制财产，保护公民私人所有的合法财产；保护公民的人身权利、民主权利和其他权利不受侵犯，保卫社会主义现代化建设顺利进行。

2. 人民检察院的组成和任期。根据现行《宪法》和《人民检察院组织法》的规定，各级人民检察院由检察长一人，副检察长和检察员若干人组成。最高人民检察院检察长由全国人大选举和罢免。最高人民检察院副检察长、检察委员会委员和检察员由最高人民检察院检察长提请全国人大常委会任免。

省、自治区、直辖市人民检察院检察长和人民检察院分院检察长由省、自治区、直辖市人大选举和罢免，副检察长、检察委员会委员和检察员由省、自治区、直辖市人民检察院检察长提请本级人大常委会批准。自治州、省辖市、县、市、市辖区人民检察院检察长由本级人大选举和罢免，副检察长、检察委员会委员和检察员由该级人民检察院检察长提请本级人大常委会任免。地方各级人民检察院检察长的任免，须由上一级人民检察院检察长提请该级人大常委会批准。

各级人民检察院的任期与本级人大每届任期相同。即最高人民检察院检察长、省、自治区、直辖市、自治州、设区的市、县、自治县、不设区的市、市辖区人民检察院的检察长每届任期5年。最高人民检察院检察长连续任职不得超过两届。

(二) 人民检察院的组织系统和领导体制

1. 人民检察院的组织系统。根据《宪法》和《人民检察院组织法》的规定，中华人民共和国设立最高人民检察院、地方各级人民检察院和军事检察院

等专门人民检察院。地方各级人民检察院包括：省、自治区、直辖市人民检察院，省、自治区、直辖市人民检察院分院，自治州和省辖市人民检察院，县、市、自治县和市辖区人民检察院。省和县一级人民检察院，根据工作需要，提请本级人大常委会批准，可以在工矿区、农垦区、林区等区域设人民检察院，作为派出机构。专门人民检察院包括军事检察院、铁路运输检察院等专门人民检察院。

2. 人民检察院的领导体制。根据现行《宪法》和《人民检察院组织法》的规定，我国人民检察院的领导体制为双重领导体制，即最高人民检察院对全国人大和全国人大常委会负责并报告工作。地方各级人民检察院对本级人大和本级人大常委会负责并报告工作。最高人民检察院领导地方各级人民检察院和专门人民检察院的工作，上级人民检察院领导下级人民检察院的工作。

人民检察院内部领导关系是检察长统一领导检察院的工作。为了发挥集体领导作用，各级人民检察院设立检察委员会。检察委员会实行民主集中制，在检察长的主持下，讨论决定重大案件和其他重大问题。

(三) 人民检察院的职权和工作原则

1. 人民检察院的职权。根据法律规定，人民检察院行使的职权如下：①法纪监督。法纪监督包括特种法纪监督和普通法纪监督，前者是对叛国案、分裂国家案以及严重破坏国家的政策、法律、法令、政令统一等重大犯罪案件行使检察权的监督。后者是对直接管理的刑事案件进行检察监督。②侦查监督。人民检察院对于公安机关侦查的案件进行审查，决定是否逮捕、起诉或者免予起诉；对公安机关的侦查活动是否合法实行监督。③支持公诉和进行审判监督。支持公诉和进行审判监督是人民检察院对刑事案件提起公诉、支持公诉以及对人民法院的审判活动是否合法实行监督。④监所监督。监所监督是人民检察院对于刑事案件的判决、裁定的执行和监狱、看守所、劳动改造机关的活动是否合法实行监督。

2. 人民检察院的工作原则。按照宪法和法律规定，人民检察院的主要工作原则有如下几点：

(1) 公民在适用法律上一律平等。《人民检察院组织法》规定，各级人民检察院行使检察权，对于任何公民在适用法律上一律平等，不允许有任何特权。人民检察院作为国家的法律监督机关，为了维护国家法制的统一和尊严，必须坚持在适用法律上一律平等的原则。

(2) 依法独立行使检察权的原则。人民检察院依法独立行使检察权，不受其他行政机关、社会团体和个人的干涉。依法独立行使检察权的原则是人民检察院正确行使检察权的重要保证。依法独立行使检察权要检察院及检察人员以事实为依据，以法律为准绳，忠于自己的职责，不屈权势，不徇私情，秉公执法。人民检察院依法独立行使检察权并不是独立于一切监督之外，它要对本级权力机关负责，受同级人大及常委会的监督和受上一级人民检察院的领导。

（3）坚持实事求是，重证据不轻信口供的原则。人民检察院在工作中必须实事求是，贯彻群众路线，倾听群众意见，接受群众监督，重证据不轻信口供。各级人民检察院及其工作人员在行使职权时，必须忠于事实真相，忠实于法律，全心全意为人民服务，保证办案质量，防止错案的发生。

（4）使用本民族语言文字进行诉讼的原则。人民检察院在办案过程中，对于不通晓当地通用语言文字的诉讼参与人，应当为他们提供翻译。在少数民族聚居或者多民族杂居的地区，人民检察院应用当地的语言进行讯问，发布起诉书、布告和其他文件。

四、公检法三机关的相互关系

现行《宪法》规定："人民法院、人民检察院和公安机关办理刑事案件，应当分工负责、互相配合、互相制约，以保证准确有效地执行法律。"分工负责、互相配合、互相制约是我国宪法确立的公检法三机关在办理刑事案件的相互关系。

分工负责是指三机关依照法律规定的责任，依照法律程序，各司其职，各尽其责。办理刑事案件，三机关要严格按照法律规定的职责进行工作，不能因为案件复杂、难度大和某些干扰而互相推诿或者越权。

互相配合是指三机关在分工负责的基础上，又必须通力合作。三机关职责不同，但目的和任务是一致的，执行法律和政策的标准是统一的。在办理刑事案件时，必须坚持原则，依法办事，密切配合。

互相制约指三机关在分工配合的基础上，依照法律和制度的规定，要互相监督，防止错案的发生，保证准确有效的执行法律。

公、检、法三机关的相互关系在办案过程中的具体表现为：按照法律规定，公安机关要求逮捕犯罪嫌疑人，必须经过人民检察院审查批准；检察机关对公安机关的侦查活动是否合法有权监督；公安机关对于检察机关不批准逮捕的决定认为有错误时，可以要求人民检察院复议，还可以要求上级人民检察院复核。上级人民检察院应当及时作出决定，通知下级人民检察院和公安机关执行；公安机关对侦查终结的案件应报人民检察院决定起诉或不起诉。人民检察院审查后，如果认为证据不充分，可以退回公安机关补充侦查。人民检察院对人民法院的审判活动是否合法进行监督，同时对人民法院的判决或裁定可依法提出抗诉。

第七节　民族自治地方的自治机关

一、自治机关的组成和任期

1. 民族自治地方的人民代表大会及其常务委员会。民族自治地方的人民代表大会是各民族自治地方的地方国家权力机关，它的常设机关是本级人大常委会，在本级人大闭会期间行使自治地方的国家权力。民族自治地方的地方国家行政机关、审判机关和检察机关都由本级人大产生，对它负责，受它监督。

自治区、自治州的人民代表大会代表由下一级人民代表大会选举产生，自治县的人民代表大会代表由选民直接选举产生。自治区人民代表大会代表的具体名额，由全国人民代表大会常务委员会依照《选举法》确定。依照《宪法》第113条的规定，民族自治地方的人民代表大会中除实行区域自治的民族的代表外，其他居住在本行政区域内的民族也应当有适当名额的代表。《选举法》第18条规定，散居在自治区、自治州、自治县的其他少数民族和汉族应选当地人民代表大会的代表，每位代表所代表的人口数可以少于当地人民代表大会每位代表所代表的人口数；自治县的人民代表大会代表的产生，按照当地的民族关系和居住状况，居住在境内的其他少数民族和汉族选民可以单独选举或者联合选举。

依照《地方各级人民代表大会和地方各级人民政府组织法》的规定，自治区、自治州的人大常务委员会由本级人民代表大会在代表中选举主任1人、副主任若干人、委员若干人和秘书长1人组成；自治县的人民代表大会常务委员会由本级人民代表大会在代表中选举主任1人，副主任若干人和委员若干人所组成。自治区、自治州和自治县人大常委会组成人员的名额根据地方政府组织法的规定分别与省、设区的市、县相等。民族自治地方的人民代表大会常务委员会中应当由实行区域自治的民族的公民担任主任或者副主任。民族自治地方的人民代表大会所属工作部门要尽量配备实行区域自治的民族和其他少数民族的人员。

自治区、自治州和自治县的人民代表大会及其常务委员会每届任期均为

5年。

2. 民族自治地方的人民政府。民族自治地方的人民政府是本级人民代表大会的执行机关，是民族自治地方的行政机关，它对本级人民代表大会和上级国家行政机关负责，在本级人民代表大会闭会期间，对本级人民代表大会常务委员会负责并报告工作。各级自治地方的人民政府都受国务院的统一领导，都服从国务院。

根据《地方各级人民代表大会和地方各级人民政府组织法》的规定，自治区、自治州的人民政府分别由自治区主席、副主席，州长、副州长和秘书长，厅长，局长，委员会主任等组成。自治县的人民政府由县长、副县长和局长、科长等组成。自治区主席、自治州州长和自治县县长必须由实行区域自治的民族的公民担任，自治区、自治州和自治县的人民政府的其他组成人员和所属工作部门的干部中，要尽量配备实行区域自治的民族的人员和其他少数民族的人员。

自治区、自治州和自治县的人民政府由本级人民代表大会选举产生，任期与本级人大相同。自治区、自治州、自治县的人民政府实行主席、州长和县长负责制，主席、州长和县长召集和主持本级人民政府全体会议和常务会议，政府工作的重大问题须经政府常务会议或全体会议讨论决定。

二、自治机关的自治权

鉴于民族自治地方的自治机关既是一级地方国家机关又是民族自治机关的双重性质，因而民族自治地方的自治机关除依法享有省、市、县地方国家机关的职权外，还享有广泛的自治权，这些自治权概括起来主要有以下几个方面：

1. 立法方面的自治权。根据宪法和法律的规定，民族自治地方在立法方面的自治权主要包括三个方面：

（1）宪法规定，民族自治地方的人民代表大会有权依照当地民族的政治、经济和文化特点，制定自治条例和单行条例。自治条例是调整民族自治地方基本社会关系的具有综合性的地方性自治法规，单行条例是调整民族自治地方内某一方面的社会关系的地方性自治法规。自治区的自治条例和单行条例，报全国人民代表大会常务委员会批准后生效；自治州、自治县的自治条例和单行条例，报省或自治区的人民代表大会常务委员批准以后生效，并报全国人大常务委员会和国务院备案。

（2）根据《民族区域自治法》第20条规定，上级国家机关的决议、决定、命令和指示，如有不适合民族自治地方实际情况，自治机关可以报经该上级国家机关批准,变通执行或者停止执行。这是因为民族自治地方有其特殊情况,适应全国基本情况的上级国家机关的决议、决定、命令和指示,在民族自治地方可能难以适应,因而这样规定体现了原则性的与灵活性的结合,避免"一刀切"。

(3) 民族自治地方的国家权力机关,根据有关法律的基本原则,结合当地政治、经济、文化的特点,对国家法律的某些规定作出变通或补充规定,但必须要有国家法律的明确授权,在作出了变通或补充规定后,要依照法律的规定报送上级人大常委会批准或备案。

2. 经济管理方面的自治权。民族自治地方的自治机关在国家计划指导下,自主地安排和管理地方性的经济建设事业;根据地方的特点和需要,制定经济建设的方针、政策和计划;根据本地方的财力、物力和其他具体条件自主地安排地方基本建设项目;自主地管理隶属于本地方的企业、事业;自主地安排利用完成国家计划收购、上调任务以外的工农业产品和其他土特产品。

民族自治地方的自治机关根据法律的规定和本地方经济发展的特点,合理调整生产关系,改革经济管理体制;确定本地方的自然资源,优先合理开发利用;依照国家的规定,可以开展对外经济贸易活动,经国务院批准,可以开辟对外贸易口岸,与外国接壤的自治地方经国务院批准,开展对外边境贸易,在对外贸易活动中,在外汇留成方面享受国家的优待。

3. 财政税收方面的自治权。民族自治地方的财政是一级地方财政,是国家财政体制的组成部分。依照宪法和法律的规定,民族自治地方的自治机关有管理地方财政的自治权。凡是依照国家财政体制属于民族自治地方的财政收入,都应当由民族自治地方的自治机关自主地安排使用;民族自治地方的财政收入和财政支出项目由国务院按照优待民族自治地方的原则作出规定,民族自治地方依照国家财政体制的规定,财政收入多于财政支出的,定额上缴上级财政,上缴数额可以一定几年不变,收入不敷支出的,由上级财政机关补助。民族自治地方的财政支出,按国家规定,设机动资金,预备费在预算中所占比例高于一般地区,自治机关在执行财政预算过程中,自主安排使用收入的超收和支出的结余资金,自治机关在执行国家税法的时候,除应由国家统一审批的减免税收项目以外,对属于地方财政收入的某些需要从税收上加以照顾和鼓励的,可以实行减税和免税。自治州、自治县决定减税或者免税,须报省或者自治区人民政府批准。自治机关还可以制定对本地方的各项开支标准、定员、定额的补充规定和具体办法。

4. 人事管理方面的自治权。民族自治地方的自治机关有权采取各种措施从当地民族中培育各级干部、各种科学技术、经营管理等专业人才和技术工人，并在少数民族妇女中培养各级干部和各种专业技术人才；自治机关可以采取特殊措施，优待、鼓励各种专业人员参加自治地方的各项建设工作；自治地方的企事业单位在招收人员时，要优先招收少数民族人员，自治州、自治县在报经省或自治区人民政府批准后可以从农村和牧区少数民族公民中招收人员。

5. 教育、科学、文化、卫生、体育方面的自治权。民族自治地方的自治机关根据国家的教育方针，依照法律规定，决定本地方的教育规划，各级各类学校的设置、学制、办学方式、教学内容、教学用语和招生办法；自治机关自主地发展民族教育，扫除文盲，普及初等义务教育，发展中等义务教育，通过举办各类民族学校培养各少数民族专业人才；自治机关自主地发展具有民族形式和民族特点的文学、艺术、新闻、出版、广播、电影、电视等民族文化事业，使用、收集、整理、翻译、出版民族书籍，保护民族的名胜古迹、珍贵文物和其他主要的历史文化遗产；自治机关自主地决定本地方的医疗卫生事业的发展规划，发展民族传统医药，改善卫生条件；自治机关自主地发展体育事业，开展民族传统体育活动，增强人民体质；自治机关在教育、科技、文化、卫生和体育等方面组织对外交流。

6. 其他自治权。民族自治地方的自治机关依照国家的军事制度和当地的实际需要，经国务院批准，可以组织本地方维护社会治安的公安部队。民族自治地方的自治机关在执行职务的时候，使用当地通用的一种或几种语言文字。民族自治地方的自治机关制定管理流动人口办法和制定实行计划生育的办法。民族自治地方的自治机关保护和改善生活环境和生态环境，防治污染和其他公害。

第八节 特别行政区的国家机关

一、特别行政区行政长官

（一）法律地位

特别行政区的行政长官是特别行政区的首长，对中央人民政府和特别行政区负责；领导特别行政区政府即特别行政区行政机关，独掌行政管理权，代表特别行政区处理对外对内事务。

(二) 任职资格

根据《香港特别行政区基本法》的规定，香港特别行政区行政长官由年满40岁、在香港通常居住连续满20年并在外国无居留权的香港特别行政区永久性居民中的中国公民担任。除此之外，行政长官还必须拥护《中华人民共和国香港特别行政区基本法》并效忠香港特别行政区。《澳门特别行政区基本法》规定，澳门特别行政区行政长官由年满40周岁，在澳门通常居住连续满20年的澳门特别行政区永久性居民中的中国公民担任。它与《香港特别行政区基本法》的规定相比，没有关于外国居留权的限制性规定，但《澳门特别行政区基本法》规定："行政长官在任职期间不得具有外国居留权。"

(三) 产生和任期

特别行政区行政长官的产生办法，基本法规定，在当地通过选举或协商产生，由中央人民政府任命。

根据《香港特别行政区基本法》第45条规定，香港特别行政区行政长官的产生办法，应根据香港特别行政区的实际情况和循序渐进的原则而规定，最终达成由一个有广泛代表性的提名委员会按民主程序提名后普选产生的目标。根据《香港特别行政区行政长官的产生办法》的规定，在1997年到2007年的十年内由800人组成的包括工商、金融界；劳工、社会服务、宗教界；立法会议员、区域性组织代表以及香港地区全国人大代表和全国政协委员的代表等各界人士在内的、具有广泛代表性的选举委员会选举产生，由中央人民政府任命。第一任行政长官则按照《全国人民代表大会关于香港特别行政区第一届政府和立法会产生办法的规定》产生，即由全国人民代表大会香港特别行政区筹备委员会筹备组的由400人组成的香港特别行政区第一任政府推选委员会在当地以协商方式产生，或协商以后提名选举产生，报中央人民政府任命。

澳门特别行政区行政长官的产生办法与香港基本相同，但澳门特别行政区没有关于"根据循序渐进的原则，最终达到由普选产生"的规定；其选举委员会和推选委员会的人数比香港少得多。从1999年12月20日到2009年期间的第一、第二、第三任行政长官分别按照《全国人民代表大会关于澳门特别行政区第一届政府、立法会和司法机关产生办法的决定》和《澳门特别行政区行政长官产生办法》产生。

香港特别行政区和澳门特别行政区的行政长官任期为5年，均可以连选连任一次。

(四) 职权

根据基本法的规定，行政长官具有广泛的职权，概括起来主要有：

1. 执行基本法和依照基本法适用于特别行政区的其他法律的权力。基本法是全国人大依照宪法制定的在特别行政区内实施的宪法性法律，是特别行政区的立法基础。因此基本法的实施关系到特别行政区的繁荣、稳定和发展，负责执行基本法是行政长官的职责，行政长官本人必须遵守基本法并按照基本法管理特别行政区事务；行政长官还要监督和保证特别行政区的一切机关、团体和个人遵守基本法。此外，行政长官还应负责执行基本法所规定的香港和澳门的原有法律、特别行政区立法机关制定的法律。

2. 行政权。行政管理权和决策权是行政长官的主要职权之一。主要有：①领导特别行政区政府；②决定特别行政区的政策和发布行政命令；③主持行政会议；④处理请愿或申诉事项；⑤根据国家和特别行政区的安全或重大公共利益的需要，决定政府官员是否向立法会或其他所属委员会作证和提供证据；⑥临时拨款申请权和临时短期拨款批准权。

3. 与立法有关的职权。行政长官有权签署立法会通过的法案并公布法律；有权批准立法会提出的有关财政收入和支出的动议；行政长官如认为立法会通过的法律不符合香港特别行政区的整体利益，可在3个月内将法案发回立法会重议；行政长官如拒绝签署立法会再次通过的法案或立法会拒绝通过政府提出的财政预算案或其他重要法案，经协商仍不能取得一致时，行政长官在征询行政会的意见后可以解散立法会。

4. 人事任免权。行政长官提名并报请中央政府任命特别行政区主要官员，建议中央人民政府免除上述官员的职务；委任行政会议成员或行政会委员。行政长官有权依法定程序任免各级法院法官，依照法定程序任免公职人员。澳门特别行政区行政长官还可依照法定程序任免各级法院院长和检察官；提名并报请中央人民政府任命检察长并建议中央人民政府免除检察长职务；委任部分立法会议员。

5. 其他职权。行政长官还须执行中央人民政府就基本法规定的有关事务发出的指令；代表特别行政区政府处理中央授权的对外事务和其他事务；有权依法赦免或减轻罪犯的刑罚。

(五) 行政会议 (行政会)

为保障行政长官有效地行使职权，基本法规定设立协助行政长官决策、向行政长官提供咨询的智囊团机构。这种机构在香港特别行政区称作行政会议，而在澳门特别行政区称作行政会。

香港特别行政区行政会议的成员由行政长官从行政机关的主要官员、立法机关成员和社会人士中委任，其任免由行政长官决定，其任期应不超过委任他们的行政长官的任期，同时，他们必须是在外国无居留权的香港特别行政区永久性居民中的中国公民。

澳门特别行政区行政会的性质、地位、作用与香港行政会议相同，但其任职资格中，没有关于"外国居留权"的限制，澳门行政区基本法并规定行政会由7至11人组成，每月至少要举行一次会议。

二、特别行政区的行政机关

特别行政区的行政机关即特别行政区政府，其首长为特别区行政长官。

（一）组成

根据《香港特别行政区基本法》第60条的规定，特别行政区政府由政务司、财政司、律政司和各局、处、署组成。各司的主管官员为"司长"；各局是有拟订政策权力的部门，其主管官员为"局长"；各处是负责执行行政事务而不拟订政策的部门，其主管官员为"处长"；各署则是工作较有独立性质的部门，如廉政公署、审计署等，其主管官员称为"署长"或"专员"。

《澳门特别行政区基本法》第62条规定，澳门特别行政区设司、局、厅、处，其主管官员分别称作司长、局长、厅长、处长。澳门特别行政区的检察机关属于司法机关，不包括在行政机关内，这与香港特别行政区是不同的。

（二）主要官员的任职资格及任免程序

根据基本法的规定，香港特别行政区的主要官员包括各司司长、副司长，各局局长，廉政专员，审计署长，警务处长，入境事务处处长和海关关长。澳门特别行政区政府的主要官员包括各司司长、廉政专员、审计长、警察部门的主要负责人和海关主要负责人。

基本法对主要官员任职资格的规定是比较严格的，香港特别行政区的主要官员必须由在香港通常居住连续满15年并在外国无居留权的香港特别行政区永久性居民中的中国公民担任。澳门特别行政区的主要官员由在澳门通常居住连续满15年的澳门特别行政区永久性居民中的中国公民担任，主要官员在任职期内必须宣誓效忠中华人民共和国。

香港和澳门特别行政区政府的主要官员均由行政长官提名并报请中央人民政府任命,其免职也由行政长官向中央人民政府提出建议。

(三) 特别行政区政府的职权

根据《香港特别行政区基本法》第64条和《澳门特别行政区基本法》第62条的规定,特别行政区政府行使下列主要职权:①制定并执行政策;②管理各项行政事务;③办理基本法规定的中央人民政府授权的对外事务;④编制并提出财政预算、决算;⑤拟定并提出法案、议案、附属法规;草拟行政法规;⑥委派官员列席立法会会议听取意见或者代表政府发言。除此之外,特别行政区政府还依法管理境内属于国家所有的土地和自然资源;负责维持社会治安;自行制定货币金融政策并依法管理金融市场;经中央人民政府授权管理民用航空运输;经中央人民政府授权在境内签发特别行政区护照和其他旅行证件;对出入境实行管制。

三、特别行政区立法会

(一) 性质、产生和任期

特别行政区立法会是特别行政区的立法机关,它拥有广泛的立法权限,包括制定刑法、民法、诉讼法等重要的法律,因此立法会的立法权是特别行政区高度自治权的表现。

香港特别行政区立法会由选举产生,根据《香港特别行政区立法会的产生办法和表决程序》以及《全国人民代表大会关于香港特别行政区第一届政府和立法会产生办法的决定》的规定,立法会议员由60人组成,第一、二届立法会由功能团体选举、选举委员会选举和分区直接选举三种方式产生,从第三届起,立法会不再有由选举委员会选举的议员。1996年3月24日全国人民代表大会香港特别行政区筹备委员会决定设立香港特别行政区临时立法会,由第一届政府推选委员会全体委员选举产生的60名议员组成,其工作至香港特别行政区第一届立法会产生为止。香港立法会议员的任期,第一届为2年,以后每届均为4年。

澳门特别行政区立法会的议员采用直接选举、间接选举和委任三种方式产生,并逐届增加直选议员的比例。第一届立法会由23名议员组成,第二届和第三届分别为27名和29名。第一届立法会任期至2001年10月15日,第二届和第三届均为4年。

（二）议员资格

《香港特别行政区基本法》第 67 条规定，香港特别行政区立法会由在外国无居留权的香港特别行政区永久性居民中的中国公民组成。但非中国籍的香港特别行政区永久性居民和在外国有居留权的香港特别行政区永久性居民也可以当选为香港特别行政区立法会议员，其所占比例不得超过立法会全体议员的 20%。

《澳门特别行政区基本法》第 68 条规定，澳门特别行政区立法会议员由澳门特别行政区永久性居民担任，同香港相比，没有"国籍"和"在外国无居留权"的限制。

（三）职权

1. 立法权。根据基本法的规定，特别行政区立法会有权依照基本法的规定和法定的程序制定、修改和废除法律。立法会制定的法律须由行政长官签署、公布方有法律效力，并须报全国人大常委会备案，如果全国人大常委会认为特别行政区制定的法律不符合基本法关于中央管理的事务及中央和特别行政区的关系的条款时，在征询基本法委员会的意见后，可将法律发回，法律一经发回，立即失效。

2. 财政权。香港特别行政区立法会有权根据政府的提案，审核、通过财政预算；有权批准税收和公共开支。澳门特别行政区立法会有权审核、通过政府提出的财政预算案；审议政府提出的预算执行情况报告；有权根据政府提案决定税收，批准由政府承担的债务。但立法会通过的财政预算案须由行政长官签署并由行政长官报送中央人民政府备案。

3. 监督权。立法会有权听取行政长官的施政报告并进行辩论；对政府工作提出质询；就公共利益问题进行辩论。

基本法规定，行政长官如有严重违法或渎职行为而不辞职，可以进行弹劾。香港特别行政区立法会全体议员的 1/4 以上，澳门特别行政区立法会全体议员的 1/3 以上可以提出弹劾联合动议。动议经立法会通过以后，立法会应组成调查委员会进行调查，如调查以后认定有足够的证据证明行政长官有严重违法和渎职行为，立法会以全体议员 2/3 多数通过，可以提出弹劾案，报请中央人民政府决定。

4. 其他职权。立法会有权接受当地居民的申诉并进行处理，香港立法会还有权同意终审法院法官和高等法院首席法官的任免。

四、特别行政区的司法机关

《香港特别行政区基本法》和《澳门特别行政区基本法》均设专节规定司法机关。由于香港属普通法系地区，因而香港的司法机关只有法院，检察机关则作为行政机关的一部分。而澳门属大陆法系地区，因此，澳门的司法机关除法院外，还包括检察机关。

（一）香港特别行政区的司法机关

《香港特别行政区基本法》第80条规定："香港特别行政区各级法院是香港特别行政区的司法机关，行使香港特别行政区的审判权。"

按照基本法的规定，除因设立香港特别行政区终审法院而产生变化外，香港原有的司法体制基本不变。但为行使终审权，必须对原有的法院系统进行适当调整。根据基本法第81条规定，香港特别行政区设立终审法院作为最高法院；将原香港最高法院更名为高等法院，内仍设上诉法庭和原讼法庭；将原地方法院更名为区域法院；原裁判司署法庭和其他专门法庭仍予以保留。

法官的任职资格和任免程序，基本法作出了新的规定。法官的任用，应根据其本人的司法和专业才能选用，并可以从其他普通法适用地区聘用。终审法院和高等法院的首席法官必须由在外国无居留权的香港永久性居民中的中国公民担任。法官的任命，应根据当地法官和法律界及其他方面知名人士组成的独立委员会推荐，由行政长官任命。法官的免职，只有在法官无力履行职责或行为不检的情况下，行政长官才可能根据终审法院首席法官任命的不少于3名当地法官组成的审议庭的建议予以免职；终审法院首席法官只有在无力履行其职责或行为不检的情况下由行政长官根据由其任命的不少于5名当地法官组成的审议庭进行审议，并根据审议庭的建议予以免职。终审法院法官和高等法院首席法官的任免还须行政长官征得立法会同意，并报全国人大常委会备案。

（二）澳门特别行政区的司法机关

澳门特别行政区法院行使审判权，根据基本法的规定，法院独立进行审判，只服从法律，不受任何干涉；法官履行审判职责的行为不受法律追究。

澳门特别行政区法院的设置，基本保留原有司法体制，由于澳门属于大陆法系地区，其法院分为普通法院和行政法院两套平行的法院系统，对此，基本法仍予以保留，在普通法院之外仍设行政法院，管辖行政诉讼和税务诉讼的案件。但基本法规定，不服行政法院的判决可向中级法院上诉。澳门的普通法院原称"澳门法院",为隶属于里斯本中级法院的初级法院,对其判决不服可以上诉于里斯本中级法院直至葡萄牙最高法院,而澳门回归后,澳门特别行政区享有终审权,因此,必须对原有普通法院进行适度调整,为此,基本法第84条规定,澳门特别行政区设初级法院、中级法院和终审法院三级,其中终审法院是行使终审权的法院。

根据澳门司法体制的特点,基本法规定,法官的选任以其专业资格为标准,符合标准的外籍法官也可聘用,但终审法院的院长必须由澳门特别行政区永久性居民中的中国公民担任。关于法官的任命,基本法规定,各级法院法官根据当地法官、律师和知名人士组成独立委员会推荐,由行政长官任命。关于法官的免职,基本法规定,法官只有在无力履行职责或行为与其所在职务不相称的情况下,行政长官才可根据终审法院院长任命的不少于3名当地法官组成的审议庭的建议予以免职,终审法院法官的免职由行政长官根据立法会议成员组成的审议委员会的建议决定。终审法院法官的任免须报全国人大常委会备案。法官在就职时必须宣誓效忠特别行政区和特别行政区基本法,终审法院院长还须宣誓效忠中华人民共和国。

◆ 思考题

1. 简要说明全国人民代表大会的性质与地位。
2. 论述民族区域自治权与特别行政区自治权的区别。
3. 论述国家元首的法律特征。
4. 论述人大调查权的必要性及其现实意义。
5. 论述国务院的领导体制。
6. 论述人民法院、人民检察院和公安机关的关系。

第十章 基层群众性自治组织

> ◆ **教学目的**
>
> 通过本章的学习,要求学生理解基层群众性自治组织的性质、组成、运行、法律保障及其与其他社会组织、国家机关之间的关系,从而把握基层群众性自治组织的宪法意义。

第一节 基层群众性自治组织概述

一、基层群众性自治组织的含义和特点

基层群众性自治组织这一概念,在我国制宪史上,首次见于1982年制定的现行宪法。该《宪法》第111条规定:"城市和农村按居民居住地区设立的居民委员会或者村民委员会是基层群众性自治组织。"由此可见,基层群众自治组织有两种形式,一种是在城市设立的居民委员会;另一种是在农村设立的村民委员会。其中,居民委员会早在50年代就已经存在了。1954年12月31日第一届全国人民代表大会常务委员会第四次会议通过的《城市居民委员会组织条例》规定:"为了加强城市中街道居民的组织和工作,增进居民的公共福利,在市辖区、不设区的市人民委员会或者它的派出机关指导下,可以按照居住地区成立居民委员会。居民委员会是群众自治性的居民自治。"村民自治,是改革开放以后的二元结构转型过程中出现的新生事物。家庭联产承包责任制改革导致原来的生产大队、生产队组织的解体,出于社区管理的需要,农民创造性地组建了许多社区服务性组织,村民委员会就是在其基础上逐步形成的。现行宪法基层群众性自治组织的规定来源于居民委员会、村民委员会及其实践,是在对它们进一步发展的基础上形成的。

根据《宪法》与《村民委员会组织法》和《居民委员会组织法》的规定，以及现行宪法实施以来我国城乡基层社会组织建设的实际情况，基层群众性自治组织指的是依照有关法律规定，以城乡居民（村民）一定的居住地为纽带和范围设立，并由居民（村民）选举产生的成员组成，实行自我管理、自我教育、自我服务的社会组织。基层群众性自治组织具有以下几个方面的特点：

1. 基层群众性自治组织，是一个群众性的社会组织，既不同于国家政权组织，也不同于其他政治、经济等社会组织。国家政权组织是建立在一定行政区划范围内的，以实现国家职能为目的的社会政治组织。其他政治、经济组织是基于特定的政治、经济目的而建立的社会组织。基层群众性自治组织是以居民（村民）的居住地为联结纽带，基于一定居住地范围内居民（村民）社会生活的共同需要而建立，目的是解决居住地范围内的公共事务和公益事业方面的社会问题，如社会治安、公共卫生等。它既不是以行政区划为基础设立的，也不具有特殊的政治、经济目的，因而是群众性的社会组织。作为群众性的社会组织，它也区别于按性别、年龄、职业、专业等组织起来的群众团体。

2. 基层群众性自治组织是一个具有自治性质的社会组织，自治是它最重要的特点。这种自治特色，具体表现在：①从基层群众性自治组织内部来看，它是在居民（村民）自愿的基础上，通过自我管理，自我教育，自我服务等途径来实现自治的组织形式，自治的主体是居民（村民），因而不同于地方自治、民族自治等自治形式。②从与其他组织的外部关系来看，基层群众自治组织既不从属于也不依赖于居民（村民）居住地范围内其他任何社会组织，具有自身组织上的独立性。即使是从它与它所在基层行政区域内的国家机关的关系来看，基层群众性自治组织仍然独立于有关国家机关，不是它们的下属或下级组织。③从自治的内容上看，基层群众性自治组织的自治，是在居住地区范围内全方位、综合性的自治，包括民主选举、民主决策、民主管理、民主监督等许多方面，不像人民调解委员会等组织仅限于某一个方面的工作。

3. 基层群众性自治组织具有基层性的特点。基层群众自治组织的基层性特点，主要表现在两方面：①从组织系统上看，无论是村民委员会，还是居民委员会，都没有上级组织，更没有全国性、地区性的统一组织，不像工会、妇联等群众团体除有基层组织外，还有上级的地区性组织和全国性组织。基层群众性自治组织只存在于居住地区范围的基层社区。②从自治内容上看，基层群众性自治组织所从事的工作，都是居民（村民）居住范围内基层社区的公共事务和公益事业。

二、宪法规定设立基层群众性自治组织的意义

现行宪法对基层群众性自治组织的规定，一方面是对自 1954 年城市设立居民委员会以来我国基层群众性自治组织建设经验的总结及其重要作用的认可，另一方面又是适应经济体制改革特别是农村经济体制改革以及由此产生的对农村社会基层组织的性质和功能进行重新界定和结构调整的需要而采取的重要举措。从立法上看，宪法的有关规定，确认了基层群众性自治组织的宪法地位，使之成为重要的宪法关系主体；奠定了基层群众性自治制度的宪法基础，从而为基层群众性自治组织的存在和有关法律的制定提供了宪法依据。宪法是国家根本法，任何宪法问题不单是一个法律问题，宪法对基层群众性自治组织的规定，具有更为深远的政治、经济和社会意义，择其要者如下：

1. 宪法规定设立基层群众性自治组织，有助于加强社会主义民主政治建设。加强社会主义民主政治建设，是我国社会主义现代化建设的重要组成部分。扩大基层民主是我国政治体制改革的重要内容，社会主义的本质是人民当家作主。社会主义民主就其基本方面而言，是人民对国家的管理，在我国是通过人民代表大会制度实现的。从这种意义上看，加强社会主义民主政治建设，就是要加强和完善人民代表大会制度建设。社会主义民主还要求人民广泛地参与管理社会经济和文化事务。我国《宪法》规定："人民依照法律规定，通过各种途径和形式，管理国家事务，管理经济和文化事业，管理社会事务。"江泽民同志在党的十五大报告中提出："扩大基层民主，保证人民群众直接行使民主权利，依法管理自己的事情，创建自己的幸福生活，是社会主义民主最广泛的实践。"[1] 基层群众性自治组织就是人民群众管理基层社会事务和文化事业的组织形式，它通过基层群众自治这种直接民主的途径实现对有关社会事务和文化事业的管理。此外，应该说明的是，基层群众性自治组织的主要特点是群众自治。作为最典型、最直接的民主形式，基层群众自治，还可以进一步培养和增强居民（村民）的民主政治意识，训练和提高居民（村民）的民主能力。这也是社会主义民主政治的重要方面。可见，宪法对基层群众性自治组织的规定，有助于加强我国城乡的社会主义民主政治建设。实践也充分证明，基层群众自治组织的建立和不断完善，是社会主义民主的有效实现形式。

2. 实行基层群众自治有利于依法治国方略的实施。依法治国，建设社会主

---

[1] 江泽民在中国共产党第十五次全国代表大会上的报告：《高举邓小平理论伟大旗帜，把建设有中国特色社会主义事业全面推向 21 世纪》（1997 年 9 月 12 日）。

义法治国家,是党的十五大提出的党领导人民治理国家的基本方略。1999年《宪法修正案》对此也作了增补性规定。从农村的情况来看,我国是一个农业大国,农村人口占全国人口的绝大多数,农村、农业和农民问题始终是社会主义革命和建议的首要问题,也是依法治国的首要问题。没有农村的民主与法制建设,就不可能实现建设社会主义法治国家的目标。发展社会主义民主首先从农村基层开始,这符合我国国情;加强法制建设,在农村基层显得尤为重要。实行村民自治,把农村的经济社会发展纳入民主法制的轨道。这样做,有利于提高广大农村干部和农民群众的民主意识和法制观念,加强农村民主法制建设步伐,使依法治国的方略在广大农村,在9亿农民中间得到落实。从城市的情况来看,实行居民自治,也会收到异曲同工的效果。这样就为法治国家的建立奠定了雄厚而广泛的基础,此外,基层群众自治也是化解社会矛盾,密切干群关系,加强和改善党的领导的有效途径,有助于形成依法治国、建设社会主义法治国家的合力。

3. 宪法规定设立基层群众性自治组织,实行基层群众性自治,有助于社会主义市场经济体制的建立和经济的发展。这一点,在农村表现得尤为明显。作为基层群众性自治组织的村民委员会在农村的出现,是农村经济体制改革的产物。家庭联产责任承包制的推行,使家庭成为分散经营的主要形式,由此产生了对公共服务、公益事业以及社会互助的社会需求。政社分开后,原来政社合一体制下的生产大队、生产小队已向单一的农村集体经济组织转化,它不应该也不可能具有满足这种新的社会需求的职能。因此在农村需要有新的社会组织形式来提供这种服务,村民委员会正是在这种情形下应运而生的。村民委员会的建立和村民自治的实行反过来又促进了农村经济的发展并有力地推动着经济体制改革朝着社会主义市场经济体制的目标发展。这主要表现在以下几个方面:①它有效地瓦解了政社合一的人民公社体制的基础,起到了巩固农村经济体制改革成果的作用。这是经济体制进一步改革的前提和出发点。②它弥补了农村社会基层组织功能调整后,社会化服务缺乏组织载体的不足,为农村经济组织成为市场经济主体提供了社会条件,满足了市场经济对农村经济组织的主体要求。③更为关键的是它在农村基层政权与农村经济组织之间,建起了一个缓冲地带。一方面,可以在一定程度和范围内防止基层政权直接干涉农村经济组织的经营管理;另一方面还可以帮助农村经济组织建立应有的自信,摆脱对政府的盲目依赖。这一切都是社会主义市场体制所必需的,所以说,宪法规定设立基层群众性自治组织有助于社会主义市场经济体制的建立和经济的发展。

4. 宪法规定设立基层群众性自治组织有助于加强基层政权的建设。在宪法没有规定设立基层群众性自治组织以前，基层政权同城乡社会基层组织之间没有明确的界限。在城市，尽管1954年的《城市居民委员会组织条例》明确规定"居民委员会是群众自治性的居民组织"，但居民委员会仍然是城市基层政权及有关派出机关社会管理方面伸向基层社区的腿。在农村的公社体制下，作为社会基层组织的生产大队、生产小队，在经济上是人民公社集体经济下的独立核算的经济单位，但公社拥有对它们进行"一平二调"的职权，因而是公社的下级经济单位。与此相应，在行政上则成为公社的下级行政组织。基层群众性自治组织建立后，基层政权和基层群众性自治组织在宪法上有了明确的界限，从而确定了基层政权建设的范围。宪法规定设立基层群众性自治组织，有助于基层政权建设目的的实现。基层政权建设，无论是组织方面的建设，还是职权方面的建设，其目的归根结底是为了有效地实现基层政权的国家职能。基层群众性自治组织，通过群众性自治，从事了许多基层社区的服务工作，减轻了基层政权服务职能的负担，并为基层政权进行社会管理创造了良好的社会条件。此外，基层群众性自治组织的设立，还为基层政权的民主建设，如民主监督机制的建立，提供了一定的社会基础。

5. 宪法规定设立基层群众性自治组织有助于城乡基层社区社会秩序的综合治理和社会主义精神文明建设。综合治理是一个庞大的社会工程，城乡基层社区社会秩序的综合治理是其主要组成部分。基层群众性自治组织通过人民调解、治安保护、公共卫生等管理，通过宣传宪法、法律、法规和国家政策，对居民（村民）进行社会主义教育，从而为城乡基层社区的综合治理和社会主义精神文明建设服务。

三、基层群众性自治组织同基层政权的关系

《宪法》规定："居民委员会、村民委员会同基层政权的相互关系由法律规定。"这虽然是一个非确定的宪法规范，但确将基层群众性自治组织同基层政权相互关系纳入了宪法调整的范围，表明了宪法对二者关系的关注与重视。在介绍和探讨基层群众性自治组织同基层政权的关系之前，有必要明确基层政权含义和范围。

基层政权这个概念在我国宪法中首次见于1978年《宪法》，1982年《宪法》在第111条中又沿用了这一概念。基层政权是由"基层"和"政权"组成的复合词，明确基层政权的概念，应在先弄清"政权"和"基层"的含义的基础上进行。"政权"在经典作家的论著中，一般有两种含义，一是指权力，且主要是指国家权力；一是指国家机关，主要是权力机关和行政机关。综合起来看，可以将"政权"理解为国家机关与国家权力的统一体。基层政权中的"基层"有特定的政治含义。基层政权是相对于其他层次或级别的政权而言的，因而这里的"基层"应同国家行政区划联系起来理解。它指的是国家最低的一级行政区划，在城市包括不设区的市和市辖区的行政区划，在农村则指乡级行政区划。据此，可以说基层政权是指国家为实现其政治、经济和文化职能依法在基层行政区域内设立的国家机关及其所行使的权力的统一体。在农村，它指的是乡镇人民代表大会和乡镇人民政府及其职权的统一体；在城市，它指的是不设区的市、市辖区的人民代表大会和人民政府及其权力的统一体。

因此，基层群众性自治组织同基层政权的相互关系是基层群众性自治组织在实现居民（村民）自治的过程中与基层政权组织在行使职权的过程中所发生的关系，包括基层群众性自治组织同基层人民代表大会的相互关系和同基层人民政府的相互关系。

（一）基层群众性自治组织同基层人大的相互关系

基层群众性自治组织同基层人民代表大会的相互关系，在我国宪法和有关组织法中没有明确和直接的规定。因此，二者的相互关系只能从它们的性质、职权和任务中进行考察。

从基层群众性自治组织方面看，二者的关系主要表现为：①基层群众性自治组织，要严格遵守和贯彻基层人民代表大会及其常委会的决议、决定。基层人民代表大会是基层国家权力机关，其在职权范围内通过和发布的决议和决定，在本行政区域内具有普遍的约束力，一切国家机关、社会团体和组织以及公民都应严格遵守和贯彻执行。基层群众性自治组织应该在遵守和贯彻基层人大决议和决定的前提下，开展有关自治活动。②基层群众性自治组织，可以依法参与有关基层人民代表大会的活动。基层人民代表大会是基层行政区域内的人民行使国家权力的机关，基层群众性自治组织依法参与有关基层人民代表大会的活动，是人民代表大会性质的要求。基层群众性自治组织参与有关基层人大的活动，主要有：协助选举组织的选举工作；帮助基层人民代表大会加强同其代表的联系；帮助基层人大代表联系本地区的选民；为本地区选民向基层人民代表大会和基层人大代表反映意见和要求提供帮助。③基层群众性自治组织可以向基层人民代表大会反映居民（村民）的意见和要求。基层群众性自治组织既可以通过本地的人大代表向基层人民代表大会反映意见和要求，也可以自己的名义向基层人民代表大会反映本自治组织辖区内居民（村民）共同的意见和要求。

从基层人民代表大会方面看,二者的关系主要表现为:①基层人民代表大会要依法对基层群众性自治组织进行监督,保证宪法、法律、法规以及有关决定、决议在基层群众性组织内实施。其中最主要的是对《城市居民委员会组织法》和《村民委员会组织法》的实施情况,包括基层群众性自治组织的设立、基层群众性组织的组成人员的选举、居民公约和村规民约等是否合法进行监督检查,对违法事件和行为予以取缔,保障上述两个组织法的实施。②基层人民代表大会要帮助基层群众性自治组织开展自治活动。基层群众性自治组织依法开展自治活动是实施《城市居民委员会组织法》和《村民委员会组织法》的关键,帮助基层群众性自治组织开展自治活动是基层人民代表大会的重要职责。基层人民代表大会一方面要对基层人民政府进行监督,督促它们依法对基层群众性自治组织的工作给予指导、支持和帮助;另一方面要对基层人民政府和其他有关机关和组织干预和妨碍基层群众性自治组织依法进行群众自治的活动予以取缔,为基层群众性自治组织创造良好的开展群众自治的环境。正是基于以上的论述,《村民委员会组织法》第28条规定:"地方各级人民代表大会和县级以上地方各级人民代表大会常务委员会在本行政区域内保证本法的实施,保障村民依法行使自治权利。"

(二) 基层群众性自治组织同基层人民政府的相互关系

根据《宪法》的规定,《居民委员会组织法》和《村民委员会组织法》分别对基层群众性自治组织同基层人民政府的关系作了规定。《居民委员会组织法》第2条规定:"不设区的市、市辖区的人民政府或其派出机关对居民委员会的工作给予指导、支持和帮助。居民委员会协助不设区的市、市辖区的人民政府或者它的派出机关开展工作。"第20条规定:"市、市辖区的人民政府的有关部门,需要居民委员会或者它的下属委员会协助进行工作,应当经市、市辖区的人民政府或者它的派出机关同意并统一安排。市、市辖区的人民政府的有关部门,可以对居民委员会有关的下属委员会进行业务指导。"《村民委员会组织法》第4条规定:"乡、民族乡、镇的人民政府对村民委员会的工作给予指导、支持和帮助,但是不得干预依法属于村民自治范围内的事项。村民委员会协助乡、民族乡、镇的人民政府开展工作。"从这些规定可以看出,基层群众性自治组织与基层人民政府的相互关系有两个方面的内容:一是基层人民政府与基层群众性自治组织的指导与被指导的关系;二是基层群众性自治组织与基层人民政府的协助与被协助的关系。二者之间法定的这种指导与协助关系的意义主要在于从制度上保证了基层群众性自治组织在与基层人民政府的关系中作为自治组织应有的独立性。它表明：①群众性自治组织不是隶属于基层政府的下级行政机关，基层政府或其派出机关不应对其采取直接的行政命令；②基层政府有责任对基层群众性自治组织的工作给予指导，但这种指导不具有法律上的拘束力（它强调的是基层政府具有指导的责任），基层群众性自治组织可以根据自己的需要有选择性地接受和采纳；③基层群众性自治组织虽有责任协助基层人民政府或其派出机关或基层人民政府有关部门进行工作，但应以与其自治性相适应为前提。

群众性自治组织同基层人民政府的这种关系能否顺利实现是基层群众性自治组织能否真正成为群众性自治组织的关键。它除了要求基层政府依法行政和基层群众性自治组织依法开展群众自治外，还一方面要求基层政府进一步加深对基层群众性自治组织的性质及其设立意义的认识与理解，摆脱将其视为下级行政组织的传统观念的束缚，探寻符合这种关系特点的新的管理方式，将过去以行政命令为主的工作方式转变为以指导和服务相结合为主的工作方式；另一方面也要求基层群众性自治组织树立群众性自治组织的主体意识，走出盲目依赖基层政府的心理误区，将基层群众自治建立在居民（村民）广泛参与的基础上。

四、基层群众性自治制度的完善

建立基层群众性自治组织，实行基层群众性自治制度是建设有中国特色社会主义民主政治的一个重要内容。基层群众性自治组织建立以来，特别是《中华人民共和国村民委员会组织法（试行）》实施后，基层群众性自治组织在保证基层群众直接行使民主权利，改善干群关系，维护城乡社会秩序，推进基层民主建设等方面发挥了重要作用，表现出了强大的政治生命力。随着我国市场经济的发展，进一步健全基层民主制度已成为我国社会主义民主政治建设的一个紧迫任务。江泽民同志在十五大报告中指出："城乡基层政权机关和基层群众性自治组织，都要健全民主选举制度、实行政务和财务公开，让群众参与讨论和决定基层公共事务和公益事业，对干部实行民主监督。"[1] 基层群众性自治的实践表明，我国基层群众性自治组织及其有关制度还存在一些不足，特别是在农村表现的尤为突出：①基层群众性自治组织的成员没有严格按法律的规定，由村民（居民）直接选举产生。②有关组织法规定的村民（居民）参与进行决

---

[1] 江泽民在中国共产党第十五次全国代表大会上的报告：《高举邓小平理论伟大旗帜，把建设有中国特色社会主义事业全面推向21世纪》（1997年9月12日）。

策和监督的制度,没有得到基层群众性自治组织的遵守。③基层群众性自治组织同基层政权的关系,在现实中与有关法律的规定尚存较大的差距。总之,基层群众性自治组织的自治属性尚未完全形成或不充分,村民委员会在现阶段"同时具有行政、经济和自治三重身份,扮演着三个不同的社会角色","不是一个纯粹的自治组织"。[1] 因此适应城乡基层社会生活的需要,进一步完善有关方面的制度和立法,已被提上了议事日程。1998年6月26日,全国人大常委会办公厅公布了《中华人民共和国村民委员会组织法》(修订草案),在全国范围征求有关方面的意见。1998年11月4日第九届全国人民代表大会常务委员会第五次会议通过了新的《中华人民共和国村民委员会组织法》。新的《村民委员会组织法》与试行的《村民委员会组织法》相比,在下列方面有所完善和发展,有利于克服和缓解村民委员会在自治过程中存在的不足和问题。

1. 新的《村民委员会组织法》更加重视村委会成员的直接选举,规定了一些新的选举措施,体现了民主选举的特色。例如,规定"有选举权和被选举权的村民名单,应当在选举日的20日以前公布"(第12条第2款);规定"选举村民委员会,由本村有选举权的村民直接提名候选人,候选人的名额应当多于应选名额"(第14条第1款);规定了对村民委员会成员的罢免程序(第16条);规定了对妨害、破坏选举行为的处理(第15条)等。

2. 新的《村民委员会组织法》明确规定了由村民委员会讨论决定的事项,体现了民主决策的群众性自治精神。《村民委员会组织法(试行)》没有具体规定应由村民会议讨论决定的事项,村委会有时擅自决定了应由村民会议讨论决定的事务。为此,新的《村民委员会组织法》对这些事项作了具体列举和概括性规定(参见第19条),有助于实行村民自治。

3. 新的《村民委员会组织法》增加了对村民委员会进行监督的一些规定,有助于实行对村民委员会的民主监督。例如,新的《村民委员会组织法》第22条规定"村民委员会实行村务公开的制度",并列举了应公开的事项。此外,还规定了"村民委员会应当保证公布内容的真实性,并接受村民的查询。""村民委员会不及时公布应当公布的事项或者公布的事项不真实的,村民有权向乡、民族乡、镇人民政府或者县级人民政府及其有关主管部门反映,有关政府机关应当负责调查核实,责令公布;经查证确有违法行为的,有关人员应当依法承担责任"等内容。

---

[1] 刘茂林:"农村社会基层组织建设及其法律调整",载《农民法律意识与农村法律发展》,武汉出版社1993年版,第134~147页。

总之，新的《村民委员会组织法》对完善我国的基层群众性自治制度进行了有益尝试，但在基层群众性自治组织与基层政权的关系方面还应该有更明确更具体的规定。

第二节 居民委员会

一、居民委员会的设置

根据1989年通过的《城市居民委员会组织法》的规定，居民委员会的设置包括设置的原则、设置的范围即在多大的范围内设立和设置的机关三个方面的问题，同1954年《城市居民委员会条例》相比较，《城市居民委员会组织法》在居民委员会设置的原则和设置的机关方面的规定更明确。

（一）居民委员会设置的原则

根据《城市居民委员会组织法》第6条第1款的规定，居民委员会设立的原则是根据居民居住状况，便于居民自治。居民自治是居民委员会的本质，居民委员会的设立必须以实现居民自治为目的。根据居住状况，便于居民自治的设置原则是居民委员会作为基层群众性自治组织的本质要求。所谓根据居住状况，便于居民自治，就是指在一定的居住状况下，从方便居民自治出发决定在多大范围内设立居民委员会。居住状况是前提条件，便于居民自治是目的。居住状况主要包括居住地的行政区域状况、地理位置状况、历史状况、人口状况等因素。便于居民自治主要包括：①便于居民参与管理居住地的公共事务；②便于居民加强与居民委员会的联系；③便于居民享受居住的公共服务。

（二）居民委员会的范围

居民委员会的范围是指设立居民委员会的住房范围，亦即居民委员会所辖的居民户数。《居民委员会组织法》规定的居民委员会的范围为100户至700户，比1954年的《城市居民委员会组织条例》规定的100户至600户有所扩大。从居民委员会的设置情况来看，这一范围符合我国城市社会生活的实际，是比较适宜的。

（三）居民委员会设置的机关

《居民委员会组织法》第 6 条第 2 款规定："居民委员会的设立、撤销、规模调整，由不设区的市、市辖区的人民政府决定。"这表明，居民委员会的设置是一种国家行为，由城市基层政府代表国家来进行。

二、居民委员会的组织

根据《居民委员会组织法》的规定，居民委员会的组织包括居民委员会的组成、产生、任期、活动方式，有关机构和经费来源等问题。

（一）居民委员会的组成、产生、任期

居民委员会由主任、副主任和委员 5 至 9 人组成。多民族居住地区，居民委员会中应当有人数较少的民族的成员。

居民委员会的组成人员，由选举产生。年满 18 岁的本居住地区的居民，没有被剥夺政治权利的都享有居民委员会组成成员的选举权和被选举权。居民委员会的组成人员既可以由本居住地区全体有选举权的居民选举产生，也可以由每户派代表选举产生，还可以由每个居民小组选举代表 2 至 3 人选举产生。

居民委员会每届的任期为 3 年，其成员可以连选连任。

（二）居民委员会的工作方式、原则和下属组织

居民委员会进行工作，应当采取民主的方法，不得强迫命令。居民委员会决定问题，采取少数服从多数的原则。居民委员会的成员应当遵守宪法、法律、法规和国家的政策，办事公道、热心为居民服务。

居民委员会根据需要可以设人民调解、治安保卫、公共卫生等委员会。居民委员会成员可以兼任上述下属委员会的成员。居民较少的居民委员会可以不设下属的委员会，由居民委员会的成员分工负责有关工作。居民委员会还可以分设若干居民小组，小组长由居民小组推选。

（三）居民会议和居民公约

居民会议是由居民委员会辖区范围内 18 周岁以上的居民组成的居民自治的权威机构。是本居住区的最高决策机构。居民委员会向居民会议负责并报告工作。凡涉及全体居民利益的重大问题，居民委员会必须提请居民会议讨论决定。居民会议有权撤销和补选居民委员会成员。居民应当遵守居民会议的决议。

居民会议由居民委员会召集和主持。有 1/5 以上的 18 周岁以上的居民、1/5 以上的户或者 1/3 以上的居民小组提议，应当召集居民会议。

居民公约由居民会议讨论制定，报不设区的市、市辖区的人民政府或者它的派出机关备案，由居民委员会监督执行。居民应当遵守居民公约。居民公约的内容不得与宪法、法律、法规和国家的政策相抵触。

（四）居民委员会的经费来源

居民委员会办理本居住地区公益事业所需的费用，经居民会议讨论决定，可以根据自愿原则向居民筹集，也可以向本居住地区的受益单位筹集，但是必须经受益单位同意，收支账目应当及时公布，接受居民监督。

居民委员会的工作经费和来源，居民委员会成员的生活补贴费的范围、标准和来源，由不设区的市、市辖区的人民政府或者上级人民政府规定并拨付；经居民会议同意，可以从居民委员会的经济收入中给予适当补助。居民委员会的办公用房，由当地人民政府统筹解决。

三、居民委员会的任务

根据宪法的规定，居民委员会的任务是办理本居住地区的公共事务和公益事业，调解民间纠纷，协助维护社会治安，并且向人民政府反映群众的意见、要求和提出建议。《居民委员会组织法》将居民委员会的任务具体列举为以下几个方面：

1. 宣传宪法、法律、法规和国家的政策，维护居民的合法权益，教育居民履行依法应尽的义务，爱护公共财产，开展多种形式的社会主义精神文明建设活动。

2. 办理本居住地区的公共事务和公益事业。

3. 调解民间纠纷。

4. 协助维护社会治安。

5. 协助人民政府或者它的派出机关做好与居民利益有关的公共卫生、计划生育、优抚救济、青少年教育等项工作。

6. 向人民政府或者它的派出机关反映居民的意见、要求和提出建议。

此外，居民委员会还应当开展便民利民的社区服务活动，可以兴办有关的服务事业，管理本居民委员会的财产，应对编入居民小组的被依照法律剥夺政治权利的人进行监督和教育。

第三节 村民委员会

一、村民委员会的设置

按照新的《村民委员会组织法》的规定，村民委员会的设置也包括设置的原则、设置的范围和设置的机关三个方面的内容。

（一）村民委员会设置的原则

根据《村民委员会组织法》第8条第1款的规定，村民委员会设置的原则是根据村民居住状况、人口多少，便于群众自治。村民的居住状况和人口多少是设立村民委员会的客观条件和依据，只有从这些客观条件出发，才能使村民委员会的设置符合农村社会的实际情况；便于群众自治是村民委员会设置的目的。所谓便于群众自治，即是要方便群众参与村民委员会所属范围内公共事务和公益事业的管理，方便群众与村民委员会加强联系，方便群众享受村民委员会提供的公共服务。此外，根据该条第2款的规定，村民委员会的设置还应遵守经村民会议讨论同意的原则。村民委员会的设置虽然是有关国家机关的职权，但由于村民委员会是一个群众性自治组织，其目的是要实行群众自治，只有经过村民会议同意后依法设置，它才有广泛的群众基础，才能真正成为群众自治的组织形式。

（二）村民委员会设置的范围

关于村民委员会设置的范围问题，新的《村民委员会组织法》没有进行专门规定。根据《村民委员会组织法》（试行）的有关规定，结合村民委员会设置的具体情况，村民委员会的设置范围有三种情况：①村民委员会一般设在自然村；②自然村较小、人口不多的，可以由几个自然村联合设立村民委员会；③范围较大、人口较多的自然村，可以设立几个村民委员会。自然村是农村社会历史形成的村民居住点，自然村内的村民居住关系和其他社会联系较为密切，以自然村为范围设立村民委员会较好地体现了村民委员会设置原则的要求。因此，一般可以自然村为范围设立村民委员会。自然村是自然形成的居住状况，其范围大小、人口多少没有一定之规，因此还应根据设置村民委员会的原则作适当的调整，既可以由几个自然村联系设立村民委员会，也可以在一个范围较大、人口较多的自然村设立几个村民委员会。

我国现阶段的村民委员会大都是在原生产大队的基础上设立的，有的范围很大，人口过多，不便于村民自治这种情况亟待改变。

（三）村民委员会设置的机关

村民委员会设置的机关是指有权批准设立村民委员会的机关。根据新的《村民委员会组织法》第8条第2款规定，村民委员会的设置包括村民委员会的设立、撤销、范围调整，其机关是县级人民政府。村民委员会的设置，先由乡、民族乡、镇的人民政府提出，经村民会议讨论同意后，报县级人民政府批准。

二、村民委员会的组织

根据新的《村民委员会组织法》的规定，村民委员会的组织涉及村民委员会的组成、产生、任期、活动方式、有关机构和经费来源等方面。

（一）村民委员会的组成、产生和任期

村民委员会是村民自治的工作机构，负责村级事务的日常管理工作，组织实施村民会议或村民代表会议的决议和决定。村民委员会由主任、副主任和委员共3至7人组成。村民委员会成员中，妇女应当有适当的名额，多民族居住的村应当有人数较少的民族的成员。

村民委员会主任、副主任和委员，由村民直接选举产生。除依照法律规定被剥夺政治权利的人外，凡年满18周岁的村民都有选举权和被选举权。村民委员会每届任期3年，其成员可以连选连任。本村1/5以上有选举权的村民，可以要求罢免村民委员会成员，罢免村民委员会成员须经有选举权的村民过半数通过。

（二）村民委员会的活动方式、原则和下属机构

村民委员会进行工作，应当坚持群众路线，充分发扬民主，认真听取不同意见，不得强迫命令，不得打击报复，村民委员会决定问题的时候，采取少数服从多数的原则。村民委员会成员应遵守宪法、法律、法规和国家政策，办事公道，热心为村民服务。村民委员会成员不脱离生产，根据情况，可以给予适当补贴。村民委员会实行村务公开制度。

村民委员会根据需要设人民调解、治安保卫、公共卫生等委员会。村民委员会成员可以兼任下属委员会的成员。人口少的村的村民委员会可以不设下属

的委员会，由村民委员会成员分工负责人民调解、治安保卫、公共卫生等工作。村民委员会还可以分设村民小组，小组长由村民小组会议推选。

（三）村民会议、村民代表会议和村规民约

村民会议和村民代表会议是决议村务的权力机构，是村民和村民代表参政议政的重要形式。按照新的《村民委员会组织法》的规定，村民会议是村民群众自治的最高组织形式，由本村18周岁以上的村民组成。召开村民会议应当有本村18周岁以上村民的过半数参加，或者有本村2/3以上的户的代表参加，必要时，可以邀请本村的企业、事业单位和群众团体派代表参加会议。村民委员会向村民会议负责并报告工作。村民会议每年审议村民委员会的工作报告，并评议村民委员会的工作。村民会议由村民委员会召集。有1/10以上的村民提议，应当召集村民会议。涉及全村村民利益的问题（参见该法第19条的规定），村民委员会必须提请村民会议讨论决定，方可办理。村民会议有权撤换和补选村民委员会的成员。《村民委员会组织法》第21条规定："人数较多或居住分散的村，可以推选产生村民代表，由村民委员会召集村民代表开会，讨论决定村民会议授权的事项。村民代表由村民按每5户至10户推选一人，或者由各村民小组推选若干人。"从而确立了在村民自治活动中早已存在的村民代表会议的合法地位。村民代表会议俗称"小人大"，它能够克服村民会议所固有的召开不便、效率较低等缺陷，具有便捷、高效、实用等特点，在贯彻实施《村民委员会组织法》的过程中，这一会议形式因此得到了广泛的运用而逐步普及。

村规民约是具有公约性质的规范文件。它由村民会议制定，报乡、民族乡、镇的人民政府备案，由村民委员会监督、执行。村规民约不得与宪法、法律和法规相抵触。它具有群众性、合法性、针对性和规范性等特点，是实行村民自治，进行自我管理、自我教育的重要形式。

三、村民委员会的任务

依据《宪法》第111条的有关规定，新的《村民委员会组织法》对村民委员会的任务作了规定，概括如下：

1. 通过组织村民进行自我管理、自我教育、自我服务等活动，促进农村基层社会主义民主的发展。

2. 宣传宪法、法律、法规和国家的政策，教育和推动村民履行依法应尽的义务，爱护公共财产，维护村民的合法权利和利益，促进村和村之间的团结、互助，开展多种形式的社会主义精神文明建设活动。

3. 办理本村的公共事务和公益事业，调解民间纠纷，协助维护社会治安，向人民政府反映村民的意见、要求和提出建议。

4. 协助乡、民族乡、镇的人民政府开展工作。

5. 支持和组织村民发展生产、供销、信用、消费等各种形式的合作经济和其他经济，承担本村生产的服务和协调工作，促进农村生产和经济的发展。

6. 尊重集体经济组织依照法律规定独立进行经济活动的自主权，维护以家庭承包经济为基础、统分结合的双层经营体制，保障集体经济组织和村民、承包经营户、联户或者合伙的合法的财产权和其他合法的权利和利益。

7. 依照法律规定，管理本村属于村民集体所有的土地和其他财产，教育村民合理利用自然资源，保护和改善生态环境。

8. 多民族居住的村，村民委员会应当教育村民加强民族团结，互相帮助，互相尊重。

9. 协助有关部门对被依法剥夺政治权利的村民进行教育、帮助和监督。

◆ 思考题

1. 试述我国实行基层群众性自治制度的意义。
2. 什么是基层群众性自治？
3. 如何理解基层群众性自治组织与基层政权的关系？
4. 《村民委员会组织法》在哪些方面完善了村民自治制度？
5. 如何进一步完善我国基层群众性自治的法律体系？

第十一章　国家标志

◆ **教学目的**

通过本章的学习，了解国家标志的内容，明确国家标志的宪法含义，并能用所学知识维护国家标志的尊严。

第一节　国　　旗

一、国旗是国家的象征和标志

国旗是一个主权国家的重要象征和标志，体现着国家和民族的尊严，为本国人民所敬仰，也为国际社会所尊重。国旗源于欧洲十字军东征（1096~1291）中的军旗，以后在航海的商船上通用，19 世纪末，西方帝国主义在海外进行殖民扩张时，为了表示主权所有，便在占领地悬挂国旗，国旗遂为各国普遍接受，对于国旗的图案、形式、色彩、象征意义及使用办法，各国一般都以宪法和法律予以专门规定。

1949 年 9 月 27 日，中国人民政治协商会议第一届全体会议通过了《关于中华人民共和国国都、纪年、国歌、国旗的决议》，正式确定五星红旗为中华人民共和国的国旗，之后我国宪法又以专章专条对国旗问题加以规定。1990 年 6 月 28 日第七届全国人民代表大会常务委员会制定了《中华人民共和国国旗法》，专门规定了有关国旗的许多具体制度，该法已于 1990 年 10 月 1 日起实行。

二、我国国旗的含义

根据中国人民政治协商会议第一届全体会议的决议和政协主席团通过的制旗办法，我国国旗旗面为红色的五星红旗，长方形，红色象征革命。其长与高之比为 2∶3，旗面上方缀黄色五星五颗，象征共产党领导下的革命大团结，星用黄色象征红色大地上呈现光明。一星较大,其外接圆直径为旗高 3/10,居左;四星较小,其外接圆直径为旗高 1/10,环绕于大星之右侧,并各有一个角尖对大星的中心点,表达亿万人民心向伟大的中国共产党,如似众星拱北辰。旗杆套为白色,以与旗面的红色相区别。

五星红旗作为我国的象征和标志,是无数革命志士长期艰苦奋斗、英勇牺牲所取得的伟大成果,它代表着我们伟大的社会主义祖国神圣不可侵犯的主权和尊严,每一个中国公民都应该尊重和爱护国旗。凡在公众场合故意以焚烧、毁损、涂划、玷污、践踏等方式侮辱中华人民共和国国旗的,应依法追究其刑事责任;情节较轻的,予以治安拘留处罚。

三、我国国旗的使用办法

《中华人民共和国国旗法》对国旗的使用办法做了明确规定,其主要内容包括:

(一)国旗的升挂范围

1. 北京天安门广场、新华门;全国人大常委会,国务院,中央军事委员会,最高人民法院,最高人民检察院;中国人民政协全国委员会;外交部;出境入境的机场、港口、火车站和其他边境口岸,边防海防哨所,应当每日升挂国旗。

2. 国务院各部门,地方各级人大常委会、人民政府、人民法院、人民检察院,政协地方各级委员会,应当在工作日升挂国旗;全日制学校,除寒、暑假和星期日外,应当每日升挂国旗。

3. 国庆节、国际劳动节,元旦和春节,各级国家机关和各人民团体应当升挂国旗;企业事业组织、村民委员会、居民委员会,城镇居民院(楼)以及广场、公园等公共活动场所,有条件的可升挂国旗;民族自治地方在民族自治地方成立纪念日和主要传统民族节日,可以升挂国旗。

4. 举行重大庆祝、纪念活动,大型文化、体育活动,大型展览会,可以升挂国旗。

5. 外交活动以及国家驻外使馆领馆和其他外交代表机构升挂、使用国旗的方法,由外交部规定;军事机关、军队营区、军用舰船,按照中央军委的有关规定升挂国旗;民用船舶和进入中国领水的外国船舶升挂国旗的办法,由国务院交通主管部门规定;公安部门执行边防、治安、消防任务的船舶升挂国旗的办法,由国务院公安部门规定。

6. 国家领导人以及对国家作出杰出贡献的人,对世界和平或者人类进步事业作出杰出贡献的人逝世,发生特别重大伤亡的不幸事件或者严重自然灾害造成重大伤亡时,可以下半旗志哀。

(二)国旗的升挂方法

根据《国旗法》的规定,升挂国旗应符合以下规定:

1. 举行升旗仪式。升挂国旗时,可以举行升旗仪式。举行升旗仪式时,在国旗升起的过程中,参加者应当面向国旗肃立致敬,并可以奏国歌或者唱国歌。全日制中学小学,除假期外,每周举行一次升旗仪式。

2. 升挂国旗,应当将国旗置于显著的位置。列队举持国旗和其他旗帜行进时,国旗应当在其他旗帜之前。国旗与其他旗帜同时升挂时,应当将国旗置于中心,较高或者突出的位置。在外事活动中同时升挂两个以上国家的国旗时,应当按照外交部的规定或者国际惯例升挂。

3. 在直立的旗杆上升降国旗,应当徐徐升降。升起时,必须将国旗升至杆顶;降下时,不得使国旗落地。下半旗时,应当先将国旗升至杆顶,然后降至旗顶和杆顶之间的距离为旗杆全长的1/3处;降下时,应当先将国旗升至杆顶,然后再降下。

4. 不得升挂破损、污损、褪色或者不合规格的国旗。国旗及其图案不得用作商标和广告,不得用于私人丧事活动。

第二节　国　徽

一、国徽是国家的象征和标志

国徽和国旗一样也是一个国家的象征和标志,常常表现一国的历史背景、革命传统及至传说故事,也象征一国的社会制度、政治和宗教信仰以及政治思想。国徽的图案、式样、色彩、使用方法以及象征意义,在各国通常都以宪法和法律加以规定。

我国国徽的图案于1950年6月由中国人民政治协商会议第一届全国委员会第二次会议提出,中央人民政府委员会第八次会议通过,由中央人民政府主席毛泽东同志于当年9月20日向全国颁发了公布国徽的命令。我国宪法也以专条规定了国徽问题,为了维护国徽尊严和正确使用国徽,我国还于1991年3月2日颁布了《中华人民共和国国徽法》,于1991年10月1日起施行。

二、我国国徽的含义

根据我国《宪法》的规定:"中华人民共和国国徽,中间是五星照耀下的天安门,周围是谷穗和齿轮。"其图案的具体构成是:国徽呈圆形,其中心部分是红地上的金色天安门城楼。城楼正中上方为一颗大的金色五角星;大星下边,以半弧形状环拱四颗小的金色五角星。国徽四周,由金色麦稻穗组成正圆形的环;在麦稻秆的交叉点上,为一个圆形齿轮。在齿轮中心交结着红色绶带;绶带向左右绾住麦穗杆而上垂,把齿轮分成上下两部。

国徽中的齿轮和谷穗象征工人阶级领导下的工农联盟;天安门表示中国人民从"五四运动"以来进行新民主主义革命斗争的胜利,同时又标志着人民民主专政的中华人民共和国的诞生,形象地体现了我国各族人民的革命传统和民族精神。一大四小五颗五星则代表着中国共产党领导下的各族人民的大团结。国徽鲜明地反映了新中国的国家性质。

三、我国国徽的使用办法

我国《国徽法》对国徽的使用办法做出了明确的规定,其主要内容包括:

(一)应当悬挂或使用国徽的情形

1. 县级以上各级人民代表大会常务委员会;县级以上各级人民政府;中央军事委员会;各级人民法院和专门人民法院;各级人民检察院和专门检察院;外交部;国家驻外使馆、领馆和其他外交代表机构应当悬挂国徽。乡级人民政府悬挂国徽办法由省级人民政府规定。

2. 北京天安门城楼,人民大会堂;县级以上各级人民代表大会及其常委会会议厅;各级人民法院和专门人民法院的审判庭;出境入境口岸的适当场所应当悬挂国徽。

3. 全国人大常委会,国务院、中央军事委员会、最高人民法院、最高人民检察院;全国人大各专门委员会和全国人大常委会办公厅、工作委员会、国务院各部、委、各直属机构、国务院办公厅以及国务院规定应当使用刻有国徽图案印章的办事机构,中央军事委员会办公厅以及中央军委规定应当使用刻有国徽图案的其他机构;县级以上各地方各级人大常委会,人民政府、人民法院、人民检察院、专门人民法院、专门人民检察院;国家驻外使馆、领馆和其他外交代表机构的印章应当刻有国徽图案。

4. 全国人大常委会、中华人民共和国主席和国务院颁布的荣誉证书、任命书、外交文书;国家主席、全国人大常委会委员长、国务院总理、中央军委主席、最高人民法院院长和最高人民检察院检察长以职务名义对外使用的信封、信笺、请柬等;全国人大常委会公报、国务院公报、最高人民法院公报和最高人民检察院公报的封面;国家出版的法律、法规正式版本的封面等上述各种文书、出版物应当印有国徽的图案。

(二) 不得使用国徽的情形

为了维护国徽的尊严,《国徽法》明文规定,国徽及其图案不得用于商标、广告;日常生活的陈设布置;私人庆典活动以及国务院办公厅规定不得使用国徽及其图案的其他场合,也不得悬挂破损、污损或者不合规格的国徽。在公众场合故意以焚烧、毁损、涂划、玷污、践踏等方式侮辱中华人民共和国国徽的,依法追究刑事责任;情节较轻的,予以治安拘留处罚。

第三节 国　　歌

一、国歌是国家的象征

国歌是代表国家、表现国家或民族精神,且由国家制定或者认定的歌曲。通常在国家庄严的集会、庆典和国际交往的仪式上演奏或者演唱,以表示国家的尊严。现代国家以传统的革命歌曲或爱国歌曲为国歌的,也有采用古老的歌词新作歌谱或者用传统的革命歌曲、爱国歌曲的曲调而另作歌词的。一般而言,一个国家只有一首国歌,但也有少数国家如瑞士、加拿大、澳大利亚等国有两首或者两首以上的国歌。

由于社会、国家性质、民族和历史传统等的不同,各国国歌的歌词内容和含义也有很大的差异。有的歌颂本国的光荣历史和历史传统,有的歌颂本国革命取得的胜利;有的阐明国家的政治方向和奋斗目标;有的抒发革命的情怀和爱国思想;有的赞美本国的地理环境、民族性格、风俗习惯和宗教信仰;有的歌颂宪法、歌颂国旗和国徽;还有的歌颂民族英雄或祝福国家元首,等等。

二、我国国歌的含义

1949 年 9 月 27 日,中国人民政治协商会议第一届全体会议通过了关于国歌的决议,决定在中华人民共和国的国歌未正式制定前,以《义勇军进行曲》为国歌。

《义勇军进行曲》由田汉作词、聂耳作曲，诞生于1935年民族危急的关头。自它诞生以来，一直被称为中华民族解放的号角，在人民中广为流传，以激励我国人民的爱国主义精神起过巨大作用。为了唤起人民回想祖国缔造过程中的艰难忧患，鼓舞人民发扬爱国热情，遂决定采用《义勇军进行曲》为国歌，这是符合广大人民群众的心愿和要求的。

1978年3月5日，第五届全国人民代表大会第一次会议曾通过关于国歌的决议。但决议改动歌词后，在实施中全国各方面的人士都提出了不同的意见，以致实际上也没有普遍流行。在全民讨论1982年《宪法草案》时，又有不少人建议恢复国歌的原歌词。为此，1982年12月4日，在第五届全国人民代表大会第五次会议经过讨论后认为，《义勇军进行曲》反映了中国人民的革命传统，体现了居安思危的思想，激励了中国人民的爱国主义精神，且多年来已深入人心，因此，便通过了关于国歌的新决议，决定恢复《义勇军进行曲》为中华人民共和国国歌，撤销本届全国人民代表大会第一次会议通过的关于国歌的决定。

奏唱国歌具有很强的严肃性。因此，不应当在舞会、私人庆典活动和商业活动中奏唱国歌。

2004年《宪法修正案》第31条规定，"中华人民共和国国歌是《义勇军进行曲》"。这一规定，进一步提升了国歌的宪法地位，结束了《宪法》第四章的章题没有"国歌"的历史，使国家标志更加完善。

第四节 首 都

一、首都的含义

首都也称国都、京城、京师、首府，它通常是一个国家的政治、经济和文化的中心，是中央国家机关和国家首脑所在地，也是各国大使馆或公使馆的驻在地。各国首都一般都以宪法和法律加以确认。然而，在实际生活中有些国家除法定的首都之外，还有实际上的首都。这些国家的法定首都往往只是名义上的国家政治、经济和文化中心。如荷兰王国，法定的首都是阿姆斯特丹，而中央政府却设在海牙；再如玻利维亚共和国法定的首都是苏克雷，而中央机构则设在拉巴斯。

二、我国的首都

早在建国前夕的 1949 年 9 月 27 日,全国政协一届全体会议就通过议案,决定"中华人民共和国首都定于北平,自即日起,改名北平为北京。"建国后制定的四部宪法都明确规定:我国的首都是北京。

我国定都北京的原因主要有以下几个方面:

1. 北京既是具有悠久历史的名城,又是具有灿烂文化的古都。70 万年以前"北京猿人"就生活在此地;两千多年以前,它曾经是战国时期燕国的都城;从公元 10 世纪开始,辽、金、元、明、清都曾在此建都。

2. 北京是具有光荣革命传统的城市。历史上我国各族人民尤其是青年学生,在这里举行过无数次反帝国主义、封建主义剥削压迫的不屈不挠的斗争。特别是 1919 年首先在北平发动起来的"五四"运动,揭开了中国新民主主义革命的序幕。1935 年 12 月 9 日爆发了抗日爱国的"一二·九"运动,此后,又举行过多次反对国民党反动统治的爱国学生运动,直至取得新民主主义革命的完全胜利,宣告伟大的中华人民共和国的诞生。

3. 北京具有优越的地理和自然条件。北京位于华北平原的北部边缘,北面和西面为连绵不断的群山所环绕,东面和南面是一片辽阔的平原,地理位置十分优越。北京平原与山地兼备,平原约占 2/5,山地约占 3/5,对于经济建设和多种经济的发展十分有利。北京又是通向中原地区、东北地区、西北地区和北部地区的要冲,是全国交通网的中心。

北京作为我国的首都,是全国政治经济文化的中心,是国家最高权力机关、行政机关和司法机关的所在地,应当成为全国社会秩序、社会治安和社会风尚最好的城市之一,应当成为最清洁、最卫生和最优美的城市之一。

◆ 思考题

1. 如何理解国家标志的宪法含义?
2. 试述国旗的使用办法。
3. 试述国徽的使用办法。